国家自然科学基金项目：基于混沌理论的加密技术改进及图像分块加密算法研究（编号：62262023）

江西省自然科学基金面上项目：基于混沌理论和对抗生成网络的金融数据安全关键技术研究（编号：20242BAB25079）

江西省社会科学基金：互联网促进地方新兴产业创新的机理和研究模式（编号：22YJ10）

江西省科技创新平台项目：数据安全技术江西省重点实验室（编号：20242BCC32026）

江西省重点研发计划重点项目：面向金融大数据风控的安全管控平台关键技术攻关研究与示范应用（编号：20243BBG71035）

金融大数据与智能风控
平台构建与算法研究

黄 轩　李向军◎等著

**Financial Big Data
and Intelligent Risk Control**
——Platform Construction and
Algorithm Research

中国社会科学出版社

图书在版编目（CIP）数据

金融大数据与智能风控：平台构建与算法研究 / 黄轩等著. -- 北京：中国社会科学出版社，2025.8.
ISBN 978-7-5227-5280-8

Ⅰ. F830

中国国家版本馆 CIP 数据核字第 2025UZ3428 号

出 版 人	季为民	
责任编辑	刘晓红	
责任校对	阎红蕾	
责任印制	戴　宽	

出　　版	中国社会科学出版社	
社　　址	北京鼓楼西大街甲 158 号	
邮　　编	100720	
网　　址	http://www.csspw.cn	
发 行 部	010-84083685	
门 市 部	010-84029450	
经　　销	新华书店及其他书店	
印　　刷	北京明恒达印务有限公司	
装　　订	廊坊市广阳区广增装订厂	
版　　次	2025 年 8 月第 1 版	
印　　次	2025 年 8 月第 1 次印刷	
开　　本	710×1000　1/16	
印　　张	23.5	
字　　数	375 千字	
定　　价	129.00 元	

凡购买中国社会科学出版社图书，如有质量问题请与本社营销中心联系调换
电话：010-84083683
版权所有　侵权必究

目　录

第一章　绪论 ……………………………………………………… 1

第一节　金融科技的理论与应用 …………………………………… 1
第二节　金融大数据概述 …………………………………………… 6
第三节　风险识别与智能风控 ……………………………………… 14

第二章　金融科技背景介绍 …………………………………… 22

第一节　金融科技的起源及其发展 ………………………………… 22
第二节　金融科技的核心技术 ……………………………………… 43

第三章　金融风控与服务云平台建设 ……………………… 55

第一节　总体目标 …………………………………………………… 55
第二节　基于Hadoop生态系统构建金融云服务数据中心 ……… 57
第三节　基于大数据的金融风险控制系统研发 …………………… 58
第四节　基于微服务的金融业务服务系统研发 …………………… 59
第五节　关键技术攻关研究 ………………………………………… 61
第六节　金融风控与服务平台设计与开发 ………………………… 67

第四章　贷前——信用评估体系建设 ……………………… 83

第一节　信用评估概述 ……………………………………………… 83
第二节　信用评分卡制作流程 ……………………………………… 89
第三节　评分模型上线及监测 ……………………………………… 103

第四节　实例分析 ·· 107

第五章　贷中——智能风控核心算法研究 ················· 114

第一节　在线数据加工 ·· 114
第二节　智能分析及数据挖掘算法相关研究 ································ 118
第三节　风险控制与预警相关算法研究 ·· 182
第四节　基于复杂网络的社团结构（企业关联关系）
　　　　检测算法研究 ·· 238
第五节　超像素分割、人脸识别、人流量识别等图形图像
　　　　处理算法研究 ·· 253
第六节　本章小结 ·· 275

第六章　贷后——基于物联网的风险控制与智能预警 ············· 277

第一节　中小企业融资现状研究 ·· 278
第二节　核心算法相关理论基础 ·· 290
第三节　基于模糊逻辑的风险评价模型设计 ································ 304
第四节　企业经营风险预警实证分析 ·· 317
第五节　本章小结 ·· 326

第七章　金融数据安全与加密算法研究 ······························ 328

第一节　金融数据安全研究背景 ·· 329
第二节　基于混沌理论的数据加密算法研究 ································ 334

附　录 ·· 354

主要参考文献 ·· 356

后　记 ·· 369

第一章

绪 论

第一节 金融科技的理论与应用

一 金融科技产生的背景

在金融与科学技术的深度融合之下,一种新的概念——金融科技诞生了。金融是关于资金分配问题的活动,对信息交换有着极高的依赖性。而科技是对科学技术的简称,是技术发展到一定阶段才出现的。在信息收集、处理和传递等领域的技术的发展能对金融活动的效率提高和成本缩减起到促进作用,因此金融的发展与技术的发展息息相关。

(一) 金融科技产生的国外背景

各行各业都是共同发展并相互渗透的,金融科技便是数百年来科学技术与信息生活碰撞而变革出来的。纵观金融行业的发展历史,在19世纪50年代,银行家敏锐地嗅到了电报在工业生产中的优势,便将其引入银行业并顺利应用:电报能对具体的信贷业务进行很好的延伸与拓展。19世纪后半叶,随着电话的问世并大规模投入使用,依赖电话的便捷性,金融业也开始广泛地使用电话来减少金融相关服务的交易成本。电报和电话等早期科技成果在金融领域的广泛且成功的应用,大力推动了早期金融行业的发展,为之后金融活动与科学技术持续融合发展奠定了基础[1]。此后,在金融领域常能看到科学技术领域的最新成果的身影,科学技术的发展变革成为金融业能够创新发展的重要因素。

---

[1] 鲁钊阳、张珂瑞:《金融科技研究进展与评析》,《金融理论与实践》2020年第8期。

自20世纪中期以来，随着通信科技的前沿技术突飞猛进，以及数据处理科技的推陈出新，金融行业进入1.0时代。这催生出了远程终端银行业务，使整个金融系统改革创新的步伐进一步深化，为金融科技的出现提供了必要前提。

在金融2.0时代，随着互联网金融的迅速发展，计算机产业的发展也逐步开始迈向移动数字化产业方向，科学技术也随之趋向移动服务金融领域。在这一新的金融体系框架中，由各类金融机构共同搭建起线上投融资服务信息平台；线上云服务平台能持续高效地将客户的金融服务信息转变成可存储于线上的各类数字信息，进而实现根据每个客户个体的行为特点而提供的更有行业针对性的灵活多样的个性化金融服务[1]。

如今，金融科技进入3.0时代。金融与科技一体化的快速发展及融合交叉深入，传统金融行业受到了来自金融现代技术创新成果的最直接冲击，现代化发展进程取得显著突破。先进信息技术在金融领域应用创新成果所带来的影响力已日益清晰：金融服务越来越完备便捷，交易结算成本进一步降低，效率得到前所未有的提升，且呈多元化发展。

（二）金融科技产生的国内背景

国内与国外金融科技的产生背景相似，科技成果对金融活动的外在推动作用始终在不断增强，中国的金融科技发展也不断成熟。20世纪末，受国外互联网热潮的影响，中国人民银行直属的事业单位——中国人民银行清算总中心应运而生。清算总中心负责组织对中国人民银行支付清算系统进行信息化建设、运行、维护更新和信息化管理等。21世纪初，中国大额支付系统的成功上线使支付系统进入了现代化的全新进程；支付宝紧随其后，在2004年成功上线；到了2013年，在中国的第三方支付发展已经越发成熟的情况下，数字货币等多元化的服务模式相继被推出。中国首次出现"Fintech"这一词条是在2015年，Fintech的概念也从海外被引入。此后，金融科技成为继互联网金融之后的新金融热点[2]。

---

[1] 宋梅：《金融科技演化发展与未来趋势》，《贵州社会科学》2019年第10期。
[2] 鲁钊阳、张珂瑞：《金融科技研究进展与评析》，《金融理论与实践》2020年第8期。

纵观中国目前的金融科技发展历史，除受国外互联网的激烈冲击这一因素影响外，金融科技的进一步发展也离不开以电子信息技术为代表的众多现代优秀科学技术成果。科技进步为金融发展提供了强有力的支撑，现代信息技术依然是促进金融科技繁荣发展的重要基础。信息技术新成果的推广和普及加快了实现国内金融产业发展的进一步转型及升级，进而推动中国整个金融科技领域的发展。20世纪60年代的自动化技术和通信技术、70年代末的可视电子图文技术以及八九十年代网上银行的发展等例子都极具代表性[①]。

在国内现代信息技术的支持下，2013年第三方支付技术成熟，其他服务模式之后也陆续被推出，中国金融科技进入一个新纪元。2015年，为了规范化金融科技使其稳步发展，中国出台了相关法律法规。2016年，在金融科技与金融监管相互融合作用之下，对金融业的管控开始走向有序。

二 银行本质上应属于科技行业

在大数据、人工智能、云计算等技术日新月异并日益普及的今天，全球正处于高速发展的数字时代。"金融"是一个天然数字化的行业，金融机构天生自带科技属性，"无网络不金融、无移动不金融"已经成为常态。

银行业本质上属于科技行业。事实上，银行业是最早大规模应用计算机的行业；无论是线下门店柜台里机器高度复杂的系统，还是线上的各类网络银行等，都是来自科技的宝贵结晶。互联网在人民群众中获得普及应用之后，网上银行不久即问世；当移动互联网浪潮袭来，手机银行同样也很快落地。创新是驱动文明发展的动力，科技的应用不限于任何行业，科技公司也不专属于任何企业。

每次重大的技术变革，金融业尤其是银行业从未缺席。我们如今的这个世界，是在近代以来的三次大规模科技革命演变中塑造出来的。而自从20世纪50年代开始的第三次科技革命之后，科技迈入高速发展的征程，全人类社会逐渐走向了数字化世界，人们的生活渐渐离不开科技。

---

① 周代数：《券商金融科技发展的动因、风险与对策》，《海南金融》2020年第3期。

"科技公司"这一概念庞大又杂乱,而且还在持续泛化。一切科技都是依托具体的技术产品和技术业务而存在,世界上并不存在只单纯研究"科技"的公司。诸如高盛 CEO 劳尔德·贝兰克梵常说的话:"其实我们是一家科技公司。"作为"华尔街的谷歌",高盛内部规模最大的部门是技术部门,拥有着 9000 名技术工程师和高级程序员,占员工总数的 1/3[①]。

综合来看,相信在未来随着科技产业革命的深入向前推进,所有通过创新技术手段持续推动社会进步的公司最终都会成为科技公司。

三 转型已开始——金融科技的异军突起

中国人民银行在 2022 年 1 月,印发了《金融科技发展规划(2022—2025 年)》(以下简称《规划》),提出要"持续推动金融创新,助力金融业数字化转型",明确到 2025 年金融科技发展的愿景、原则和重点任务。这是继 2019 年 9 月由中国人民银行印发的《金融科技发展规划(2019—2021 年)》后出台的第二轮金融科技发展规划。在《规划》的引领下,中国金融科技将从"立柱架梁"全面迈向"积厚成势"的新阶段,实现金融科技整体水平的与核心竞争力的跨越式提升,高质量推进数字化转型。

(一)金融科技在中国的发展现状

金融科技是基于科技手段进行发展的,对传统的金融行业造成了很大冲击,也促进了行业的创新优化,极大提升了市场化金融产品的运营效率及有关成本,同时还可以为消费者提供更加优质的服务。金融科技涉及的技术一般都是前沿技术,它可以与各种类型的经营场所进行有效融合,大幅度提升相关产品的运营效率[②]。在中国,金融科技伴随支付宝的出现而逐渐发展,它可以根据各类型的金融公司根据自身业务发展的需求,进行金融领域的拓宽。且金融产品一般都是以相关的科学技术为支撑保障的,保证了金融科技呈指数级增长的趋势。现在各类型的科技公司都已经进行了理财产品的推广,并且产品的内容逐渐丰富。

---

① 资料来源于豆丁网,https://www.docin.com/。
② 李丽君:《金融科技背景下商业银行转型研究》,《现代商业》2022 年第 7 期。

（二）金融科技企业异军突起

当下，金融科技已呈异军突起的发展态势。金融科技源于美国，但近年来，中国以惊人的速度，在融资金额、交易活跃度和规模增长速度等多个方面超过了欧洲和美国。"科技的变革和人们的金融需求成为金融改革发展最根本的推动力量，互联网等新技术的应用展示了其推动金融变革和发展的强大。"金融科技是技术驱动的金融创新，为金融发展注入了新的活力，也给金融安全带来了新挑战。

（三）金融机构如何进行数字化转型

第一，实现决策管理的数据驱动。金融行业数字化转型不能只停留在表面，要深入挖掘数字化潜能，做到"数智化"。金融机构要懂得利用产业数字化数据量庞大、信息化程度高、数据管理集中化等特点，通过大数据和云计算的技术支持，以数据驱动管理，实现快速科学决策。

第二，加速操作机制的敏捷再造。以创新驱动发展，推动金融数字化技术快速提升和发展，金融机构的IT系统必须推动从集中管理到分布式管理，从以基于账户为中心的运营模式到以基于场景为中心的运营模式的转变，构建一个更科学、更合理的金融运作体系。

第三，聚焦业务模式的智慧再造。金融数字化要与时俱进，金融行业可以基于云计算平台和全局统一客户视图，运用大数据和人工智能等技术，实现线上线下信息互通共享，打造高效融通的全渠道服务能力，为客户提供一个更高效、更快、更实惠的软件服务技术架构系统，必须有进一步增强实体金融服务经济的能力。

第四，多向适应，促进生态系统协同共建。金融数字化要从单向型转变为多向型，不应局限于金融领域，而是要联合其他行业，共同发展，打造互联、一体化、相互渗透的数字生态网络，构建综合金融服务平台。

第五，披坚执锐，强化风险防控的科技武装。金融服务与人民生活息息相关，金融行业更是事关经济发展。金融的数字转型可能会带来技术、商业、互联网和数据等领域的新风险。要强化金融风险防控，完善金融监管体系，以技术防控风险，全面提高金融业风险抵御能力。

第二节　金融大数据概述

谈及金融行业，可以追溯到货币流通时代，金融行业可以说是历史最悠久的行业之一。随着互联网和人工智能技术的发展，传统金融发生了天翻地覆的变化，在互联网裹挟着各种技术的加持下，大数据处理时代逐步降临。金融行业也必定是高信息化的行业之一，大数据分析技术可以说是信息时代发展的必然产物，随着云计算、大数据技术在电子商务、证券期货、互联网金融等领域的广泛应用，以及大数据相关技术不断发展成熟，金融产业与互联网、大数据等计算机技术的融合日趋密切①。国务院在《促进大数据发展行动纲要》中提出要积极推动大数据与其他行业的融合，促进产业的创新发展，要大力扶持互联网金融、数据服务、数据处理分析等新兴业态的发展。麦肯锡的一份研究显示，金融行业在大数据价值潜力指数中排名第1位，作为日产生数据量以TB级计算及现代经济的核心，金融行业无疑是大数据技术运用最青睐的行业，金融大数据应运而生，为金融行业带来广泛而深远的变革。

一　金融大数据的定义、属性与特点

首先，我们先来了解下什么是大数据？根据维基百科，大数据（Big Data）又称巨量数据或海量数据，是指涉及的数据量规模无法通过人工或者目前主流软件工具，在合理时间内达到截取、管理、处理并可以被人类解读的信息②。大数据的基本特征可以用"4V"来概括：Volume（量大）、Velocity（变化快）、Variety（多样）、Veracity（真实性）③。金融的本质即"资金融通"。金融大数据的产生依旧离不开"人、资金、交易、环境"四大要素，在网络上的每一次搜索、购物网站上的每一笔交易、资金的每一次流动，都是金融大数据的一部分。在大数据时代，由于每天面临海量的金融数据，传统的数据分析方

---

① 靳玉红：《大数据环境下互联网金融信息安全防范与保障体系研究》，《情报科学》2018年第12期。
② 李勇、许荣编著：《大数据金融》，电子工业出版社2016年版。
③ 陈颖：《大数据发展历程综述》，《当代经济》2015年第8期。

法必须进行巨大的变革,从而形成与之相对应的全新的大数据处理模式。各大金融服务机构在面对海量数据时都会产生一样的困惑,即怎样从这些 TB 级数据中挖掘出对企业管理有益的数据,以及后面如何存储及管理这些金融大数据。

所谓金融大数据,是指由金融机构(银行、保险、证券等)、厂商(信息服务提供商等)、个人和政府机构(行政、监管等部门)在支付结算、股票投资决策、成本定价、期货期权交易、债券投资、资金拆借、货币发行、票据贴现与再贴现等业务交易及相关行为产生的信息。金融大数据作为大数据的一个子集,它是最能体现数据作为资产的价值的。金融大数据可被理解为,大数据中蕴含的反映人们金融交易行为的信息,即金融大数据=行为数据流+想法数据流=历史数据+现期数据+未来数据=数字化数据+非数字化数据[1]。

金融大数据可以简单地被认为是人们在从事金融活动中所产生的互动的信息的累积,宏观方面,其包含社会生产 GDP、社会消费品零售总额、固定资产投资、进出口总额、工业增加值等;微观方面,其包含金融机构如某一具体银行所产生的贷款违约率及其资金储备率等,又或者是某家上市企业所披露的年度财务报表数据、公司经营过程中的交易数据及公司的一些最基本的数据等。

金融机构因自身所处的行业环境的特殊性,每天面对海量的交易数据和日新月异的数据变化。单纯依靠手工处理金融数据的传统方式早已不再适应当今时代,依靠新技术处理大量的金融数据已迫在眉睫。例如,可以采用大数据技术进行处理和分析数据来应对市场的变化多端,并通过大数据挖掘技术去伪存真,保留对企业决策有用的数据进而改善金融行业服务,降低企业经营风险,让推出的金融产品更加贴合人们所需,更具科学性,提高企业自身的核心竞争力。

金融大数据具有如下特征。

(1) TB 级数据量、分布在不同地区和系统[2]。银行中的业务办理、股票市场的交易、用户的日常生活消费信息等均构成了金融大数据的一

---

[1] 何大安:《金融大数据与大数据金融》,《学术月刊》2019 年第 12 期。
[2] 祁旭阳等:《金融大数据研究与应用进展综述》,《时代金融》2019 年第 34 期。

部分①，凡交易必会产生信息的流通，这些信息又可称为数据，这些数据都从日常生活中产生，并且量大，从 TB 级向 Z 级转变②。传统的金融数据多以非结构化形态为主，如今正慢慢演变成半结构化和非结构化数据③。凡是交易必会产生数据，金融行业涉及各种各样的业务，其每天在金融系统中产生海量的数据，通过大数据分析技术从海量数据中提取管理者想要的信息，进而辅助自己制定相应决策，从而更好地服务于金融行业。

（2）数据结构多态。在金融企业中，技术一般更新换代较慢④，可能会导致各个数据中心互相孤立，难以进行数据和资源的共享，并且会因此增加服务器和存储设备的数量，但是服务器和存储资源不能得到充分利用。另外，金融行业业务种类繁多，不同的业务往往会产生各异的数据结构。

（3）价值大、梳理困难。金融行业中有些数据本身的意义只有一个解释，绝对不允许存在任何歧义，如银行客户存贷数据，这些存量数据对优化内部管理、创新产品、精准化和精细化客户服务时与互联网企业积累的数据相比价值巨大。随着互联网技术的快速发展，金融行业的服务渠道种类不断丰富，并且渠道服务宽度和深度不断延伸，倒逼金融行业信息化建设的规模也不断扩大。然而，金融行业有其特殊性，内部各类经营管理系统数据之间的关系都是强耦合的，内部数据流错综复杂，特别是早期对企业信息化建设整体规划不能适应社会服务需求和信息技术的快速发展，数据之间的关系难以追溯，这给后期数据的利用带来了不可预测的困难⑤。

二 大数据技术在金融业的运用

金融作为经济的一个重要组成部分，对社会的发展有着极其重要的

---

① Yong, et al., "Analysis on Information Value of Big Data in Internet Finance", *International Conference on Logistics IEEE*, 2015.
② 张鼐等：《大数据环境下基于云的分析即服务平台研究》，《情报探索》2014 年第 8 期。
③ 顾君忠：《大数据与大数据分析》，《软件产业与工程》2013 年第 4 期。
④ 赵大伟：《大数据技术驱动下的互联网消费金融研究》，《金融与经济》2017 年第 1 期。
⑤ 侯敬文、程功勋：《大数据时代我国金融数据的服务创新》，《财经科学》2015 年第 10 期。

作用。数据作为金融的核心要素,数据的质量与金融机构的发展息息相关,可以说,数据决定了金融业的未来。随着大数据的发展,大数据技术逐步运用于金融领域中,大数据技术慢慢地成为金融领域中的核心技术,对金融业的发展起着支撑性的作用,金融机构采集了人们日常活动所产生的各类金融性数据,其后依托大数据技术整理、分析,进而挖掘出对决策有用的数据来防范化解金融风险,进行金融风险管理。

在国外,大数据技术在金融行业的运用开展较早。例如,美国银行运用客户点击数据集为客户提供特色服务,包括有竞争性的信用额度;花旗银行运用IBM沃森电脑为财富管理客户推荐产品。中国金融行业大数据技术主要在近几年运用较为广泛,很多金融机构建立了大数据平台,采集和处理金融行业的交易数据,主要运用于金融行业的营销、金融创新、资源优化和风险控制四个方面[1]。

（一）大数据技术与营销的融合

在营销方面,依托大数据技术可以为用户推荐个性化产品,依据用户的消费偏好和消费能力为用户建立标签,实时采集用户的各类活动信息形成用户标签数据库,然后通过多维分析,建立各种数学模型对标签数据进行计算输出,确立用户画像,进而实现定向对用户推荐金融产品。例如,某行通过分析整理用户信用卡刷卡次数、存取款金额大小、银行转账次数及金额大小等行为数据对用户进行分类,定期为不同类别的用户推送他们可能感兴趣的产品和优惠信息,比如最近上映的电影、最近新开的餐厅及最近热门的娱乐活动等;保险公司根据大数据定制有针对性的产品,比如,平安车险的组合销售模式就是一种代表性的基于大数据的关联分析应用,其主要做法是在私家车险的基础上,结合大数据分析产生了4个险种组合,分别是车险+1年驾驶人意外险、车险+1年综合意外险、车险+1年交通意外险、车险+1年航空意外险,险种的组合购买提升了单个客户的产出贡献,从而增加了销售额、提高了利润率。

（二）大数据技术与金融创新的融合

大数据的基本特征是数据的收集和信息的处理,而这也是互联网金

---

[1] 何平平、车云月编著:《大数据运用领域》,清华大学出版社2017年版。

融模式的核心。数据的收集能力和信息处理能力对金融业务的成本控制、风险控制有很大的影响，大数据的应用能有效地促进互联网金融的创新。大数据能对交易数据进行有效的分析，从而识别出市场交易模式，并帮助决策者制定高效的套利策略。大数据能对微博、Twitter 等社交网络市场的信息进行分析，并对搜索引擎中的搜索热点进行重点关注，从而快速、高效地制定投资策略。同时，大数据能对中小型企业的日常交易行为数据进行分析，还能判断出财务管理制度不健全的企业的经营状况及信用情况。为解决信息不对称的问题，传统的商业银行需要投入大量的人力、物力、财力进行信息收集、分析、整理。互联网金融平台能利用自身的优势将交易双方信息收集起来，并建立新的信息来源途径，其他网络平台也会收集大量的信息，如物流运输公司、网络支付企业等会收集到大量的运输信息、价格信息、支付信息等，这些信息可以成为衡量客户、个人信用的重要依据。这就打破了传统的金融机构垄断客户信息的现象。社交网络具有很强大的信息传播功能，云计算具有很强的信息处理能力，搜索引擎具有很强大的信息检索能力，这些技术为创建成本低、更新快、精准度高的信息平台提供了有力的依据。

（三）大数据技术与金融资源优化的融合

在互联网金融中应用大数据技术，能有效地促进资源优化配置。互联网能促进投资、融资双方的信息发布、交流、匹配，不需要银行、证券、基金等部门的参与，例如，美国的 LendingClub 公司在为会员提供贷款业务时，是利用网贷平台进行的，并未利用银行机构；而 Google 在 IPO 时采用在线荷兰式的方法进行拍卖，并未利用传统的投行路演、询价报价进行拍卖。大数据技术能有效地整合互联网金融资源，帮助金融市场提供快速、高效的运营平台，对互联网金融的发展具有十分重要的作用[①]。

（四）大数据技术与风险控制的融合

在大数据背景下，金融领域可以利用大数据技术，建立健全财务预警系统，将金融工作进行细化分类，加强金融预警系统的实用性和可行

---

① 于斌、陈晓华主编：《金融科技概论》，人民邮电出版社 2017 年版。

性。通过对采集的信息和数据进行量化分析，可实现对风险的识别与归类。通过实时监控客户的消费行为，以解决信息不对称的风险问题，同时也更好地控制了金融风险的产生。例如，商业银行在信贷业务领域，通过大数据技术进行贷前调查，对贷款客户的各类基础数据进行深度分析和挖掘，判断其还款能力和意愿。同时，商业银行可利用大数据技术为客户构建信用评级模型，依据数据模型对贷款客户进行评级，根据评级结果对客户进行授信和确定贷款额度。而在贷款中和贷款后的管理方面，商业银行可运用大数据技术监测每笔贷款的动态，通过获取贷款客户的生产经营、财务状况等方面的信息，在判断其可能发生贷款损失时提前发出预警，及时采取措施对贷款风险进行控制。在资产结构优化方面，商业银行可利用大数据技术对信贷不良资产进行管理和处置，即商业银行可以选择逾期、额度、职业、收入等相关变量，构建不良贷款催收策略模型，对不同的贷款客户采取不同的措施对贷款进行催收，对客户的联系方式等信息进行核实，详细了解客户的信息，有效解决不良贷款处置过程中所遇到的问题①。

三　技术创新与发展

（一）金融数据安全与加密算法

随着技术的不断更新迭代，用户在享受金融机构为其提供的个性化服务所带来的日常生活和工作便利的同时，也将自己的行为数据贡献给了相应的金融机构；金融机构在为用户提供服务的同时，也收集了用户的大量信息，形成了大量的隐私数据。近年来，媒体密集报道了全球多家互联网公司用户隐私数据泄露的问题，导致公众对隐私数据安全的关注成倍增长。大数据时代保护隐私数据和防止敏感信息泄露已成为信息安全领域的重要挑战。混沌密码的研究引起了各界专家和学者的高度关注，但直到现在，仍然没有准确的数学定义可以涵盖混沌的所有表现。如果混沌系统在计算机等有限精度的设备上实现时动力学特性会退化，那么系统就不再是数学意义上的混沌系统，也不再满足加密的要求。为此，通过构建互耦 Logistic 映射模型和混合多维混沌系统来克服传统 Logistic 映射模型的弱点，并在此之上设计随机性更好的伪随机数发生

---

① 范应胜：《大数据技术与金融业的融合发展及应用研究》，《中国产经》2020 年第 14 期。

器，进而完善有限域上的混沌加密理论，提高加密算法的安全性和稳定性。

（二）物联网技术的运用

随着物联网技术及5G通信技术的发展，中国也逐渐步入了物联网时代，物联网的应用改变了人与人、人与物、物与物之间的交互方式，提高了工作的灵活性和响应速度，让我们的生活变得更加便捷。物联网金融是指金融机构充分利用物联网思维和技术，有机整合用户生产场景、生活场景等经济活动中的信息流、资金流和物流，形成"三流合一"，为用户提供存、贷、汇等金融服务的新型智慧金融组织模式。随着国家金融监管政策的不断完善，中小微企业也不断出现"融资难、融资慢、融资贵"的现象。中小微企业贷款难问题的关键在于建立银行或者金融机构与中小微企业的信任机制，而银行或者金融机构缺失了对中小微企业的末端数据抓手，无法完全打破与中小微企业的信息不对称。5G低延迟、高带宽的传输特性增强了物联网设备在末端数据的采集能力和预处理能力，使其能够成为持续可信的数据纽带。物联网技术的运用可以有效采集企业实时经营的数据，以新视角构建企业信用风险评价指标。基于所构建的企业信用风险评价指标，建立模糊逻辑金融风险预警模型，进而可以有效地帮助银行对贷款企业的评估。

（三）金融数据存储和语义计算

在多源数据采集、清洗、脱敏、转换、加载、分类管理等基础上，基于HBase设计数据存储模型，采用结构化数据+XML文档混合存储的方式保留金融数据中大量的语义关系，同时采用Hive提供的类SQL查询方式作为数据模型接口，实现金融数据的结构化和非结构化一体化处理。然后在此基础上，采用Hadoop生态系统（HDFI、Map/Reduce、HBase、ZooKeeper等）构建云服务数据中心，用于解决数据存储水平扩展的挑战。

（四）数据挖掘算法的并行化

通过采用基于云的分布式计算方式来解决海量数据挖掘任务，提高海量数据挖掘效率。云计算采用MapReduce等新型计算模型，意味着现有的数据挖掘算法和并行化策略不能直接应用于云计算平台下进行海量数据挖掘。因此，需要深入研究数据挖掘算法的并行化策略，继而实现高效的云计算并行海量数据挖掘算法，包括并行关联规则算法、并行分类算法和并行聚类算法。将这些算法应用于分类或预测模型、数据总结、数据聚类、关联规则、序列模式、依赖关系或依赖模型、异常和趋势发现、信用评级、风险评级与预警、个性化服务推荐等。在此基础上，针对海量数据挖掘算法的特点对已有云计算模型进行优化和扩充，使其更适用于海量数据挖掘。

（五）基于大数据应用计量分析的金融风险管理体系的建立

针对风险尽调过程的核心问题"对财务数据的智能化审验稽核，去伪存真"，设计专用的财务审计机器人（包括勾稽验证机器人、逻辑验证机器人、交叉验证机器人），从三张财务报表和电子套账明细账等验证源，识别财务造假并进行风险提示。针对主体信用和债项风险辨别和区分问题，建立主体信用评级模型和债项信用评级模型，前者从企业发展能力、盈利能力、资产质量、偿债能力、运营能力、信用状况、潜在风险等多个维度进行企业信用风险的计量，后者重点考察企业对外债的偿还能力风险，包括还款来源、风险保障和调整项等，两者都能实现数据采集、无人值守、评级报告自动生成等功能。同时，通过大数据实时触发预警，借助风控管理驾驶舱（含风控指标仪表盘、风险快速发现渠道、管理层作战指挥室等），实现客户/债项变化预警、关联/保障变化预警及全天候的风险预警监控，辅助风险决策支持。

（六）金融服务的移动化、可扩展性以及个性化金融服务推荐

首先，在 HTML5 技术体系下，采用 HybirdApp 开发模式，弥补 NativeApp 不能跨平台和 WebApp 无法使用终端特性的劣势，并利用 Meta（原名 Facebook）开源的 ReactJS 开发金融风控和服务的移动端应用，在互联网的架构下实现用户界面快速构建，满足多端接入的需求，减少系统的适配开发。其次，引入基于 Dubbo 和 ZooKeeper 的服务注册模式，围绕业务领域组件来创建应用，构建微服务能力架构，为采用单体式编码方式很难实现的功能提供模块化的解决方案，为增强金融业务的可扩展性提供快速支撑。此外，本书将通过用户行为分析计算来区分用户兴趣和偏好的差异，选择适合金融服务推荐的优化算法（如基于内容的推荐算法、协同过滤算法、粒子群优化算法等），根据业务场景

实现金融服务智能推荐。

第三节　风险识别与智能风控

一　金融风险的范围和种类

金融风险不会因为科技的发展而声销迹灭，而金融科技实质上仍属于金融的范畴，并未脱离传统金融所具有的风险属性和功能属性。

（一）金融风险的成因

金融科技风险，不仅含有传统的金融风险，还强化了金融的固有风险，将传统金融风险复杂化，进而对金融交易和金融市场产生更大的冲击。导致金融风险的成因有以下几种。

1. 信息不对称

信息不对称理论是指在市场经济活动中，各类人员对有关信息的了解是有差异的[①]，信息不对称的现象无处不在。依据 KYC（Know-Your-Customer）原则，市场中的参与者互相交易时需要获取多方位更具体的信息，传统的信息披露要求不能缓解信息不对称[②]。信息不对称会造成两种后果：一是逆向选择，二是道德风险。

逆向选择是发生在交易之前的信息不对称问题。以二手市场为例，由于交易双方对于商品的具体情况掌握的信息程度不同，通常卖方掌握的信息比买方掌握得更多，买方担心买到劣质商品，就会降低对商品价值的估量，不愿意出高价。这样一来，拥有优质商品的卖方不愿低价卖出而蒙受损失，而拥有劣质商品的卖方能通过交易获得一些额外收益，这样优质商品就会被驱逐出市场。当买方察觉到商品质量下降时，对于商品的估价也就越低，其愿意支付的价格也随之降低，进而导致质量水平稍高的商品被驱逐出市场，形成商品质量下降的恶性循环。一旦经济形式下滑，就会出现"关门""跑路"等现象。

道德风险是发生在交易之后的信息不对称问题，信息不对称的背后隐藏的其实就是道德风险。由于交易双方信息不对称，一些互联网平台

---

① 仵志忠：《信息不对称理论及其经济学意义》，《经济学动态》1997年第1期。
② 陈红、郭亮：《金融科技风险产生缘由、负面效应及其防范体系构建》，《改革》2020年第3期。

没有对风险进行真实有效的信息披露，选择对自己有利的信息进行披露，而隐藏其背后的不利信息，从而引发道德风险。

2. 金融科技自身的脆弱性

金融科技是科技与金融相结合的产物，技术不仅是传统金融向科技金融转型的动因，也是金融科技风险的成因之一。对技术的过度依赖会强化金融的固有风险，而且还可能产生新的不可预知的风险。一是中国现有的法律法规难以契合金融科技的飞速发展。二是金融机构运用科学技术快速发展，增加了监管的处置难度。三是服务管理体系发展滞后难以适应金融科技创新产品。

3. "长尾"效应

金融科技服务了大量不被传统金融所覆盖的人群，这部分人群相对专业人群而言，他们的金融知识、风险识别，以及风险承担能力相对比较薄弱，属于金融领域的弱势群体，容易遭受误导、欺诈。个体的非理性和集体非理性更容易出现，使集体挤兑成为可能。

（二）金融风险的范围

通过基础平台的建设，构建全面风险管理体系。从宏观风险、中观风险和微观风险三个层面出发，对风险进行全面预测、识别和管控。首先，在宏观风险方面采取数据监控+人工预测+专家评估的方式进行多重风险排查。其次，在中观风险方面根据集团的业务模式和产品渠道进行分类管理，做到风险预警和实时管控。最后，在微观风险方面对整个风险管理体系进行分层，从应用层、策略层、分析层、数据层和技术层展开工作，打造包含策略应用、决策科学、分析建模、数字征信和风控技术等功能在内的完整的风险管理体系（见图1-1）。

（三）金融风险的种类

金融风险主要包括金融信用风险、金融操作风险、金融技术风险、金融市场风险、金融声誉风险、金融流动性风险、金融法律合规风险。

1. 金融信用风险

金融信用风险又称履约风险或交易对方风险，指客户无力履行合约而造成经济损失的风险，是金融行业最普遍的风险之一。金融科技的不断发展，降低了客户的准入门槛，大量的高风险客户被引入，加之中国的征信体制不健全、征信监管不完善的问题，进而诱发大规模的信用风险。

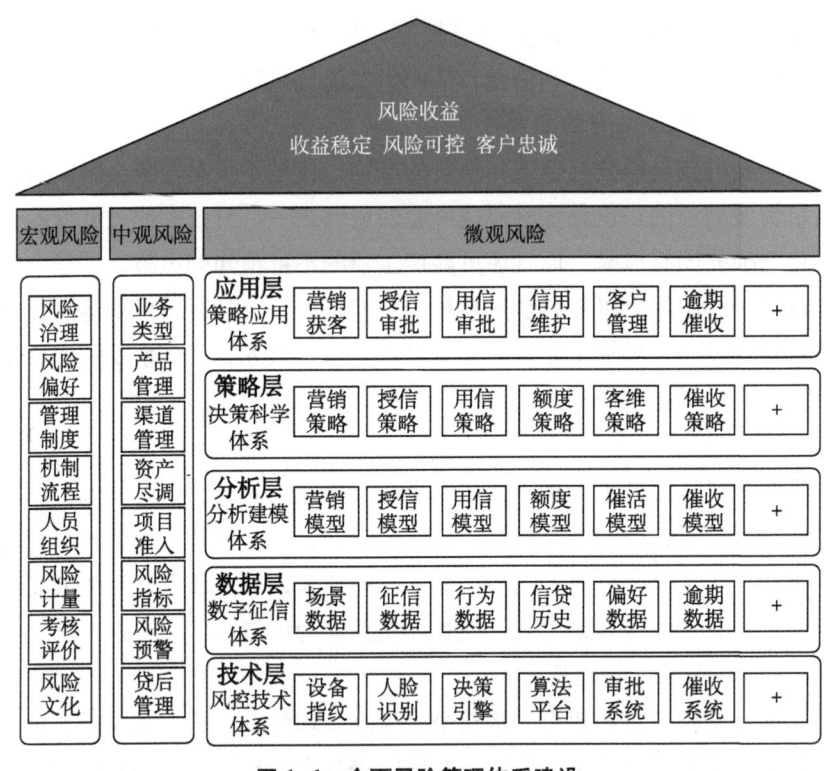

图1-1 全面风险管理体系建设

2. 金融操作风险

金融操作风险是指因员工操作失误、客户操作不当、内部程序不完善、系统缺陷而造成经济损失的风险。一是由于金融科技业务的专业性与技术性较强,而客户参差不齐,普通客户通常不具备相应的专业知识,所以容易造成操作风险。二是金融科技企业内部无成熟的治理体系和规章制度。三是由软硬件的基础设施不完善及系统漏洞等导致的客户资金损失。

3. 金融技术风险

金融科技本身就是金融与技术的创新融合的结果,在其不断创新过程中,增加了对技术的依赖性,一旦出现任何技术漏洞、系统缺陷、技术失灵等问题就可能会导致数据窃取、网络攻击等技术风险。具体表现在以下几个方面。

(1)技术不完备。依托新兴技术的初创金融科技企业存在技术不成熟、算法不完善等风险。

（2）数据安全隐患。在信息时代背景下，客户的私人信息具有非常大的商业价值，金融服务提供商借助大数据对客户进行数据分析、深入挖掘客户的需求，高度集中的客户信息可能被恶意窃取和利用，数据泄露的可能性大大增加。

（3）网络安全风险。金融科技对网络高度依赖，恶意攻击者借助网络攻击、僵尸网络、恶意代码等手段造成网络安全威胁。

4. 金融市场风险

金融市场风险又称金融系统性风险，是指基础金融变量（如利率、汇率、股价）的变动而使金融资产或负债的市场价值发生变化，对企业产生不利影响。

5. 金融声誉风险

金融声誉风险是相关利益主体提出负面评价而对金融企业的经营能力、发展客户能力等产生负面影响的风险。

6. 金融流动性风险

金融流动性风险是指企业虽有清偿能力，但是无法及时获得充足资金或者无法以合理成本及时获得充足资金来应对资产增长或支付到期债务的风险。

7. 金融法律合规风险

金融法律合规风险是指金融科技企业由于违反国家的法律法规、自律性组织制定的有关准则，而给企业、客户乃至整个社会带来损失的风险。

二　金融科技中的风险识别

风险识别是风险管理的前提，也是进行风险管理的基础。

（一）金融科技风险识别的概念

金融科技风险识别是指在风险事故发生之前，通过运用相关的知识、技术和方法系统地、连续地、全面地认识、判断和分析处于经济活动中的经济主体所面临的金融风险的类型、受险部位、受险源、严重程度等情况。

（二）金融科技的风险特征

1. 传播范围更广

金融科技依托互联网，具有开放共享的特点，这些特点促使金融信息与金融要素扩散的范围更广。金融科技在运行过程中，若其中任意一个节点出现风险，都将迅速传播到整个以互联网为支撑的金融系统。

2. 传播速度更快，处理难度更大

金融科技融合区块链、云计算与人工智能等新型科技，解决了传统金融痛点，提升了金融业务效率。但金融科技是一个新事物，发展还不成熟，这就导致信息技术的潜在风险和操作风险更加突出[1]，且金融科技风险跨市场、跨区域，风险传播速度更快，也更加复杂。而且新旧风险叠加，风险结构也变得错综复杂，治理风险难度加剧。

3. 风险识别更加困难，复杂性增强

金融风险的爆发缘由及扩散途径更加多样化，其交叉感染概率和外溢效应也相应增大，这使风险潜伏的时间更长，不能及时发现问题，加大了风险识别的难度。

4. 虚拟程度更高

金融科技的交易绝大部分是通过互联网完成的，与传统金融相比，金融科技大部分是通过"虚拟化"的数字信息进行交易行为，一旦这些数字信息出现问题，则会引发极大的风险。

5. 金融科技风险具有不平衡性

中国金融科技发展不平衡不充分，智能技术应用带来的数字鸿沟问题日益凸显，一些大型科技公司向金融领域逐步发展为金融科技寡头，垄断金融市场交易[2]，造成竞争失衡，出现两极分化现象。

（三）金融科技风险识别的原则

1. 实时性原则

金融科技风险识别必须及时，这样才能确保风险识别的时效性。

2. 准确性原则

应准确识别各个风险类型、受险部位和风险源。另外，必须准确估计风险的严重程度。

3. 系统性原则

经济活动中的每个环节和每项业务不仅需要进行独立分析，还必须

---

[1] 夏诗园、汤柳：《金融科技潜在风险、监管挑战与国际经验》，《征信》2020年第9期。
[2] 张凯：《金融科技：风险衍生、监管挑战与治理路径》，《西南金融》2021年第3期。

注意各个环节、各个业务之间的联系。

三 智能风控的出现与发展

在互联网大时代下，金融风险随着信贷市场的扩大而不断增大，传统金融风控技术普遍存在的信息不对称、时效性差、效率低等问题已经不能满足市场需求。智能风控的出现很大程度上提高了金融机构的业务效率和安全性，它是加强金融科技领域风险管控的重要方法之一。

（一）智能风控的起源

智能风控起源于新型金融业态互联网的兴起，壮大于传统金融业的数字化转型[①]。互联网金融的兴起，金融业务趋于线上化，包括客群准入、身份验证、反欺诈、信用评估、授信审批、用信审批、贷中监测、贷后管理等业务过程，金融产品的形态与客户层级随着新的交互体系而发生了变化。传统风控技术无法应对崭新的互联网业务形态，金融机构面临的风险越来越突出，传统风控逐渐走向了末路。在互联网金融的不断推进过程中，智能风控成为传统风控的有效补充。

随着互联网科技与金融的高度融合、相互渗透，加速了金融业转型，促使金融机构采取新型的金融科技手段。智能风控利用大数据、人工智能、云计算等技术构建线上化金融风控体系，通过海量运算与校验训练以提升模型精度，最终应用到客群准入、身份验证、反欺诈、信用评估、授信审批、用信审批、贷中监测、贷后管理等金融业务流程，从而提升风控效果。

（二）智能风控体系发展历程

智能风控是金融科技的一个不可或缺的应用领域之一，它是依托大数据技术、人工智能技术、云计算技术等前沿技术、措施和方法，综合应用到金融业务的风险控制阶段中，以提高风控水平和效率。在金融行业，风控永无止境，智能风控更是不断迭代、不断完善优化，可将智能风控的发展历程细分为以下三个阶段。

1. 智能风控1.0

智能风控1.0的主要特征为直接大规模整合和应用数据信息，应用方式包含验证风险信息、比对风险名单以及建立预警规则等，主要应用

---

① 周家乐：《智能风控助力金融风险防控》，《清华金融评论》2019年第5期。

于一些简单的银行业务，如验证银行账户三要素、识别线上业务的反欺诈，以及预警提示贷后管理风险等。

2. 智能风控2.0

智能风控2.0的主要特征为数据信息的再加工、再提炼，应用方式包含构建客户标签、挖掘关联关系、监控舆情等，其对数据进行了更加深入的提炼和应用，智能风控2.0开始引用数据统计技术、数据分析技术和数据挖掘技术等。

3. 智能风控3.0

智能风控3.0是在智能风控2.0的基础上，将智能风控从原先相对独立的技术手段升级为嵌入业务流程中的管理方法。智能风控将与金融风控产品和服务模式创新融为一体，将贷前的客群准入、身份验证、反欺诈、信用评估、授信审批、用信审批，到贷中检测，再到贷后管理等一系列独立的智能风控应用整合起来，形成一个伴随整个信贷生命周期的智能风控流程闭环。

（三）全流程智能风控体系建设

参照《商业银行互联网贷款管理暂行办法》，综合科学制定全流程自主风控核心模型。将围绕以下几个方面开展智能风控的理论与方法研究，为后续的金融风险控制和业务服务提供技术支撑。

1. 客群准入筛选模型

前置渠道及客群风险管理是全流程风险控制的第一个环节，有效地筛选优质客户是提升业务资产质量的关键举措。首先，在渠道管理方面，对渠道风险、渠道投放节奏进行评估，并做好渠道风险追踪和渠道的准入和退出工作。其次，在客户来源方面，将地区风险进行分级，针对优先准入地区、高危风险地区和禁止准入地区制定不同的准入标准，并制定白名单。再次，对客户进行画像，按年龄、职业、客群和信贷场景进行筛选，为后期授信管理做好准备。最后，通过联合建模的方式设计包含收入、授信、响应和收益等维度的获客模型。

2. 用户身份多重验证

用户身份认证是确保线上交易安全的首要任务，主要分为人脸识别、OCR识别、四要素认证和异常验证四个步骤。首先，通过动态人脸识别、公安网有源对比和身份证无源对比进行初步确认；其次，通过

OCR 识别判别证件是否存在翻拍或复印造假的情况。在确认人证无误的情况下,通过姓名、身份证、手机号和银行卡号四要素认证对申请人的身份进行核实。如果发现异常,则通过异常验证模型对异常行为进行二次排查,并将排查结果进行记录,用于后期改善风控引擎。

3. 反欺诈

根据项目需要防范线上欺诈风险,制定差异化的反欺诈策略。通过黑名单规则模型、反黑产策略模型、反团伙欺诈模型、反欺诈评分模型和反欺诈策略模型的设计并应用,多维度层层控制欺诈风险,最终完成体系化反欺诈风控架构的设计工作。

4. 信用评估

通过内部数据、外部数据和场景数据的高度融合,差异化信用评估策略,综合利用集成模型算法、XGBoost 算法和梯度下降树建立信用评估模型,最终实现从多维度控制信用风险。

5. 贷中监测——全景风险监测指标,加强风险预警能力管理

贷中监测工作细分为变量加工、画像分析和 BI 报表三部分工作。首先,通过在线数据服务和数据挖掘技术对风险特征进行分析,利用变量加工引擎对结构化、非结构化数据进行一体化处理,综合评估用户的信贷、网络和社交行为,进行实时预警管理。其次,对用户画像进行精细化分析,通过不同维度的数据构建出用户的信用画像。最后,通过 BI 报表进行风险智能监控。

6. 贷后管理

建立拥有智能预警、策略应用、数据挖掘和催收系统的贷后能力标准框架,提升逾期回款能力。在系统自动进行异常监测并曝出风险预警后,系统自动根据风险进行评级并触发提醒。贷后管理子系统再通过数据挖掘技术综合分析预期用户的行为特征、交易信息、申请信息和第三方数据,进行失联修复。若催收无果则将自动对接仲裁机构,进行资产保全或资产重组,以达到降低损失的目的。

第二章

金融科技背景介绍

第一节　金融科技的起源及其发展

一　金融科技的起源

（一）金融科技的起源

谈到金融科技的起源，我们需要追溯到20世纪初的关于金融与技术创新关系的研究，在该研究中熊彼特首先提出了一种观点：将技术创新概念加入金融研究领域，他认为在未来信贷的发展必然会推动科学技术创新和金融领域的创新，同时金融的创新又会反作用促进未来科学技术的创新[1]。在时代的发展下，这一观点逐渐被国际学术界认可，成为未来金融领域的重要发展方向。

1972年，一篇学术论文中作者在详细描述他的模型如何分析和解决某银行日常问题时，就提到该银行的副总裁使用了"FINTECH"作为首字母缩略词来指代由现代管理科学技术的银行专业知识和计算机合并成的金融领域科技手段[2]。另外，在20世纪90年代，美国花旗银行就开始意识到科技创新可以被应用于金融领域。他们发起了一个专业的研究项目——Financial Services Technology Consortium（金融服务技术联盟），这个项目名称开创性地将"金融"和"科技"两个英文单词结合

---

[1] ［美］约瑟夫·熊彼特：《经济发展理论》，贾拥民，译．中国人民大学出版社2019年版。

[2] Schueffel P. M.，"Taming the Beast：A Scientific Definition of Fintech"，*SSRN Electronic Journal*，2016.

在了一起。

在此之后，依靠电子和计算机技术以及通信和互联网技术的金融领域，西方国家将其称为 Fintech，其中的意思是 Financial Technology，也就是"金融科技"，当然也可以简单地将 Fintech 理解为"金融"（Finance）再加上"科技"（Technology），但事实上这并不仅是这两者简单的组合，而是运用了各种创新科学技术，结合传统金融行业所产生的具有重大意义的产品和服务。该领域的发展不仅有效地降低了运营成本，还提高了生产效率，在全球经济发展中发挥重要作用。而后来金融理事会（FSB）给出了金融科技的定义：金融科技主要是指由大数据、区块链、云计算、人工智能等新兴前沿技术带动，能对金融领域市场和相关的金融服务行业起到优化改善作用的新兴的产品服务、业务模式、技术应用等[1]，是未来金融行业发展的航向标。

纵观金融科技的发展历程，虽然金融科技的概念在美国发源，起步发展也在西方，但在我国的发展速度也是不甘落后。中国金融科技的发展源于 1995 年，初期可称为金融互联网阶段，多以传统金融机构的线上窗口平台模式为主，如招商银行的网上银行、保险业易保在线的网上投保等。随后，以国内阿里巴巴、腾讯、百度三家互联网公司成功建立起金融领域事业为代表，国内互联网金融行业方兴未艾。在 2006 年以宜信、拍拍贷为代表类型的金融机构开始，国内互联网金融创业规模逐渐扩大。2013 年，蚂蚁金服旗下的产品余额宝成功上线，对社会产生了重要的影响，也标志着互联网金融已开始走进了普通中国民众的生活，也成为中国互联网金融元年。2014 年，国内外资本和大量相关人才纷纷加入互联网金融行业，推动了中国互联网金融行业的快速发展，在国内掀起了一场互联网金融行业创业热潮。互联网金融这一词条正式写入国务院的重要文件中，被国家政府高度重视，并获得鼎力支持。2015 年，李克强总理提出了制订"互联网+"的行动计划，旨在利用互联网的平台与云计算、大数据和物联网等新信息技术，连接互联网和各行各业，通过相互融合、更新换代，在新兴领域创造出全新的生态，产

---

[1] 雷淳：《我国数字金融对中小企业融资约束影响研究》，博士学位论文，四川大学，2021 年。

生"1+1>2"的效果。2015年,由国务院发布的《国务院关于积极推进"互联网+"行动的指导意见》(国发〔2015〕40号),明确指出"鼓励各金融机构利用云计算、移动互联网、大数据等技术手段,加快金融产品和服务创新,在更广泛地区提供便利的存贷款、支付结算、信用中介平台等金融服务,拓宽普惠金融服务范围,为实体经济发展提供有效支撑"。同样重要的是,由中国人民银行发布通过的《金融科技(FinTech)发展规划(2019—2021年)》一书中,更清晰明确地表示需要发挥金融科技赋能效应,为促进中国金融事业的高质量发展作出贡献。

(二)金融科技的发展

第二次工业革命后,金融与科技的融合开始出现,根据在不同阶段,与金融融合的科技群不同,大致可以将融合的历程划分为四个阶段。

金融与科技融合的早期阶段大致发生在第二次工业革命到20世纪60年代。在早期阶段,交通运输条件不发达,金融业者使用马车、火车等出行工具拜访客户、获取信息,金融业者用毛笔、钢笔、羊皮卷等书写工具书写契约,各个时期的金融业从业者借助那个时期的工具完成金融服务,金融活动的开展必然依赖并受限于特定时期的技术条件。

在当时,计算机还未被发明,信息技术革命还未开始,金融与科技仅是初级接触,表现为具备物理形态的、功能单一的、科技含量低的科技产品在金融业务中简单地应用。一直到计算机出现后,通信技术有了巨大进展,科技驱动的金融创新才有了足够的规模和影响力。

金融电子化阶段大致发生在20世纪60年代至20世纪90年代。在这一阶段,大型电子计算机逐渐普及,银行、证券公司、保险公司等金融机构开始使用大型电子计算机,最开始只是应用在简单的计算工作中,代替算盘等中国传统计算工具,后来开始在计算机中输入柜台前的各种信息。

金融互联网化阶段发生在20世纪90年代到21世纪初。在这一阶段,互联网在社会各部门快速普及。金融机构借助互联网平台开展业务，首先金融机构设立网站，推出网上业务；其次处理好业务的联网工作，实现全国范围的计算机处理联网。传统金融服务支付、转账、投保理赔、基金证券买卖等业务纷纷线上化，极大地节约了金融服务需求方的搜寻成本和供给方的获客成本。与此同时，一些互联网企业也开始利用自身的用户规模、用户忠诚度、商业模式涉足金融业务，比如支付、投融资，催生出第三方支付、网络借贷、众筹等金融业态[1]。

金融科技阶段发生于2003年至今，在经历了金融互联网化后，金融机构完成线上化，基于互联网的科技手段进一步与金融结合，达到深度融合状态。这一阶段的代表性技术是大数据、人工智能、云计算、区块链、移动互联网等，衍生出移动支付、刷脸支付、智能投顾、保险科技、虚拟货币等新业态。相比上一阶段，本阶段的融合由科技公司率先发起，传统金融机构由于科技水平有限处于被动地位，科技公司不只经营支付、投融资等金融业务，还涉足金融基础设施领域，所占市场份额增大，金融混业发展的趋势更加明显。

二　金融科技的内涵及主体

（一）金融科技的内涵

金融科技的英文名称是"FinTech"，即"Financial"与"Technology"的融合缩写。金融科技概念最早出现在1972年，最初是指"银行业的专业业务与计算机技术的结合"。作为一门全新的产业或学科，目前学界对于金融科技的内涵尚未统一，现有文献主要从以下几个视角来定义金融科技。

定义1：根据国际证监会组织的定义，金融科技是指具有潜力改变金融服务行业的各种创新的商业模式和新兴技术。

定义2：金融科技是一种对金融产生重大影响的科学技术。巴曙松等认为，金融科技是将科学技术应用于金融行业，服务于普罗大众，降低行业成本，提高行业效率的技术手段[2]。Ma等则指出，金融科技是一系列的技术，并广泛影响着金融支付、融资、贷款、投资、金融服务

---

[1]　林晨：《金融科技服务实体经济的作用机理研究》，博士学位论文，四川大学，2021年。
[2]　巴曙松、白海峰：《金融科技的发展历程与核心技术应用场景探索》，《清华金融评论》2016年第11期。

及货币运行①。

定义3：根据金融稳定理事会（FSB）的定义，金融科技主要是指由大数据、区块链、人工智能、云计算等新兴前沿技术带动，对金融机构、金融市场、金融服务业务供给产生重大影响的新兴业务模式、新技术应用、新产品服务等。

对于科技这一新兴事物，国际组织和主权机构侧重宏观方面，描述比较宽泛；金融机构关注技术创新对传统金融业务产生的影响，侧重金融机构对技术的运用；科技公司更关注技术层面带来的金融创新。

本书认为，金融科技是金融与科技相互影响、相互融合的结果，因此金融科技的本质内涵应具有以下特征：①凭借移动互联网、大数据、区块链、人工智能等新兴技术作为后端支撑，且后端技术交叉度高；②凭借金融业务模式作为应用对象；③以创新性为灵魂；④业务与技术高度融合。

结合上述金融科技内涵的特征，本书将金融科技的内涵界定为：金融科技是以新兴科技为后端支撑，并给传统金融行业带来新的业务模式的金融创新。金融与新兴科技的融合提升了金融服务效率、开拓了新的市场、创造了新型金融产品②。

现有一些研究对金融科技、科技金融、互联网金融等相关概念未做明确区分。但实际上，这三者之间存在明显的差异：科技金融主要是科技企业利用科学技术的优势，提供创新性的金融服务，其核心是技术能力，发起对象是科技企业；互联网金融是指充分利用以互联网为代表的现代信息科技，进而使金融服务的商业模式更具效率；而金融科技是金融机构利用科技手段来赋能，增强自己的金融服务能力，其核心是金融，发起对象是金融机构，它比互联网金融所包含的商业模式更加广泛，且比科技金融更加强调技术对金融业的推动作用。进而，可以把现有的金融科技应用分类梳理，如表 2-1 所示。

---

① Ma Y. et al., "Introduction to the Special Issue on Crowdfunding and Fintech Introduction Fintech", *Financial Innovation*, 2017.

② 皮天雷等：《金融科技：内涵、逻辑与风险监管》，《财经科学》2018 年第 9 期。

第二章 金融科技背景介绍

表 2-1 金融科技应用分类

后端技术	业务模式			
	支付结算	存贷款及资本筹集	投资管理	市场设施
（移动）互联网	移动钱包	借贷平台	线上理财、电子交易	跨行业通用服务
大数据	点对点汇款	信用评分、贷款清收	大数据风控	多维数据收集
人工智能	智能支付系统	智能投资型众筹	智能投顾	多维数据处理
区块链	跨境支付、数字货币	分布式清算机制	区块链股权管理	分布式记账

资料来源：皮天雷等：《金融科技：内涵、逻辑与风险监管》，《财经科学》2018年第9期。

（二）金融科技的主体

金融科技的主体主要由大型高科技企业、偏技术的互联网金融企业及持牌金融机构组成。

1. 大型科技企业

大型科技企业以科技赋能金融业务和金融产品，甚至立足科技进军金融行业。这些企业一方面能够加快传统金融机构转型；另一方面在新兴技术的发展迭代下，创造出传统金融机构无法提供的新型金融产品和新型服务模式。例如，中国的以"BATJ"（百度、阿里巴巴、腾讯、京东）为首的大型科技企业。

2. 偏技术的互联网金融企业

偏技术的互联网金融企业利用各种信息技术去改进金融业产品、服务模式等。金融科技公司、网络小贷公司等或多或少从事金融科技业务，较突出的有平安金融壹账通、京东金融、百度金融等。

3. 持牌金融机构

持牌金融机构是指国家金融管理部门批准设立并颁发许可证的金融机构。其中，归属证监会发放的金融牌照有基金子公司牌照、基金销售牌照、基金销售支付牌照、券商牌照、公募基金牌照、期货牌照；归属银监会发放的金融牌照有银行牌照、信托牌照、金融租赁牌照；归属保监会发放的金融牌照有保险牌照；归属中国人民银行发放的金融牌照有第三方支付牌照；归属其他机关审批的金融牌照有融资租赁牌照、典当牌照、小额贷款公司牌照、互联网小贷公司牌照、融资担保公司牌照。

国内金融机构在几年前就开始加快了金融科技布局，加速推进数字化转型。

三 金融科技对金融业的影响

随着金融科技的演进发展，金融科技给金融业带来了深刻的影响，对金融业产生了新的冲击。

（一）助力银行转型

金融科技推动传统银行转型来创新产品与服务，以应对当前激烈的竞争。金融科技的兴起给传统银行带来了新的机遇和挑战。传统银行为了在市场上长久生存下去，充分利用大数据、云计算、人工智能等前沿技术来推动银行转型升级。金融科技发展势头非常迅猛，通过运用金融科技产业的创新理念，解决行业发展痛点、成就客户价值，正成为银行业发展转型的关键思路之一[1]。在应对金融科技的变革中，银行业不断探索，通过调整业务模式、风控体系、获客渠道、技术框架等重塑未来竞争力，实现从传统银行向数字银行、智慧银行的转型。以五大银行为例，中国工商银行、中国农业银行、中国银行、中国建设银行及交通银行在2017年就分别陆续与京东、百度、腾讯、阿里巴巴、苏宁等科技公司联合。另外，招商银行在2016年的年报中就提出必须举全行"洪荒之力"，推动以"网络化、数据化、智能化"为目标的金融科技战略。在金融科技的浪潮中，各大银行在不断地提升自身技术平台的开放与试错能力，积极建立新旧并存的技术体系。

（二）对业务发展的影响

从现有业态分析可见，金融科技有三大主流方向[2]：

一是第三方支付。随着第三方支付从单纯的线上业务转向线上线下相结合，从仅具有支付功能到兼具收单功能，从纯消费到可以投资理财，第三方支付在消费者中的渗透深度及广度持续加强。二是网络融资。包括众筹、电商小贷两种方式。强大的风险控制能力是网络融资良性发展的关键因素。三是虚拟货币。

---

[1] 王淳：《金融科技对金融业发展的影响》，《金融科技时代》2017年第12期。
[2] 范丹：《互联网金融发展趋势及对金融业的借鉴》，硕士学位论文，上海交通大学，2014年。

1. 第三方支付

支付本身就具有很强的金融科技基因，而银行是支付电子化的先行者。一方面，银行利用新兴科技来改善客户支付体验，支付交易更加便捷，客户可以随时随地发起交易支付，产生了 NFC 支付、远程支付、移动支付、扫码支付、人脸支付等众多支付手段。另一方面，银行也在不断尝试将新兴技术应用到支付安全领域，包括指纹识别技术、人脸识别技术、虹膜识别技术、静脉识别技术等来保障客户的信息安全。在国内，几乎可以做到仅拥有一部手机就可以行天下，大大提高了支付效率。

第三方支付是一种平台机构，这种机构会设立一个平台和用户所用的银行卡对接，用户通过在线平台或者平台设立的线下终端就可以实现消费、转账等银行卡都具有的功能，甚至还可以拥有其他的一些银行不具有的功能，比如 AA 收款等。第三方支付平台完全独立于商户及银行之外。第三方支付的现状和趋势主要表现在如下方面。

（1）第三方支付用户规模和交易额不断扩展并将持续增长（见图 2-1）。

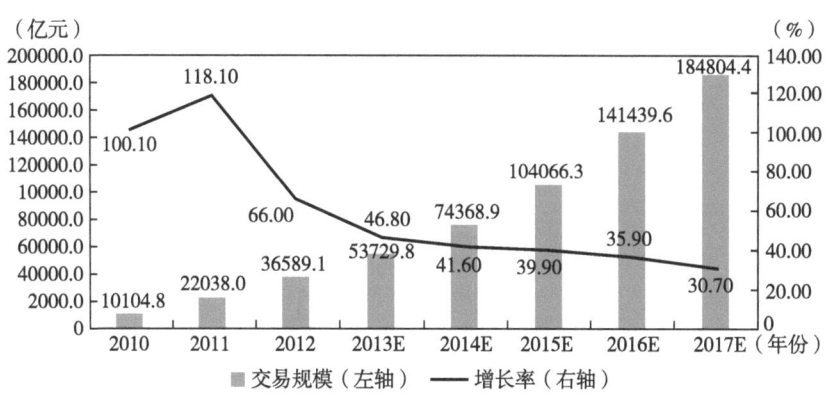

图 2-1　2010—2017 中国第三方支付交易金额

资料来源：艾瑞国际。

2013 年，中国第三方支付交易额达到约 5.4 万亿元，同比增长 46.8%。而随着互联网的触角逐渐渗透到网民生活的方方面面及网民增速的不断提升，预计未来几年第三方互联网支付会发展得越来越快，交易规模也将保持越来越快的增速，网上支付的用户渗透率也越来越高。

2013年网上支付的用户渗透率达42.1%，用户规模达2.60亿元，相比上年同期网上支付用户增长率为17.9%。第三方支付涉及业务的不断扩展以及用户群的不断增长，使第三方支付规模还将持续增长。一是商务类应用的快速增长，直接推动网上支付的发展。二是不同的商户平台引入多种支付通道，通道的拓展增加了网上支付交易额。三是线下实体经济结合了网上支付功能，付费方式的转变不仅给用户带来了利益，也给商户带来了利益，比如用支付宝或者微信支付来支付打车费用，不仅省时安全，而且用户可以减免车费，司机也可以分成①。

（2）基金申购异军突起。2013年是互联网金融元年，在2012年毫无声息的基金申购市场一跃成为第三方支付中的第三大细分市场，占比为10.5%，网络购物虽然仍占总体交易额的最大份额，达到35.2%，但相比2012年下降6.3%。其次是航空客票占13.2%的市场份额，相比2012年也呈现下降趋势。其余的细分市场占比均略有不同程度缩小②。

（3）移动端第三方支付呈现快速增长趋势。2013年，中国的第三方移动支付交易额高达1.2万亿元，相比2012年增长707%，移动支付在过去1年中的增长速度突飞猛进（见图2-2）。

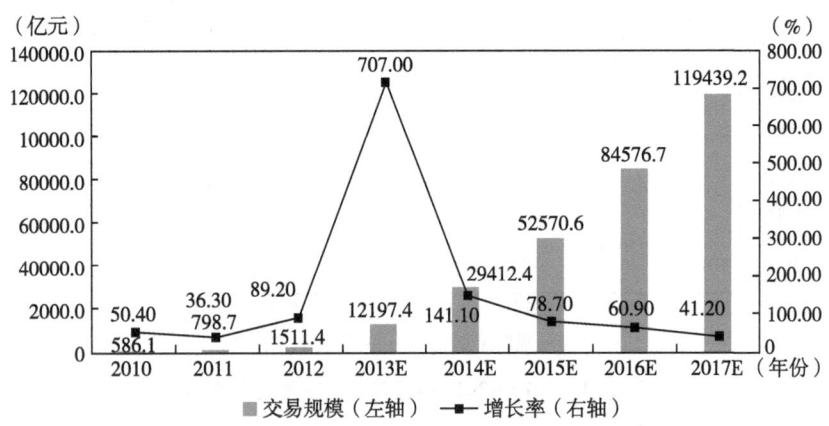

图2-2　2010—2017中国第三方移动支付交易市场规模

资料来源：艾瑞国际。

---

① 朱建兵：《当今互联网金融的六大方向》，《上海经济》2014年第7期。
② 范丹：《互联网金融发展趋势及对金融业的借鉴》，硕士学位论文，上海交通大学，2014年。

同时，移动端支付渗透率从 2012 年的 13.2% 增长到 2013 年的 25.1%，手机网上银行的使用渗透率从 2012 年的 12.9% 增长到 2013 年的 23.4%，呈现翻倍增长（见图 2-3）①。

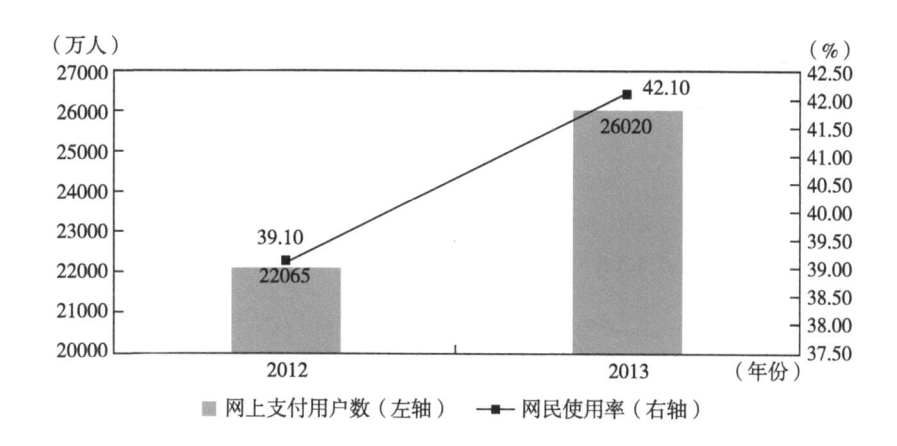

图 2-3　2012—2013 年网上支付用户数和网民使用率

资料来源：CNNIC。

第三方支付不仅可以实现购物的功能，而且兼具转账还款等功能，第三方支付对于网民日常生活的满足直接推动了第三方支付交易规模的增长。同时，随着移动支付技术的发展及线上支付市场竞争逐步成熟，互联网巨头又把目标转向线下市场，比如 O2O 市场等，第三方支付在线下市场与传统的金融机构，如收单机构、银行、移动运营商展开激烈的市场竞争，这种竞争会削弱传统金融机构的既得利益，进一步将利益转移到用户身上，从而促进整个金融市场的良性发展。

（4）支付宝的霸主地位受到微信支付的挑战。支付宝以 48.8% 的高额市场份额在 2013 年第三季度的第三方在线支付市场中独占鳌头，几乎成为行业的垄断者。腾讯的财付通占据 18.7% 的份额，另外具有强大支付网络的银联集团旗下的好易联支付、以企业用户为主要切入点

---

① 范丹：《互联网金融发展趋势及对金融业的借鉴》，硕士学位论文，上海交通大学，2014 年。

的快钱、汇付天下则分别尾随其后，详细的市场份额如图 2-4 所示①。2013 年底，腾讯旗下的微信支付可谓后起之秀，它在 2014 年与滴滴打车的合作及春节期间开展派发红包的营销活动，使微信支付的新增用户数及用户活跃度都有明显增长。同时，微信支付直接将银行卡绑定在微信账号上，绑定微信账号的同时也绑定了平时网民日常生活所需的功能，如话费充值、电影票、AA 收款等。

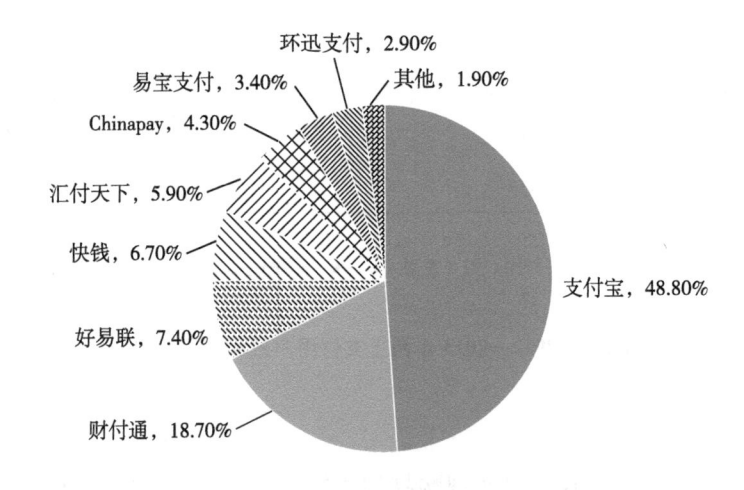

图 2-4　2013 年第三季度中国第三方在线支付行业市场份额占比

资料来源：东方财富网。

微信支付凭借微信的高用户黏度，对支付宝形成很大挑战，即便阿里巴巴旗下有来往这样的类微信软件，但由于其用户黏性不高，很难撼动微信支付的地位②。

（5）网上支付市场规模将有很大增长空间。三个因素使我们对未来几年网上支付整体市场规模的增长持有强烈信心：首先，传统零售业的企业逐渐建立了自己的独立网站及在电商网站上建立自己的商铺，这些零售企业包含百货公司、购物中心、品牌店等，将销售从纯粹的线下的方式转为线上线下结合，甚至有的店铺及品牌将线下店定位为体验

---

① 朱建兵：《当今互联网金融的六大方向》，《上海经济》2014 年第 7 期。
② 朱建兵：《当今互联网金融的六大方向》，《上海经济》2014 年第 7 期。

店，而主要的销售靠线上店铺支撑，使支付通道从线下转移到线上，从而为第三方支付提供了很大的发展空间。其次，随着余额宝、百赚等第三方货币理财产品在投资者中越来越火，传统的金融机构加大与互联网公司的合作。随着投资者的互联网意识逐渐增强，且中国最早的一批网民现在大部分 30 多岁，已经有一定的财富积累，手中可用于投资的金额越来越多，但传统的基金公司和银行理财往往需要亲临柜台或者在网上完成一系列复杂的评估及手续后才能购买理财产品，第三方支付购买理财则充分地发挥了互联网精神，凭借其友好的操作界面、简单高效的流程赢得新生代投资者的青睐，这个市场不容小觑。最后，在线旅游、B2B 电商及电信运营服务三个行业规模增长稳定。从在线旅游行业来看，随着民众的生活水平越来越高，民众对旅行的需求越来越强烈，使大家对航空客票的需求也与日俱增。携程旅游等在线旅游网站、第三方在线订票网站、航空公司官网及 App 的在线订票业务如雨后春笋般纷纷涌出，国内有去哪儿、国外有天巡等在线比价网站，使航空票务行业在第三方支付的保障下在用户端和航空公司之间形成一个完整的生态圈，而且这个生态圈在未来将会越来越壮大。

第三方网上支付打破了银行对传统支付的垄断，其深刻的意义在于在互联网时代，随着第三方网上支付占比的逐渐增长，银行的高额垄断收益将会逐渐被削弱。由于第三方支付的手续费相比银行更低，而提供的理财收益更高，并且存取更简单。因此，第三方网上支付对传统的银行是巨大的威胁。另外，尽管银行也能接触到一部分详细的客户背景数据，但相对有限，银行往往将精力放在当前高净值的客户上，而忽视未来可能有潜力成为高净值的客户，但第三方支付公司覆盖到的用户群则非常广泛，不仅是将目标锁定在高净值人群，而是遍布各个年龄阶段的投资者，并构筑了关于投资者的强大的数据库。这些大数据为互联网公司未来的新产品开发及新的投资品种投向市场奠定了强大的目标客户群基础。

2. 网络融资

网络融资有三种主要模式：银行助贷、众筹融资、电商小贷。其中，银行助贷业务运作流程一般是指商业银行与助贷机构进行合作，助贷机构借助自有系统及相关渠道筛选目标客群，在完成自有风控流程后，将相对优质的客户介绍给商业银行，经商业银行风控部门终审后，由商业银行发放贷款，助贷机构根据双方签订的协议，从中收取部分佣金。众筹融资是指由项目者发布需求，向投资者募集项目资金，在项目结束后项目利润向投资者分成，近期阿里巴巴启动的娱乐宝项目就是众筹的表现之一。电商小贷是指互联网公司利用其网络平台积累的企业的一系列数据，利用公司自己的运营资金，完成在互联网公司平台上申请的小额贷款需求的信用审核并放贷。

（1）银行助贷模式。助贷业务主要依托网络平台，从自身场景和生态体系中获取客户数据后进行评估，借助大数据、人工智能等新兴技术筛选出符合授信基本条件的目标客户群体，然后将客户的授信建议和信用评分等重要信息推介给银行机构。银行收到助贷机构提供的推介信息后，对目标客户进行资信审查、授信决策、贷款发放、风险管理等操作[1]。

2007年是银行助贷平台进入中国的元年，同年，拍拍贷、宜信、红岭创投等公司纷纷创立。6年过后，新兴初创企业越来越多，风险投资资金不断注入，到2013年银行助贷行业呈爆发式增长。2013年整个行业交易额与网站数量的增长并驾齐驱。

尽管2013年是行业贷款及企业数迅速增长的阶段，但由于第四季度资金紧张，一些银行助贷平台出现"钱荒"的局面。从平台性质上看，新成立的平台往往更容易出现提现困难的局面，74家提现困难的平台中有71家成立于2012年[2]，经验的缺乏及风险防范能力薄弱，是新成立平台的共同弱点。在部分平台出现资金提取困难的同时，资本市场将更多的资金投入给行业领导者，行业开始大规模洗牌。在2013年行业的领导者赢得新的融资高潮：点融网、有利网、融360、人人贷纷纷获得国内外风险资本的巨额投资。新获得的融资不仅可以为银行助贷公司加强人才储备，优化风险防范机制，更重要的是加强品牌推广，获得更多的潜在用户群，扎实客户基础。

---

[1] 许宏图：《当前银行与互联网平台开展"联合贷""助贷"业务存在的问题与建议》，《甘肃金融》2021年第7期。

[2] 资料来源：网贷之家，http://www.wangdaizhijia.com/。

银行助贷平台目前主要有三种模式①：一是客户支持型助贷，客户支持型助贷是指利用自有场景吸引客户，收集客户身份、行为、资信等金融数据，将有贷款资金需求的客户收集汇总，并运用大数据、人工智能等技术对借贷客户进行初筛，筛选出符合资金方前置条件的目标客群。二是资金支持型助贷，采用共同授信的方式，助贷机构和银行等放贷机构都拥有放贷资质，双方按比例提供资金，共同向贷款客户放贷。三是风控支持型助贷，助贷机构可以参与到放贷机构贷前、贷中或贷后的风险管理中，提供贷前的调查和数据的征集、帮助构建授信决策和风险管理模型，以及在贷后协助开展资金监控、风险监测、贷后催收等业务。此外，这些助贷模式还会引入第三方担保，为贷款进行担保和增信②。

（2）众筹融资：众筹融资是项目发起者（往往是小企业、艺术家或者个人）利用网络的传播性，向投资人募集资金的金融模式，众筹融资往往可以为项目筹集第一笔启动资金。

众筹模式在中国处于萌芽阶段，企业并不多，公众的知晓度也比较低，但给文化娱乐产业带来了不少力作。点名时间是成立于2011年的第一家众筹网站，其通过众筹模式帮助著名的原创动漫项目《十万个冷笑话》筹集到了项目所需要的资金。追梦网、jue.so、天使汇、大家投、中国梦网等也是业内较为知名的众筹网站，而近期三大互联网巨头之一的阿里巴巴，也发布了众筹产品"娱乐宝"参与到众筹市场的竞争中③④。

众筹融资有四种不同的模式⑤⑥。一是债权众筹：投资者出让现金，相对应地获取一定比例的债权，对所投资的公司或项目进行投资，将来通过获取利息回报作为经济利益的方式。二是股权众筹：投资者出借资

---

① 朱太辉等：《助贷业务的主要争论和解决方案研究》，《金融与经济》2020年第2期。
② 朱太辉等：《助贷业务的运作模式、潜在风险和监管演变研究》，《金融监管研究》2019年第11期。
③ 何佳欢：《阿里金融小额贷款模式案例研究》，硕士学位论文，辽宁大学，2015年。
④ 袁博等：《互联网金融发展对中国商业银行的影响及对策分析》，《金融理论与实践》2013年第12期。
⑤ 姚文平：《互联网金融：即将到来的新金融时代》，中信出版社2014年版。
⑥ 谢平等：《互联网金融手册》，中国人民大学出版社2014年版。

金,相对应地获得投资公司的一定比例股权,如果将来所投资的公司盈利,投资者就会得到一定的利益分红,投资者往往用股权分红的方式获得经济利益回报。三是回报众筹:模式类似于团购,这种众筹的模式通常适用于预售制的产品或者服务。传统的团购大多是销售已经成型的产品或者服务,而回报众筹是尚且未成型的服务(产品)的预售的团购,投资者在投资时,服务(产品)尚且处于设计或研发的阶段,产品并未成型正式推出市场。因此,回报众筹具有其投资的服务(产品)无法按期交予客户的风险。在利益诉求方面,回报众筹的主要目的是募集运作资金及运营测试的需要,但团购模式主要提升企业的营业额。四是捐赠众筹:投资者无偿对某个项目、企业、个人捐赠资金。也就是投资者无经济诉求的一种无偿捐资方式,捐赠众筹多见于公益组织。通常每个众筹项目在众筹平台上都界定了筹款目标,若未达成筹款目标,则这些资金将打回到投资者账号上。

表2-2　　　　　　　　众筹不同模式对应的创业公司

众筹类型	对应公司
债权众筹	拍拍贷、人人贷
股权众筹	天使汇、大家投
回报众筹	点名时间、追梦网、众筹网
捐赠众筹	微公益

资料来源:东方财富网。

(3)电商小贷。来自艾瑞咨询集团企业的信息,截至2013年底,中国电商小额贷款累计规模突破了2300亿元。而在2013年前两个季度,阿里巴巴总计贷款超过1000亿元,占据了电商贷款平台的半壁江山,此外,建行的善融商务累计贷出23亿元,慧聪网贷出10亿元[1][2]。

电商小贷有以下三种主要模式:

(1)电商自建小贷公司。电商企业自筹小贷公司是电商自己投入自有资金,以协助企业实现融资目标。其优势在于:企业客户众多,运

---

[1] 姚文平:《互联网金融:即将到来的新金融时代》,中信出版社2014年版。
[2] 万建华:《金融e时代:数字化时代的金融变局》,中信出版社2013年版。

作自由；其缺点在于：由于面对的大多是小微企业和个人，资金面对的风险较大，针对单个企业贷出的资金规模也较小。这一类型公司的代表有阿里小贷、京东小贷、苏宁小贷、百度小贷、财付通小贷等①。阿里小贷公司是中国最早一批开设小额贷款业务的公司之一，截至 2013 年底，阿里小贷累计贷出资金规模达到 1600 亿元，企业客户数量达到 65 万余家，不良贷款率低到不足 1%。其经营理念是，贷款申请者只需要提供真实的身份证复印件、个人银行征信记录及淘宝店铺网址等基本信息，无须抵押与担保措施，通过阿里巴巴审核后，便可进行贷款，款项通过支付宝发放。此外，阿里巴巴公司还将调用并审查贷款申请者的店铺经营信息，比如每日交易额、业务稳定性等，考核该笔贷款的风险性，然后才决策出是否进行贷出。此外，阿里巴巴小额贷款公司还开发电商小贷资产证券化项目，将优质的贷款转化为金融产品的形式，投向社会投资者，向投资者融资，以有效弥补阿里小贷不能吸收储蓄存款的缺点，盘活存量资产，缩短资金回笼周期，东证资管便是该类项目的经典之作。京东小贷比阿里小贷对供应链具有更强的控制能力，并已经开展了面向供应商的"京保贝"融资业务。数据显示②，截至 2013 年 11 月，京东的小贷融资已经高达 80 亿元，贷款的客户数接近 1 万人，每笔贷款的金额在 100 万元左右。京东小贷的运营理念是，自行设定信用评级标准与体系，对与京东商城有 180 天以上合作贸易的商家，都可获得为供应商制定的最高融资限额。贷款申请方可依据自身实际需要，申请最高限额以下的贷款数额。提供的贷款可在 3—5 分钟到账，以天计息，还款期限依据申请规定在 15 天至 3 个月。当前，京东与商品供应商的结算周期通常采用 2 个月左右，京东作为销售渠道的垄断方，通过增加供货商结算周期的做法，达到无息借用供应商资金目的，然后再通过收取利息与服务费的形式将这些资金借贷给急需流动资金的供应商，实现双收益，这便是京东在互联网上所占据的有利地位。实际上，阿里巴巴与京东商城的经营理念是类似的，即贷款方均为其网上商城的合作伙伴，前者为淘宝商户，后者为京东供应商，并逐渐将这类小额贷款业

---

① 万建华：《金融 e 时代：数字化时代的金融变局》，中信出版社 2013 年版。
② 资料来源：艾瑞国际，https：//report.iresearch.cn/index.shtml。

务提升为其互联网金融业务的核心板块。在小额贷款业务基础上,逐步实现有效联通供应链的上下游,并拓展至全社会。这类领头电商巨头注重的是,通过开展小额贷款等互联网金融业务最大化地将数据积累与数据挖掘方面的优势表现出来,进一步强化对商户与供应商的管控,提升销售平台的影响力与用户黏性。而在这个方面处于弱势地位的网易或百度等互联网公司无法使用商户的经营情况与数据信息作为是否放贷或放贷多少的标准。

(2)电商银行合作:这种借贷模式需要电商与银行的通力合作,电商对需要融资的企业进行审核,并将相关信息提供给银行,银行对该笔贷款业务进行深入审核后,决定是否放贷。电商银行合作的贷款业务,具有风险小、贷款规模较大、客户资源众多等优点,其缺点是实施自由度有限。这种模式的主要代表项目为聪慧网与民生银行的合作。

(3)银行电商平台:这种贷款模式,需要银行自行建立电商平台,需要不断丰富并巩固客户资源,进行信贷业务。银行电商平台模式具有风险低、自由度高且资金规模较大的优点,其缺点是客户数量不足。这种模式的主要代表有交通银行的交博汇和建设银行的"善融商务"等,实际上已有不少大型银行开通了自有的电商平台。尽管如此,还是有不少银行电商平台认为目前客户资源不足。但事实上其认为的客户资源不足其实是银行对客户的资质有着严格的限制,如建设银行的"善融商务平台"中开展的 B2B 业务要求商家具有一定的规模性、地区影响性,并且银行能对这些商户实行紧密型管理。而 B2C 业务的商户必须满足注册资本达到 300 万元以上。建设银行的"善融商务"首批入驻客户多数为建行的信贷客户,其实仍然只是把传统的信贷业务搬到了网上,并未很好地利用大数据。

3. 虚拟货币

虚拟货币,从广义上是指所有非实物形式的货币。由于互联网行业的快速发展,虚拟货币产业的热度与日俱增。依据在市场活动中的影响力与重要性,虚拟货币可分成三种类型:道具货币、次级货币及商品货币。

表 2-3　　　　　　　　　虚拟货币种类及概念

种类	概念	获取方式	典型代表
次级货币	不是正式货币的一种,能在经济活动中以虚拟货币形式流通	通过电子挖掘方式产生,也可通过与真实货币兑换获得	耐特币、Ripple 币
商品货币	主要流通于发行方平台,通过真实货币购买的虚拟货币	只能通过真实货币购买获得,很少能进行反向兑回	Q币、亚马逊币、各类游戏平台点卡、手机充值卡
道具货币	基本不具备实际货币性质,主要用于提升用户对平台的依赖性与黏性	通过真实货币购买所得,或通过平台中的活动获得,几乎均不可兑换成真实货币	游戏货币（如金币）、论坛积分、商场积分

资料来源：艾瑞国际。

自 2013 年开始，虚拟货币在世界范围内受到了众多投资者关注。数据显示[①]，在 2013 年上半年，世界范围内的金融服务企业投资项目为 125 例，成交额超过 150 亿元。尤其是支付服务领域交易数量依然保持强劲增长势头，占据了 125 例中的 50 例，居首位。在支付服务领域，涵盖虚拟货币的创业企业有 8 家，投资项目为 10 例，投资规模达到 1700 万美元以上。但是，中国在虚拟货币发展方面依然较为落后，出现的虚拟货币创投企业凤毛麟角。

（三）对风险管理的影响

金融科技创新并不会改变金融的风险属性，不仅不能消除风险，反而还会引发新的风险。金融科技的开放性、互联互通性等特征使金融风险更加隐蔽，更具传染性、广泛性。这无疑会加剧风险管理的难度，各大金融科技企业积极运用新兴技术来解决信息不对称、优化风控模型。

金融科技时代，银行在风险管理领域运用大数据技术进行欺诈识别、授信评分、贷后管理；运用人工智能技术来提高风控模型与数据的匹配度、加快风控模型的迭代速度、量化欺诈风险；面对人工操作困难的问题，利用区块链技术来进行身份验证，使用数字票据来防范票据市场风险，大大降低监管的调阅成本。各大银行积极利用金融科技来重塑风控模型。

---

① 资料来源：艾瑞国际，https://report.iresearch.cn/index.shtml。

四 中国金融科技的发展历程

中国金融科技的发展可细分为起步探索、创新应用、深度融合三个阶段。

（一）金融科技起步探索阶段（2013年之前）

金融科技起步探索阶段（也称金融IT阶段）主要表现为利用软硬件实现电子化办公、提高业务流程的执行效率，IT公司并不参与金融公司的业务环节，IT系统在金融公司体系内属于成本部门。其中，代表性产品或业务包括核心交易系统、账务系统、POS机、ATM、清算系统与信贷系统等。

（二）金融科技创新应用阶段（2013—2017年）

2013年以来金融行业进入创新应用阶段。该阶段主要表现为利用互联网或者移动互联网对接金融的资产端、交易端、支付端、资金端，从而实现渠道网络化。金融科技创新应用阶段也可称为互联网金融阶段，互联网技术逐渐渗透到金融服务的各个环节，传统的金融机构相继积极运用互联网技术和信息技术。互联网金融阶段实质上就是对传统金融渠道的变革。其中，代表性产品或服务有网上银行、互联网理财、网络众筹与移动支付等。

（三）金融科技深度融合阶段（2017年至今）

金融科技深度融合阶段主要表现为利用ABCDI（Artificial Intelligence、Block Chain、Cloud Computing、Big Data、Internet of Things）等前沿技术与金融业深度融合，变革业务流程，推动业务创新，解决传统金融的痛点。金融机构利用新型技术将各类金融业务进行大规模场景化的自动化和精细化运行。其中，代表性产品或服务有数字货币、大数据征信、智能投顾及智能投研等。

表2-4为金融科技的三个发展阶段。

表2-4　　金融科技的三个发展阶段

项目	金融科技起步探索阶段	金融科技创新应用阶段	金融科技深度融合阶段
技术驱动力	银行和保险核心软件系统的应用 互联网普及	移动支付的普及 大数据、机器学习技术的应用	电子货币的发明 区块链技术的应用

续表

项目	金融科技起步探索阶段	金融科技创新应用阶段	金融科技深度融合阶段
主流模式	直销银行 金融超市	大数据风控 智能投顾	基于区块链的清结算系统和交易所 电子货币
代表公司	BankRate INGDiBa	LendingClub CapitalOne	Nasdaq-Linq R3

资料来源：卫冰飞：《中美金融科技比较及思考》，《清华金融评论》2016年第10期。

图 2-5 为中美两国金融科技公司资金端创新的具体案例。

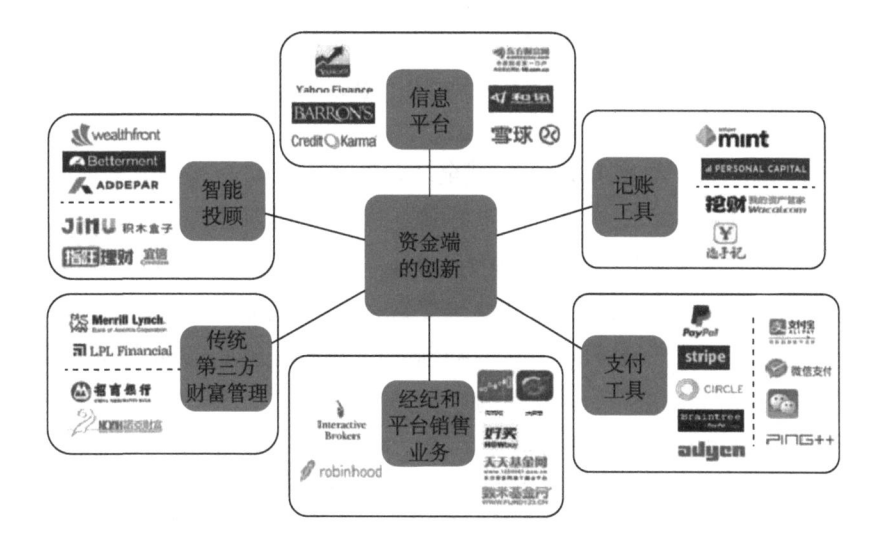

图 2-5　中美两国金融科技公司资金端创新的具体案例

资料来源：卫冰飞：《中美金融科技比较及思考》，《清华金融评论》2016年第10期。

经历了上述三个发展阶段后，许多研究通过风投融资额来判断金融科技领域在全球的发展现状。从不同的地域来看，金融科技的发展以北美为主导，欧洲与亚洲紧随其后，三大洲几乎占据了所有的金融科技市场（见图2-6）。图2-6为2018—2022年第一季度全球金融科技融资增长趋势。

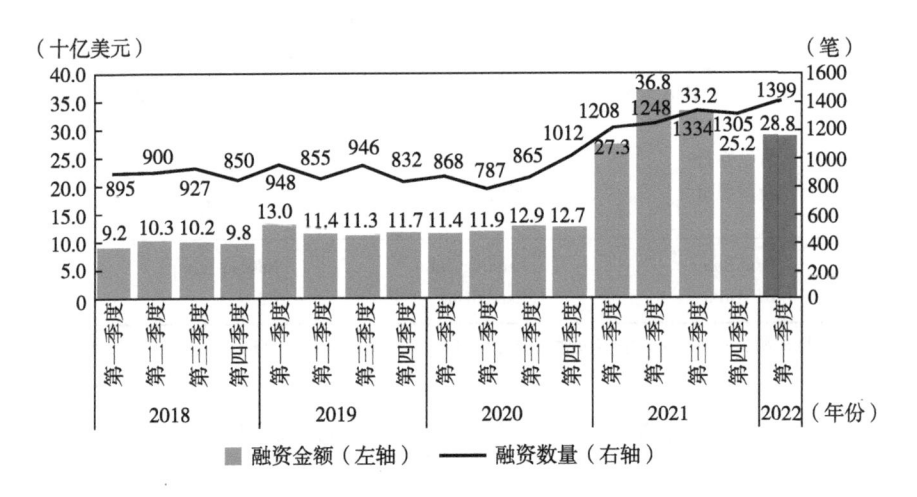

图 2-6 2018—2022 年第一季度全球金融科技融资增长趋势

资料来源：CB Insights，https://www.cbinsights.com/。

2022 年第一季度 Fintech 领域全球各地区融资交易和融资金额，从地理区域来看，2022 年第一季度美国的 Fintech 初创公司在融资数量和融资金额上遥遥领先，完成 489 笔交易，融资金额达 133 亿美元。欧洲地区的 Fintech 初创公司通过 282 笔交易完成 79 亿美元的融资，融资金额位列第二。亚洲地区的 Fintech 初创公司融资交易创下 388 笔的新高，完成 48 亿美元的融资，融资金额位列第三。

五　金融科技的发展趋势

随着金融与科技的不断融合，金融科技将出现以下三个发展趋势。

（一）互联网技术创新支撑金融科技发展方向

金融科技的创新伴随互联网技术的创新应运而生，未来有三大技术趋势：一是信息的数字化为大数据在金融中的应用创造条件，二是计算能力的不断提升，三是网络通信的高速发展。这三大技术趋势将会使金融科技的创新更注重投资者的便利性和投资高效性。同时，由于金融科技产品简单化、金融脱媒、去中介化，无形中就降低了成本。而与此同时，投资者往往是趋利群体，未来的金融科技会更注重产品的高回报，将利益从传统的金融机构转移给投资者和融资者。

（二）信用大数据将会成为企业的核心竞争力及创业方向

大数据具有五个基本特征：数据体量庞大、价值密度低、增长速度快、来源广泛和特征多样性，金融是大数据的一个重要应用领域。征信和网络贷款是目前大数据在互联网金融行业的两个主要应用场景。以阿里巴巴为例，截至 2012 年，阿里巴巴征集了 600 多万淘宝商家以及 1.45 亿淘宝个人的信用信息，侧重用户在阿里巴巴生态系统上的行为数据，用户行为数据由系统自动记录。在获得这些信息后，阿里金融的数据分析团队会从风险、营销、政策三个模块进行数据分析，用来服务于微贷、理财、保险、消费等方面的业务决策，在流程上支持市场营销、信贷审批、授信、支用、监控、催收等环节。阿里巴巴是信用大数据商业化的先行者。而未来，能将用户在互联网上不同网站的行为数据整合采集、归纳分析，并打通个人及企业的线上线下数据库的创新型产品和创新型企业将更加值得期待。

（三）风险控制人才及风险控制经验的累积决定行业的良性发展

金融科技面临两大类风险：一是技术风险，二是"长尾"风险。个体的非理性和集体非理性更容易出现，使集体挤兑成为可能。一旦互联网金融出现风险，从涉及人数上衡量对企业的负面性很大。因此，专业的风险控制人才及风险控制经验的累积，将是决定金融科技行业顺利发展的关键因素。

第二节　金融科技的核心技术

金融科技可以拆解为金融和科技的组合，即金融科技＝金融业务＋科学技术手段，金融科技的英译为 Financial Technology，Fintech 为金融科技英译的缩写。Fintech 开始进入人们的视野得益于 2016 年 7 月在上海举办的一场名为浪迪的峰会。Mark Carney 在 2017 年 1 月首次对广义金融科技进行了阐述，他认为广义的金融科技是指由于技术手段的进步促进了金融服务的创新，其中包括出现新的金融业务模式、金融运用的新型化及金融业务办理的新流程和人们最为关切的新金融产品，新的科学技术运用在金融领域不仅会对金融市场、金融机构产生影响，还会改变金融服务模式。根据金融稳定理事会（FSB）的定义，金融科技是基于大数据、云计算、人工智能、区块链等一系列技术创新，全面应用于支付清算、借贷融资、财富管理、零售银行、保险、交易结算六大金融领域,是金融业未来的主流趋势。国内学者也对金融科技进行了大量研究,巴曙松指出金融科技是将科学技术运用于金融行业,提高传统金融信息采集来源的可靠性和真实性,其宗旨是服务于普罗大众,降低金融行业的经营成本,金融科技是提高金融行业经营效率的一种科学技术手段,可以大幅提升传统金融的效率,解决传统金融的痛点①。冯强认为,金融科技不同于互联网金融,金融科技强调技术与金融服务的结合,其落脚点在于科技,而互联网金融只是简单地将传统金融业务互联网化。他强调金融科技主要体现在科技创新上,新的产品是通过新的技术孕育而生的,新的技术可以有效强化对金融市场的监管力度,为用户带来金融交易的安全感。新技术不仅可以促进金融行业与科技行业的紧密结合,降低金融业的运营成本,提高金融服务效率;还可以让传统金融更加智能与便捷,促进传统金融的改革,实现传统金融的改头换面②。易宪容则认为,金融科技是在大数据时代背景下,使用现代科学技术让用户更加便利、有效、低成本地体验金融产品和金融服务,金融科技虽然可以打造出新的金融体系(如新的金融业态、新的金融市场、新的经营模式),看似金融科技可以改变传统金融的一切,但究其根底发现,金融科技改变的主要是金融交易的实现方式而不是金融本身,更不是金融的实质,金融的实质是对信用的风险定价,而信用既有信用本身的问题也有信用担保的问题。科学技术虽说可以让传统金融发生天翻地覆的改变,但金融科技的核心还是金融,而非大数据挖掘技术的不断优化,更不是互联网技术更加智能化,金融科技是 eScience 范式在金融业的延伸。它可以把许多以往不可见、不可度量、不可存储与不可分析的事件数字化,进而发现和挖掘金融的潜在需求,为客户创造价值③。

一 大数据时代已来临

目前,随着信息网络和计算机的高速发展,金融市场的管理方式也发生了一些变化。例如,金融机构运用大数据分析技术对业务流程和产

---

① 巴曙松、白海峰:《金融科技的发展历程与核心技术应用场景探索》,《清华金融评论》2016 年第 11 期。
② 冯强:《金融科技发展、影响与监管研究》,《金融经济》2018 年第 24 期。
③ 易宪容:《金融科技的内涵、实质及未来发展——基于金融理论的一般性分析》,《江海学刊》2017 年第 2 期。

品结构进行重大改变，同时还可以进行自身经营模式调整。各大行业监管部门也能够利用大数据分析技术，更加准确地把握金融市场行业发展趋势，掌握行业管理变革的基本规律，从而更有效地预防系统性风险[1]。2018年，在中国人民银行发布的《"十三五"现代金融体系规划》中，明确规定推进运用大数据分析技术，促进银行创新服务开展领域的研究探索与应用，进一步强化大数据信息技术在金融机构各个领域中的运用。同时中国政府也制定了相应优惠政策，积极引导大数据信息技术在金融服务业务中的运用，这将为大数据在金融服务发展中创造良好的政策环境。

如今，在全球网络蓬勃发展的背景下，大数据、人工智能、区块链等创新型科学技术在更多的领域里得到了广泛运用，其中部分金融企业凭借创新型科学技术不断开发金融产品，优化企业经营模式，其中既包括原有的存贷款服务，也包括资金理财产品类服务等新型服务。因此，对于互联网金融服务的概念可以理解为传统银行利用互联网、云计算和数据等手段，对原有金融服务产品、金融服务方法和金融模式的转型提升与革新，通过挖掘产品信息、运营数据、用户信息等范围广泛的数据，运用互联网技术手段进行数据分析，并将大数据技术分析的成果应用于全系统的资本融通服务中，实现精细化营销、经营控制、风险管理、监管评估。通过大数据技术与金融手段的结合，将革新原有的金融方式。

（一）大数据与金融营销的融合

在大数据分析技术蓬勃发展的大背景下，能够满足客户多样化的金融服务需求，利用大数据挖掘手段对金融消费用户的行为和购买意愿进行统计分析并作出预估和评估，为用户制订有效的市场营销计划，根据研究结论向用户推荐相应的金融产品和金融服务，从而达到对用户的有效宣传，充分满足用户的多样化需求。同时，用户可以通过大数据科技掌握商业银行发行的金融产品的详细数据，进一步作出统计分析与评估，从而决定是否购买[2]。而银行利用在此活动中形成的信息对用户的

---

[1] 范应胜：《大数据技术与金融业的融合发展及应用研究》，《中国产经》2020年第14期。

[2] 范应胜：《大数据技术与金融业的融合发展及应用研究》，《中国产经》2020年第14期。

有关资料加以研究，形成相对完整的用户信息，根据用户特征，制订差异化的客户营销计划，为用户打造差异化的金融服务产品。

（二）大数据技术与金融产品创新的融合

目前，各种金融机构所推出的金融服务产品其类型日益多样，而且选择产品的群体范围也在不断扩大。特别是近年来，随着信息网络的高速发展，人们选择金融产品的渠道发生了一些变化，传统的金融产品市场结构也将发生重大变革，因此我们可以利用大数据分析技术对传统的金融产品市场结构进行优化和创新，以适应消费者更加个性化和多样化的消费需要。比如，人们可通过大数据分析手段，获取人们在各类互联网交易平台中的数据信息，主要是基于消费者的各类消费行为信息并对这些信息加以分析，进而基于大数据分析的结果从消费意识、消费模式、商品使用及产品购买方式等层面实现对消费者的精准定位，帮助消费者制定更为人性化的服务产品。另外，可以利用大数据分析技术对金融领域进行数据分析，了解金融服务产业市场的新变化，创造并发布相应金融服务产品，满足市场需求。

（三）大数据技术与金融风控的融合

在金融风险管理领域，通过大数据分析技术对财务问题相关的信息和数据进行梳理与统计分析，挖掘出信息与数据所体现的危险问题，以此提升对财务问题的辨识与预防水平。通过对上述数据与资料的量化研究，做到对各种风险的鉴别和界定，对用户的消费行为进行即时监测。这样不仅可以有效缓解信息不对称问题，还可以对金融风险作出有效管理。比如，在个人信贷业务领域，首先运用强大的数据挖掘技术进行贷前调研，对贷款客户的各种基础数据进行深入分析和数据挖掘，评估其还贷能力与意向。其次，利用大数据分析技术为用户建立信用评价模型。再次，依据数据模型对已授信用户作出评估。最后，依据评估结论对用户进行授信并决定信贷额度。在信贷前及放贷后的控制层面，将运用大数据挖掘手段监测每次放贷的动态，同时对所有信贷用户的生产经营、财务状况等重要信息进行分析，在确定其可能出现贷款损失时会提前发布警报，并适时采取措施对贷款风险实施有效管理。在负债结构优化领域，运用大数据分析技术手段处理借款人不良资产管理的问题，如企业可选择逾期、金额、职位、薪酬等关键变量，通过建立不良贷款催收决策模式，对不同类型的信贷客户选择截然不同的方法对借款人实施催收，通过对用户的联络方式等相关信息加以核对，以详尽掌握用户的相关信息，从而合理化解大中小银行不良贷款处理流程中所出现的问题。

二　大数据技术

国务院在2015年9月印发了《促进大数据发展行动纲领》文件，这意味着大数据的发展工作关乎国家未来的发展，国家将进一步支持和部署大数据发展工作，打造数据强国已成为国家发展目标之一。金融机构可依据积累的数据资源基础，发展新型生态业务（移动金融、健康金融等）。随着大数据技术的蓬勃发展，目前大数据技术已成功应用到个人信用评估、金融风险控制、社交情绪分析等领域，并取得了良好的效果。大数据时代来临，各行各业在发展过程中均会产生大量的数据，数据的分析对促进该行业的发展是尤其重要的。数据挖掘就是如何在海量的数据中快速提炼有用的数据，如何在行业领域的发展过程中，发挥信息技术的作用，数据挖掘是现代大数据分析中常用的方法[①]。数据挖掘算法的普遍特征：迭代性强、数据计算量大。

（一）大数据的定义

大数据是指传统数据库软件无法对在一定时间范围内产生的数据集或数据群进行挖掘采集、存储、管理和分析，需要通过新的处理模式才能体现出的具有高效率、高价值、海量、多样化特点的信息资产。利用数据挖掘分析技术可以使这些结构化、半结构化、非结构化的海量数据产生巨大的商业价值。大数据具有五个特征：体量大、多样性、时效性、准确性、价值性，如图2-7所示。

体量大是大数据的最基本属性。随着互联网的普及化、网民数据的不断飙升，以及社交网络的成熟、传统互联网到移动互联网的转变、移动宽带的迅速提升，除了个人电脑、智能手机、平板电脑等常见的客户终端，更多更先进的传感设备、智能设备，如智能汽车、智能电视、工业设备和手持设备等都将接入网络，由此产生的数据量及其增长速度比以往任何时期都要多，互联网上的数据流量正在迅猛增长。多样性是指

---

① 刘政宇：《大数据分析挖掘技术及其决策应用研究》，《科学技术创新》2019年第23期。

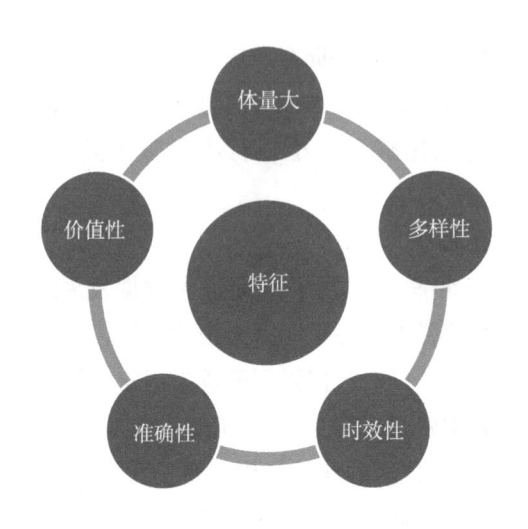

图 2-7 大数据的五个特征

其数据格式和形态的多样。传统数据多以结构化文本类数据为主，以二维表的形式存储在数据库中。如今半结构化和非结构化数据越来越多，如网页、图片、视频、音频。时效性是指在数据量特别大的情况下，能够在一定的时间和范围内得到及时处理。准确性是指保证处理的结果具有一定的准确性。价值性是指大数据包含很多深度价值，对大数据的分析挖掘和利用将产生巨大的商业价值。

（二）大数据技术构成

大数据技术是一系列相关技术的集合，一般包括数据采集技术、数据挖掘技术、数据预处理技术、数据存储技术、数据可视化技术等。

1. 数据采集

解决数据的来源问题，可以通过硬件手段或者软件手段来实现，如RFID 技术、条码技术、传感器技术是常见的硬件采集方法，互联网爬虫、ERP 软件则是常见的软件采集方法。

2. 数据挖掘

根据数据仓库中的数据信息，选择合适的分析工具，应用统计方法、事例推理、决策树、规则推理、模糊集甚至神经网络、遗传算法等方法处理信息，得出有用的分析信息。

3. 数据预处理

现实世界中数据大体上是不完整的，不一致的原始数据无法直接进行分析处理。为了提高数据分析挖掘的质量需要对数据进行预处理。

4. 数据存储

解决数据存在哪里以及怎样存储的问题，通常数据可以存储在文件中或者数据库中。数据库又可以分成关系型数据库和非关系型数据库。根据不同的业务需要，数据存储可以采用不同的存储方案。

5. 数据可视化

以图表、图形、报表等方式将大数据分析处理的结果直观地、可视地展示给用户。数据可视化是大数据技术非常重要的一环，关系到数据处理的最终效果和用户体验。

三 人工智能技术

人工智能简称 AI，是现代一种综合性较高的技术，其融合了计算机技术、信息技术、图像识别技术、情感分析技术等前沿科学技术。它致力于让计算机能够像人类一样可以思考、学习、判断等，简单来说就是使计算机智能化，ATM 机的出现是人工智能技术在金融领域（银行业）的最早使用。人工智能虽然不是人类的智能，但是可以对人类的思维进行学习和模拟，在某些方面甚至超过人类[1]。例如，近些年爆发的金融风暴、金融危机等事件，让人们更加清晰地认识到金融的发展过程中会产生诸多不稳定因素和诸多不同形态的数据，若只是单纯地通过人类大脑去分析计算这些数据，虽然可以精准并且实时更新应对措施，但需要耗费大量的人力和时间。然而，计算机在存储这些琐碎的信息方面是远高于人类大脑的，相关资料显示，截至 2018 年底，央行征信系统中存储了超过 9 亿条用户的信息[2]。

人工智能的发展大致经历了四个阶段[3]：①人工智能孕育期（1950—1956 年），图灵提出"图灵测试"，标志着人工智能判别标准的诞生，达特茅斯会议总结出 AI 发展的技术瓶颈。②人工智能低谷期（20 世纪 70 年代后期），政府终止支持人工智能的发展以及舆论对人工智能的普遍失望，归结于计算机计算能力不足以及数据分析技术落后等原因。③回暖期（20 世纪 80 年代），XCON 的"专家系统"的实现，

---

[1] 杨文斌：《人工智能在金融领域中的应用分析》，《金融科技时代》2017 年第 12 期。
[2] 白一池：《人工智能风控在互联网金融领域的应用与发展》，《商讯》2019 年第 20 期。
[3] 唐圣昕：《人工智能技术在金融领域的应用》，《中国科技纵横》2020 年第 23 期。

实践了"知识库+推理机"的构想，让人工智能具备了商业价值。④飞跃期（20世纪90年代），在神经网络国际会议上首次提出BP算法和决策树算法、Google棋手AlphaGo战胜围棋大师李世石体现出人工智能具备了自我学习能力，在某些领域已经超越人类智慧的最高水准。Google、微软、百度等公司纷纷加大对人工智能技术的投入力度，促进人工智能技术在无人驾驶、智能家居、高端制造业等领域的应用，进而加速了人工智能的发展。

金融科技不仅是新业态金融形成的核心动力，还是现代金融管理的重要基石，金融科技中的关键技术——人工智能技术会对金融管理中的资源配置和组织模式带来革命性的变化，对中国金融行业转型具有重要的战略意义。目前中国人工智能技术进入爆发期，以深度学习为代表的人工智能技术不断创新①。

近年来，随着计算机科学的进步，人工智能已经逐渐渗入各行各业。如今，许多企业无论是国有企业还是新兴科创公司，都在大力发展人工智能方面的应用。2017年工商银行成立了七大创新实验室用于支撑人工智能的发展，之后在2018年又成立的人工智能平台，进一步加速了人工智能的建设与发展，在2020年世界人工智能大会云端峰会上，又向世界展示了在服务客户、线上线下融合、风险控制等多个领域的最新智能化创新成果。与此同时，360金融通过人工智能实现了高达97%的智能风控自动化过件率，并提出了数据+AI融合中台概念，在金融领域可谓是意义非凡②。

人工智能技术的发展不仅使传统金融领域的业务模式发生变化，还使整个金融领域的服务模式发生巨大变化。人工智能技术在处理金融业务中产生的数据方面具有得天独厚的优势，不仅可以提高数据的处理效率，还可以降低人工成本、规避因人工计算而产生的错误风险，同时在整个金融业务流程中发挥着重要作用③。

---

① 陈增敬等：《金融科技中人工智能技术典型事实与核心规律》，《中国科学基金》2021年第3期。
② 唐圣昕：《人工智能技术在金融领域的应用》，《中国科技纵横》2020年第23期。
③ 何春昔：《金融科技驱动下证券公司智能化服务与风险管理——评〈金融科技：人工智能与机器学习卷〉》，《科技进步与对策》2020年第21期。

人工智能技术的发展依然势不可挡，它不仅可以帮助中小企业解决日常金融业务面临的各种挑战，同时还可以简化金融业务流程，提高工作效率。人工智能技术在后期发展中将会经历三个发展阶段：①计算智能阶段，人工智能技术将利用个人计算机对相关的信息进行存储和计算。②认识智能阶段，即通过视觉和听觉对相关数据进行听和认，进而对输入的各个类型数据进行感知并进行有效处理。③感知智能阶段，计算机系统能够达到模拟人类大脑的高度，对相关问题能够进行深入思考[1]。

四 5G时代的物联网技术

1991年英国剑桥大学的"咖啡壶事件"是物联网的起源，物联网（Internet of Things）由Kevin Ashton在1998年首次提出，他表示可以使用射频识别技术与传感技术将物与物之间相连。2005年国际电信联盟（ITU）在信息社会世界巅峰会议上首次阐述了物联网的概念，随后其发表的一篇《ITU互联网报告（2005）：物联网》更是指出无所不在的"物联网"通信时代即将来临，世界上的所有物体都可以通过互联网进行数据交换，描绘了一幅"万物互联"的蓝图。2008年3月，在苏黎世举行了全球首个国际物联网会议"物联网2008"，探讨了"物联网"的新理念和新技术与如何将"物联网"推进发展到下个阶段。物联网的核心技术是将物体和物体之间连接，以实现对物品或生产过程进行定位、追踪、监控以及智能化管理，从而控制生产或交易过程中各个环节的流程，在提高生产效率的同时，优化资源配置，降低生产或交易成本[2]。综上，我们可以简单地对物联网的定义进行归纳：物联网是一个通过感知设备实现物与物之间连接的互联网，也就是说物联网是利用网络连接物品，通过感知设备搜集物品的各项信息，然后与网络连接，对搜集到的物品信息进行编码后通过传输设备进行远距离传输，并实现远距离控制物品。简而言之，物联网归根结底还是建立在互联网技术之上的，而随着第五代通信技术（俗称5G）的诞生，更是推进了物联网技术的发展，5G所拥有的连续广域覆盖、热点容量高、低功率大连接以及低时耗高可靠等特点，更好地满足了物联网的通信需求。

---

[1] 王奕翔：《人工智能在金融领域的应用分析》，《财经界》2020年第28期。
[2] 周家珍：《基于物联网技术的供应链金融业务创新探索》，《西南金融》2021年第6期。

物联网的实现依旧离不开互联网技术的支撑，它向物理世界进行延伸进而实现了现实世界网络化和信息化，物联网技术的架构可以由感知层、应用层以及网络传输层三部分组成[1]。其技术架构如图2-8所示。

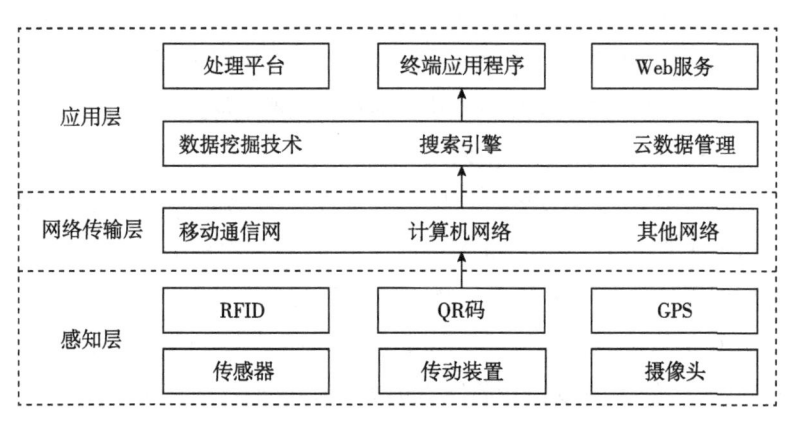

应用层	处理平台	终端应用程序	Web服务
	数据挖掘技术	搜索引擎	云数据管理
网络传输层	移动通信网	计算机网络	其他网络
感知层	RFID	QR码	GPS
	传感器	传动装置	摄像头

图2-8 物联网技术架构

感知层负责收集来自RFID、GPS、各类传感器和传动器、摄像头、激光扫描设备等各类智能设备中的原始数据。网络传输层负责将感知层收集到的信息通过通信技术安全可靠地传输到运用层。通信技术的使用便是实现物物相连的桥梁和纽带，并且通信技术的多样性也为物联网提供了丰富的连接手段。其中，移动通信技术因其独特的移动性正好满足了物联网的实际发展需求。而5G以其更高的传输速度、更宽的宽带、广覆盖、多连接和低时延更好地实现了无处不在的网络连接，提供了更加低能耗、安全可靠的数据传输。应用层将从网络传输层接收的数据进行智能处理，即对海量分布式信息进行数据清理并提炼出含有较高信息量的数据，通过云端将处理后的数据传输给用户对应的服务程序（Web服务、终端处理程序、处理平台等），然后由应用平台利用这些数据为用户提供所需服务[2]。

在新时代环境下，金融服务领域也需要跟随时代发展的步伐，物联

---

[1] 江映霞：《物联网技术给金融服务外包企业经营管理的思考》，《时代金融》2018年第9期。

[2] 周炳、王小红：《物联网技术在金融领域的应用》，《物联网技术》2022年第4期。

网技术的出现，为金融服务领域的发展提供了良好的条件。物联网具有鲜明的技术特点，有效地实现了金融服务领域的信息化、智能化发展[①]。

大数据时代，必然会存在信息不对称的问题。物联网技术的发展有助于解决信息不对称难题，为商业银行的业务发展提供有力保障。一是物联网可多维度反映个人及企业的自然属性和行为属性，满足信用需求多样化的要求，进而促使整个信用体系从主观转向客观，剥离欺诈行为滋生的现实土壤。二是多层次的应用平台能够实时反映物理世界的客观状态，保障了信息的实时性，可起到较好的监督作用。三是物联网技术可实现各相关部门信息的整合与共享，打破社会信用体系建设中的"信息孤岛"，较好地解决信息不对称难题[②]。

五　数据安全与加密技术[③]

中国互联网络信息中心数据显示，截至2020年12月，中国网络支付用户规模达8.54亿人，占整体网民数量的86.4%，较2016年12月增长了80.05%。北京大学发布的数字普惠金融指数中2011—2020年增长率达29.11%。数字金融迅猛发展，以及金融业态和产品创新步伐加快，大大增加了金融数据风险的复杂性、隐蔽性和易扩散性[④]。

数据使用安全和权益保护是数据要素化和数据流通的第一必要条件。为此，2021年6月《中华人民共和国数据安全法》正式出台，9月1日起正式生效，成为中国保障数据安全和促进数字经济发展的首部专门性法律。随后2021年8月《中华人民共和国个人信息保护法》颁布，11月1日开始实施，从法律上为个人信息保驾护航。金融业作为数据密集型行业，由于相关数据的高敏感性和高价值性，全面保障数据安全和个人信息权益成为金融行业数据治理的新内核[⑤]。

金融数据中含有包括文本、图像等多种格式在内的海量重要数据，为保护这些金融数据的安全性，本书基于混沌理论、图像语义、机器学

---

① 俞晓辉：《金融服务领域物联网的运用思考》，《中国新通信》2018年第21期。
② 张大鹏：《物联网技术在商业银行普惠金融领域的应用探索》，《金融纵横》2018年第4期。
③ 黄轩：《基于移动指纹识别的身份认证系统》，《南昌大学学报》（理科版）2011年第2期。
④ 钟红、马天娇：《金融数据安全风险及监管研究》，《清华金融评论》2021年第10期。
⑤ 张旭东：《金融数据安全与个人信息保护》，《清华金融评论》2021年第12期。

习等理论与方法,创新性地提出了金融数据安全保护方法和机制。

（一）基于混沌理论的数据加密算法

混沌密码技术是与量子密码技术并列的三大新型密码技术之一。混沌密码技术的关键难点在于当混沌系统在计算机上实现时,会出现动力学特性退化现象,导致混沌系统所具有的特性不能满足密码学设计的需求。为解决这一理论难点问题,首次采用将混沌系统自身的延迟状态对系统参数进行扰动的方法,极大地扩展了数字混沌系统的周期,提高了系统的复杂度,有效抑制了混沌系统的动力学特性退化现象。本书提出了一种基于混沌系统的分块图像加密算法,利用混沌序列的良好随机性,对图像进行了类随机分块加密。研究结果表明,加密后的图像数据能够有效保护原始图像的内容,抵抗各类方法的攻击,具有极高的安全性,并且具有较高的算法实现效率。

（二）基于图像语义的恶意网页检测算法

在互联网时代,恶意攻击已经使用户信息置于危险中。许多恶意网页使用图像作为恶意代码的载体。如果提取准确,这些图像特征将有助于提高对恶意网页的检测。本书基于图像的特征,开发一种准确的恶意网页检测算法。静态图像包含少量信息,因此首先对目标姿态进行语义分割来预测目标姿态的语义。其次,利用 BP 神经网络（BPNN）得到目标图像的最终语义。再次,将图像语义与恶意网页的其他特征融合,发送到分类器进行识别。最后,在实际数据集上对该算法进行测试,并与其他恶意网页检测方法进行比较。结果表明,该算法引入了图像语义特征,能够准确地检测出恶意网页。

尽管 MaskR-CNN 在检测图像目标方面有着优异的性能,但它在识别图像姿态方面并不擅长。恶意攻击检测算法是通过分割网页图像的语义,提取包含人类行为的图像,识别每个图像的姿态,判断图像的敏感特征,并整合所有特征来识别恶意网页。实验结果充分证明了该算法的有效性。

第三章

金融风控与服务云平台建设

第一节 总体目标

一 平台分类

本节将综合运用自然语言处理、机器学习、粒计算、复杂网络、云计算、大数据分析、微服务和容器技术等技术，建设"金融风控与服务平台"，平台主要包括以下四个方面。

（1）基于 Hadoop 生态系统的金融云服务数据中心，可进行结构化和非结构化数据一体化处理。

（2）金融风险控制系统，包括企业征信、风险尽调、风险评级、风险预警等功能，可为信贷全过程开展风险分析、评级、预警并辅助风险控制决策分析。

（3）金融业务服务系统，包括运营管理、个性化服务推荐、增值应用、企业客户自助等功能，可为信贷全过程提供多维度、多粒度的个性化金融服务。

（4）基于移动互联的金融风控和业务服务相关 App，为金融业务提供便捷的移动式服务。平台架构如图 3-1 所示。

二 总体目标

（1）基于 HBase 设计数据存储模型，为无损提取金融数据中的语义关系，需要针对非结构化数据设计特定的解析转换算法，同时采用 Hive 提供的类 SQL 查询方式作为数据模型接口，实现金融数据的结构化和非结构化一体化处理，并基于此采用 Hadoop 生态系统设计建设金融云服务数据中心。

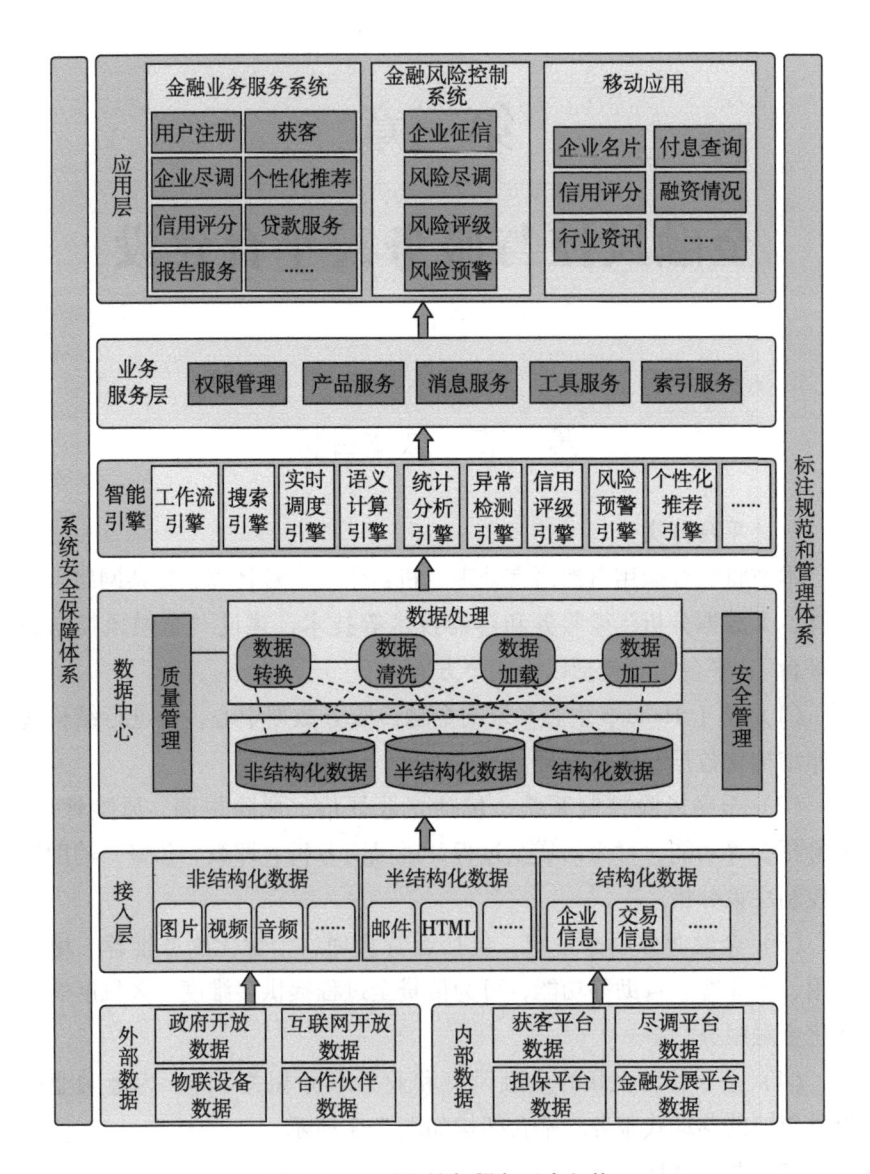

图 3-1 金融风控与服务平台架构

（2）基于大数据分析技术，研发金融风险控制系统。风险控制系统由企业征信、风险尽调、风险评级和风险预警四大模块组成，在所建立的金融云数据中心和大数据风控机制基础上围绕信贷全过程开展风险分析、评级、预警，辅助风险控制决策分析。

（3）在金融云服务数据中心和风控系统的基础上，融合企业信息、风控信息，构建一套金融业务服务系统，包括运营管理、个性化服务推荐、增值应用、企业客户自助等功能，可为信贷全过程提供多维度、多粒度的个性化金融服务。

（4）基于移动互联技术，开发风控和业务服务相关 App。通过风控 App 实现企业工商信息查询服务、跟踪企业信息的变更、掌握企业付息情况、收集企业各类数据，如水电费、财务报表、资金流向凭证等，并可进行实时的消息推送，掌握企业动态和风险。同时，通过服务 App 实现快速、便捷的个性化金融服务。

第二节 基于 Hadoop 生态系统构建金融云服务数据中心

金融风控与服务的核心是数据，数据的规模、真实性、有效性、数据分析应用的能力，将决定平台的核心竞争力，因此构建金融云服务数据中心是本书编写的首要任务。

一 结构化与非结构化数据一体化处理模型研究

金融数据是多源数据的汇总，存在大量结构化、半结构化和非结构化的数据，数据呈现多维度和多粒度特征，数据之间的关系也非常复杂。以 HBase 为代表的 NoSQL 类数据库是一个云计算背景下的分布式、非关系型数据库系统，支持半结构化、结构化数据的高并发读写、存储键值、列族、文档、图片等多种数据类型，能高效处理非结构化和半结构化数据，具有高可靠性、高性能、列存储、可伸缩、实时读写等特性。

因此，本书将主要研究基于 HBase 设计数据存储模型，同时结合多类型存储方式及 Hive 提供的类 SQL 查询方式作为数据模型接口，实现金融数据的结构化和非结构化一体化处理。

二 基于 Hadoop 和 MapReduce 构建金融云服务数据中心

Hadoop 生态系统由多个开源项目构成，能以可靠、高效、可伸缩的方式对大量数据进行分布式处理，为大数据提供一个完整的、多种选择的解决方案。

本书将基于 Hadoop 和 MapReduce 构建金融云服务数据中心，其基础架构如图 3-2 所示。基础层为基础数据存储和分布式服务配置。平台层提供算法引擎、ETL 工具等，使 Pig 和 Hive 在 Hadoop 上不再需要直接使用 Java API。Pig 可完成加载数据、转换数据格式及存储最终结果等一系列任务，从而优化 MapReduce 运算。功能层则基于平台层、基础层的数据处理能力及并行计算引擎支撑，为现有业务提供在线实时查询、统计报表、征信分析、尽调分析、风险评级、风险预警、贷后服务与管理等应用。

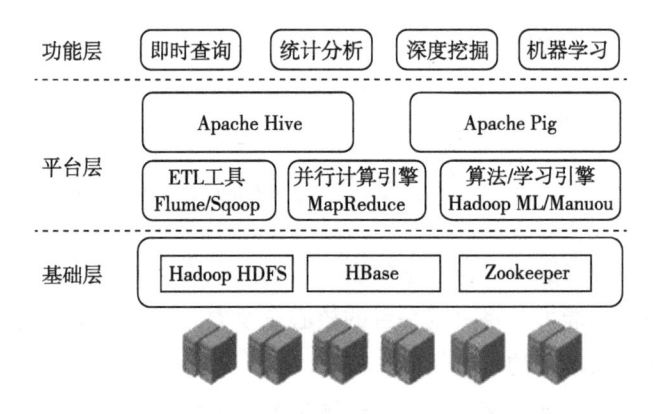

| 功能层 | 即时查询 | 统计分析 | 深度挖掘 | 机器学习 |

| 平台层 | Apache Hive | | Apache Pig | |
| | ETL工具 Flume/Sqoop | 并行计算引擎 MapReduce | 算法/学习引擎 Hadoop ML/Manuou | |

| 基础层 | Hadoop HDFS | HBase | Zookeeper |

图 3-2　金融云服务数据中心基础架构

第三节　基于大数据的金融风险控制系统研发

基于大数据分析技术研发金融风险控制系统，是本书的核心工作之一。金融风险控制系统由企业征信、风险尽调、风险评级和风险预警四大模块组成，在所建立的金融云数据中心和大数据风控机制基础上围绕信贷全过程开展风险分析、评级、预警，辅助风险控制决策分析。系统架构如图 3-3 所示。

（1）企业征信是一个基于多源数据整合的企业信用分析子系统，主要完成企业信息（含基本信息和征信信息）实时查询、跟踪更新、关联分析和报告呈现，实时掌握企业动态。

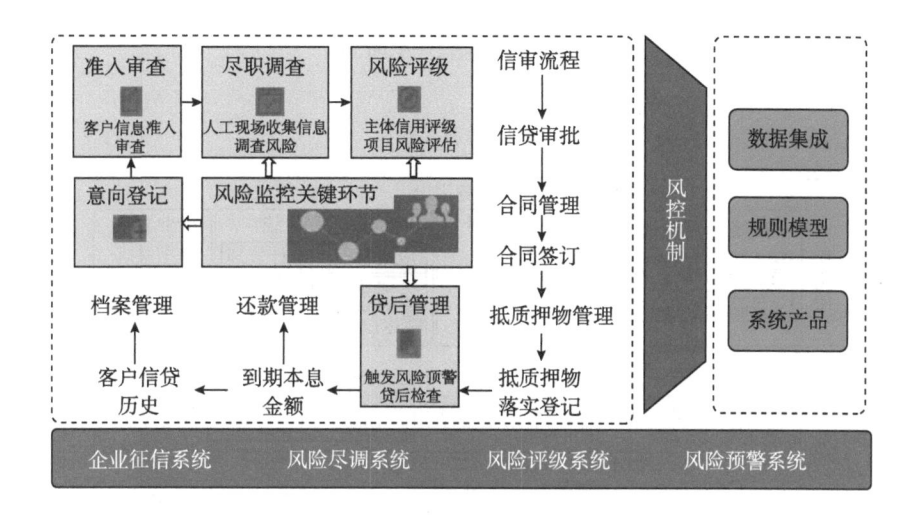

图 3-3 金融风险控制系统架构

（2）风险尽调主要完成对企业财务数据的智能化审验稽核，去伪存真。

（3）风险评级主要从企业多个维度进行企业信用风险的计量，包括主体评级和债项评级两大模型：主体评级模型区分客户行业、区域差异、企业生命周期；债项评级模型区分贷款产品，能够实现数据抽取、无人值守、评级报告自动生成等功能。

（4）风险预警涵盖贷前、贷中、贷后全流程的、多维度、多类型的信贷风险预警，能够从工商、涉诉、税务及重大处罚事件等各维度数据中精准挖掘，结合为企业量身定制的风控模型、全面的指标体系和企业关联关系的可视化图谱解读，可有效掌握企业、高管动态，提前知晓企业潜在风险并及时预警。

第四节 基于微服务的金融业务服务系统研发

本书将基于 Hadoop 大数据分析+混合云，研发金融业务服务系统，系统按层次分为分布式服务层、服务能力层和应用层，其中应用层主要包括运营管理、个性化服务推荐、增值应用、企业客户自助四大功能模块。

金融业务服务系统分层架构如图3-4所示。

个性化服务推荐系统

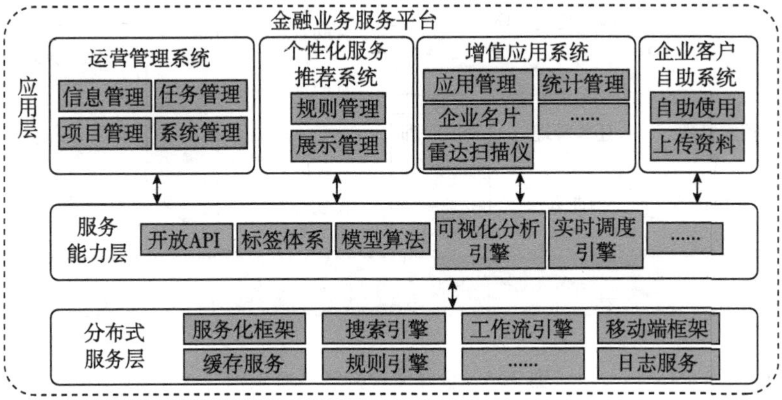

```
金融业务服务平台
┌─────────────────────────────────────────────────────┐
│       运营管理系统    个性化服务    增值应用系统   企业客户  │
│       信息管理 任务管理  推荐系统    应用管理 统计管理  自助系统 │
│  应用  项目管理 系统管理  规则管理    企业名片 ……      自助使用 │
│  层              展示管理  雷达扫描仪            上传资料  │
│                                                     │
│  服务                                                │
│  能力  开放API  标签体系  模型算法  可视化分析  实时调度  ……│
│  层                                  引擎      引擎       │
│                                                     │
│  分布式 服务化框架  搜索引擎  工作流引擎  移动端框架      │
│  服务层 缓存服务    规则引擎   ……        日志服务       │
└─────────────────────────────────────────────────────┘
```

图 3-4　金融业务服务系统分层架构

1. **分布式服务层**：由服务化框架、搜索引擎、工作流引擎、移动端框架等模块构成，支撑后管理平台功能的业务框架形成。

2. **服务能力层**：根据基础框架层加工后的数据形成开放API、标签体系、模型算法、可视化分析引擎、实时调度引擎等能力，支撑应用层各类应用功能的形成。本书重点对数据开放技术进行研究，形成安全可控的数据开放API能力，支撑数据的不断自我丰富和价值变现。

3. **应用层**：包含运营管理、个性化服务推荐、增值应用、企业客户自助等功能模块。

（1）运营管理。分为信息管理、任务管理、项目管理和系统管理四大功能，主要用于贷后管理的业务开展，可以支撑客户管理、项目管理、回访计划、走访调查、报告编写、签到、足迹、风险监测、风险预警、风险处理等贷后管理日常各类事务处理，通过将系统操作日志、客户提交材料、项目素材、调查拍照图片、签到足迹行为、录像视频素材等各类非结构化数据进行采集、存储，通过大数据的分析能力提供客户信息、项目信息等部分信息自动更新、贷后报告自动生成、风险实时监测、风险自动预警等智能化能力，提升贷后管理的效率和服务水平。

（2）个性化服务推荐。包含个性化服务和推荐系统两个模块。利用多源数据（如内部用户数据、第三方提供的外部数据以及用户动态行为数据等），根据业务规则和用户行为标签，通过计算引擎进行用户行为大数据分析，结合智能推荐算法（如基于内容的推荐算法、协同过滤推荐算法等），为用户提供个性化金融服务推荐。

（3）增值应用。包含企业名片、雷达扫描仪、图谱追踪器、舆情无人机、监控机器人、智慧财报等应用。这些应用是通过大数据的分析能力形成的应用变现，可以提供给金融机构和企业客户使用，增值应用既可以部署在公有云环境，也可以部署在金融机构的私有云环境，本书主要通过两种方式结合的混合云模式来支撑增值应用的不断扩展，满足不同金融机构和企业客户个性化的需求。

（4）企业客户自助。主要提供企业客户自助注册，企业信息资料添加、查询、更新，还款付息情况查询，自助上传贷后材料，增值应用使用等，通过企业客户自助功能，构建金融机构和企业客户的互动平台，使贷后管理工作开展具有参与感、互动感，提升贷后管理的客户体验。

第五节　关键技术攻关研究

一　结构化与非结构化数据一体化处理模型研究与金融云数据中心构建

金融数据是多源数据的汇总，存在大量结构化、半结构化和非结构化的数据，数据呈多维度、多粒度特征并带有语义，数据之间关系也非常复杂。

以 HBase 为代表的 NoSQL 类数据库是一个云计算背景下的分布式、非关系型数据库系统，支持半结构化、结构化数据的高并发读写、存储键值、列族、文档、图像等多种数据类型，能高效处理非结构化和半结构化数据，具有高可靠性、高性能、列存储、可伸缩、实时读写等特性。因此，本书将重点研究基于 HBase 设计的可保存语义的数据存储模型，同时为该模型提供类 SQL 查询接口，实现金融数据的结构化和非结构化一体化处理。① 在此基础上，分层构建如图 3-5 所示的金融云服务数据中心。

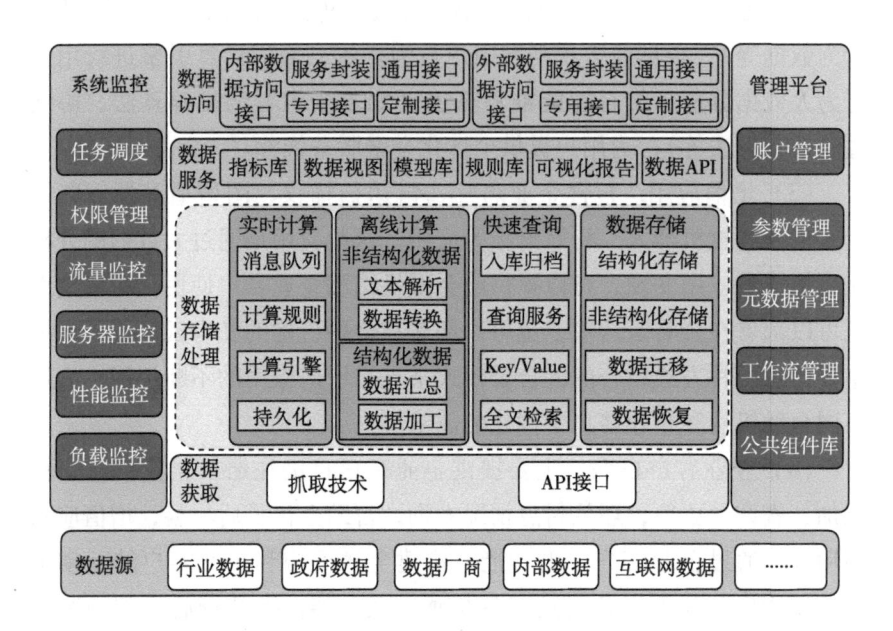

图 3-5 金融云服务数据中心

二 基于大数据的金融风险评级体系研究

（一）企业征信数据整合

企业征信是基于多源数据整合的企业信用分析，数据的来源主要包括工商数据、专利数据、税务数据、保险数据、社保数据、行业数据、公积金数据、信用卡数据、司法涉诉数据、央行征信数据和个人资产数据等，数据维度多、粒度细。为便于实施企业征信分析和风险评估，本书将采用层次化粒计算方法进行多源数据信息整合，形成包括企业DNA数据和贷款业务数据的企业信贷征信数据。其中，企业DNA数据将包含工商信息、社保公积金信息、征信限告、关联方数据、行业数据、三表数据、财务数据、实物凭证、高管个人数据、技术数据、司法

---

① Huang X., "Application Analysis of AI Reasoning Engine in Microblog Culture Industry", *Personal and Ubiquitous Computing*, 2020, 24（3）：393-403. DOI：10.1007/s00779-019-01338-6.

舆情、尽调数据等，贷款业务数据包含贷款用途、贷款期限、贷款金额、业务品种、项目收益、抵押质押、保证担保、对外担保、涉诉处罚、关联涉诉、逾期系数、调整项等。

（二）信用风险计量维度选择及风险分级指标体系建立①

金融风险评级是从企业多个维度进行企业信用风险的计量。结合企业征信数据构成和前期调研分析，本书拟从以下维度（但不限于）考虑企业信用风险计量。

（1）企业发展能力：发展环境、规模与市场定位、核心竞争力、经营成长性、上下游情况、管理与战略、外部支持等。

（2）企业盈利能力：销售毛利率、销售净利率、资产回报率、权益回报率、销售回款率等。

（3）企业资产质量：应收账款相对增长率、注册资金充足率、应收账款结构比率、存货结构比率、固定资产结构比等。

（4）企业偿债能力：资产负债率、流动比率、速动比率、现金比率、现金债务总额比、现金流动负债比等。

（5）企业运营能力：应收账款周转率、存货周转率、固定资产周转率、实收资本年均增值率等；企业信用状况：涉诉历史、行政处罚、债务履约（未还清正常类贷款风险、已结清非正常类贷款风险）等。

（6）企业潜在风险：内部风险（法人/实际控制人/大股东/配偶等关键人的信用状况、涉诉历史、行政处罚、婚育状况、个人对外担保等）、外部风险（企业对外担保风险、供应商潜在风险、客户潜在风险、关联企业潜在风险等）。

在此基础上，基于信用科技提供覆盖了融资担保业务的风险初筛、风险评估、风险决策和风险预警等一系列的信用风险管理能力，并将数据与科技全面融入保前、保中和保后的业务过程管理中，提供科技化的风险管理、决策支撑和全业务过程管理。给出了三大核心层能力：风险数据、信用科技和业务管理的示例。

---

① X. Huang, M. Chen, "Fiscal Spending and Green Economic Growth: Fresh Evidence from High Polluted Asian Economies", *Economic Research-Ekonomska Istraživanja*, Vol. 35, No. 1, 2022, pp. 5502-5513.

(三) 风险控制与预警模型与算法研究

根据企业信用风险计量维度的合理选择及风险评估指标体系的建立，本书拟采用的企业风险评级的评分模型如图3-6所示。

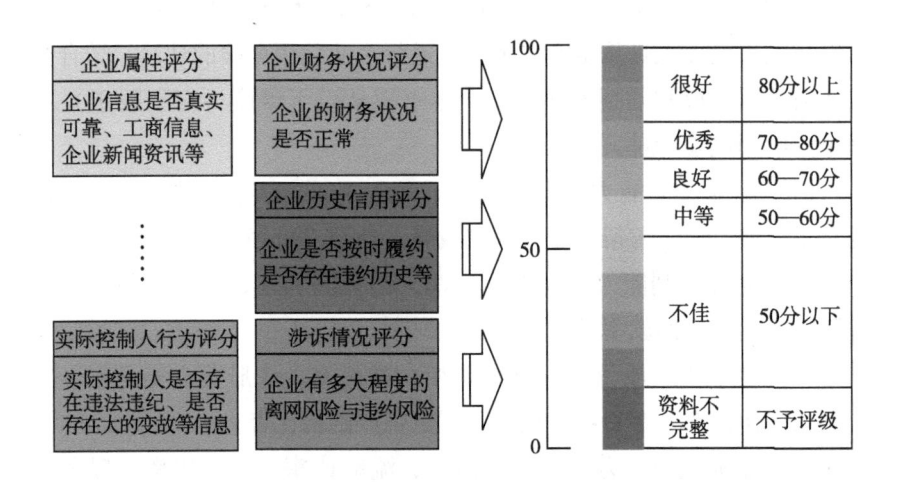

图3-6 企业风险评级评分模型

基于此模型思路，首先，针对风险尽调过程"对财务数据的审验稽核，去伪存真"问题的解决，本书拟设计专用的财务审计机器人（包括钩稽验证机器人、逻辑验证机器人、交叉验证机器人），从三张财务报表和电子套账明细账等验证源，识别财务造假并进行风险提示。其次，针对主体信用和债项风险辨别和区分问题，本书将建立主体信用评级模型和债项信用评级模型，前者区分客户行业、区域差异、企业生命周期，从企业发展能力、盈利能力、资产质量、偿债能力、运营能力、信用状况、潜在风险等多个维度进行企业信用风险的计量，后者区分贷款产品，重点考察企业对外债的偿还能力风险，包括还款来源、风险保障和调整项等，两者都能实现数据采集、无人值守、评级报告自动生成等功能。最后，融合自然语言处理、机器学习、粒计算、复杂网络、统计分析、演化算法等理论与方法，重点研究并提出"金融征信评分模型及算法""金融风险评级模型及算法""金融数据异常检测模型及算法""金融风险预警模型预算法"四个金融风险分析与控制核心方法。将按照"应用场景规划→风险指标选择→风险评级模型建立→

风险评级模型应用→模型及应用评估→模型迭代优化"的路径，动态性地进行企业金融风险评级（见图3-7）。同时，本书将结合大数据技术和可视化图谱方法，通过大数据实时触发预警，输出的风险信号通过短信、微信、邮件等多个渠道主动提醒相关人员处置，采用可视化图谱方法设计风控管理驾驶舱（含风控指标仪表盘、风险快速发现渠道、管理层作战指挥室等），一方面，可形成风险评级分布报告、风险逾期分析报告、风险挖掘逐级钻取、门店经营风险监控、贷款投向限额监测、风控考核计量统计等多维度的报告，更直观、精准地把控小贷风险；另一方面，可实现客户/债项变化预警、关联/保障变化预警以及全天候的风险预警监控，从而辅助风险决策支持。

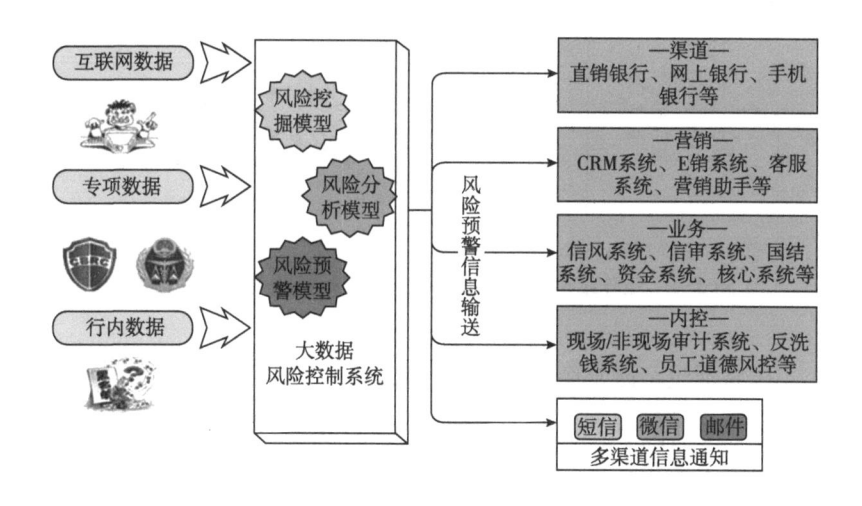

图3-7 企业金融风险评估路径

三 基于复杂网络的企业关联关系识别和风险传播模型研究

本书将金融业中的企业和企业之间的关系理解为一个金融复杂网络，采用邻接矩阵的方式来表达该网络，即把网络中所有的节点按行列布局成一个矩阵，两个节点之间有连接关系，则在矩阵上这两个节点的行列交叉位置上置为1，否则置为0。

金融复杂网络最核心的一个问题就是如何快速地查找出节点所代表的企业之间的关联关系，本书将通过上述构建矩阵结构的形态来查找这种关联关系。相比关系型结构，矩阵结构只需要一次扫描矩阵的行，定位到节点所在的矩阵行位置，则无须其他计算就能够快速地把指定节点的所有关联关系找出来，在性能上比使用关系模型快数倍之多（见图3-8）。

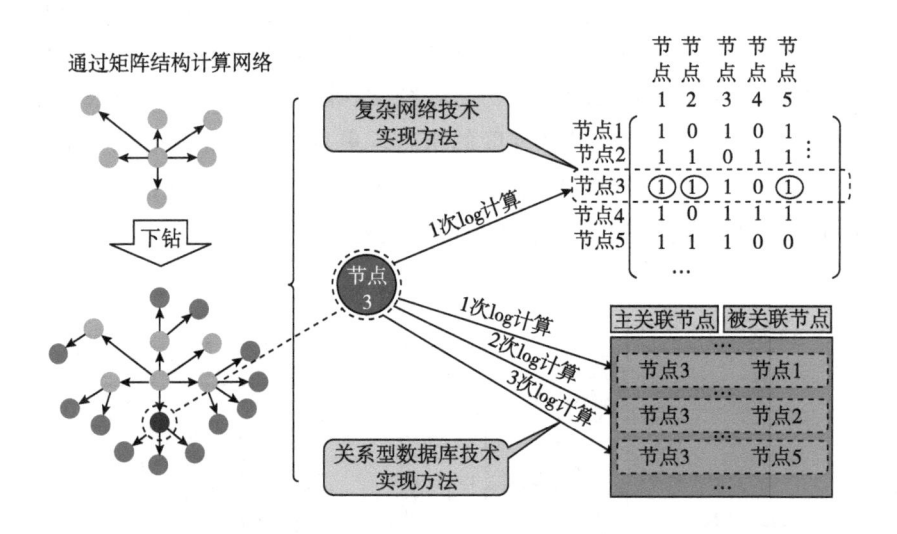

图3-8 矩阵结构与关系型结构节点之间关联关系计算比较

本书将通过金融复杂网络中企业之间的关联关系，通过相关性计算和分析，可以帮助发现企业关系网背后可能会出现的风险，如识别担保圈、发现异常资金往来，从而规避金融风险。

基于金融复杂网络中节点与节点之间的连接关系，将采用中心性节点分析的图算法，以准确地发现网络中的核心节点（对网络的影响力极大的节点），从而影响网络朝着我们所希望的方向发展（如降低信贷风险）或者挖掘到最具有价值的个体（如识别出供应链核心企业）。

通过前述的方式发现金融复杂网络中节点与节点之间的影响关系之后，我们将根据节点之间关系的属性类别和属性值，进行数值量化，并抽象建立金融风险影响传播网络，基于神经网络方法研究并提出金融风险传播模型及相应算法，通过数值计算的方式模拟并预演风险传播的变化趋势。

第六节 金融风控与服务平台设计与开发

一 系统架构设计

（一）总体设计

总体技术架构如图 3-9 所示。

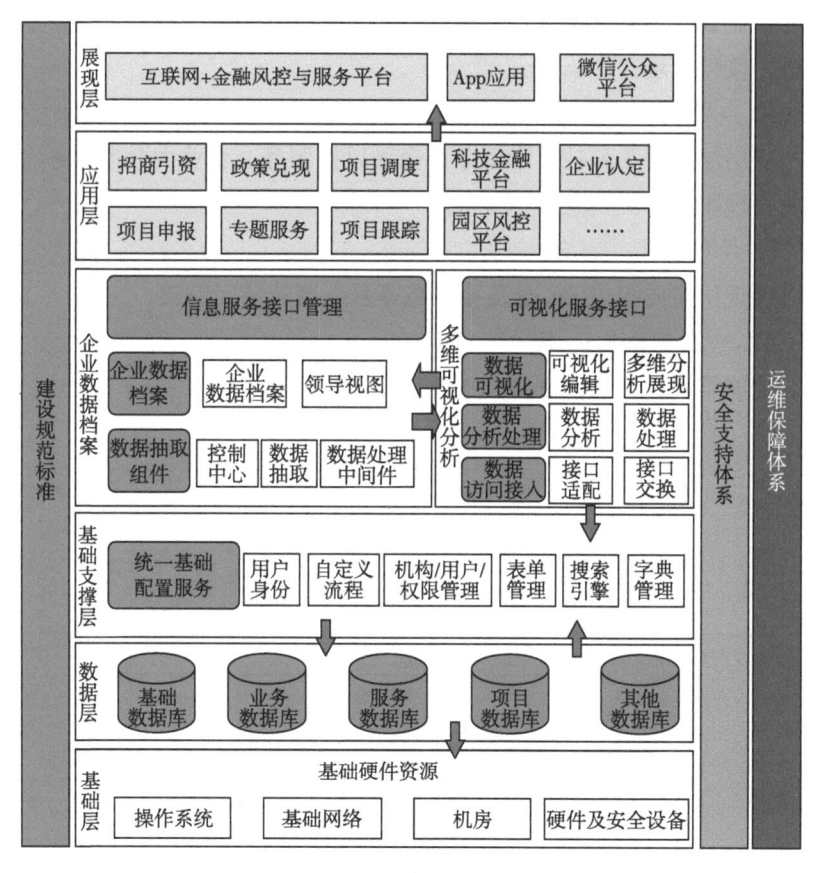

图 3-9 总体技术架构

1. 基础层

基础层包括中心机房、网络设施、应用服务器及数据库服务器等硬件设备，为整个系统提供基础支撑环境及基础数据交换环境。

2. 数据层

数据层主要用于应用系统所使用的各类数据的存储，包括基础数据、业务数据、服务数据等，数据类型包括结构化数据、非结构化数据等多种类型。

3. 基础支撑层

基础支撑层提供业务集成及业务访问的基础服务，包括身份认证、单点登录、工作流引擎、电子表单、搜索引擎等。

4. 企业数据档案

企业数据档案提供企业数据服务，包括数据抽取、数据处理、数据分析、接口管理等。

5. 应用层

应用层主要为科技金融服务、金融风控服务、企业大数据服务、物联后管理服务等。

6. 展现层

展现层主要提供 PC 端及移动端等多类型的访问渠道。

（二）功能结构设计

功能结构设计如图 3-10 所示。

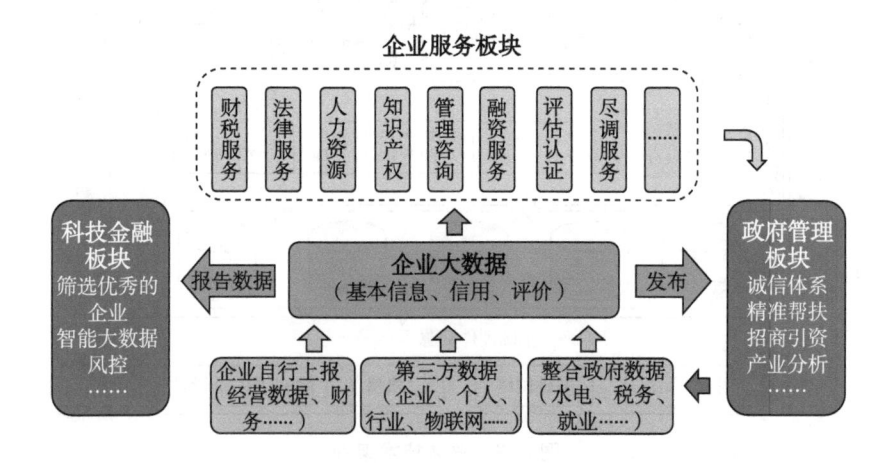

图 3-10 功能结构设计

功能结构主要包括一个中心、两个服务应用，一个中心是指全国企业大数据库中心，两个服务应用包括金融风控与服务平台、园区风控平台。

1. 全国企业大数据库中心

建立全国 1.8 亿家社会实体的工商、税务、司法、经营、知识产权、舆情、产业链、行业研究等 900 多维度的全量数据中心，通过数据采集、数据清洗、数据分析、数据模型和应用模型等顶层设计，创新性地将自然语言处理、图像视频分析、深度学习等大数据和人工智能技术应用到以企业信用信息为载体的全国企业大数据库中心，如图 3-11 所示。

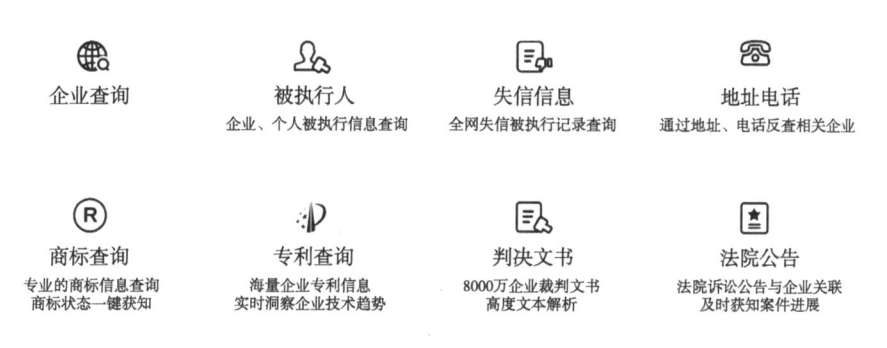

企业查询	被执行人	失信信息	地址电话
	企业、个人被执行信息查询	全网失信被执行记录查询	通过地址、电话反查相关企业

商标查询	专利查询	判决文书	法院公告
专业的商标信息查询 商标状态一键获知	海量企业专利信息 实时洞察企业技术趋势	8000万企业裁判文书 高度文本解析	法院诉讼公告与企业关联 及时获知案件进展

图 3-11 全国企业大数据库中心

2. 金融风控与服务平台

采用实时对接、银企互动、激励约束三大机制，运用信息化手段，为科技型中小企业搭建涵盖丰富金融创新产品的科技金融服务平台。

功能主要包括首页、金融机构、融资数据、热点政策、企业/机构用户中心、财园信贷通、金融产品模块，如图 3-12 所示。

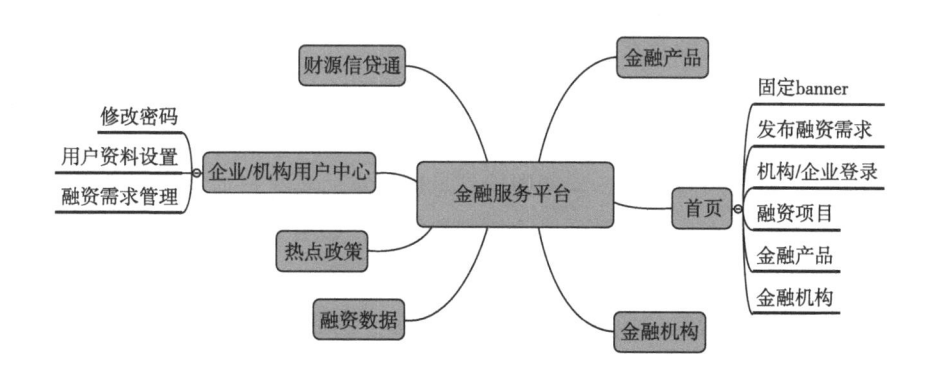

图 3-12 金融风控与服务平台功能模块

3. 园区风控平台

基于自有企业大数据、企业上报数据、政府数据三方数据形成完整的大数据库；通过数据建模、物联运用的方式，对入园的企业进行实时监控、预警，掌握园区企业动态。

功能主要包含风险管理、园区企业管理、报表统计、企业综合查询、物联网监控、行业新闻及数据、消息推送，如图3-13所示。

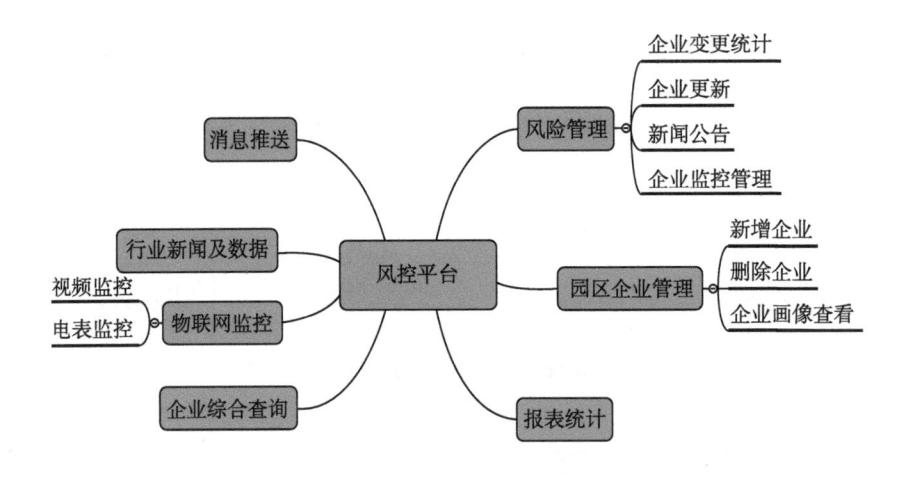

图3-13　园区风控平台功能模块

（三）关键服务流程设计

1. 科技金融服务流程

主要包括登录、发布融资需求、撮合处理、查看企业需求、机构内部流程审核，以及查看融资需求处理结果。

2. 风险控制流程

依托1.8亿家企业大数据平台对全区企业的工商变更信息、经营异常信息、司法风险信息、新闻舆情信息进行雷达实时扫描预警，掌握园区企业实时动态，真正做到风险控制智能化，如图3-15所示。

（四）关键技术

基于人工智能的风控全流程技术平台，包括智能风控引擎、互联网公开信息采集、深度学习聚类和决策树自然语言处理，如图3-16所示。

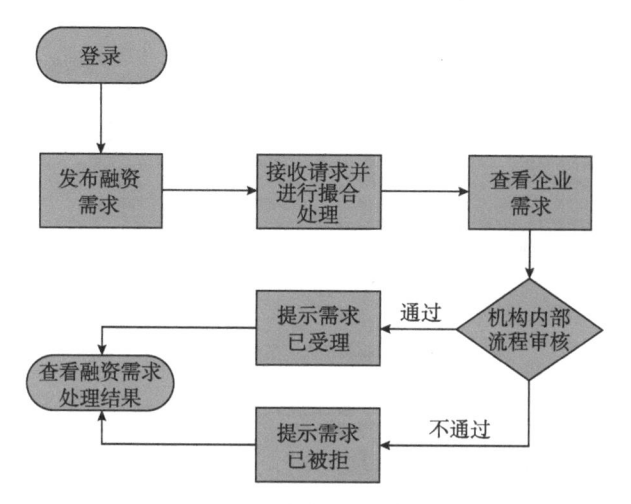

图 3-14　科技金融服务流程

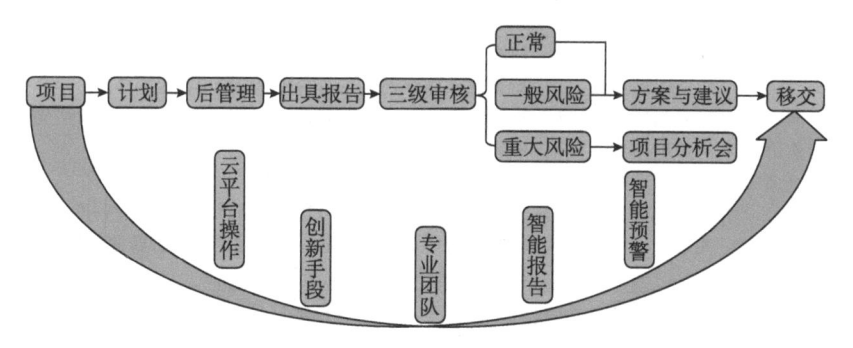

图 3-15　风险控制流程

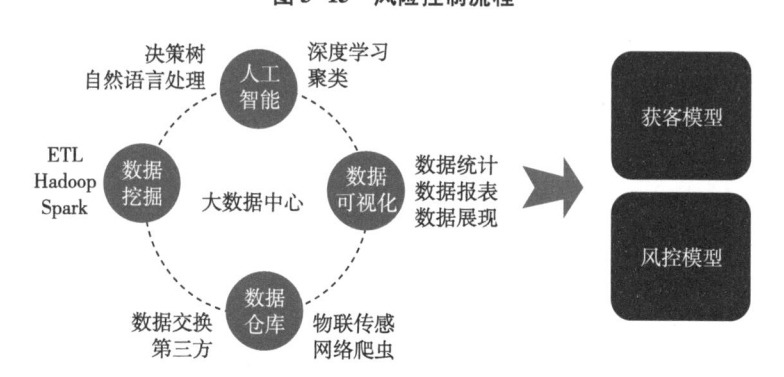

图 3-16　风控模型

通过多年的数据积累，公司已形成 1.8 亿家行业、企业和个人的近 900 个多维度大数据中心库，如图 3-17 所示。

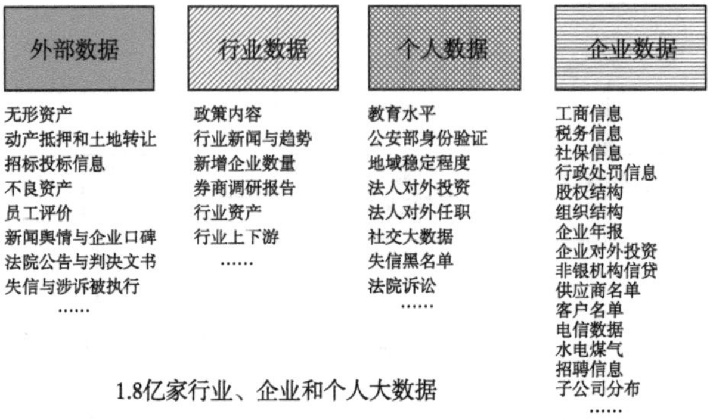

```
外部数据          行业数据          个人数据          企业数据
无形资产          政策内容          教育水平          工商信息
动产抵押和土地转让  行业新闻与趋势    公安部身份验证    税务信息
招标投标信息      新增企业数量      地域稳定程度      社保信息
不良资产          券商调研报告      法人对外投资      行政处罚信息
员工评价          行业资产          法人对外任职      股权结构
新闻舆情与企业口碑 行业上下游        社交大数据        组织结构
法院公告与判决文书 ……              失信黑名单        企业年报
失信与涉诉被执行                    法院诉讼          企业对外投资
……                                 ……              非银机构信贷
                                                     供应商名单
                                                     客户名单
                                                     电信数据
                                                     水电煤气
                                                     招聘信息
                                                     子公司分布
                                                     ……
```

1.8亿家行业、企业和个人大数据

图 3-17　多维度大数据整合

关键技术研究成果见表 3-1。

表 3-1　关键技术研究成果

分类	研究阶段	研究成果
自然语言处理	知识图谱：致力于构建高覆盖高可信的知识图谱，汇聚金融领域概念，定义这些概念之间的关系	1. 分词：将 Jieba 分词和 LTP 分词结合。 2. 命名实体识别：在词序列中识别出特定实体。 3. 语义角色标注：一种浅层的语义分析技术，标注句子中某些短语为给定谓词的论元。 4. 词库：金融领域本地化词库。 5. 情感分析：分析语句表达的情感，初判风险程度。 6. 新闻分类：通过指定行业关键词，进行新闻内容切词，根据词组统计结果判定新闻归属行业
机器学习	使用机器学习算法判别企业风险类别和程度，挖掘风险之间的非线性关系，并预测风险	1. 通过收集上市公司财报样本，标注欺诈样本，进行数据规范化，搭建时序模型，利用监督学习（XGBOST）算法预测企业财务报表欺诈程度。 2. 结合现场尽调经验梳理企业风控规则，对企业数据进行风控指标化，生成决策树，实现企业风险关注推送
互联网公开信息采集	成熟平台	1. 人机交互验证：模拟真人操作习惯，通过合法手段绕过验证程序。 2. 模拟浏览器：模拟真实浏览器进行页面渲染，提升采集的信息质量
数据仓库	成熟平台	1. 1.8亿家社会实体的工商、税务、司法、经营、知识产权、舆情、产业链、行业研究等 900 多维度的全量数据。 2. 数据仓库分为： 数据采集层：存储互联网公司信息数据、友商交换数据、信息系统数据； 数据贴源层：存储数据采集层当前、历史数据； 基础主题层：对企业、个人设计不同主题存放企业数据； 业务指标层：结合业务系统生成业务需求指标数据； 公共服务层：生成面向用户的企业、个人信息数据，支撑业务系统应用

二 数据架构设计

（一）非结构化数据和结构化数据处理设计

本书中涉及的数据包括互联网接入数据、设备数据、上报数据等，是多源数据的结合，存在大量结构化、半结构化和非结构化的数据，数据呈多维度、多粒度特征并带有语义，数据之间关系也非常复杂。

本书讨论的以 HBase 为代表的 NoSQL 类数据库是一个云计算背景下的分布式、非关系型数据库系统，支持半结构化、结构化数据的高并发读写、存储键值、列族、文档、图等多种数据类型，能高效处理非结构化和半结构化数据，具有高可靠性、高性能、列存储、可伸缩、实时读写等特性。

因此，本书将重点研究基于非结构化的数据清洗模型及挖掘技术，通过提取非结构化数据信息，保存到关系性存储介质中，并以 SQL 查询方式作为数据模型接口，实现非结构化数据整合，同时整合结构化数据实现数据处理一体化。

1. HBase 数据存储处理

HBase 是一个基于 Hadoop 的分布式、面向列的 Key-Value 存储系统，可以对需要实时读写、随机访问大规模数据集的场景提供高可靠、高性能的服务，在大数据相关领域应用广泛。HBase 可以对数据进行透明的切分，使存储和计算本身具有良好的水平扩展性（见图 3-18）。

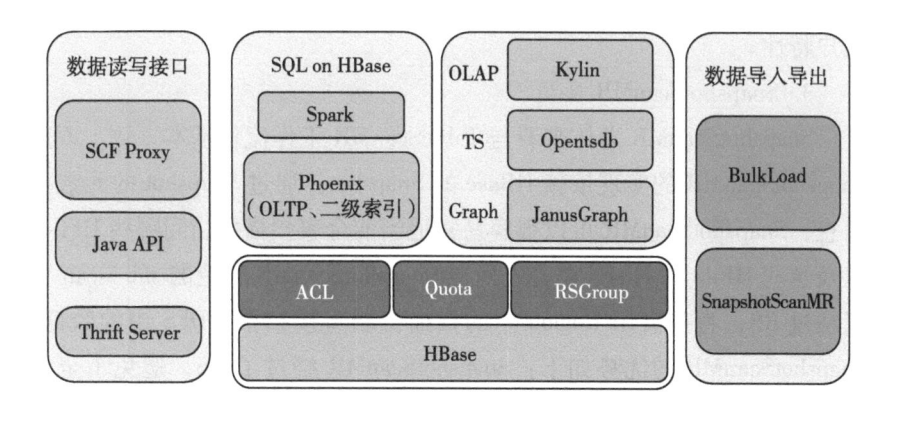

图 3-18　HBase 架构

（1）多租户支持。包括 SCF 限流、RSGroup、RPC 读写分离、HBase Quota、ACL。

（2）数据读写接口。包括 SCF 代理 API、原生 Java API 以及跨语言访问 Thrift Server。

（3）HBase 数据导入导出。包括数据批量导入工具 BulkLoad、数据批量导出工具 SnapshotScanMR。

（4）OLAP。多维分析查询的 Kylin 平台。

（5）时序数据库。时序数据存储和查询的时序数据库 Opentsdb。

（6）图数据库。图关系数据存储和查询的图数据库 JanusGraph。

（7）SQL on HBase。支持二级索引和事务的 Phoenix，以及 Spark SQL 等。

（8）HBase 在 58 的应用业务场景。包括全量帖子数据、用户画像、搜索、推荐、用户行为、智能监控及风控反欺诈等的数据存储和分析。

（9）监控平台。HBase 平台的监控实现。

2. HBase 多租户支持

HBase 在 1.1.0 版本之前没有多租户的概念，同一个集群上所有用户、表都是同等的，导致各个业务之间干扰较大，特别是某些重要业务，需要在资源有限的情况下保证优先正常运行，但在之前的版本中是无法保证的。从 HBase 1.1.0 开始，HBase 的多租户特性逐渐得到支持，本书介绍的 HBase 版本是 1.0.0-cdh5.4.4，该版本已经集成了多租户特性。

3. SnapshotScanMR 实现

SnapshotScanMR 总体来看与 TableScanMR 工作流程基本一致，不过 SnapshotScanMR 的实现依赖 HBase 的 Snapshot，通过 Snapshot 的元数据信息，SnapshotScanMR 可以很容易知道当前全表扫描要访问哪些 HFile，以及这些 HFile 的 HDFS 路径，所以 SnapshotScanMR 构造的 sub-scan 可以绕过 RS，直接借用 Region 中的扫描机制直接扫描 HDFS 中的数据。SnapshotScanMR 的优势如下：SnapshotScanMR 绕过了 RS，避免了全表扫描对其他业务的干扰，极大地提升了扫描效率；SnapshotScanMR 绕过了 RS，减少了一次网络传输，对应少了一次数据的序列化和反序列化操作；TableScanMR 扫描中 RS 很可能会成为瓶颈，而 SnapshotScan-

MR 不需要担心这一点，如图 3-19 所示。

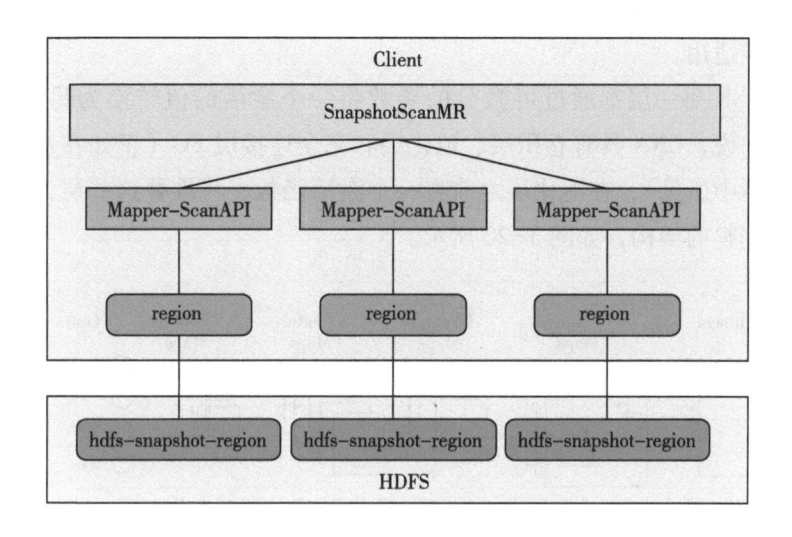

图 3-19　SnapshotScanMR 技术架构

4. RSGroup

虽然 SCF Quota 和 HBase Quota 功能可以做到对用户的读写进行限制，一定程度上能降低各业务读写数据的相互干扰，但是在我们的实际业务场景中，存在两类特殊业务：一类是消耗资源非常大，但是不希望被限流；另一类是非常重要，需要高优先级保证服务的稳定。对于这两类特殊业务，我们只能进行物理隔离，物理隔离既能保证重要业务的稳定性，也能避免对其他业务的干扰。本书使用的物理隔离方案是 RSGroup，即 RegionServer Group。

（二）非结构化数据处理模型算法设计

1. 图像数据

应用场景：①基于物联摄像设备搜集企业用工、仓储等信息，通过机器学习算法提取图像数据；②基于企业资质文件解析企业资质内容已经有效性识别，降低企业操作复杂性。

本书中主要采用卷积神经网络（CNN）算法实现图像识别，卷积神经网络中每个神经元接收一些输入，执行点积，并且可选地以非线性跟随它。整个网络仍然表现出单一的可微分评分功能：从一端的原始图像像素到另一个类的分数。此外，在最后的完全连接层上，仍然使用损失函数（如SVM/Softmax），因此所有针对传统神经网络开发的学习技巧同样适用。

CNN每一层都通过可微分的函数将一个激活的值转换为另一个，一般来说，CNN具有卷积层、池化层和完全连接层FC（正如在常规神经网络中所见），在池化层之前有一个激活函数，将堆叠这些层，形成一个完整的架构，如图3-20所示。

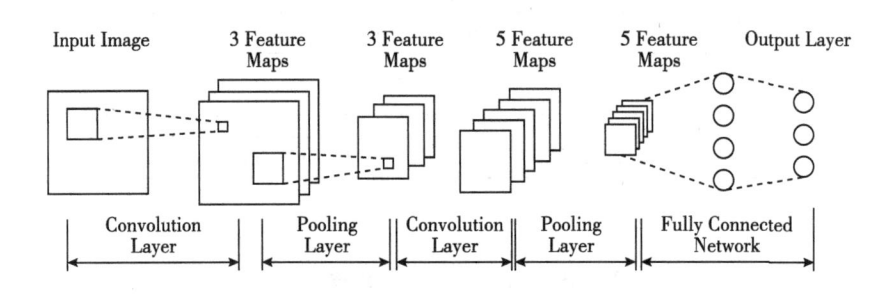

图3-20　CNN层级转换

CNN将一个输入3D体积变换为输出3D体积，与正常的神经网络不同，CNN具有三维排列的神经元：宽度、高度、深度。

2. 卷积层

四个超参数控制输出体积的大小：过滤器大小、深度、步幅和零填充，得到的每个深度也叫作Feature Map。

在卷积层有一个重要的超参数就是过滤器大小（需要自己指定），若输入值是一个[32×32×3]的大小（如RGB CIFAR-10彩色图像）。如果每个过滤器（Filter）的大小为5×5，则CNN层中的每个Filter将具有对输入体积中的[5×5×3]区域的权重，总共5×5×3=75（个）权重（和+1偏置参数），输入图像的3个深度分别与Filter的3个深度进行运算。请注意，沿着深度轴的连接程度必须为3，因为这是输入值的深度，并且也要记住这只是一个Filter。

假设输入卷的大小为[16×16×20]。然后使用3×3的示例接收字段大小，CNN中的每个神经元现在将具有总共3×3×20=180（个）连接到输入层的连接。

卷积层的输出深度是可以指定的，其具体值由该层中所使用的滤波器（Filter）的数量决定。加入上面使用了 64 个 Filter，也就是 [5, 5, 3, 64]，这样就得到了 64 个 Feature Map，这 64 个 Feature Map 可以作为下一次操作的输入值。

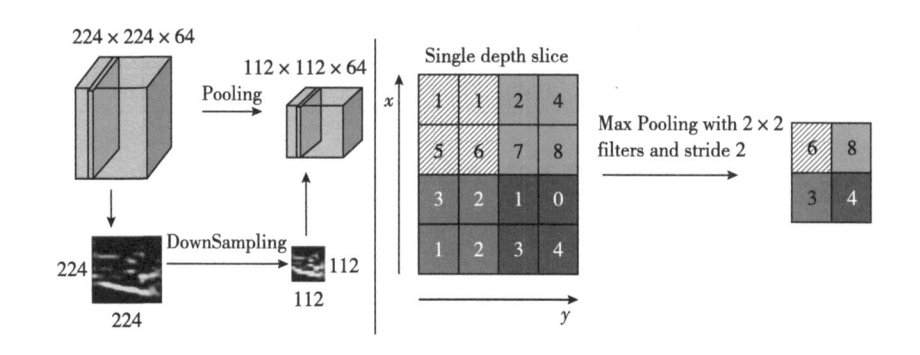

3. Pooling 层

Pooling 层主要的作用是下采样，通过去掉 Feature Map 中不重要的样本，进一步减少参数数量。Pooling 的方法很多，最常用的是 Max Pooling。Max Pooling 实际上就是在 $n×n$ 的样本中取最大值，作为采样后的样本值，如图 3-21 所示。

图 3-21 Pooling 层采样

4. 文本数据

应用场景。基于企业、行业舆情信息，通过 NLP 解析文本内容及文本摘要、文本情感描述等信息。

本书利用深度学习，将基于舆情信息数据搜集的大数据量作为训练数据，搜集后采用文本自然词库切词方式完成第一阶段词库生成，同时统计词频完善词库量并用于分词。

（三）金融云服务数据中心的设计与实现

金融云服务数据中心实现数据统一归集、调度、清洗整合，打破各数据之间的数据壁垒，结合数据计算模型，为平台使用各方提供合适的应用产品数据支撑。数据中心架构如图 3-22 所示。

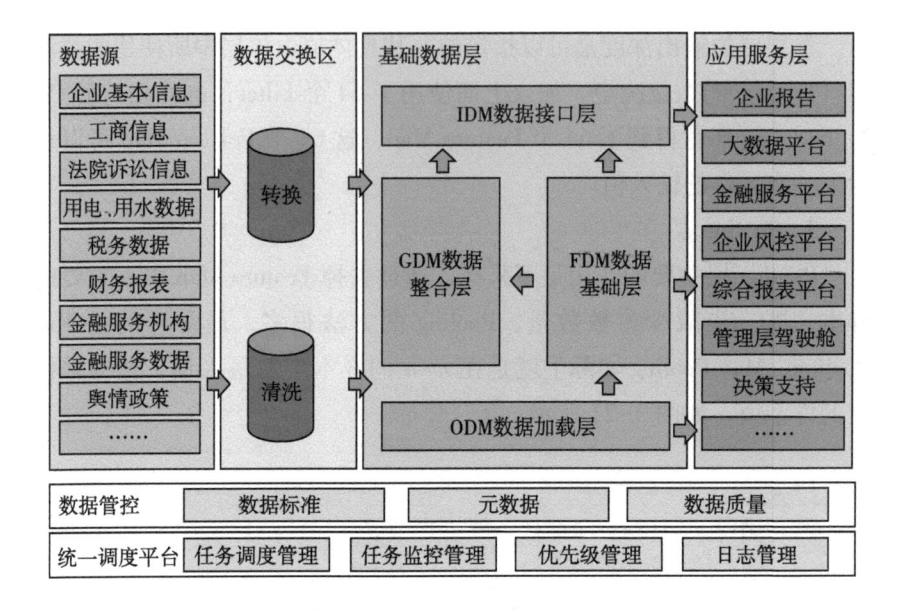

图 3-22 数据中心架构

1. 数据源

整合所有数据维度以及数据维度来源，包括文本格式、API 格式、数据库共享格式等多种数据格式。

2. 数据交换区

对多种数据源数据格式进行标准化转换清洗处理，得到稳定结构数据进入基础数据层。

3. 基础数据层

数据中心主体，面向主题域对数据进行一定程度整合以及拆分，包括数据加载层、数据基础层、数据接口层、数据整合层。

4. 应用服务层

面向应用进行数据定制化整合开发。

5. 数据管控

数据治理管理。

6. 统一调度平台

数据调度任务统一管理平台。

批量数据标准化计算引擎如图 3-23 所示。

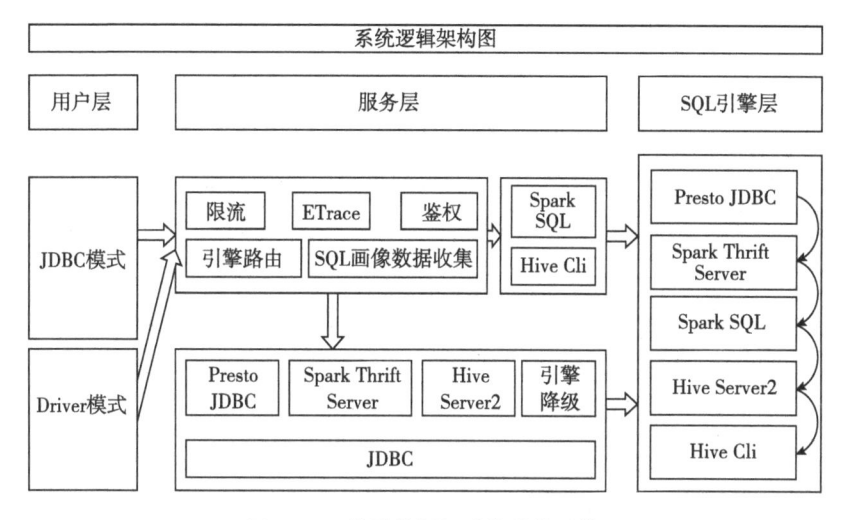

图 3-23 批量数据标准化计算引擎

三 移动端前端设计

本书移动端前端技术选型为 ionic，ionic 是一个用来开发混合手机应用的、开源的、免费的代码库。其不仅可以优化 HTML、CSS 和 JavaScript 的性能，构建高效的应用程序，还可以用于构建 Sass 和 AngularJS 的优化。ionic 是一个可以信赖的框架。

随着移动智能技术的发展，越来越多的新技术不断涌现出来。ionic 是基于 Web 技术应用 HTML5、CSS3 和 JavaScript 技术进行智能设备 App 开发的框架，具有很好的跨平台性能，被称为 Hybird App 框架，即混合模式的移动 App 开发框架。ionic 聚焦感官和应用的 UI 交互，它不是 Phone Gap 或 Cordova 的替代品，ionic 只是在前端大幅度简化了 App 开发。为了完美发挥 ionic 的功能，需要 AngularJS 的配合，虽然可以继续使用 AngularJS 的 CSS 内容，但会失去 ionic 提供的强大的交互、手势、动画等支持，因此在使用 ionic 时应避免使用其他 CSS 内容。ionic 的最终目的是让基于 HTML5 开发本地智能设备 App 的工作更加容易，这种 App 被称为混合 App。需要注意的是，ionic 聚集移动本地化 App 开发而不是基于移动设备的 Web 应用或移动网站开发。ionic 默认的界面类似 ios 系统，但不是对 ios 系统的复制，在开发中不要忘记使用 ionicons 字体包，还需要注意 ionic 所针对的移动平台是新版本系统。

ionic 是一个 CSS 和 JavaScript UI 库，其主要特点如下。

1. 具有原生 App 的卓越运行性能

ionic 的目的是开发移动 App，因此，它仅考虑了新的移动端的浏览器兼容，并不一定兼容 PC 机上的浏览器。其在性能上可与原生 App 媲美。ionic 专注原生 App 开发。

2. 可维护性高

ionic 采用 AngularJS 的设计思路，因此在应用维护、简单性上继承了 AngularJS 的优势。

3. 漂亮的 UI 设计

ionic 中的 UI 完全为移动 App 定制，简单、简洁、实用是其最大的特点，它在 UI 设计上贯穿了非常多的移动组件、结构规范。其主题不仅华丽，而且具有很强的可扩展性。

4. 轻量级框架

ionic 基于 AngularJS 框架，但仅针对移动 App 开发，遵循 JavaStript 的 MVVM 模式。

5. 具有强大的命令行工具

ionic 提供了命令行工具，可帮助开发者开发、调试、运行 App，可轻松地将 App 部署到任何移动应用平台。

6. 与 AngularJS 完美结合

ionic 完全就是 AngularJS 在移动设备上的解决方案，其开发遵循 AngularJS 的思路，只要会 AngularJS，ionic 即可上手。

四 主要子系统的设计与实现

（一）金融风控与服务平台

金融风控与服务平台是以全国约 1.8 亿家企业和社会团体的工商、税务、司法、经营、知识产权、舆情、产业链与行业研究等数据为基础，以物联传感采集的实时数据为监控核心，运用大数据分析与挖掘、物联网、人工智能等金融科技力量，建立以企业信用信息为载体的金融服务平台，对辖区企业进行分级管理，实现对园区内企业全生命周期的治理与扶植，同时也实现政府、企业与金融机构之间信息、资源共享。为政府实施监管、精准帮扶、招商引资提供依据，为金融机构智能风控提供数据支撑，缓解园区中小微企业"融资难、融资慢"问题。

第一，该平台为园区政府提供统一的企业综合服务平台，信息多跑路、人员少跑路的统一服务窗口，减少企业办理政府各部门手续的数据壁垒和业务壁垒；同时赋能各阶段成长企业的专业服务，如税务、法律、人力资源、政策、品宣等。

第二，该平台为园区政府提供企业的跨部门跨区域跨业务的全量监管风控平台，全量实时刻画企业的画像，实时监控企业及其股东和关联企业的风险，通过物联采集、智能分析持续尽调公司的生产经营情况。

第三，该平台为园区企业提供综合的金融服务、企业服务和政府政策引导服务。

第四，该平台为金融机构提供贷前或投前的获客、尽调服务，同时通过平台为金融机构提供贷后或投后的管理服务。

（二）应用背景

针对省内园区实际情况，经过前期访谈调研，因信息不对称导致的问题体现在五个方面：①园区政府对拟招商企业及企业主背景调查工具单一；②对已投资企业的投后管理缺乏高效实时监管手段；③针对入园企业所提供的服务以线下为主且服务内容有限；④未对入园企业信用变化、重大风险预警建立监管体系；⑤未建立企业信用评价体系，中小微企业存在"融资难、融资贵"的问题。

为解决以上问题，亟须建立全口径数据归集、全领域公共服务、全链条监管的信用平台。通过对接政府各部门之间的数据与系统，打通政府部门之间的数据壁垒，构建各园区的信用信息服务体系，推动跨部门、跨行业、跨区域的信用系统建设，提高政府公共服务水平、加强协同监管、提升联合惩戒水平，推进智慧金融发展进一步缓解中小微企业"融资难、融资贵"的问题。

（三）平台解决的行业实际问题

1. 为园区政府

（1）实时监管。通过采集园区内企业多维度数据，对关键指标进行监测，提高工作效率，提升专业管理水平。

（2）精准帮扶。依托企业大数据中心的建设，基于可量化的多维度指标，可以实现精准帮扶。

2. 为金融与服务机构

（1）依托企业大数据中心和人工智能技术，可为辖内金融机构了解企业、服务企业提供数据支撑，筛选优秀企业及智能大数据风控。

（2）引入"发票贷""税金贷""供应链金融"等新型金融产品服务机构，全方面多角度服务园区企业。

3. 为园区企业

在财税、知识产权、尽职调查、评估认证、法律、审计等方面为园区企业提供配套服务。

第四章
贷前——信用评估体系建设

第一节 信用评估概述

一 国外研究现状

国外对信用风险评估的研究大约有二百年的历史,具有较完备的数据支持和体系框架,其中还包括法律和监管体系。在此基础上,许多学者对如何科学建立一个完善的信用评级方法展开了广泛的研究。

早期,专家法和统计学法是主流的信用评分方法。专家法是由专业的信用审核专家依据一些要素决定申请人是否合格,最早出现的专家法为"5C"判别法[1]。专家法虽然能一定程度地降低金融风险,达到信用评级的目的,但是太过依赖专家的主观判断,不同专家对同一问题或许有不同的看法。随着信用风险控制领域的不断发展,研究人员开始将特征进行量化,统计分析方法应用到了信用评分领域。Wiginton 首次将统计学方法引入信用评分领域,通过对 Logistics 回归模型进行实验得到了较好的结果[2]。Albert 和 Anderson 将分类有序群组的方法替换为极大似然函数估计,实验表明该方式的稳定性优于改进前[3]。Rosenberg 和 Gleit 构

---

[1] Thomas L. C., "A Survey of Credit and Behavioural Scoring: Forecasting Financial Risk of Lending to Consumers", *International Journal of Forecasting*, Vol. 16, No. 2, 2000, pp. 149-172.

[2] Wiginton J. C., "A Note on the Comparison of Logit and Discriminant Models of Consumer Credit Behavior", *Journal of Financial and Quantitative Analysis*, Vol. 15, No. 3, 1980, pp. 757-770.

[3] Albert A., Anderson J. A., "Probit and Logistic Discriminant Functions", *Communications in Statistics-Theory and Methods*, Vol. 10, No. 7, 1981, pp. 641-657.

建了动态和静态决策模型，并对两者进行了线性规划和判别分析的扩展，最终实验表明，这种扩展方式在多个统计量上具有更好的表现[1]。

随着机器学习算法的不断进步，越来越多的学者将各类性能优异的模型应用到信用评分领域。Farquad 等对个人信用数据进行了降维处理，将多元统计分析中的主成分分析与传统机器学习模型支持向量机进行融合，提出了一种 PCA-SVM 模型并应用到信用评分领域中，实验结果表明该模型预测性能对比单个独立模型更好，但 Logistics 回归模型在敏捷性上比 PCA-SVM 模型效果更好[2]。Wang 等在 SVM 基础上提出了一种模糊支持向量机模型，在真实数据集上测试发现，当选择合适的核函数及隶属度生成方法时，在信用评分上比传统 SVM 模型效果更好[3]。Kao 等利用 Bayes 模型对客户质量进行了预测，制定了更加精准的信贷发放规则[4]。Khashei 和 Mirahmadi 通过对实际信用数据分析发现，神经网络与智能计算相结合的方式即使在条件波动较大的情况下，对金融二元决策也有较优异的表现[5]。Djeundje 和 Crook 利用单事件生存模型预测在某一时间序列下贷款使用者违约的概率，发现与传统模型相比，该模型具有性能优势[6]。

然而单一模型因其性能存在上限，已经不能满足日益复杂的金融风控场景。Dželihodžić 等使用 Bagging 集成人工神经网络来建立信用评分模型[7]。Finlay 通过融合多个分类器对消费者类别进行区分，并划分信

---

[1] Rosenberg E., Gleit A., "Quantitative Methods in Credit Management: A Survey", *Operations Research*, Vol. 42, No. 4, 1994, pp. 589–613.

[2] Farquad M. A. H., et al., *Credit Scoring Using PCA-SVM Hybrid Model*, International Conference on Advances in Communication, Network, and Computing, Berlin, Heidelberg: Springer, 2011, pp. 249–253.

[3] Wang Y., et al., "A New Fuzzy Support Vector Machine to Evaluate Credit Risk", *IEEE Transactions on Fuzzy Systems*, Vol. 13, No. 6, 2005, pp. 820–831.

[4] Kao L. J., et al., "A Bayesian Latent Variable Model with Classification and Regression Tree Approach for Behavior and Credit Scoring", *Knowledge-Based Systems*, Vol. 36, 2012, pp. 245–252.

[5] Khashei M., Mirahmadi A., "A Soft Intelligent Risk Evaluation Model for Credit Scoring Classification", *International Journal of Financial Studies*, Vol. 3, No. 3, 2015, pp. 411–422.

[6] Djeundje V. B., Crook J., "Dynamic Survival Models with Varying Coefficients for Credit Risks", *European Journal of Operational Research*, Vol. 275, No. 1, 2019, pp. 319–333.

[7] Dželihodžić A., et al., "Improved Credit Scoring Model Based on Bagging Neural Network", *International Journal of Information Technology & Decision Making*, Vol. 17, No. 6, 2018, pp. 1725–1741.

用风险等级，实证结果表明虽然多分类器系统对比单分类器系统无明显提升，但对其进行误差修正后性能远优于 AdaBoost 和 Bagging 算法①。Qin 等通过对信用数据集进行分析，发现采取树模型可以有效地降低特征的维度和数据集的复杂程度，同时还根据聚类思想对粒子群划分进行了优化，并基于此提出了一种融合粒子群算法的极限梯度提升树模型②。Tripathi 等发现信用数据集中特征对最终构建的评分模型具有较大程度的影响，提出了一种基于冗余性和相关性计算的特征选择方法③。

二 国内研究现状

国内对于信用评分卡的研究相较于国外起步较晚，但发展轨迹基本相似，依旧是从专家法和统计学方法开始④。迟国泰等针对信用评级中基础不强的问题对中国信用评分的现状和不足进行了分析，将隶属度原理和层次分析法（Analytic Hierarchy Process，AHP）相结合，建立了一套包含目标评分函数和权重的风险评价指标体系⑤。张玲将期望违约概率定义为信用风险度量中的核心问题，对在企业信用风险评级中应用多元判别分析的效果进行了讨论，为中国上市公司的信用评级提供了方法⑥。张成虎等通过对指标赋值和设立假设条件构建了多元线性判别模型，在真实数据集上有较好的稳定性⑦。姜明辉等在相关性分析的基础上实现了异常样本的预警，采用步长遍历算法优化指标集合并赋予权

---

① Finlay S., "Multiple Classifier Architectures and Their Application to Credit Risk Assessment", *European Journal of Operational Research*, Vol. 210, No. 2, 2011, pp. 368-378.

② Qin C., et al., "XGBoost Optimized by Adaptive Particle Swarm Optimization for Credit Scoring", *Mathematical Problems in Engineering*, 2021, pp. 1-18.

③ Tripathi D., et al., "Experimental Analysis of Machine Learning Methods for Credit Score Classification", *Progress in Artificial Intelligence*, Vol. 10, No. 3, 2021, pp. 217-243.

④ 石庆焱、靳云汇：《多种个人信用评分模型在中国应用的比较研究》，《统计研究》2004 年第 6 期。

⑤ 迟国泰等：《个人信用卡信用风险评价体系与模型研究》，《同济大学学报》（自然科学版）2006 年第 4 期。

⑥ 张玲：《基于判别分析和期望违约率方法的信用风险度量及管理研究》，博士学位论文，湖南大学，2004 年。

⑦ 张成虎等：《基于判别分析的个人信用评分模型研究与实证分析》，《大连理工大学学报》（社会科学版）2009 年第 1 期。

重，通过构造新的指标集合来提高风控模型的性能①。邓超等针对信用评分中有偏样本抽样分析问题，提出了一种能够减少条件分布与边界分布预测代价的贝叶斯界定折叠法（Bayesian-Difference Research，BSDM），实验结果表明，其对样本选择偏差问题的求解具有良好的稳定性②。

在此基础上，如神经网络、SVM、决策树等人工智能方法也逐渐被国内学者应用于信用评分方法中。王磊等对信用评分领域中应用数据挖掘模型的效果进行了研究，发现改进的门限 Logistics 和组合决策树模型有较好的预测性能③。王凯针对随机森林模型中决策树集合存在相似性高和性能不一致的问题，提出了一种针对随机森林的改进算法④。陆爱国等将支持向量机问题分解为二次规划子问题，并发现这种方法能够更加准确和快速地接近最优解，从而有助于大规模子问题的求解⑤。姚潇和余乐安将模糊隶属度函数引入 SVM 模型中，提高了模型的抗干扰能力，在信用数据集上有良好的分类效果⑥。陈煜等引入交易数据维度和代价敏感学习的增强随机森林分类器构建信用评分模型，较传统方法有所提升⑦。王名豪和梁雪春利用混沌粒子群算法对 XGBoost 模型参数进行优化，通过对比其他算法在信用评分问题上的效果，发现该方法在预测准确率和模型稳定性两个指标上有不错的表现⑧。

随着各种融合模型的提出和取得的优异表现，通过组合模型实现互补的方式在信用评分领域也被广泛应用。李睿利用遗传算法对退火算法

---

① 姜明辉等：《个人信用评分模型的发展及优化算法分析》，《哈尔滨工业大学学报》2015 年第 5 期。

② 邓超等：《基于贝叶斯界定折叠法的小企业信用评分模型研究》，《管理工程学报》2015 年第 4 期。

③ 王磊等：《数据挖掘模型在小企业主信用评分领域的应用》，《统计研究》2014 年第 10 期。

④ 王凯：《基于改进随机森林算法的 P2P 贷前信用风险评估方法研究》，硕士学位论文，南京邮电大学，2020 年。

⑤ 陆爱国等：《基于改进的 SVM 学习算法及其在信用评分中的应用》，《系统工程理论与实践》2012 年第 3 期。

⑥ 姚潇、余乐安：《模糊近似支持向量机模型及其在信用风险评估中的应用》，《系统工程理论与实践》2012 年第 3 期。

⑦ 陈煜等：《基于交易数据的信用评估方法》，《计算机应用与软件》2018 年第 5 期。

⑧ 王名豪、梁雪春：《基于 CPSO-XGboost 的个人信用评估》，《计算机工程与设计》2019 年第 7 期。

进行了改进，提出了一种将局部搜索能力扩大到全局的 SA-GA 模型，通过实验分析发现优化后的算法在稳定性和准确率这两个指标上具有更好的表现①。徐娟和胡学钢采取两阶段建模的方式对遗传算法和神经网络进行了融合，并以此建立了信用评分模型，通过实证分析发现该种方法具有更好的性能，能够有效弥补单一模型算法的不足②。王重仁等基于对个人信用数据的分析，提出了一种 LSTM 和 CNN 融合的个人信用评分方法，该方法的表现优于长短期记忆神经网络和其他传统的机器学习方法，验证了其在信用评分领域中的有效性③。牛晓健和凌飞以深度神经网络为特征提取器，获得抽象特征后输入集成学习模型中进行训练，以此得到的组合模型相比原模型具有更优的性能④。

三 信用评分卡简介

信用评分实质上是一个分类问题⑤，一般考虑申请人的过去表现以及基本信息，通过这些特征建立信用评分模型⑥。传统的信用评分模型大多采用逻辑回归和决策树模型，根据输入的客户特征输出违约概率，构建流程如图 4-1 所示。在实际使用中，往往会根据统一的映射式对该概率进行量化，形成带有刻度的卡片并且赋予每个刻度实际意义，也就是信用评分卡。

在生活中，经常会使用的信用评分是阿里巴巴芝麻信用评分卡，它是中国第一张为个人服务而设计的信用评分卡，它借鉴的是国际较为通用的 FICO 评分体系。在该体系中，将评分设置在 350—700 分，评分越高说明违约概率越低⑦。同时，FICO 评分体系也根据申请人不同的得

---

① 李睿：《基于 SA-GA 算法的组合预测模型在个人信用评分中的应用研究》，硕士学位论文，哈尔滨工业大学，2010 年。
② 徐娟、胡学钢：《基于 GP+BP 的信用评估模型研究》，《合肥工业大学学报》（自然科学版）2010 年第 4 期。
③ 王重仁等：《融合深度神经网络的个人信用评估方法》，《计算机工程》2020 年第 10 期。
④ 牛晓健、凌飞：《基于组合学习的个人信用风险评估模型研究》，《复旦学报》（自然科学版）2021 年第 6 期。
⑤ 石庆焱、靳云汇：《个人信用评分的主要模型与方法综述》，《统计研究》2003 年第 8 期。
⑥ 陈启伟等：《基于 Ext-GBDT 集成的类别不平衡信用评分模型》，《计算机应用研究》2018 年第 2 期。
⑦ Bowman J. E.，"Fair Isaac's Dominance of Credit Scoring is a Systemic Risk"，*American Banker*，Vol. 11，No. 2，2013，pp. 261-279.

分规定了不同的信用等级。从550分开始到700分结束，以50分为一个区间间隔，分数越高代表申请人越不容易违约①。芝麻信用充分利用云计算和大数据，对获取的真实数据进行评分。这些评分不仅用来支持金融信贷服务提供决策，还应用在许多日常生活场景中，比如，根据评分免押金租借自行车和充电宝等，甚至可以简化签证的办理。可以想象，未来信用评分在生活中会越来越重要，甚至超过金融服务业的范畴。评分卡开发流程如图4-1所示。

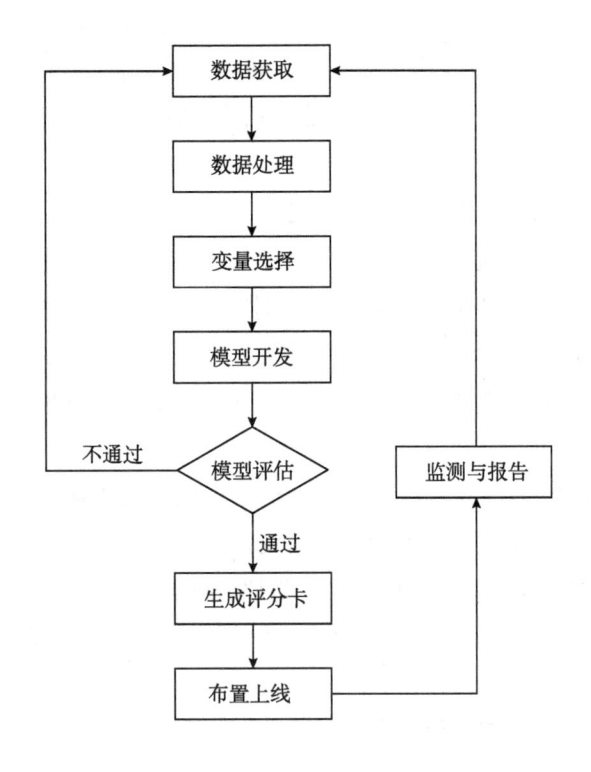

图4-1 评分卡开发流程

在金融风控领域根据风控时间点的前、中、后，评分卡一般可分为三类②。第一类是针对申请人在申请信贷服务阶段进行量化评估，第二

---

① Henry J., "Beyond Credit Scores: FICO Fights Fraud", *Automotive News*, Vol. 9, No. 6, 2018, pp. 17-21.

② 石勇、孟凡:《信用评分基本理论及其应用》,《大数据》2017年第1期。

类是针对申请人在使用信贷服务阶段可能违约的概率进行计算，第三类是针对申请人已经逾期后可能的还款概率进行计算。

根据银行客户在市场中所处状态，评分卡也可分为客户营销阶段评分卡、客户审批阶段评分卡和客户管理阶段评分卡。在客户营销阶段主要有转账倾斜评分卡和市场反应评分卡，其中前者是通过客户的过往消费行为了解其消费喜好，后者则为特定的客户群体提供针对性的金融服务。客户申请审批阶段评分卡的典型是贷前预测评分卡，用于审批阶段对客户的风险评估[①]。

在客户管理阶段中，典型的有客户评分卡、欺诈评分卡和行为评分卡。客户评分卡能够有效地控制贷款中风险的变化，欺诈评分卡能够预先判断用户是否存在对金融机构的欺诈情况，从而起到警示提醒的作用，而行为评分卡能够根据用户的历史行为来对其收益状况进行等级划分，为不同等级的用户管理策略提供数据支撑[②]。

第二节　信用评分卡制作流程

一　数据预处理

数据预处理是指在建模前对数据进行的预先处理，将"脏"数据清洗为可以被模型识别的"干净"数据。"脏"数据有形式和内容两个方面的表现形式，形式上的"脏"如缺失值处理，内容上的"脏"如异常值处理。除此之外，根据涉及场景的不同，还有对数据变换和类别不平衡的处理，目的是将原数据转换为合适的形式，满足后续模型输入和分析的需要。在建模过程中数据处理阶段往往需要消耗大量的时间，因为在获取数据时由于一些主观和客观的原因，可能会产生大量的缺失值和噪声值，这些数据非常不利于算法模型的训练。因此，在这个阶段将数据转化为标准、干净且可以被模型识别的数据，保证了后续建模过程中模型的有效性和准确性。

---

① 刘志惠等：《大数据风控有效吗？——基于统计评分卡与机器学习模型的对比分析》，《统计与信息论坛》2019年第9期。

② Thomas L., et al., "Credit Scoring and Its Applications", *Society for Industrial and Applied Mathematics*, 2017.

通常信用风控数据集质量不高，存在缺失值和异常值。并且一般情况下非违约样本数量远高于违约样本数量，导致数据集存在严重的类别不平衡。下面将从缺失值、异常值、数据归一化和类别不平衡四个方面对个人信用评分数据集的预处理进行介绍。

（一）缺失值处理

缺失值是指因原始数据中缺少某些数据信息而导致的数据不完整现象，它意味着当前数据集中的某一个特征或某几个特征的部分值缺失。对于缺失值产生的因素来说，大体可分为人为原因和非人为原因[1]。

非人为原因是指在数据搜集或存储阶段由于存储设备破损之类的外因，导致设备在某个时间段出现故障等一系列的非人为因素而造成数据不完整的情况。人为原因是指由于人的主观性或者人为刻意隐瞒等人为因素而使数据损坏的情况。比如，收集个人信用数据时由于涉及个人隐私，出现了受访者不愿回答某部分问题或回答的是没有意义的答案等情况。

根据缺失值的多少，可以将处理方法分为如下几类。

1. 缺失值极多

若缺失样本比例极高则应该直接舍弃，因为作为特征加入反而会引入大量的噪声值，降低评分模型的精度。

2. 非连续特征缺失值比例适中

如果缺失值的样本比例适中，则可以考虑将空值作为一个类加入特征类别中。

3. 连续特征缺失值比例适中

如果缺失值的样本比例适中，则可以考虑给定一个步长进行区间分离，然后离散化，根据每个区间内缺失值数量进行处理。

4. 缺失值较少

这种情况可以考虑对缺失部分进行填充，目前大多使用均值、众数、中位数等统计量进行填充。但是由于信贷场景中的特征来自对申请贷款客户信息的描述，同一样本各特征之间存在一定的关联性，也可采用模型插值法。这种方法将缺失类别作为目标标签，用其他标签训练模

---

[1] Breiman L., "Random Forests", *Machine Learning*, Vol. 45, No. 1, 2001, pp. 5-32.

型来预测这一缺失值,体现了个人信息属性之间的关联性。

(二) 异常值处理

异常值是指样本中数值明显偏离其所属数值区间的个别值,处理异常值的步骤不仅需要对其进行处理,还需要辨别出哪些是异常值。通常数据中会存在伪异常和真异常两类异常值,伪异常是由特定场景产生的,真异常则是对数据本身分布的客观反映。

对于异常值的分析常采用单变量离群检测法,对特征变量进行箱线图的绘制。箱线图将数据按照上下限、上下四分位数、中位数和异常点四部分进行切割,如图 4-2 所示。

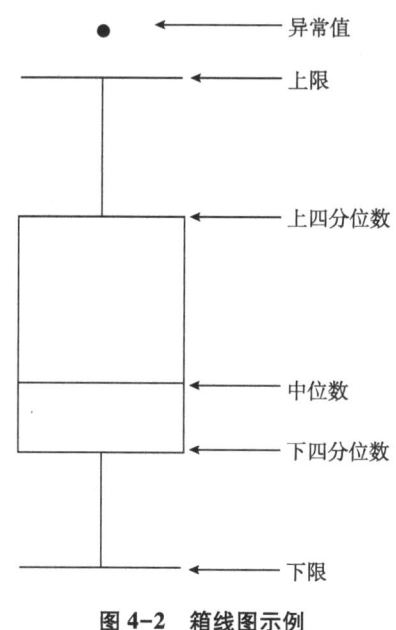

图 4-2 箱线图示例

根据箱线图可以直观地了解到变量的分布情况,结合变量的意义及类型可进一步对该特征变量异常值进行处理。如在风控数据集中,用户年龄大于 100 岁或小于 10 岁时一般情况下认为该值为异常值。

(三) 数据归一化

为加快模型的收敛,可采用 Min-Max 方法,将变量原始数值转换成 [0,1] 标准化数值。定义如式 (4-1) 所示,假设 x_j^i 为第 i 个样本

在第 j 个特征变量上的标准化数值，v_j^i 为第 i 个用户在第 j 个特征变量上的取值，M 为样本总数，则

$$x_j^i = \frac{v_j^i - \min_{1 \leq i \leq M}(v_j^i)}{\max_{1 \leq i \leq M}(v_j^i) - \min_{1 \leq i \leq M}(v_j^i)} \tag{4-1}$$

（四）类别不平衡问题处理

类别不平衡问题是指原始数据集中标签类别分布不均匀的情况，比如，正类样本和负类样本一样多是在一个二分类问题上比较理想的情况，这样训练模型时能更好地提取两个类别的特征信息，不容易使训练出来的模型偏向某一类结果。如某一信用数据集包含 100 个样本，其中违约样本占 1 个，剩余均属于非违约样本，这样就属于类别不平衡。采样是解决类别不平衡问题的常用策略，其中又分为过采样和欠采样，前者是对样本量少的类别进行多采样处理，后者则是针对样本量多的类别进行少采样处理。

通常对于银行和金融机构来说，非违约样本远多于违约样本，因此个人信用数据集经常会出现类别不平衡问题。SMOTE 采样法是一种解决类别不平衡问题的常用方法，该方法属于过采样算法[①]。假设信用训练集中违约类别的样本量为 T，N 为最终扩充样本的倍数，则 SMOTE 法采样步骤如下。

（1）找到整个信用数据集中违约样本的随机 k 个近邻。

（2）从这 k 个近邻中随机选择一个样本，记为 $x_{i(nn)}$。并生成随机数 r，根据式（4-2）合成一个新样本 x_{i1}。

$$x_{ij} = x_i + r \cdot (x_{i(nn)} - x_i) \tag{4-2}$$

（3）将上述步骤重复 N 次，得到 N 个新的违约样本 x_{ij}，$j \in \{1, 2, 3, \cdots, N\}$。

二 特征筛选

特征筛选是特征工程中一个重要的问题，其目的是寻找最优特征子集[②]。特征筛选一方面是剔除不相关或是冗余的特征，从而减少特征的个

[①] 张良均等：《Python 数据分析与挖掘实战》，机械工业出版社 2016 年版。

[②] Koutanaei F. N., et al., "A Hybrid Data Mining Model of Feature Selection Algorithms and Ensemble Learning Classifiers for Credit Scoring", *Journal of Retailing and Consumer Services*, No. 27, 2015, pp. 11-23.

数,提升模型的精度,减少模型的训练时间;另一方面是过拟合问题,也就是泛化能力较弱,而特征筛选对数据降维有效缓解了这个问题。特征筛选的方法有很多,一般可分为过滤法、包装法和嵌入法三类[①]。

（一）过滤法

过滤法先进行特征选择,然后训练学习器,所以特征选择的过程与学习器无关。主要思想是对每一维特征打分,即给每一维的特征赋予权重,这样的权重就代表着该特征的重要性,然后依据权重排序。常用的方法有卡方检验、信息增益和相关系数法。过滤法具有运行速度快的优点,但是无法提供反馈,特征选择标准的制定是在特征搜索算法中完成,学习算法无法向特征搜索算法传递对特征的需求。另外,可能处理某个特征时由于任意原因表示该特征不重要,但是该特征与其他特征结合起来则可能变得很重要。

信用评分方法中较常用的特征选择方法是利用 IV 值的过滤法,IV（Information Value）又称信息价值,用以描述各特征的重要性贡献,可以根据特征的重要性对特征集进行排序。IV 值的计算依赖 WOE（Weight of Evident）值,计算过程如下。

WOE 值是对数据集中各个特征的一种编码形式,计算之前需要对数据进行分组计算,使特征离散化。常用的方法有最优化分箱、指定阈值分箱、卡方分箱和频率分箱等。本书依据个人信用数据集的特点,对连续变量采取频率分箱策略,对其他变量指定阈值进行分箱策略。分箱后可对每组的 WOE 值进行计算,计算方法如下:

$$WOE_i = \ln\left(\frac{Bad_i/Bad_T}{Good_i/Good_T}\right) = \ln\left(\frac{Bad_i}{Bad_T}\right) - \ln\left(\frac{Good_i}{Good_T}\right) \quad (4-3)$$

式中:Bad_i 为当前变量第 i 组标签是不合格样本的数量;Bad_T 为标签是不合格样本的总数量;$Good_i$ 为在第 i 组中,标签是非违约样本的数量;$Good_T$ 为标签是非违约样本的总数量;WOE 值为当前组内违约用户占比和非违约用户占比的比值,当 WOE 值越大时表明变量当前取值对判断用户是否违约起到反作用。WOE 变换使特征不仅拥有了数值属性,

---

[①] Koutanaei F. N., et al., "A Hybrid Data Mining Model of Feature Selection Algorithms and Ensemble Learning Classifiers for Credit Scoring", *Journal of Retailing and Consumer Services*, No. 27, 2015, pp. 11-23.

还能够体现分组的权重。在得到分箱 WOE 值后，IV 值的计算如下[①]：

$$IV_i = \left(\frac{Bad_i}{Bad_T} - \frac{Good_i}{Good_T}\right) \cdot WOE_i$$

$$= \left(\frac{Bad_i}{Bad_T} - \frac{Good_i}{Good_T}\right) \cdot \ln\left(\frac{Bad_i}{Bad_T} \Big/ \frac{Good_i}{Good_T}\right) \quad (4-4)$$

IV 值在 WOE 值的基础上保证了结果非负，根据变量在各分组上的 IV 值。整个变量 IV 值的计算如下：

$$IV = \sum_{i=1}^{n} IV_i \quad (4-5)$$

当 IV 值越大代表此变量对于区分违约和非违约用户的作用越大，预测能力也越强，常用的区分标准如表 4-1 所示。

表 4-1　　　　　　　　　　　IV 值区分

IV	预测能力
<0.02	无预测能力
0.02—0.1	较弱预测能力
0.1—0.3	中等预测能力
>0.3	较强预测能力

（二）包装法

包装法的主要思想是将子集的选择看作一个搜索寻优问题，生成不同的组合，对组合进行评价，再与其他的组合进行比较。这样就将子集的选择看作一个优化问题，这里有很多的优化算法可以解决，尤其是一些启发式的优化算法，如 GA、PSO（如优化算法的粒子群算法）、DE、ABC（如优化算法的人工蜂群算法）等。优点是对特征进行搜索时围绕学习算法展开的，对特征选择的标准是在学习算法的需求中展开的，能够考虑学习算法所述的任意学习偏差，从而确定最佳子特征，真正关注的是学习问题本身。每次尝试针对特定子集时必须运行学习算法，能

[①] Koutanaei F. N., et al., "A Hybrid Data Mining Model of Feature Selection Algorithms and Ensemble Learning Classifiers for Credit Scoring", *Journal of Retailing and Consumer Services*, No. 27, 2015, pp. 11-23.

够关注到学习算法的学习偏差或者归纳偏差，因此封装能够发挥巨大的作用。但是运行速度远慢于过滤算法，实际应用中封装方法没有过滤方法流行。

包装法本质上是一种贪婪搜索算法，穷举所有可能的组合来达到全局最优级，常用的是前向搜索和后向搜索。

前向搜索每次增量地从剩余未选中的特征选出一个加入特征集 F 中，待达到某一设定的阈值或者总特征数 n 时，从所有的 F 中选出错误率最小的。过程如下。

步骤1：初始化特征集 F 为空。

步骤2：扫描 i 从1到 n 如果第 i 个特征不在 F 中，那么特征 i 和 F 放在一起作为 F_i（$F\_i = F \cup \{i\}$）。在只使用 F_i 中特征的情况下，利用交叉验证来得到 F_i 的错误率。

步骤3：从步骤2中得到的 n 个 F_i 中选出错误率最小的 F_i，更新 F 为 F_i。

步骤4：如果 F 中的特征数达到了 n 或者预定的阈值（如果有的话），那么输出整个搜索过程中效果最好的特征集合。若未达到，则转到步骤2，继续扫描。

后向搜索则是先将 F 设置为 $\{1, 2, \cdots, n\}$，然后每次删除一个特征并评价，直到达到阈值或者为空，最后选择最佳的特征集合 F。

（三）嵌入法

嵌入法的主要思想是在模型既定的情况下，挑选出对提高模型准确性最好的特征。也就是在确定模型的过程中，挑选出那些对模型的训练有重要意义的特征。主要方法是用带有 L1 正则化的项完成特征选择（也可以结合 L2 惩罚项来优化），或者是采用随机森林平均不纯度减少法及平均精确度减少法。嵌入法对特征进行搜索时围绕学习算法展开，能够考虑学习算法所属的任意学习偏差。训练模型的次数小于包装法，比较节省时间。

嵌入法中常使用梯度提升树（Gradient Boosting Decision Tree，GBDT）进行特征筛选，它是一种决策树算法的集成模型，在 1999 年被 Jerome Friedman 提出，是集成法的代表模型。GBDT 模型采用 CART 回归树作为基学习器，每轮训练的目的是得到一个弱学习器使 CART 回归树模型的损失函数达到最小值①。原理如图 4-3 所示。

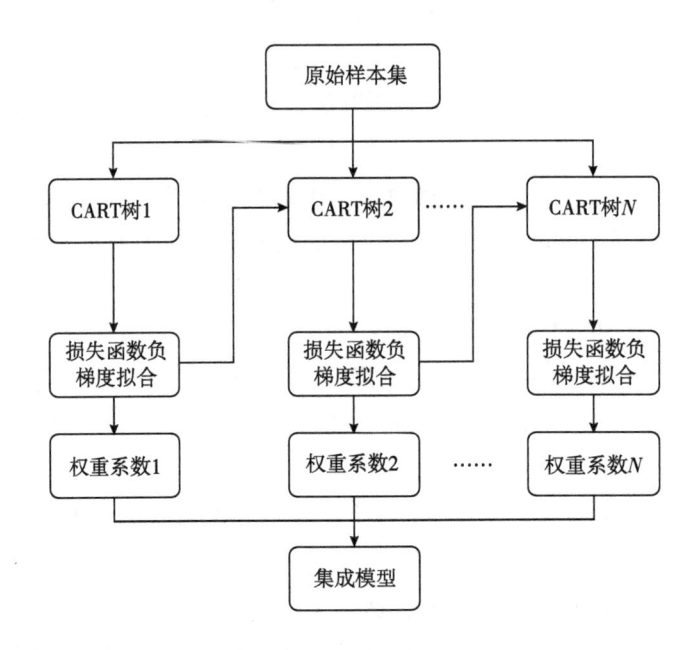

图 4-3 梯度提升树原理

算法步骤如下。

(1) 依据类别对样本进行初始化赋值操作，并计算使损失函数最小化的估计值。

(2) 计算 K 个样本损失函数在当前模型中的负梯度值作为残差估计。

(3) 上一步所得残差值会被当作样本的新真实值，从而计算出新回归树叶子节点面积，并拟合出残差近似值。

(4) 对回归树叶子节点区域进行线性搜索，求出损失函数的最优拟合值。

(5) 更新回归树。

(6) 将步骤（2）到步骤（5）迭代计算 N 次，得到最终模型。

---

① 张涛等：《基于样本依赖代价矩阵的小微企业信用评估方法》，《同济大学学报》（自然科学版）2020 年第 1 期。

GBDT 将 CART 树节点分裂产生的增益进行求和操作，计算特征的最大相关性与最小冗余性，以此筛选特征子集并进行特征降维。设特征 j 的重要度为 $\hat{J}_j^2$，则

$$\hat{J}_j^2 = \frac{1}{N} \sum_{n=1}^{N} \hat{J}_j^2(T_n) \tag{4-6}$$

式中：N 为回归树的棵数。假设 $\hat{J}_j^2(T_n)$ 为特征 j 在一棵树中的重要度，则计算过程如下：

$$\hat{J}_j^2(T) = \sum_{t=1}^{L-1} \hat{h}_t^2 l(v_t = j) \tag{4-7}$$

式中：$L-1$ 是 CART 树中所包含的非叶子节点数量；v_t 和 $\hat{h}_t^2$ 分别为与节点 t 相关联的特征及该节点在分裂过程中产生的损失。将数据代入式（4-6）和式（4-7）可以得到所有特征的重要程度，根据这一重要程度则可以进行特征筛选[1]。

三 模型建立及评分卡转换

评分卡模型的建立通常有单一模型、集成模型、神经网络等选择。下面将分别对单一模型和集成模型两种方式进行介绍。

（一）单一模型构建评分卡

Logistics 回归因其结构简单、可解释性强的特点成为信用评分卡构建中使用最广泛的单一模型，其原理如下所述。

Logistics 回归是一种分类概率模型[2]，本质上是假设数据符合某个条件概率分布，并通过极大似然估计求解该分布的参数值。一般 Logistics 回归模型输出标签为 0 或 1，在风控领域可看作用户是否违约。模型可定义为：

$$P(y=1 \mid x) = \frac{e^{(\boldsymbol{\omega} \cdot x + b)}}{1 + e^{(\boldsymbol{\omega} \cdot x + b)}} \tag{4-8}$$

$$P(y=0 \mid x) = \frac{1}{1 + e^{(\boldsymbol{\omega} \cdot x + b)}} \tag{4-9}$$

式中：$\boldsymbol{w}$ 为所有特征的权重向量，体现了特征的重要程度，模型的可解

---

[1] Friedman J. H., "Greedy Function Approximation: A Gradient Boosting Machine", *Annals of Statistics*, Vol. 57, No. 6, 2001, pp. 1189–1232.

[2] 李航：《统计学习方法》，清华大学出版社 2012 年版。

释性通过向量权重来体现。可以看出，逻辑回归就是得到所有特征的权重值并根据对带权重的特征求和，将该结果通过非线性函数进行变换输出类别的概率值。常用的非线性函数为 sigmoid 函数，如下：

$$g(z) = \frac{1}{1+e^{(-z)}} \tag{4-10}$$

综上所述，逻辑回归的未知量为 ω 和 b，求解未知量的过程也就是求解逻辑回归函数的过程。对逻辑回归的参数求解首先如下：

$$\boldsymbol{\theta} = (\boldsymbol{\omega}, b) \tag{4-11}$$

$$h_{\boldsymbol{\theta}}(x) = \frac{1}{1+e^{-\boldsymbol{\theta}^{\mathrm{T}} \cdot x}} \tag{4-12}$$

式中：$\boldsymbol{\theta}$ 为权重向量；$h_{\boldsymbol{\theta}}(x)$ 为样本各个特征组合后压缩成的概率值，则上述逻辑回归模型可转换成：

$$\begin{cases} P(y=1 \mid x; \boldsymbol{\theta}) = h_{\boldsymbol{\theta}}(x) \\ P(y=0 \mid x; \boldsymbol{\theta}) = 1 - h_{\boldsymbol{\theta}}(x) \end{cases} \tag{4-13}$$

假设有 N 个样本，根据极大似然估计可得，模型的损失函数与方程如下：

$$\text{cost}(h_{\boldsymbol{\theta}}(x), y) = \begin{cases} -\log(h_{\boldsymbol{\theta}}(x)), & y=1 \\ -\log(1-h_{\boldsymbol{\theta}}(x)), & y=0 \end{cases} \tag{4-14}$$

$$J(\boldsymbol{\theta}) = -\sum_{i=1}^{N} [y^{(i)} \log h_{\boldsymbol{\theta}}(x^{(i)}) + (1-y^{(i)}) \log(1-h_{\boldsymbol{\theta}}(x^{(i)}))] \tag{4-15}$$

到此，只需要通过梯度下降法解出 $\boldsymbol{\theta}$ 则可得到模型的最终输出。

在模型对所有样本进行拟合后可以得到每个样本的预测值，该预测值是一个概率值，在本书中即用户违约概率。由于最后输出模型是 Logistics 回归模型，根据 Logistics 回归模型的基本原理，设用户违约概率为 p，则用户不违约的概率为 $1-p$，定义非违约样本和违约样本的比率 $Odds$ 为：

$$Odds = \frac{p}{1-p} \tag{4-16}$$

得到比率后，用户的违约概率的转化如下：

$$p = \frac{Odds}{1+Odds} \tag{4-17}$$

由此可以定义评分卡的映射式如下，用线性表达式来表示分值：
$$Score = A - B\ln(Odds) \tag{4-18}$$
式中：A 和 B 为常数。式（4-18）表示当违约率越低时，所得分数越高，即高分高信用低风险。这两个常数通过给定数据可以计算得出，计算过程确定两个假设：一是给定一个特定的分值 p_0，对应一个特定的比率 $Odds_0$；二是比率翻倍的分数的变动值 PDO。将值代入式（4-18）可得：

$$\begin{cases} P_0 = A - B\ln(Odds_0) \\ P_0 - PDO = A - B\ln(2 \times Odds_0) \end{cases} \tag{4-19}$$

常数 A 和 B 的计算过程如式（4-20）所示。得到常数 A 和 B 的值后，对于任何给定的违约概率，都可以计算出用户违约概率和非违约概率的比值 $Odds$，进而求得其在信用评分卡上的结果：

$$\begin{cases} A = P_0 + B\ln(Odds_0) \\ B = \dfrac{PDO}{\ln 2} \end{cases} \tag{4-20}$$

假定 $Odds_0$ 为 1∶1、p_0 为 600 分、PDO 为 50 分，代入式（4-20）可得 A 为 550 分，B 为 28.13 分。将 A、B 值代入式（4-18），即可将 Logistics 模型输出的概率值转换为评分。

借助评分卡得到用户评分后，可以对其信用状况进行全面分析了解，并且作为后续制定风险等级、发放信用额度、制定相应的风控策略的基础。

（二）集成模型构建评分卡

随着机器学习算法的发展，集成模型也展现出了较好的效果。单个学习器即使在最优参数组合下也可能达到性能的上限，通过训练多个单一学习器加以一定的集成策略，可以得到一个泛化性能优良的强学习器，这种对单一学习器融合的方式称为集成学习[1][2]。

集成学习根据强学习器生成方式的不同分为两大类：一类是基学习器之间相互独立，称为套袋法（Bagging）；另一类是基学习器之间具有强相关性，在融合生成强学习器的过程中必须采取串行生成的方法，称

---

[1] 陈宇韬：《基于特征选择与改进 stacking 算法的股价预测研究》，硕士学位论文，南华大学，2018 年。

[2] 李勇等：《不平衡数据的集成分类算法综述》，《计算机应用研究》2014 年第 5 期。

为提升法（Boosting）。

Bagging 方法以自采样法为核心，通过选取多个不同的训练样本集，对训练样本进行 n 次替换，获得一个由 n 个样本组成的训练样本集，原始样本集中的样本可被重复采样。经过多次重复采样得到不同的样本集后，在这些样本集上训练不同的基学习器，在此基础上将基学习器结果以某种组合的方式进行输出，常用方法有投票法和平均法。投票法主要是针对分类问题，计算每一类别的得票数，输出票数最高的类别，当存在票数相同的类别时随机挑选其中一种进行输出。平均法则是针对回归问题，对所有基学习器的结果取平均值作为最后输出。Bagging 方法从损失角度看主要起到了降低方差的作用，如 ID3 算法作为基学习器效果提升很明显，原因是该算法没有剪枝功能。

Boosting 算法的核心思想是对一组弱学习器不断改进，最终将其组合成一组强学习器。该算法会依据基学习器的表现对样本权重进行调整，当预测错误时对其进行惩罚，以此不断优化基学习器。重复上述步骤直到基学习器达到预定的目标值后，对所有基学习器进行加权合并，输出最后结果。

不同于 Bagging 和 Boosting 两种集成学习方法，Stacking 集成方法首先通过训练得到多个基于不同算法的基模型，然后再通过训练一个元模型来对其他模型的输出结果做一个融合。例如，当选取逻辑回归、朴素贝叶斯和 KNN 作为基模型，以决策树为元模型。Stacking 集成方法的做法为：首先训练得到前三个基模型，其次以基模型的输出为决策树的输入训练元模型，最后以决策树的输出为分类依据。

本节将以 Stacking 集成算法为例，构建信用评分卡模型。Stacking 是一种采取分层的模型融合策略的集成学习算法，通常由两层结构组成：第一层由多个基学习器组成，第二层由一个元学习器组成。传统的 Stacking 集成算法训练如图 4-4 所示，过程如下。

（1）依据输入的训练集和测试集，将训练集平均分成 K 份，取其中 $K-1$ 份数据为训练集，一份数据为验证集。

（2）对上述步骤（1）重复 K 次后，得到 K 个训练后的基学习器和 K 份预测数据。将 K 份预测结果进行组合，得到元学习器训练集。

（3）使用步骤（2）得到的 K 个基学习器对测试集进行预测，得到 K 份测试集预测结果。将该预测结果进行算数平均，得到元学习器测试集。

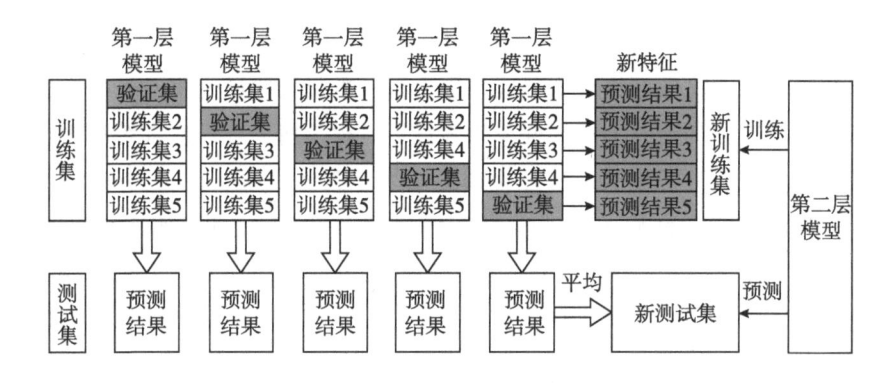

图 4-4 传统 Stacking 算法训练示意

（4）元学习器对步骤（2）得到的训练集进行训练后，对步骤（3）得到的元学习器测试集进行预测，输出最终预测结果。

传统 Stacking 算法通过两层布局将多个弱学习器进行融合，形成一个强学习器。但是观察上述步骤可以发现，经 K 折交叉验证得到的多个基学习器由于训练集不同，在预测性能上可能存在差异。步骤（3）在构建元学习测试集时采取算数平均可能使性能较好的基学习器掩盖性能较差的基学习器。

因此，在实际应用中常会对 Stacking 集成模型进行改进，如特征加权和构建多层 Stacking，下面介绍特征加权的改进方式。

在信用评分领域，非违约样本远多于违约样本，信用评分模型更需要的是对违约样本进行区分。构建 Stacking 信用评分模型的过程中，我们更希望能够体现出基学习器对个人信用数据集的区分能力，对区分能力更强的基学习器产生的特征赋予更高的权重。KS 值是信用评分模型区分能力强弱的重要指标。

基于此，本书针对信用评分问题对 Stacking 算法提出如下改进：在第一层学习器进行 K 折交叉验证生成第二层训练集和测试集过程中，计算每一折模型对验证集的 KS 值，将该 KS 值作为权值对验证集和测试集的预测结果进行加权，形成经过区分度加权的第二层数据集。同时，为防止过拟合对第二层输入特征进行扩展，将原始特征与经过区分度加权的特征相结合作为第二层元学习器的输入，提升模型的泛化能力。改进的 Stacking 模型训练过程如下。

（1）第一层模型构建与训练。对于第一层 N 个基学习器都进行 k 折交叉验证，将数据集平均分成 k 份，每一折交叉验证使用 $k-1$ 份数据作为训练集，剩余的 1 份数据作为验证集。模型每完成一次训练都对验证集和测试集进行预测，验证集预测结果记为 p_i，$i \in \{1, 2, \cdots, k\}$，验证集预测结果的 KS 值记为 ω_i，$i \in \{1, 2, \cdots, k\}$，测试集结果记为 R_i，$i \in \{1, 2, \cdots, k\}$。将每个验证集上经过加权的预测结果整合成新的训练样本，即 $P = \{p_1 \cdot \omega_1, p_2 \cdot \omega_2, \cdots, p_k \cdot \omega_k\}$。接着将 k 份测试集预测结果进行加权平均值，即 $R = \sum_{1}^{k}(R_i \cdot \omega_i)/k$。由此转化成新的测试集样本。

（2）第二层模型构建与训练。将训练样本 P 输入 Stacking 第二层结构中的元学习器进行训练，训练后的元学习器对测试集 R 进行预测，得到结果记为 $M(R)$。该结果为 Stacking 对原始测试集的预测结果，性能分析也将基于 $M(R)$ 进行，改进的 Stacking 算法训练示意如图 4-5 所示。

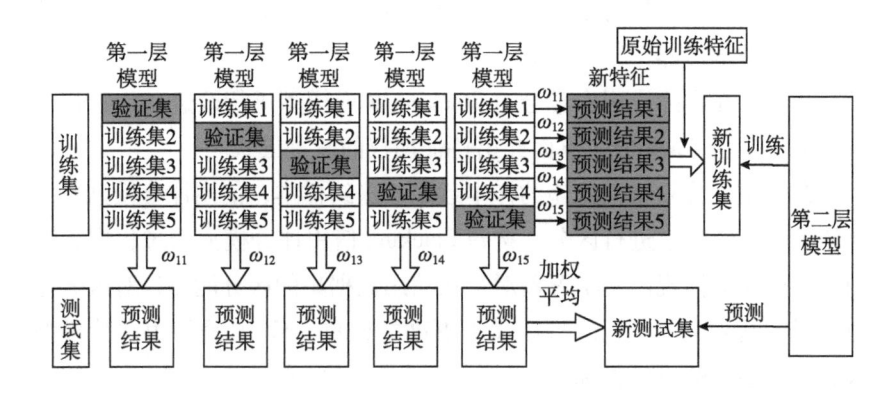

图 4-5　改进的 Stacking 算法训练示意

针对信用评分问题改进的 Stacking 算法在形成第二层数据集时进行了区分度加权和特征拓展的处理，使第一层区分能力更强的基学习器提取的特征拥有更高的权值。该算法伪代码如表 4-2 所示。

表 4-2　　　　　　　　　　　算法伪代码

Input:	训练集 $X=\{(X_1, Y_1), (X_2, Y_2), \cdots, (X_k, Y_k)\}$；// k 表示交叉验证折数 测试集 T；基模型 $M_1, M_2, \cdots, M_n$；元模型 M.
Output:	最终预测结果 $M(R)$；
1:	$P \leftarrow \emptyset$;　　　　　　　　　　　　// 初始化元模型训练集
2:	$R \leftarrow \emptyset$;　　　　　　　　　　　　// 初始化元模型测试集
3:	$\omega \leftarrow \emptyset$;　　　　　　　　　　　　// 初始化基模型对验证集的 KS 值
4:	for $i \in \{1, 2, \cdots, n\}$ do:　　　　// 依次训练 n 个基模型
5:	$P_i \leftarrow \emptyset$;　　　　　　　　　　　　// 第 i 个模型的预测结果
6:	for $j \in \{1, 2, \cdots, k\}$ do:　　　　// 依次进行 k 折交叉验证
7:	$X_{train} \leftarrow X - \{(X_j, Y_j)\}$;　　// 第 j 折交叉验证的训练集
8:	$M_i(X) \leftarrow M_i(X_{train})$;　　　　// 训练第 i 个基模型
9:	$\omega_{ij} = KS(X_j)$;　　　　　　　　　// 获取第 j 折验证集的 KS 值作为权重
10:	$P_{ij} \leftarrow M_i(X_j) \cdot \omega_{ij}$　　　// 对第 j 折交叉验证的验证集预测结果加权
11:	$P_i \leftarrow P_i \cup P_{ij}$
12:	$R_{ij} \leftarrow M_i(T)$;　　　　　　　　// 得到第 j 折交叉验证的测试集预测结果
13:	$R_i \leftarrow \omega_{ij} \cdot R_{ij}$;　　　　　　// 对测试结果加权处理
14:	end for
15:	$P \leftarrow P \cup P_i$;　　　　　　　　　// 组合第 i 个基模型验证集的预测结果
16:	$R \leftarrow R \cup (R_i/k)$;　　　　　　// 组合第 i 个基模型测试集的预测结果
17:	end for
18:	$M(X) \leftarrow M(P)$　　　　　　　　// 基模型的预测结果作为元模型的训练集
19:	return $M(R)$

第三节　评分模型上线及监测

一　模型评估

（一）准确率

混淆矩阵是一种分类问题的分析工具，信用评分模型实质上是对样本是否违约进行区分,是一个二分类问题①。如表4-3所示,根据样本的真实标签和模型的预测标签,混淆矩阵将其划分为 TP(True Positives)、FP(False Positives)、TN(True Negatives)、FN(False Negatives)四类,并且四类的和为样本的总数量。准确率代表模型预测正确样本和预测样本总数之比,反映模型对数据集的预测整体精度,并且混淆矩阵也可以体现准确率。

表4-3　　　　　　　　　　评估指标混淆矩阵

真实情况	预测结果	
	未违约用户	违约用户
未违约用户	True Positives(*TP*)	False Negatives(*FN*)
违约用户	False Positives(*FP*)	True Negatives(*TN*)

假设 TP 为模型对非违约样本预测成功的数量,FN 为模型将非违约样本预测为违约样本的数量,FP 为模型将违约样本预测为非违约样本的数量,TN 为模型对违约样本预测正确的数量,因此可以定义准确率指标的计算公式为:

$$准确率 = \frac{TP+TN}{TP+FN+FP+TN} \qquad (4-21)$$

通常情况下准确率是模型性能的最直观表现,但仅靠准确率无法完全体现模型的性能。例如,在一个违约样本和非违约样本比例非常不平衡的数据集中,模型即使将所有样本预测为非违约样本,最终模型的预测准确率也会很高,这时采用准确率作为模型唯一判别指标就显得有所不足。因此,在准确率这一指标的基础上还需要引入其他评价指标。

(二) KS 值

KS(Kolmogorov-Smirnov)曲线又称洛伦兹曲线,通常用来评价模型的风险判别能力,是信用评分问题中评价模型对正负样本区分能力的重要指标。KS 曲线与 ROC 曲线的数据来源相同,区别在于 TPR 和 FPR 均为 KS 曲线的纵坐标,而横坐标为选定的阈值:

---

① 李航:《统计学习方法》,清华大学出版社 2012 年版。

$$KS = \max(TPR - FPR) \tag{4-22}$$

KS 值是对 KS 曲线的量化，计算方式为真正例率和假正例率的最大差值，如式（4-22）所示。该值表现了模型对负样本和正样本的判别能力，且该指标不需要设置阈值，KS 值越大表明模型的区分能力越好。常用的评价标准如表 4-4 所示，根据 KS 值的不同对模型区分能力的强弱进行了判别。

表 4-4　　　　　　　　　　KS 值评价标准

KS 值	评价结果
<0.20	模型无区分能力
0.20—0.40	模型有较弱的区分能力
0.41—0.50	模型有中等的区分能力
0.51—0.60	模型有较好的区分能力
0.61—0.75	模型有优秀的区分能力

（三）ROC 曲线和 AUC 值

ROC（Receivers Operation Characteristic）曲线可以反映模型对某个概率阈值的敏感程度，该曲线的横纵坐标分别为真正例率（TPR）和假正例率（FPR），计算方法如式（4-23）和式（4-24）所示。ROC 曲线在许多情况下无法明确地表明哪个模型的效果更好，因此还需要借助 AUC 值对其进行量化。

AUC（Area Under Curve）值被定义为 ROC 曲线下的面积，其含义是指在随机选取一个非违约样本和违约样本时，模型把非违约样本排在违约样本前面的可能性。AUC 值和模型判别能力呈正相关，该值越大可以认为模型对非违约样本和违约样本的判别能力越强。

$$真正例率(TPR) = 召回率 = \frac{TP}{TP+FN} \tag{4-23}$$

$$假正例率(FPR) = \frac{FP}{FP+TN} \tag{4-24}$$

上面介绍了多种信用评分模型的评价指标，通常在实际生产中，会结合多个指标，从不同角度对模型进行评估。

二 模型监测与报告[①]

评分卡模型的检测与报告分为实施前的报告和实施后的报告。通常实施前的报告被用来计算得分在不同变量的范围和类别之间的分布，也可以用来比较这些变量分配的分值和观察到的违约率。实施后的报告重点则是评估评分卡在防止违约方面的有效性。因此，这些报告计算客户总体中不同分群的违约率及被赋予的分值。

模型的稳定性在实际的评分卡开发中是非常重要的，稳定性报告是用于评估和检测评分卡表现的。目的是生成一个能够代表总体的分值分布随时间的移动或变化的指数。分值移动或变化的情况之所以会发生，是因为评分卡开发使用的是历史数据。因此，得分代表的是获取这些数据时的客户行为，而不是实施评分卡时的客户行为。

客户行为的变化可以被解释为两种因素的结果：一是客户群体发生变化：像所有提供服务的企业一样，提供信用产品的公司也要不停地接受新客户；同时，由于违约、清收和客户不忠，已有客户也会流失。因此，客户群体会以这两种过程之差的速度发生替代。其他改变客户群体的机制包括合并、兼并和向新市场的扩张。二是市场发生变化：市场力量，如通货膨胀、新竞争者的加入及一般经济周期，将影响已有或正在寻求新的信贷产品的客户的行为。例如，当失业率上升时，不同类型的信贷产品的违约率都将上升。稳定性指数的计算式如式（4-25）所示。

$$PSI = \sum_{i}^{N} (A_i - E_i) \cdot \ln\left(\frac{A_i}{E_i}\right) \qquad (4-25)$$

式中：A 为评分（或验证）数据集中记录的百分比；E 为建模数据集中记录的预期百分比。可以发现，稳定性指数与信息值 IV 的定义相同。信息值衡量的是两个离散变量之间的关联性，较低的取值表明这两个变量的类别分布相似。如果实际频率 A 与预期频率 E 相等，则稳定值指数为 0。

稳定性指数可以达到三个目标：一是作为验证统计量，以确保开发

[①] Xie Z., Huang X., "A Credit Card Fraud Detection Method Based on Mahalanobis Distance Hybrid Sampling and Random Forest Algorithm", *IEEE Access*, 12 ［2025-03-17］. DOI: 10.1109/ACCESS.2024.3421316.

数据集的分值分布与用验证数据集得到的分值分布之间没有显著差异。如果开发数据集和验证数据之间存在显著差异，需要用不同的变量、分段和分组、样本或所有这些重建评分卡。二是稳定性指数还可以作为检测评分卡时的控制措施。因此，评分卡实施一段时间后，稳定性指数可以用来评估分值分布相对于评分卡开发时可能发生的变化。如果结果表明发生了显著的变化，则需要对这种变化的原因进行调查，必要时甚至需要重建评分卡。三是稳定性指数还可以检验自评分卡开发以来，名义预测变量的类别分布或连续预测变量的分段分布是否发生了变化。因此，关注的不是分值分布的变化，而是用来生成这些分支的变量的变化。

第四节 实例分析

本节依据国外 Kaggle 平台公开数据集"Give Me Some Credit"为例，采用前节所介绍的方法进行信用评分卡的构建。该数据集包含 15 万条数据，其中包含 11 个特征变量，各特征变量名和描述如表 4-5 所示。为剔除数据集本身对信用评价结果的影响，获取高质量的数据集从而获得更优质的模型，本节将依据前文所描述的内容对数据集进行处理。

表 4-5 数据集描述

变量名	变量描述
Serious Dlqin 2yrs	是否逾期拖欠
Revolving Utilization of Unsecured Lines	可用额度与总额度比例
Age	年龄
Number of Time 30-59 Days Past Due Not Worse	逾期 30—59 天次数
Debt Ratio	负债比率
Monthly Income	月收入
Number of Open Credit Lines and Loans	未偿还贷款额度
Number of Times 90 Days Late	逾期 90 天以上次数
Number Real Estate Loans or Lines	不动产贷款额度

续表

变量名	变量描述
Number of Time 60-89 Days Past Due Not Worse	逾期60—89天次数
Number of Dependents	亲属人数

一 数据预处理及特征筛选结果

(一) 缺失值处理

经统计后数据集缺失值分布情况如表4-6所示，Monthly Income 特征缺失值个数为29731，缺失率为19.8%，在可接受范围内。将 Monthly Income 作为目标标签，将其他特征作为已知特征训练随机森林模型对 Monthly Income 特征进行预测，用该预测值填充 Monthly Income 特征。

表4-6 缺失值统计

列名	缺失值个数	缺失率
Serious Dlqin 2yrs	0	0
Revolving Utilization of Unsecured Lines	0	0
Age	0	0
Number of Time 30-59 Days Past Due Not Worse	0	0
Debt Ratio	0	0
Monthly Income	29731	0.198
Number of Open Credit Lines and Loans	0	0
Number of Times 90 Days Late	0	0
Number Real Estate Loans or Lines	0	0
Number of Time 60-89 Days Past Due Not Worse	0	0
Number of Dependents	3924	0.026

Number of Dependents 特征缺失值个数为3924，缺失率为2.6%。属于样本缺失比例极少类别，对含有该特征缺失值的样本进行删除处理。

(二) 异常值处理

依据前文介绍，采用单变量离群检测法，对数据集中各特征变量绘制箱线图。按上限、上四分位数、中位数、下四分位数、下限五个特征点对特征变量进行统计分析，特征箱线图如图4-6所示。

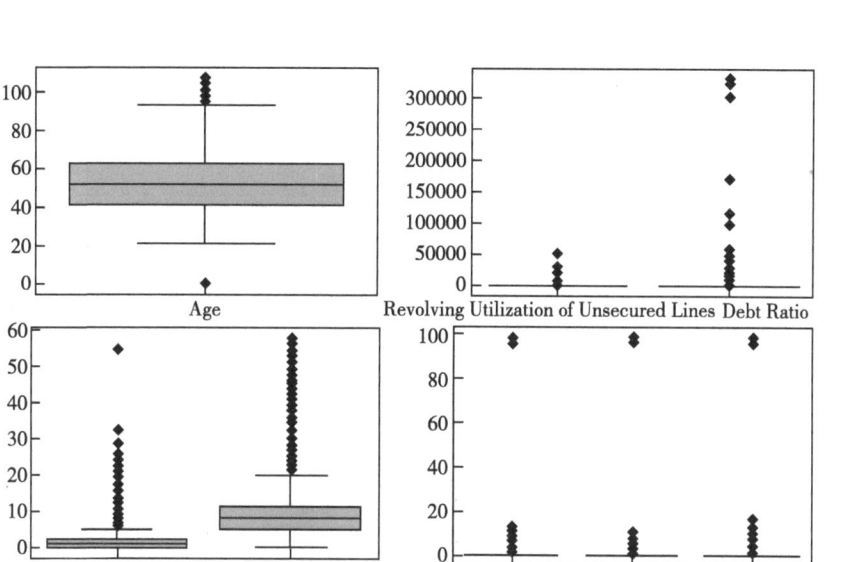

图 4-6　特征箱线图

为方便绘图，对特征名称进行了简写处理。图 4-6 中 Estate Loans、Open Credit 分别代表不动产贷款额度和未偿还贷款额度。30-59 days、60-89 days、90 days 分别代表 30—59 天逾期次数、60—89 天逾期次数、90 天以上逾期次数。

从图 4-6 中可以看出，数据集中年龄特征大部分集中在 40—60 岁，且存在部分离群值。结合本书所应用的贷前申请个人信用评分场景可以判断，年龄过高和过低均不符合信贷申请的基本条件，因此将年龄大于 100 岁和小于 0 岁的样本看作异常值。同时，可以发现 Revolving Utilization of Unsecured Lines 和 Debt Ratio 特征存在异常值，结合表 4-5 可知这两个特征均为百分比的数值型，取值在 0—1，因此大于 1 的值可以被认为是异常值。除此之外，从代表逾期次数的三个特征箱线发现，存在一部分样本取值在 80 次以上，结合特征的实际含义可以发现这部分样本数值过高，存在取值不合理的情况。因此对于这三个特征来说，大于 80 次可视为异常值。由于特征异常值的数量并不多，对上述异常样本进行删除处理。

（三）类别不平衡处理

对类别变量 Serious Dlqin 2yrs 进行统计分析，发现本书所使用数据集存在严重的类别不平衡问题。如图 4-7 所示，训练集中违约样本占比

6.68%，可能会影响模型对违约样本信息的提取，使最终模型预测结果偏向非违约样本。依照前节所描述的采样步骤对训练集进行填充。

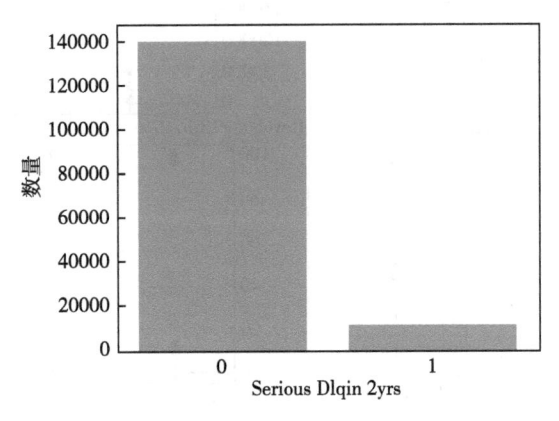

图 4-7 样本类别分布

（四）特征筛选结果

根据前文第三节所设计的筛选策略，将上述经过预处理的数据输入 GBDT 模型进行训练，根据式（4-6）和式（4-7）可得 GBDT 模型拟合数据后节点分裂产生的平方损失，将该平方损失值作为特征的重要程度得分。各特征重要程度直方图如图 4-8 所示，Revolving Utilization of Unsecured Lines 特征对预测结果的影响最大，Number of Dependents 和 Number Real Estate Loans or Lines 特征对预测结果几乎没有影响，符合实际情况。各变量在 IV 值和特征重要程度上的具体得分数值如表 4-7 所示。

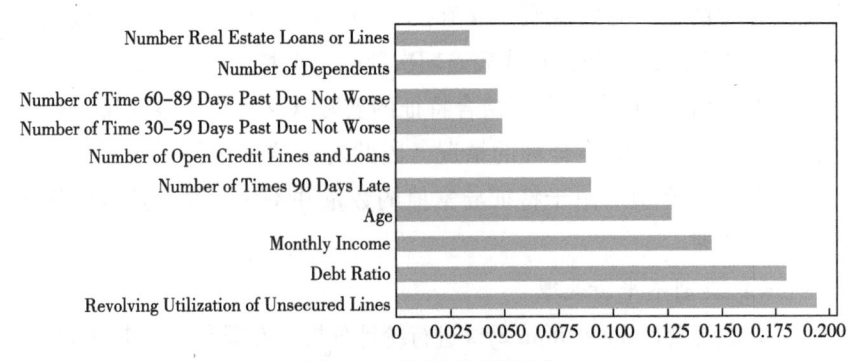

图 4-8 特征重要度排序

表 4-7　　　　　　　　分箱结果及 WOE 值（部分）

列名	取值范围	WOE 值
Age	(-inf, 25.0]	1.754
Age	(25.0, 40.0]	1.599
Age	(40.0, 50.0]	1.257
Age	(50.0, 60.0]	0.919
Age	(60.0, 70.0]	0.502
Age	(70.0, inf]	0.322
Number of Times 90 Days Late	(-inf, 1.0]	0.838
Number of Times 90 Days Late	(1.0, 2.0]	13.907
Number of Times 90 Days Late	(2.0, 3.0]	19.060
Number of Times 90 Days Late	(3.0, 4.0]	28.358
Number of Times 90 Days Late	(4.0, 5.0]	24.141
Revolving Utilization of Unsecured Lines	(0, 0.019]	0.276
Revolving Utilization of Unsecured Lines	(0.019, 0.083]	0.235
Revolving Utilization of Unsecured Lines	(0.083, 0.271]	0.420
Number of Times 90 Days Late	(4.0, 5.0]	24.141

接着将数据进行分箱，依据前文制定的分箱策略，对 Revolving Utilization of Unsecured Lines、Debt Ratio、Monthly Income、Number of Open Credit Lines and Loans 等连续变量采取频率分箱，对其余变量采取指定阈值分箱，根据式（4-3）可计算每个"箱子"内变量的 WOE 值。分箱结果及 WOE 值（部分）如表 4-7 所示，详细分箱结果参见附录。

从表 4-7 中可以看出，特征变量的不同取值被划分进了不同的组别中，并且同一组别具有相同的 WOE 值。获得 WOE 值后根据前文式计算各特征变量 IV 值，计算结果如表 4-8 所示。

表 4-8　　　　　　　　　变量综合得分

列名	IV 值得分	重要度得分	综合得分
Revolving Utilization of Unsecured Lines	1.059619	0.19	2
Age	0.240411	0.125	0.81
Number of Time 30-59 Days Past Due Not Worse	0.492445	0.05	0.59

续表

列名	IV 值得分	重要度得分	综合得分
Debt Ratio	0.059488	0.18	1
Monthly Income	0.056234	0.14	0.75
Number of Open Credit Lines and Loans	0.048023	0.085	0.38
Number of Times 90 Days Late	0.491607	0.09	0.84
Number Real Estate Loans or Lines	0.012091	0.03	0
Number of Time 60-89 Days Past Due Not Worse	0.266559	0.045	0.35
Number of Dependents	0.014508	0.04	0.2

将得到的特征重要性得分和 IV 值得分根据式（4-1）进行归一化处理，并根据式（4-4）和式（4-5）计算综合得分，如表 4-8 所示。依据前节制定的具体筛选策略，将贡献度大于 85% 的变量作为最终入模变量，即优化后的特征变量集包含的变量为 Number of Time 30-59 Days Past Due Not Worse、Number of Times 90 Days Late、Monthly Income、Debt Ratio、Revolving Utilization of Unsecured Lines、Age。

二 模型预测性能分析

通常 Stacking 集成算法模型选择，对于第一层基学习器会选取预测能力强的集成模型，第二层会选取结构简单、解释能力强的模型以降低过拟合，提升泛化能力。图 4-9 是选取了 XGBoost、随机森林和 Logistics 回归的改进 Stacking 集成模型示例。

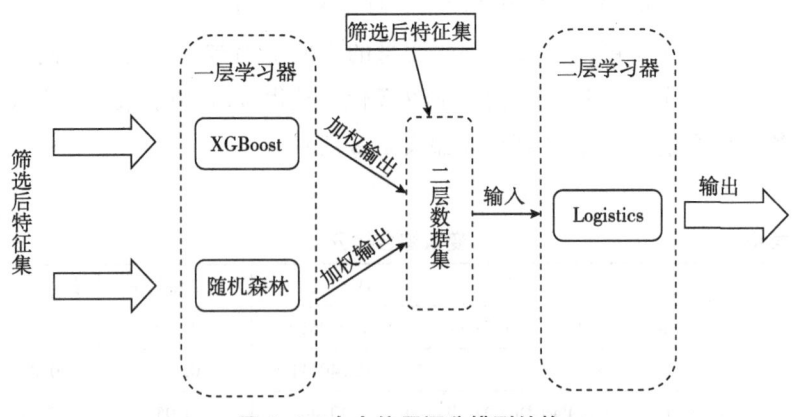

图 4-9 个人信用评分模型结构

实验对比结果如表4-9所示，可以发现改进的Stacking集成模型预测准确率最高，相较于单一模型均有不同程度的提升。在指标 AUC 值上，Stacking模型和XGBoost模型持平，与传统Stacking模型、Logistics回归及随机森林模型相比有较大提升。但是，在关键指标 KS 值上，Stacking模型对比其他模型有较大的提升。

表4-9　　　　　　　　　综合模型评价指标对比

模型	AUC	KS	准确率（%）
Logistics	0.79	0.427	89.46
随机森林	0.84	0.534	90.05
XGBoost	0.86	0.553	90.12
Stacking	0.86	0.583	91.30

第五章

贷中——智能风控核心算法研究

第一节 在线数据加工

金融数据是多源数据的汇总，存在大量结构化、半结构化和非结构化的数据，数据在呈多维度、多粒度特征的同时还带有语义，数据之间关系也非常复杂。海量的金融数据虽可以为多角度、多层次数据分析提供了可能，但也为大数据分析带来了挑战。因为我们不可能为每种信息服务存储一份特定的优化模式的数据，也无法枚举出所有可能的信息服务需求。这就需要金融数据的存储模型能够同时处理结构化与非结构化数据，以适应灵活多变的多维统计分析需求。

以 HBase 为代表的 NoSQL 类数据库是一个云计算背景下的分布式、非关系型数据库系统，支持半结构化、结构化数据的高并发读写、存储键值、列族、文档、图等多种数据类型，能高效处理非结构化和半结构化数据，具有高可靠性、高性能、列存储、可伸缩、实时读写等特性。

一 数据接入

根据源系统数据库或文件数据，接入大数据风控平台的数据接入规范。大数据风控平台中包含结构化数据和非结构化数据。据统计，结构化数据只占其大数据总量的 20% 左右，其余 80% 的大数据是非结构化数据。这些非结构化数据具有高维度、强随机性、多变和不易控的特点，而且诸如视频、社交媒体、系统数据、传感器数据和终端数据等非结构化数据，没有统一的数据标准与格式。这些海量的非结构化数据中蕴含巨大的价值，是大数据风控平台准确发现客户价值和服务模式变革的决策依据。但非结构化数据特有的复杂性、多样性、异构性和不可控性，大幅增强了大数据风控平台大数据的采集、提取、处理和存储的难度，因此如何科学、高效地采集、管理和应用非结构化数据，已成为关系大数据风控平台服务模式变革、服务生产力提升、服务质量保障和降低风险的重要内容。

（一）结构化数据

结构化数据①是指数据采用标准化格式，具有明确定义的结构，符合数据模型，遵循持久的顺序，并且易于被人和程序访问。这种数据类型通常存储在数据库中。虽然结构化数据仅占全球数据的20%左右，但它是当前大数据的基础。这是因为它很容易访问和使用，而且使用它的结果要准确得多。企业拥有的有关其客户、流程和员工的最大信息来源是数据。这些数据可以采取多种形式，如来自客户的反馈、推文、财务信息、库存流量、社交关系等，几乎任何东西。但是，很大一部分数据是完全不可量化的。因此，结构化数据是必需的，可以比非结构化数据更容易地从中得出推论和信息。这些数据很容易用于机器学习和人工智能，它可以准确预测什么会产生最大的客户价值，易于管理并提供相关客户的日常信息。

良好的结构化数据将具有一系列的特征，无论数据如何存储或信息是关于什么内容的。结构化数据是指具有符合数据模型的可识别结构以行和列的形式呈现，如在数据库中进行组织，以便明确理解数据的定义、格式和含义。位于文件或记录的固定字段中具有相似的数据组在类中聚集在一起，同一组中的数据点具有相同的属性信息易于访问和查询，从而实现高效分析和处理。

1. 非结构化数据

非结构化是相对于结构化数据（行数据，存储在数据库里，可以用二维表结构来逻辑表达实现的数据）的，不方便用数据库二维逻辑表来表现的数据即非结构化数据。

非结构化数据其格式非常多样，标准也是多样性的，而且在技术上

---

① 陈臣：《基于 Hadoop 的图书馆非结构化大数据分析与决策系统研究》，《情报科学》2017 年第 1 期。

非结构化信息比结构化信息更难标准化和理解。所以，存储、检索、发布以及利用需要更加智能化的 IT 技术，如海量存储、智能检索、知识挖掘、内容保护、信息的增值开发利用等。

非结构化数据又可以细分为半结构化数据和非结构化数据两类。

第一，半结构化数据是结构化数据的一种形式，它并不符合关系型数据库或其他数据表的形式关联起来的数据模型结构，但包含相关标记，用来分隔语义元素及对记录和字段进行分层。该数据不在关系数据库中，不符合数据模型，但具有一些结构元素。虽然它不像结构化数据那样严格，但它确实有一些相似的元素。此数据不能存储在行和列或数据库中。此数据包含元数据和标签，有助于对其进行适当分组并描述其存储方式。半结构化数据是按层次组织的，尽管该组中的实体可能不具有相同的属性。难以自动化和管理，程序也难以访问。半结构化数据包括 XML 语言数据、电子邮件、压缩文件、Web 文件和二进制可执行文件。

第二，非结构化数据是数据结构不规则或不完整，没有预定义的数据模型，不方便用数据库二维逻辑表来表现的数据，包括所有格式的办公文档、文本、图片、各类报表、图像和音频/视频信息、备忘录等。

大数据风控平台任务调度的 HBase，目前非结构化数据同步支持 FTP 到 HDFS 满足非结构化数据的接入应用。

（1）HDFS 支持非结构化数据格式有文档、文本、图 5-片、XML、HTML、各类报表、图 5-像和音频/视频信息等。

（2）任务调度支持 Map Reduce、Spark、SQL、Shell 脚本，提供可视化的配置界面，方便快速构建复杂的业务流程和调度依赖。

2. 非结构化数据接入条件

（1）需设置数据接入调度时间，一般设置为 $T+1$。具体调度周期一般以项目实施团队输出结果为准。

（2）数据文件源环境到 HDFS 集群部署环境，网络访问权限可达，确保 telnet 可达、ftp 命令可用。

（3）平台侧应该提供源文件输入的存储目录，包括读写权限。

（4）数据同步任务基本信息、参数配置、调度设置、告警设置完成。

二 自有变量加工

大数据风控平台不仅要提供全量的、融合的、标准的、业务化的数据资源，也要积极同业务开展配合，利用平台批量离线和实时处理能力，减轻业务资源压力，实现业务+数据的双中台驱动。风控部门可通过大数据风控平台实时计算支撑风控变量加工，解决因架构和机器性能导致风控结果不准确问题。线上担保系统、电子保函系统可利用大数据风控平台数据采集功能，实现数据的增量抽取，利用实时计算实现真正意义的实时数据处理展示，而非定时调度数据跑批。风险计量中心可利用实时计算平台，完成策略指标实时加、决策引擎出参、入参数实时解析，真正意义上实现风控策略模型实时监控，实时预警。

风控部门通过大数据风控平台实时计算支撑变量加工流程如图 5-1 所示。

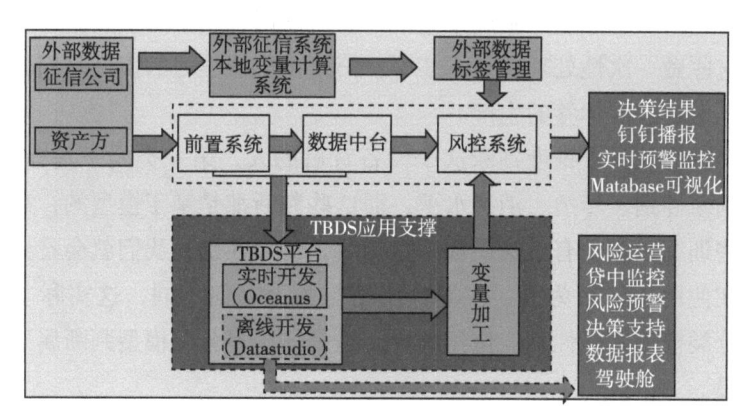

图 5-1 变量加工流程

三 行为数据加工

网站日志数据是 Web 时代的概念。用户浏览的每个网页，都会向服务器发送请求，具体的技术细节不用关注。只要知道，当服务器和用户产生数据交互，服务器就会把这次交互记录下来，称为日志。

App 行为数据是在日志数据的基础上发展和完善的。虽然数据的载体是在 App 端，但它同样可以抽象出几个要素：who、when、where、what、how。

（1）who 即唯一标识用户，在移动端可以很方便地采集到 user_id，一旦用户注册，就会生成新的 user_id。

（2）when 依旧是行为发生的时间。

（3）where 即行为发生的地点，手机上，通过 GPS 定位权限，获取用户比 IP 更详细的经纬度数据并不难。

（4）what 是具体的行为，浏览、点赞、评论、分享、关注、下单、举报、打赏，均是行为，如何统计取决于分析的维度。

（5）how 是描述行为的，业内通常称为行为参数。

外部数据可以分为两个部分：一个是行业市场调研类的，另一个是爬虫抓取的。这些数据也能作为数据源分析，如站外热点内容和站内热点内容、发表的微博内容和评论的内容等。

原始数据需要进行深层的加工处理，做一些基础的分析，第一步是用户行为数据，第二步是通过行为数据做特征提取，第三步会有一些知识体系、数据库，通过机器学习算法给消费者或者设备打上标签，这个标签是之后所有应用的基础数据，以后再使用就用第四步数据即可，前面的这些做一次性处理就差不多了，第三步机器学习的模型我们会不断更新，做更好的标签的生产。

标签会从各个维度判断这个设备背后的人，第一类属于基础属性，需要判断性别、年龄、消费水平，而这些判断都是基于模型的，需要收集一些训练数据，有了这些训练数据后，比如性别，我们就会看男性与女性在使用 App 行为上、在浏览网站行为上有何不同，这实际上是一个二分类模型判断性别。像年龄段，这是一个多分类模型判断属于哪个年龄段。

第二节 智能分析及数据挖掘算法相关研究

一 面向大数据的数据库划分 FP-Growth 频繁挖掘算法

（一）并行频繁项集挖掘实现

面向大数据的数据库划分 FP-Growth 频繁挖掘算法[1]，首先，将事务数据库按每个频繁项进行抽取并生成对应的投影数据库，再按照预先设

---

[1] Zhang L, et al., "An Imporved Fp-Growth Algorithm Based on Projection Datebase Mining in Big Date", *Journal of Information Hiding and Multimed Signal Processing*, Vol. 46, No. 5, October 2022, pp. 81–90.

定的数据库中最大事务记录数方式对投影数据库进行划分，生成一个个规模更小的子数据库。其次，将子数据库分发到一个个节点机上，各节点机使用改进后的算法并行挖掘生成部分频繁项集。最后，汇总合并得到全部的频繁项集。算法基于 Hadoop 架构+Map Reduce 编程模型实现，Frequent Itemset Mining Data Repository 中 T1014D100K.dat 数据集上的实验结果表明，该算法采用了 Map/MReduce 并行计算模式，由多个节点机并行地对投影数据库进行频繁项集挖掘，一定程度上提高了挖掘效率。利用数据库划分的方法，使分发到各节点机的子数据库规模接近，各节点机上的负载更均衡，算法效率也就更高。同时，该算法可以灵活设置所划分的子数据库中事务记录的数量，因此可有效控制由这些子数据库生成的子 FP 树的规模，从而解决因 FP 树在单机内存中存储不下导致算法失效的问题。

改进后的频繁项集挖掘分为两个阶段：第一阶段生成全部的频繁 1 项集，并构建频繁 1 项头表 L，我们可以使用 MapReduce 编程模型并行实现；第二阶段由多个节点机并行挖掘频繁项集，最后汇总得到全部的频繁项集。

第一阶段。首先，在 master 主机上将事务数据库中的事务分成相同的 n 个数据块，把 n 个数据块发送到 n 个 slave 节点机上进行 Map 并行处理，计算出局部的 1 项集及其支持度计数。其次，通过 Combiner 函数合并相同项，并把结果发送到一个 Reduce 节点，汇总计算出全局频繁 1 项集及其支持度计数，按支持度计数值对频繁 1 项集降序排序，最终得到排序后的结果头集 L。第一阶段 Map 和 Reduce 过程的算法流程如图 5-2 所示。

第二阶段。对传统 FP-Growth 算法进行改进，不构建整个的 FP 树，而是将事务数据库按每个频繁 1 项进行抽取，为每个频繁 1 项生成对应的投影数据库。再对每个投影数据库进行进一步的划分，按预先设定所含最大事务记录数的方式，将投影数据库分成一个个投影子数据库。然后将这些投影子数据库分发到一个个节点机上，由节点机为分发来的子数据库生成对应的 FP 子树，并对这些 FP 子树进行挖掘生成候选频繁项集，最后汇总合并后得到的就是全部的频繁项集。第二阶段的挖掘流程如图 5-3 所示。

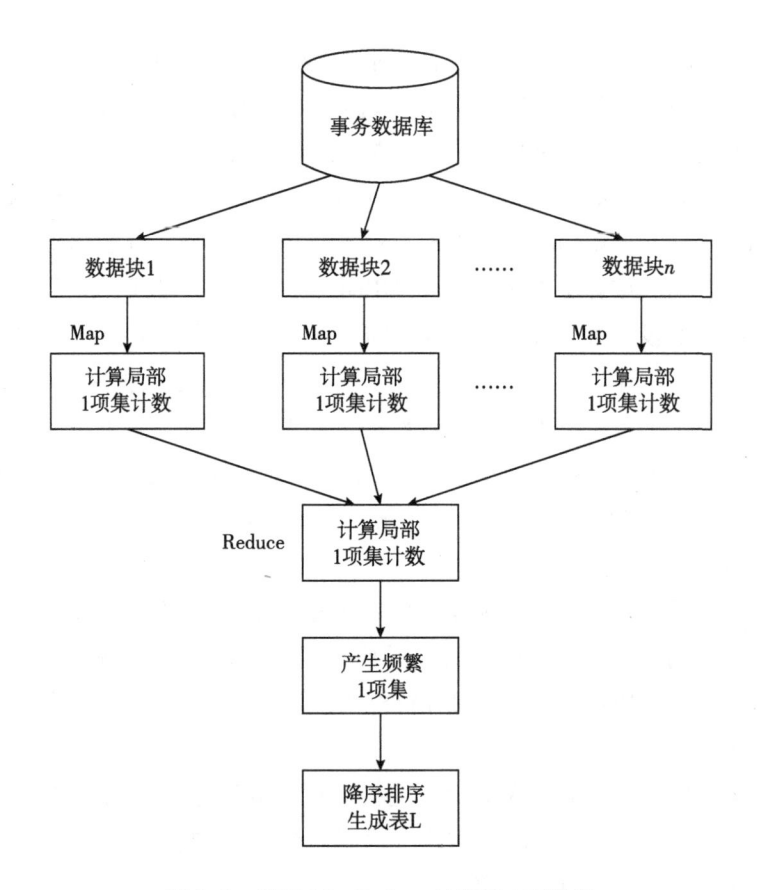

图 5-2　基于 MapReduce 的频繁 1 项挖掘

（二）具体算法实例描述

步骤一，第一次扫描事务数据库 D，得到所有频繁 1 项集，并对频繁 1 项按支持度计数的降序排序，得到频繁 1 项头表 L，这一步与传统 FP-Growth 算法相同。

步骤二，首先对事务数据库 D 进行数据清理，将 D 中的所有非频繁 1 项删除。其次对 D 按每个频繁 1 项进行抽取，为每个频繁 1 项建立一个所有事务均含该项的投影数据库。

步骤三，由投影子数据库去直接生成的 FP 树仍然有可能规模庞大，在单机内存中无法存放。为此，对以上投影数据库进行进一步的划分，按预先设定所含最大事务数的方式，将投影数据库分成一个个投影子数据库。

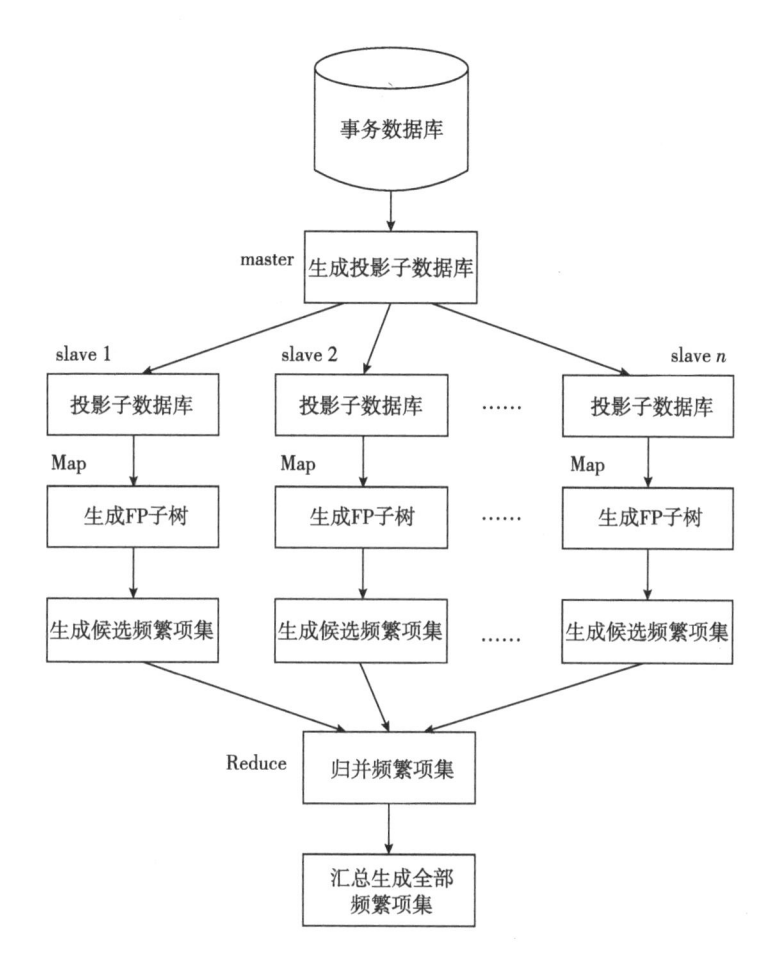

```
                        ┌─────────┐
                        │事务数据库│
                        └────┬────┘
                             │
              master  ┌──────▼──────┐
                      │生成投影子数据库│
                      └──┬───┬───┬──┘
          slave 1        │   slave 2        slave n
        ┌───▼────┐    ┌───▼────┐         ┌───▼────┐
        │投影子数据库│  │投影子数据库│ ……  │投影子数据库│
        └───┬────┘    └───┬────┘         └───┬────┘
          Map              Map                 Map
        ┌───▼────┐    ┌───▼────┐         ┌───▼────┐
        │生成FP子树│   │生成FP子树│  ……   │生成FP子树│
        └───┬────┘    └───┬────┘         └───┬────┘
        ┌───▼──────┐ ┌────▼─────┐       ┌────▼─────┐
        │生成候选频繁项集│ │生成候选频繁项集│ ……│生成候选频繁项集│
        └───┬──────┘ └────┬─────┘       └────┬─────┘
                          │
          Reduce    ┌─────▼─────┐
                    │归并频繁项集│
                    └─────┬─────┘
                    ┌─────▼─────┐
                    │汇总生成全部│
                    │ 频繁项集  │
                    └───────────┘
```

图 5-3 第二阶段的挖掘流程

步骤四，每个节点机首先对分发来的投影子数据库进行扫描，构造对应项的投影 FP 子树。在这里我们需要对传统 FP-Growth 构造 FP 树的算法加以改进。设第 k 个节点机处理的是频繁 1 项 m 对应的投影子数据库 $Dm:i$。在对 $Dm:i$ 中的每个事务处理时，首先将每个事务中的项按表 L 的次序排序，并将 m 及其后的所有项全部删除，只将剩余的项在拟构造的 FP 子树中生成分枝。

步骤五，每个节点机对所构建的 FP 子树进行挖掘，产生候选频繁项集。

步骤六，将（不同）节点机生成的各候选频繁 1 项对应的所有相同候选频繁项归并，支持度计数累加，大于或等于最小支持度计数值的为该频繁1项的频繁项集。最后汇总各频繁1项对应的所有频繁项集，从而得到全部的频繁项集（见图5-4）。

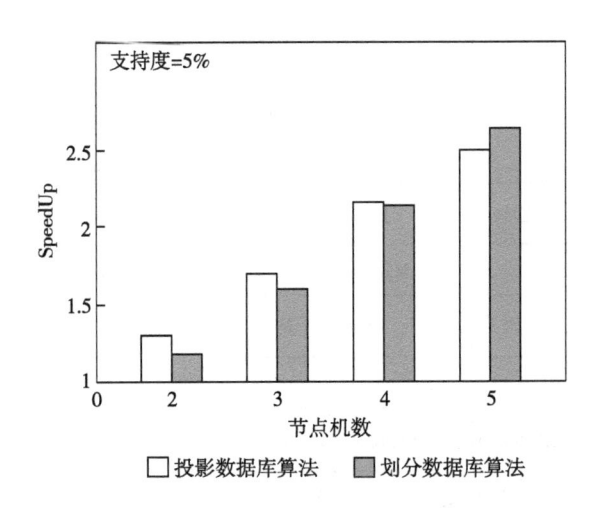

图5-4　划分数据库算法与投影数据库算法实验

从实验结果来看，本算法（划分数据库算法）与投影数据库算法均采用了 Map/MReduce 并行计算模式，由多个节点机并行地对投影数据库进行频繁项集挖掘，因此在一定程度上提高了挖掘的效率。与投影数据库算法相比，本算法在节点机数量较少的情况下，加速比略低于投影数据库算法，这是因为其花费了额外的时间进行数据库的划分，以及要生成更多的 FP 子树。本改进算法在数据库分发时间上的占比相较于投影数据库算法的整体处理时间比例更低，因此加速比的提升变得更加显著。

二　聚类有效性评估算法

针对聚类分析有效性评估中的最佳聚类数确定问题，该算法首先根据簇内及簇间关系的分析，给出了簇内平方和（SSW）、簇间平方和（SSB）、总平方和（SST）、簇内距离和（SID）、簇间平均距离（ADB）等定义，并提出了一种新的聚类有效性指标——距离平方和差值比（Ratio of Deviation of Sum of Squarts and Euclid Distance，$RDSED$）。

其次，设计了一种基于 RDSED 的动态确定近似最佳聚类数的聚类有效性评估方法，该方法通过在聚类数范围内从大到小计算 RDSED 值，并使用该指标值动态终止聚类有效性验证过程，最终得到近似最佳聚类数。人工数据集和真实数据集上的实验结果表明，与一些经典聚类有效性评估方法相比，在大多数情况下，本书提出的聚类有效性评估方法[①]可以获得最接近真实情形的近似最佳聚类数，且能有效评估聚类划分结果。

聚类分析一种无人监督的机器学习和数据挖掘方法，聚类有效性评估是聚类分析中的核心问题之一。在互联网+金融风险控制平台中，风险预测、风险控制、风险评估聚类都是一种很好的处理方法。按照研究计划聚类方法研究是重要的课题之一。因此，团队专家对一种内部聚类的有效性指标展开了研究。研究过程中结合簇内及簇间关系的研究，提出了一种新的聚类有效性指标——RDSED。RDSED 基于 SSW、SSB、SST、SID、ADB 等概念提出，是一种基于平方和及欧式距离度量的指标，属于内部聚类有效性指标范畴。人工数据集和真实数据集上的实验表明，相较于部分经典的聚类有效性指标，RDSED 指标可动态终止聚类有效性验证过程，获取最接近真实聚类数的最佳聚类数并能有效评估聚类划分结果。

（一）传统有效指标展示

为寻找数据集的最佳划分结果，许多学者提出了各种各样的聚类有效性评估指标。在这里分别列出了外部 CVI、内部 CVI 和相对 CVI 三个方面来介绍聚类有效性指标的研究现状，分别如表 5-1 至表 5-3 所示。

表 5-1　　　　　　　　外部聚类有效性指标

外部 CVI	公式	特点
RI 指标	$RI = \dfrac{a+d}{a+b+c+d}$	RI 取值范围为 [0, 1]，该值越大，聚类划分与参考模型的一致性越高

---

① Li X., et al., "A Cluster Validity Evaluation Method for Dynamically Determining the Near-optimal Number of Clusters", *Soft Computing*, Vol. 24, 2020, pp. 9227-9241.

续表

外部 CVI	公式	特点
ARI 指标	$ARI = \dfrac{2(ad-bc)}{c^2+b^2+2ad+(a+d)(c+b)}$	ARI 指标给出一个恒定预期值 0 来调整 RI，其取值范围为 [0, 1]
JC 指标	$JC = \dfrac{a}{a+b+c}$	JC 的取值范围为 [0, 1]
FM 指标	$FM = \sqrt{\dfrac{a^2}{(a+b)(a+c)}}$	FM 的取值范围为 [0, 1]，指标值接近 1 意味着划分结果是对类簇的优秀划分

表 5-2　　　　　　　　　　内部聚类有效性指标

内部 CVI	公式	特点
Dunn	$Dunn = \dfrac{\min_{c_k \in C}\{\min_{c_l \in C}[\delta(c_k, c_l)]\}}{\max_{c_k \in C}\{D(c_k)\}}$	紧致性由最近邻距离衡量，分离性则由最大类簇直径决定
DB	$DB = \dfrac{1}{K}\sum\limits_{c_k \in C}\max\limits_{c_l \in C, k \neq l}\left\{\dfrac{S(c_k)+S(c_l)}{d_e(\bar{c}_k, \bar{c}_l)}\right\}$	类内数据点到聚类中心的距离衡量其紧致性，分离性则基于各类簇中心的距离
CH	$CH = \dfrac{N-K}{K-1} \dfrac{\sum\limits_{c_k \in C}|c_k|d_e(\bar{c}_k, \bar{X})}{\sum\limits_{c_k \in C}\sum\limits_{x_i \in c_k}d_e(x_i, \bar{c}_k)}$	用类簇数据点到其类簇中心的距离来估计紧致性，分离性则由各类簇中心到数据集中心的距离估计
Silhouette	$Silhouette = \dfrac{1}{N}\sum\limits_{c_k \in C}\sum\limits_{x_i \in c_k}\dfrac{b(x_i, c_k)-a(x_i, c_k)}{\max[a(x_i, c_k), b(x_i, c_k)]}$	紧致性基于同一类簇中所有数据点之间的距离，分离性则由最近邻距离衡量
XB	$XB = \dfrac{\sum\limits_{j=1}^{l}\sum\limits_{k=1}^{c}(ukj)^2 \|xj-vk\|^2}{l\min_{i \neq k}\|vi-vk\|^2}$	使用最小的类与类中心距离平方来衡量类间分离度，使用类中各点与类中心的距离平方和来衡量类内紧密度
PC	$PC = \dfrac{1}{n}\sum\limits_{j=1}^{n}\left(\sum\limits_{i=1}^{c}\mu_{ij}^2\right)$	只包含了隶属度信息
PE	$PE = -\dfrac{1}{n}\sum\limits_{j=1}^{n}\sum\limits_{i=1}^{c}(\mu_{ij}\log_a\mu_{ij})$	只包含了隶属度信息

表 5-3　　　　　　　　　相对聚类有效性指标

相对 CVI	公式	特点
Connect	$Dunn = \dfrac{\min_{c_k \in C}\{\min_{c_l \in C}[\delta(c_k,c_l)]\}}{\max_{c_k \in C}\{D(c_k)\}}$	最大值时得到最佳聚类数
VRC	$VRC = \dfrac{trace(B)}{trace(W)} \cdot \dfrac{N-k}{k-1}$	VRC 取值最大时对应的聚类数为最佳聚类数
CDbw	$CDbw(c) = Intra\_dens(c) \cdot Sep(c)$	依赖聚类密集性和聚类分离性（聚类间距离与密度综合）
Ocq	$Ocq(\varsigma) = 1-[\varsigma \cdot Cmp + (1-\varsigma) \cdot Prox]$	基于聚类密集性和邻近性度量

（二）研究提出距离平方和差值比

通过对以上聚类有效性指标的分析，一个好的有效性指标应该满足以下两个条件。

（1）聚类的类内紧致性和类间分离性，并且保证在最佳聚类数出现时具有最小的类内紧致性和最大的类间分离性。

（2）具有稳定性，不应过分单调而导致评价结果失败。因此，基于以上原则，本书结合类内及类间关系，提出簇内距离和、簇间平均距离的概念，并结合数据集相关参数，研究提出了一种基于平方和度量和欧式距离的内部聚类有效性指标——RDSED。

假设待聚类的数据集包含 d 维数据，给定 $m \times n$ 数据集矩阵，n 为数据集中的样本个数，m 为数据集的聚类个数，RDSED 指标可定义为：

$$RDSED(m) = \dfrac{\Delta DSED(m)}{\max(DSED(m), DSED(m+1))} \quad (5-1)$$

RDSED 为相邻两个聚类数对应的 DSED 之差与较大 DSED 值之比，基于多种度量定义 DSED 距离平方和差值为：

$$SED(m) = \dfrac{SSW}{SSB} \cdot SST - \dfrac{SID}{ADB} - (n-m) \quad (5-2)$$

由以上定义可以看出，为充分考虑数据的集合结构和空间内在联系，有效度量簇内及簇间关系，本书基于欧式距离定义了新的类内距和类间距度量方法，提出了簇内距离和 SID、簇间平均距离 ADB：

$$SID = \sum_{i=1}^{m} D_{c_i} = \sum_{i=1}^{m} \sqrt{\sum_{j=1}^{n_{c_i}} \sum_{k=1}^{d} (x_{jk} - c_{ik})^2} \tag{5-3}$$

$$ADB = \frac{\sum_{i=1}^{m-1} \sum_{j=i+1}^{m} \left(\sqrt{\sum_{k=1}^{d} (cik - cjk)^2} \right)}{C_2^m} \tag{5-4}$$

同时由式（5-1）至式（5-4）可知，SSW 与 SID 为类簇之内的接近关系，而 ADB 与 ADB 为类簇间的接近关系；SSW/SSB 为簇内平方和与簇间平方和之比，SID/ADB 为簇内距离和簇间距离之比，两者可以表示指标在不同聚类数 m 下的变化情况，因此利用该比值可有效地动态终止聚类有效性验证过程：

$$SSW = \text{trace}(SS_w) \tag{5-5}$$

式中：$SS_w = \sum_{i=1}^{m} (W_{c_i}^T \cdot W_{c_i})$，即叉积矩阵 SS_w 中主对角线元素之和为簇内平方和。

$$SSB = \text{trace}(SS_B) \tag{5-6}$$

式中：$SS_B = \sum_{i=1}^{m} B_{c_i} B_{c_i} = n_{c_i} (C_{c_i} - C)$，叉积矩阵 B_{c_i} 中主对角线元素之和为簇间平方和：

$$SST = SSW + SSB \tag{5-7}$$

为保证指标的稳定性，当 SSW/SSB 较小时（聚类数取值较大时），该项作用受到抑制，因此在该项后面乘以总平方和 SST，由式（5-5）至式（5-7）可知，SST 为类内平方和 SSW 与类间平方和 SSB 之和，因此 SST 对不同的聚类数 m，其值可以基本看作一个常数，而数据样本数与聚类数之差（$n-m$）是为了制约 CVI 产生的过大影响。通过以上分析，$RDSED$ 在理论上可有效获取最佳聚类数。

最优划分和最佳聚类数可通过运行聚类算法动态求取 $RDSED$ 值确定，以 K 均值算法为例说明 $RDSED$ 获取最佳聚类数的执行过程。K 均值算法从最大聚类数开始计算 $DSED$，当 $RDSED$ 在可接受范围内，则继续计算下一个聚类数对应的指标值。当 $RDSED$ 不在可接受范围内，表明当前聚类数无效，此时终止 CVI 的计算过程并将前一次的 K 值定为最佳聚类数。

在 RDSED 工作过程中随着 K 值增大，簇内距离会相应减小，而簇间距离增大，DSED 通过 SSW/SSB、SID/ADB 来综合评估簇内及簇间关系，避免了两者向相反的方向发展，因此 RDSED 指标可使 K-means 算法有效地获取最佳聚类数。在一次迭代中各聚类中心距离的计算复杂度为 $O(ndm)$，假设总迭代次数为 t，则基于 RDSED 指标的最佳聚类数动态确定算法的时间复杂度为 $O(tndm)$，K-means 算法在每个 K 值时都会计算所得划分的质量即 RDSED 指标值，并在最优划分时停止聚类过程，因此在实际应用中，最佳聚类数的提前出现会减少聚类数确定所需时间。

其中，RDSED 值的计算包含如下两种情况。

（1）当 $DSED(m) > DSED(m+1)$，即当前 DSED 值大于前序 DSED 值时：

$$RDSED(m) = \frac{DSED(m) - DSED(m+1)}{DSED(m)}$$

（2）当 $DSED(m) \leq DSED(m+1)$，即当前 DSED 值不大于前序 DSED 值时：

$$RDSED(m) = \frac{DSED(m+1) - DSED(m)}{DSED(m+1)}$$

通过 RDSED 的计算我们可以看出距离平方和差值比 RDSED 的取值范围为 [0, 1]。

（三）实验结果与分析

为验证 RDSED 指标的性能，研究中设计在 6 个数据集上设计两组实验进行测试。首先，结合 K-means 算法、BIRCH 算法选用 8 个经典的 CVI（包括 4 个外部 CVI、4 个内部 CVI）与 RDSED 对比，以此验证 RDSED 的性能及说明不同 CVI 的稳定性。其次，选用 K-means 及 BIRCH 算法验证 RDSED 指标在不同聚类算法上动态确定最佳聚类数的性能。

RDSED 指标在不同聚类算法上动态获取最佳聚类数的性能，本书分别使用 K-means 及 BIRCH 算法在不同数据集上动态确定最佳聚类数，数据集为 Eyes、Sticks、Long1、Square4、Spectf、Tea。图 5-5 为人工数据集的实验结果，图 5-6 为真实数据集的实验结果。

表 5-4　　　　　　　　　　各数据集参数

数据集		聚类个数	维数	样本个数（各类个数）
形状数据集	Eyes	3	2	238（56, 82, 100）
	Sticks	4	2	512（117, 123, 150, 122）
高斯数据集	Long1	2	2	1000（500, 500）
	Square4	4	2	1000（250, 250, 250, 250）
真实数据集	Spectf	2	44	267（55, 212）
	Tea	3	5	151（49, 50, 52）

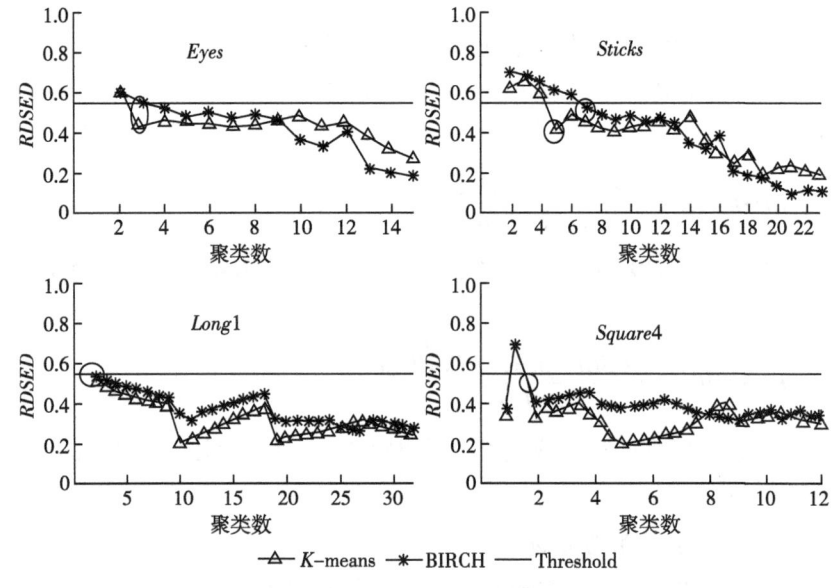

图 5-5　人工数据集实验结果

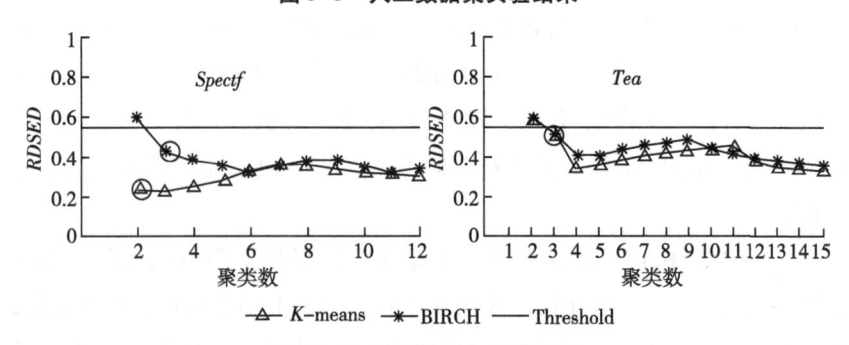

图 5-6　真实数据集实验结果

研究过程中通过分析各类 CVI 的优劣，在多种聚类度量的基础上，提出了新的内部聚类有效性指标 RDSED。为了验证 RDSED 指标的性能及不同指标的稳定性，选择了 4 种外部 CVI 和 4 种内部 CVI 与 RDSED 进行实验比较，同时使用 RDSED 在不同聚类算法上动态获取最佳聚类数，实验表明没有一种聚类有效性指标能够适应所有的数据集，本书提出的 RDSED 在大多数数据集上的性能明显优于其他 8 种 CVI，且能有效地确定最佳聚类数。

三 基于 PSO 和 K-means 的混合聚类算法

针对 K-means 算法对聚类中心的选择敏感及容易陷入局部最优的问题，将 PSO 算法与 K-means 算法结合，采用 PSO 算法的全局寻优能力优化 K-means 算法的初始聚类中心选择，同时所提混合聚类算法（KIPSO）[1] 采用一种更加简单的粒子编码方案，大大减少了算法复杂度，该算法结合了 PSO 算法和 K-means 算法，具有 PSO 算法较强的全局寻优能力，又具有 K-means 算法的局部搜索能力。不仅降低了 K-means 算法陷入局部最优值的可能，同时也提高了算法的聚类精准度。与传统粒子编码方案不同，KIPSO 算法使用一种简约粒子编码方案，同时对数据进行预处理，采用数据对象与类簇中心的平均距离作为适应度函数。人工和真实数据集的实验结果表明，该方法更加精确并有更好的收敛性能。

（一）KIPSO 算法描述

提出的基于 PSO 的 K-means 改进 KIPSO 的聚类过程描述如下。

步骤 1，种群初始化：将每个数据对象随机分配为某一类作为初始聚类划分，根据初始划分得到各类簇的聚类中心，然后产生粒子初始位置编码，最后根据适应度函数得到粒子适应度，对粒子速度初始化。重复运行 N 次上述步骤，产生包含 N 个粒子的初始粒子群。

步骤 2，个体寻优：将每个粒子的适应度值与该粒子历史最优位置 pBest 的适应度值对比，若更优，则更新 pBest。

步骤 3，群体寻优：将每个粒子适应度值与该粒子群最好位置 gBest

---

[1] 卿松：《基于粒子群优化的聚类分析三个关键问题研究》，硕士学位论文，南昌大学，2017 年。

的适应度值对比，若更优，则更新 gBest。

步骤 4，位置速度更新：根据步骤 1 和步骤 2 更新粒子位置和速度。

步骤 5，最优粒子的 K-means 优化。①基于粒子的聚类中心编号，该粒子的聚类划分依据最近邻规则确定。②根据 K-means 算法生成新的聚类中心，并产生新的聚类划分。

步骤 6，重复步骤 5，直到满足收敛规则或进行至最大迭代次数，终止算法，否则转到步骤 2。

KIPSO 算法流程描述如图 5-7 所示。

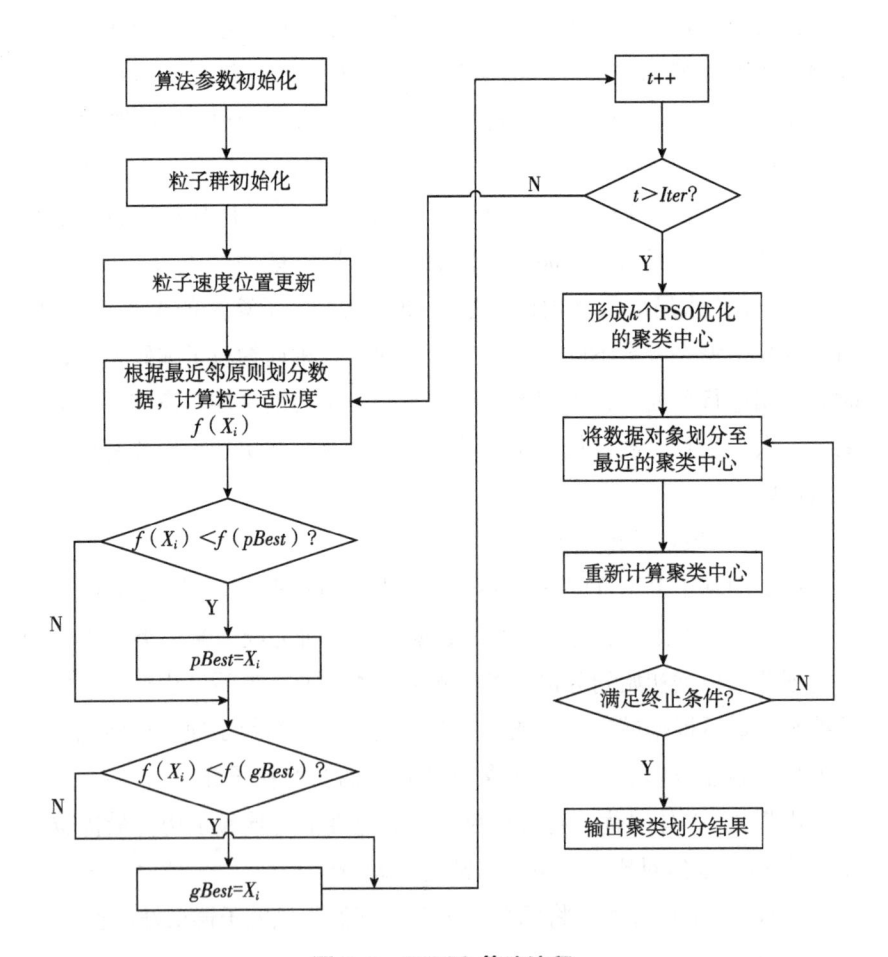

图 5-7 KIPSO 算法流程

初始化的参数包括数据样本集合编号 1-n、聚类数 m、学习因子 c_1 和 c_2、随机数 r_1 和 r_2、最大迭代次数 Iter 以及最大速度 V_{max}，其中每个粒子的速度搜索范围为 $[-V_{max}, V_{max}]$。

步骤 1，种群初始化中单个粒子的初始化复杂度为 $O(nd)$，其中 n 为数据集数据个数，d 为数据集维数。N 个粒子群初始化复杂度则为 $O(Nnd)$。步骤 2 和步骤 3 将每个粒子的适应度分别和粒子历史最优值和种群最优值比较，时间复杂度都为 $O(N)$。步骤 5 对最优粒子进行 K-means 优化，其时间复杂度为 $O(ndkt)$，其中 k 为聚类数，t 为迭代次数。因此，本章提出的基于 PSO 的 K 均值改进聚类算法（KIPSO）时间复杂度为 $O(ndkt)$，一般 d、k、t 均可认为是常量，因此 KIPSO 算法时间和空间复杂度都为线性复杂度，即 $O(n)$。

（二）实验结果与分析

团队专家比较了以下三种算法的性能：K-means 算法、PSC 算法和本章提出的 KIPSO 算法。表 5-5 给出了这些算法的参数设置情况，其中"—"表示算法不需要设置该参数值。

表 5-5　　　　　　　　　　KIPSO 算法参数

参数	K-means	PSC	KIPSO
最大迭代数	100	100	100
粒子个数	—	10	10
ω_{max}	—	0.9	0.9
ω_{min}	—	0.4	0.4
c_1	—	1.49	1.49
c_2	—	1.49	1.49

将比较相应聚类算法获得划分结果的质量，其中质量通过以下三个标准来测量。

（1）簇内距离和：簇内数据对象与类中心之间的距离定义如下：

$$D(x_p \cdot c_j) = \sqrt{\sum_{i=1}^{d}(x_{pi} - c_{ji})^2} \tag{5-8}$$

式中：x_p 为第 p 个数据对象；c_j 为第 j 个类簇的聚类中心；d 为每个数据对象特征个数。

显然簇内距离和越小，得到的聚类质量也就越好。

（2）误分率（error rate，ER）：它是错误分类数据样本个数与数据对象总数相除，其计算式如下：

$$ER = \left(\sum_{i=1}^{n} (若(A_i = B_i)那么为0，否则为1) \div n \right) \times 100\% \quad (5-9)$$

式中：n 为数据对象总数；A_i 和 B_i 分别为第 i 个数据对象、聚类前和聚类后的类标识。

同样，ER 越小，得到的聚类质量也就越好。

（3）运行时间：产生聚类结果所耗费的时间。

实验结果为20次运行的平均值，运行环境为微软 Windows 7（64位）操作系统，酷睿 i5-2410M CPU 2.3 GHz 频率，内存 2GB。

表 5-6 给出了三种算法在各个数据集中的簇内距离和。对于 ArtSet1 和 ArtSet2 数据集，由于这两个数据集的良好划分性能，K-means 算法得到了相同且最好的结果。对于其他真实数据集，KIPSO 算法优于其他两种算法，由于 KIPSO 算法采用了粒子群优化算法，利用 PSO 算法的全局寻优能力提高了初始聚类中心选择的稳定性，初始聚类中心的选择对 K-means 算法的影响很大，由于初始聚类中心选择的随机性，当聚类中心初值选取不当时，算法无法得出理想的 k 个聚类中心，从而导致 K-means 算法得到的各类簇对象与其所属类簇中心的簇内距离和较大，因此多次实验后的 K-means 算法产生的簇内距离和较大。而 KIPSO 算法对 PSO 算法和 K-means 算法进行了结合，利用 PSO 算法强大的全局搜寻能力增强 K-means 算法的初始聚类中心质量，因此能够得到比 K-means 算法质量更高的聚类中心，更有可能达到全局最优，而 K-means 和 PSC 算法更有可能陷入局部最优。根据表 5-6 还能发现 K-means 算法相比 PSC 算法，在某些情况下（对 ArtSet1、ArtSet2 和 Glass 数据集）能够产生更好的结果。

表 5-6　　　　三种算法的簇内距离和比较

数据集	比较标准	K-means	PSC	KIPSO
ArtSet1	平均值	241.85	329.45	245.02
	最好值	241.85	274.64	241.85
	最差值	241.85	383.06	265.32

续表

数据集	比较标准	K-means	PSC	KIPSO
ArtSet2	平均值	2193.21	2383.90	2214.30
	最好值	2193.21	2205.15	2193.21
	最差值	2193.21	2529.38	2326.76
Iris	平均值	106.38	97.56	89.05
	最好值	97.33	80.39	79.65
	最差值	123.85	112.43	105.45
Glass	平均值	258.93	287.31	223.89
	最好值	220.42	259.40	204.62
	最差值	292.19	330.69	232.85
Wine	平均值	18214.12	16562.53	16216.18
	最好值	16555.68	16204.65	16033.59
	最差值	19563.77	18436.95	16325.62

表 5-7 显示了 20 次试验模拟的平均误分率、最佳平均误分率和最差平均误分率。对于 ArtSet1 和 ArtSet2 数据集，K-means 和 KIPSO 算法的平均误分率都为 0，表明两种算法能够正确地对这些数据集进行聚类处理。对于真实数据集，KIPSO 在误分率方面优于其他两种算法，但是类内距离和与误分率之间没有绝对的相关性。对于所有算法，数据集的维度越高，错误率也越高。K-means 算法的基本机制难以检测"自然簇"，即具有非球形形状、密度和大小显著不同类簇。

表 5-7　　　　　　　　三种算法的误分率比较

数据集	比较标准	K-means	PSC	KIPSO
ArtSet1	平均值	0	3.28	8.33×10^{-2}
	最好值	0	1.00	0.00
	最差值	0	6.00	0.67
ArtSet2	平均值	0	5.80	0.52
	最好值	0	0.67	0.00
	最差值	0	11.33	3.00

续表

数据集	比较标准	K-means	PSC	KIPSO
Iris	平均值	20.63	10.73	7.10
	最好值	14.67	6.67	4.00
	最差值	31.33	17.33	16.67
Glass	平均值	31.03	42.99	26.38
	最好值	11.68	32.71	9.35
	最差值	45.79	48.60	35.51
Wine	平均值	29.47	26.84	25.68
	最好值	24.77	23.83	22.43
	最差值	32.58	31.46	28.65

表 5-8 给出了测试所用三个算法在五个数据集上的运行时间，以秒为单位。从结果中发现到 KIPSO 在所有测试数据集上的平均运行时间均优于 PSC 算法。然而，由于 K-means 算法简单易于实现，其算法复杂度趋于线性复杂度，因此 K-means 算法在运行时间方面明显优于 KIPSO。而 KIPSO 算法后期使用 K-means 算法，因此其运行时间与 PSC 算法相比更少。

表 5-8　　三种算法的运行时间比较

数据集	比较标准	K-means	PSC	KIPSO
ArtSet1	平均值	0.517	18.133	10.008
	最好值	0.483	17.773	9.825
	最差值	0.623	18.724	10.410
ArtSet2	平均值	0.488	18.760	10.507
	最好值	0.475	18.312	10.234
	最差值	0.498	19.492	11.037
Iris	平均值	0.269	8.440	5.015
	最好值	0.256	8.331	4.958
	最差值	0.285	9.237	5.158
Glass	平均值	0.651	20.379	13.509
	最好值	0.627	19.862	13.309
	最差值	0.680	20.929	13.998

续表

数据集	比较标准	K-means	PSC	KIPSO
Wine	平均值	0.506	9.860	5.798
	最好值	0.488	9.752	5.744
	最差值	0.567	9.997	5.900

综上所述，发现提出的 KIPSO 算法在类内距离和及误分率两个性能最优，尤其体现在 *Iris*、*Glass* 和 *Wine* 三个真实数据集上表现出了更为明显的性能优势。主要原因是 K-means 算法本身对初始聚类中心的选择比较敏感，选择不同的初始聚类中心，算法得到的划分结果很大可能不同，因此 K-means 算法在 5 个测试数据集上的平均误分率最高。与 K-means 算法不同，研究过程中提出的 KIPSO 算法利用 PSO 出色的全局寻优能力，为了提高初始聚类中心的选择质量，算法利用 PSO 来提高聚类中心的选择质量，较好地抑制了其对聚类划分结果的影响，降低了 KIPSO 算法的误分率。由于引入了 PSO 算法，KIPSO 算法复杂度高于 K-means 算法，但低于 PSC 算法，因此其运行时间处于另外两种算法之间。

实验结果表明，KIPSO 算法更准确，并且能够避免陷入局部最优。

四 基于 Jaccard 相似度与矩阵分解混合推荐算法

针对传统的推荐算法仅依靠用户评分矩阵进行预测评分问题，本书结合 Jaccard 相似度及矩阵分解研究提出了一种基于 Jaccard 相似度与矩阵分解混合推荐算法[①]。该算法通过 Jaccard 相似度度量函数挖掘具有相似兴趣的邻居集合，同时运用矩阵分解对相似用户集合的局部未评分项进行评分预测，并将预测评分填充至历史评分矩阵以降低其稀疏度。为进一步验证所提算法的有效性，本章通过算法实例分析从理论上验证 HRA-JSMD 算法的有效性。最后将所提算法应用于竞赛数据 MovieLens 及 Netflix 电影评分数据集上，实验结果表明，HRA-JSMD 算法相比传统的主流推荐算法能有效地挖掘用户的局部联系信息，且得到更优的推荐准确度及更短的计算时间。

---

① 吴晓亮：《基于文本情感分析与矩阵分解的混合推荐算法研究》，硕士学位论文，南昌大学，2019 年。

该算法通过Jaccard相似度度量函数挖掘具有相似兴趣的邻居集合，同时运用矩阵分解对相似用户集合的局部未评分项进行评分预测，并将预测评分填充至历史评分矩阵以降低其稀疏度。算例分析和MovieLens与Netflix数据集上的相似度计算方法、相似邻居数及隐因子参数等对预测质量影响效果，以及与传统主流推荐算法对比分析等实验结果表明，HRA-JSMD算法相较于传统主流推荐算法能更有效地挖掘用户的局部联系信息，且得到更优的推荐准确度及更短的计算时间。

（一）基于Jaccard相似度的用户集合选择算法

针对传统的相似度度量算法未能考虑用户选择商品并给予评分的兴趣方向，而根据其用户评分的具体数值计算用户与用户之间的相似度的问题。根据Jaccard相似度度量函数的特性，将用户的每次评分都视为用户具有的兴趣方面，例如，用户i喜欢A类型电影则会特意寻找A类型电影进行观看并评价，而用户j喜欢A类型的电影也会更可能寻找A类型电影观看并评价，可知用户i和用户j兴趣偏好相似且给出的评分分值具有一定的内在联系。本书认为假如用户对某项目给出评分则代表此项目是该用户的兴趣喜好，因此该算法可以通过用户—商品的历史评分信息选取与目标用户兴趣最为接近的相似邻居。

下文描述了基于Jaccard相似度的邻居用户集合选择算法的伪代码。

算法：基于Jaccard相似度的邻居用户集合选择算法

Input：用户评分矩阵$D_{m\times n}$（用户数量为m，项目数量为n），设置用户邻居数量nei_K，设定相似度阈值$threshold$

Output：所有用户的相似邻居集合$M=\{mi: x_0, x_1, x_2, \cdots, x_{nei\_k}\}, i\in[1, 2, 3, \cdots, m]$

1. set<int>nei_K, $D_{m\times n}$,
2. for$i=0$; $i\leq m$; i++ do
3. for $j=0$; $j\leq m$; j++do
4. If $i==j$then
5. Continue
6.   else
7.   sim = **Jaccard_Similarity**(i, j) //根据计算用户i和用户j的Jaccard相似度
8.   end if
9. If sim >$threshold$ then

10. Neighbour = **Choose**(sim, nei_k, threshold)   //根据 threshold 值选择最相似的 nei_k 个邻居数

11. **else**

12. **continue**   //若达不到最低邻居数量则跳过计算该用户邻居集合

13. **end if**

14. M = **Save**(Neighbour)   //计算得到用户 i 和用户 j 的相似度值

15.   **end for**

16. **end for**

17. **return** M

（二）基于 Jaccard 相似度与矩阵分解混合推荐算法

基于 Jaccard 相似度与矩阵分解混合推荐算法（HRA-JSMD）的主要思想是：首先，选用 Jaccard 相似度选取用户集合中具有兴趣偏好的相似邻居集合，以挖掘用户评分行为之间的局部关联信息。其次，运用矩阵分解对用户集合偏好评分矩阵中的未评分项进行预测评分，并将预测评分值填充至历史评分矩阵中以降低评分矩阵的稀疏度。最后，通过矩阵分解对填充后的评分矩阵进行评分预测以预测推荐结果。

下文描述了基于 Jaccard 相似度与矩阵分解混合推荐算法的伪代码。

算法：基于 Jaccard 相似度与矩阵分解混合推荐算法

Input：原始评分矩阵 $D_{m \times n}$（用户数量为 m，商品项目为 n），设置选择用户近邻数为 NK，相似度阈值 threshold，最低用户数量 Min_user，隐因子值 K，学习速率 α，偏置项 β，迭代次数 T

Output：预测评分矩阵 F

1. set <int>$D_{m \times n}$, NK, threshold, Min_user, K, α, β, T

2. M = **Jac_Compute**($D_{m \times n}$, threshold, Min_user)   //根据定义 1 选取用户相似邻居集合 M

3. P = **Select_PreM**($D_{m \times n}$, M)   //根据定义 2 选取用户偏好矩阵 P

4. L = **MFP_Compute**(P, M)   //运用矩阵分解技术预测用户集合中的局部评分值 L

5. **Matrix_Fill**(M, $D_{m \times n}$, L)   //将局部预测评分填充至历史评分矩阵

6. 随机初始化矩阵 $P_{m \times k}$，$Q_{n \times k}$

7. **While** | $loss^{t+1} - loss^t$ | > 0.0001 && 迭代次数 $t \le T$ **do**

8. 计算预测值与实际值之间的差值 eij

9. 更新用户特征矩阵 P

10. 更新项目特征矩阵 Q
11. **end while**
12. $F = \text{dot}(P, QT)$ //计算预测评分矩阵
13. **return** F

时间复杂度及空间复杂度分析：在步骤1中设定相关实验参数，时间复杂度为 $O(1)$，步骤2中通过遍历计算评分矩阵中目标用户 i 与其他用户的 Jaccard 相似度，时间复杂度为 $O[m(m-1)/2]$，空间复杂度为 $O(m^2)$，其中 m 代表用户数量。步骤5至步骤12中进行矩阵分解计算，其时间复杂度为 $O(m^3)$ 且空间复杂度为 $O(m^2)$。因此 HRA_JSMD 算法的时间复杂度为 $O(m^3)$，空间复杂度为 $O(m^2)$，表明 HRA-JSMD 算法与实际推荐系统的矩阵分解推荐算法的时间复杂度及空间复杂度一致，且能有效地应用于实际推荐系统中。

（三）算法实例分析

为了更加详细地介绍本章所提出的基于 Jaccard 相似度与矩阵填充算法的计算流程，本节给出了一个简单的算法实例以期从理论上证明所提算法的合理性及有效性。

假定存在一个包含7个用户和8个商品的简单用户商品评分矩阵表，如表5-9所示，评分值用1—5分表示，评分分值越高代表用户对于该商品越满意。

表5-9　　　　　　　　用户评分

项目	X_1	X_2	X_3	X_4	X_5	X_6	X_7	X_8
U_1	1	0	2	0	0	5	0	0
U_2	0	5	0	1	2	0	0	0
U_3	0	3	0	0	0	0	0	2
U_4	0	0	1	3	0	2	0	0
U_5	2	0	5	0	0	0	3	0
U_6	0	0	0	0	0	1	0	3
U_7	0	3	2	0	0	3	0	0

其中：U_i 为用户编号；X_i 为项目编号；用户 U_i 对于项目 X_i 的评分值即表 5-9 中对应位置的值。如用户 U_1 对于项目 X_3 评分值为 2。"0"值表示用户未对该项目进行评分。以下是基于 Jaccard 相似度与矩阵分解混合推荐算法具体流程。

首先，设定相似邻居数量 NK 为 3，相似度阈值 $threshold$ 为 0.5，最低用户数 Min_User 为 2，隐因子 K 为 4，学习速率 0.005，偏置项 0.02，迭代次数为 30。

随后，将 HRA-JSMD 算法基于 Jaccard 相似度的用户集合选择算法选择各个用户的相似邻居。由表 5-9 可知各个用户的评分向量，将上述评分矩阵转换为以 0、1 表示的偏好矩阵，并计算其相似度值，此处选择用户 U_4 详细描述其计算规则：

$U_1 = \{1, 0, 1, 0, 0, 1, 0, 0\}$

$U_2 = \{0, 1, 0, 1, 1, 0, 0, 0\}$

$U_3 = \{1, 1, 0, 0, 0, 0, 0, 1\}$

$U_4 = \{0, 0, 1, 1, 0, 1, 0, 0\}$

$U_5 = \{1, 0, 1, 0, 0, 0, 1, 0\}$

$U_6 = \{0, 0, 0, 0, 0, 1, 0, 1\}$

$U_7 = \{0, 1, 1, 0, 0, 1, 0, 0\}$

则 U_4 与 U_1 的 Jaccard 相似度值如下式计算：

$$J(U_4, U_1) = \frac{1 \times 0 + 0 \times 0 + 1 \times 1 + 0 \times 1 + 0 \times 0 + 1 \times 1 + 0 \times 1 + 0 \times 0}{4} = 0.5$$

$$J(U_4, U_2) = \frac{0 \times 0 + 1 \times 0 + 0 \times 1 + 1 \times 1 + 1 \times 0 + 0 \times 1 + 0 \times 1 + 0 \times 0}{5} = 0.2$$

$$J(U_4, U_3) = \frac{1 \times 0 + 1 \times 0 + 0 \times 1 + 0 \times 1 + 0 \times 0 + 0 \times 1 + 0 \times 0 + 1 \times 0}{6} = 0$$

$$J(U_4, U_5) = \frac{1 \times 0 + 0 \times 0 + 1 \times 1 + 0 \times 1 + 0 \times 0 + 0 \times 1 + 1 \times 0 + 0 \times 0}{5} = 0.2$$

$$J(U_4, U_6) = \frac{0 \times 0 + 0 \times 0 + 0 \times 1 + 0 \times 1 + 0 \times 0 + 1 \times 1 + 0 \times 0 + 1 \times 0}{4} = 0.25$$

$$J(U_4, U_7) = \frac{0 \times 0 + 1 \times 0 + 1 \times 1 + 0 \times 1 + 0 \times 0 + 1 \times 1 + 0 \times 0 + 0 \times 0}{4} = 0.5$$

根据最低相似阈值 $threshold$ 计算，选取 U_4 最相似的 2 个邻居为 U_1

和 U_7。同样可以得到 U_1 的邻居为 $\{U_4,U_5,U_7\}$，U_2 的邻居为空集，U_3 的邻居为 U_6，U_5 的邻居为 U_1，U_6 的邻居为 U_3，U_7 的邻居为 $\{U_1, U_4\}$。由于最低用户数量 Min_User 为 3，因此仅有 $\{U_4,U_1,U_7\}$ 和用户 $\{U_1,U_4,U_5,U_7\}$ 被选为相似邻居集合。

其次，对选择的相似邻居集合进行矩阵评分预测并进行矩阵填充过程。算法需将该用户集合中存在的评分列（X_1、X_2、X_3、X_4、X_6）提取出新矩阵，根据表和用户邻居集合 U_4 的集合 $\{U_1,U_7\}$ 可以得到表 5-10。

表 5-10 相似用户集合评分

项目	X_1	X_2	X_3	X_4	X_6
U_1	1	0	2	0	5
U_4	0	0	1	3	2
U_7	0	3	2	0	3

矩阵分解推荐算法对于该矩阵进行矩阵分解运算，对其非评分项进行预测，在误差函数达到一定值时停止算法迭代，并将预测值填入上述矩阵，最终得到如表 5-11 所示的结果。

表 5-11 相似用户集合预测评分

项目	X_1	X_2	X_3	X_4	X_6
U_1	1	**3.34**	2	**4.72**	5
U_4	**0.64**	**1.81**	1	3	2
U_7	**1.36**	3	2	**2.88**	3

其中用户 U_4 的预测评分向量为 [0.64, 1.81, 1, 3, 2]，"粗体"数值代表预测评分值，而 $\{U_1,U_4,U_5,U_7\}$ 集合如上述进行预测评分后的用户 U_1 的预测评分向量 [1, 3.15, 2, 3.06, 5, 1.76]，由于相似邻居集合中用户的评分行为具有相关联系，通过对相似用户集合的局部实际评分可以预测得到符合用户历史评分特征的评分值。最后将计算

得到的 U_1、U_4 预测评分向量填充至历史用户评分矩阵中。得到表 5-12 填充后的用户评分。

表 5-12　　　　　　　　　填充后的用户评分

项目	X_1	X_2	X_3	X_4	X_5	X_6	X_7	X_8
U_1	1	3.34	2	4.72	0	5	0	0
U_2	0	5	0	1	2	0	0	0
U_3	0	3	0	0	0	0	0	2
U_4	0.64	1.81	1	3	0	2	0	0
U_5	2	0	5	0	0	0	3	0
U_6	0	0	0	0	0	1	0	1
U_7	0	3	2	0	0	3	0	0

根据得到的用户 U_1 和 U_4 的局部未评分项的评分值填充至用户评分矩阵可以降低历史评分矩阵的稀疏度，最后使用矩阵分解计算对用户—项目未评分项进行评分预测。设定隐因子 K 为 4，学习速率 α 为 0.005，正则项 β 为 0.02，迭代次数 T 设定为 30 次，通过矩阵分解算法可以得到表 5-13 样例预测用户评分。

表 5-13　　　　　　　　　样例预测用户评分

项目	X_1	X_2	X_3	X_4	X_5	X_6	X_7	X_8
U_1	1	3.52	2	4.71	2.35	5	1.87	3.00
U_2	1.60	5	2.29	1	2	2.53	1.89	2.83
U_3	0.83	3	1.24	2.62	1.53	2.76	1.25	2
U_4	0.50	1.80	1	3	1.53	2	0.91	1.67
U_5	2	5.10	5	0.01	1.27	1.01	3	2.68
U_6	1.04	3.00	2.13	2.20	1.64	1	1.54	3
U_7	1.04	3	2	2.20	1.64	3	1.54	1.82

上述完成 HRA-JSMD 算法的计算流程，首先根据用户历史评分

值选取兴趣相似且满足条件的相似邻居集合,并运用矩阵分解对用户之间的评分行为信息进行评分预测,并填充至历史评分矩阵。最后,对填充后的用户项目评分矩阵再次运用矩阵分解进行评分预测,以对用户进行商品推荐,通过上述步骤得到的预测评分值更符合用户的实际兴趣评分值。

(四)实验结果与分析

1. 算法评价指标

为了在离线环境下评估所提推荐算法的预测准确度,本实验将采用平均绝对误差(Mean Absolute Error,MAE)和均方根误差(Root Mean Square Error,RMSE)评价指标计算预测评分和真实评分之间的差别,以衡量推荐预测结果的质量。MAE 和 RMSE 评价指标的计算公式如下:

$$MAE = \frac{\sum_{i \in M, j \in M}^{M} |\hat{r}_{ij} - r_{ij}|}{M} \tag{5-10}$$

$$RMSE = \sqrt{\frac{\sum_{i \in M, j \in M}^{M} (\hat{r}_{ij} - r_{ij})^2}{M}} \tag{5-11}$$

式中:参数 M 为测试集中总的预测个数;r_{ij} 为用户 i 对于商品 j 的真实评分;$\hat{r}_{ij}$ 为推荐算法预测用户 i 对于商品 j 的预测评分。根据实验预测结果计算得到的 MAE 和 RMSE 的值越小,则表明预测值与实际值越接近,推荐算法的预测结果越准确。

2. 实验设计与结果分析

实验 5-1:相似度度量函数与相似邻居数量对算法预测准确度的影响

为了验证 Jaccard 相似度度量函数能更有效地挖掘用户局部信息,实验 1 选取两种传统的相似度度量函数余弦相似度、皮尔森相似度函数在实验数据集中进行比较分析。同时,对于该算法我们按照经验设置学习速率 α 为 0.005,正则项 β 为 0.02,隐因子 K 设置为 10,迭代次数设置为 50。同时,比较并分析在选取相似邻居数量为 5、10、15、20 及 25 情况下对算法预测质量的影响。

图 5-8 和图 5-9 分别为三种相似度度量函数在 Movielens 数据集中基于矩阵填充的矩阵分解推荐算法预测得到的 MAE、$RMSE$ 值的实验结果，实验结果的具体数值如表 5-14 所示。横坐标表示邻居数量 K 的值，分别选取值为 5、10、15、20 及 25，其范围为 [5, 25]，纵坐标表示对应的 MAE 和 $RMSE$ 值。

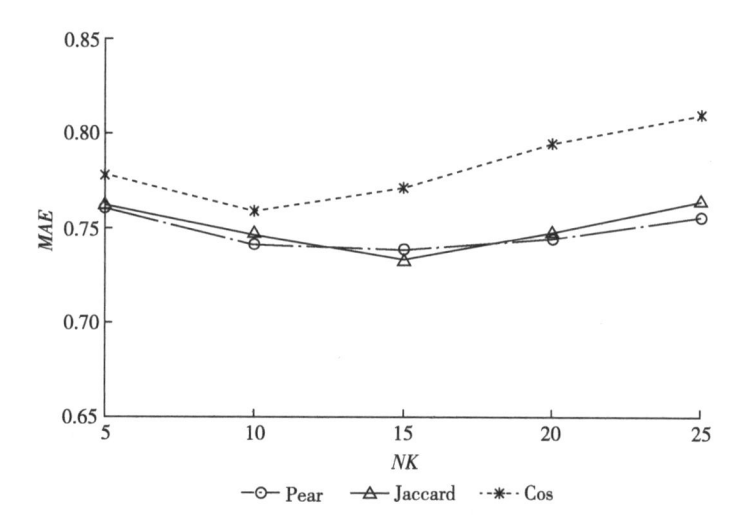

图 5-8 三种相似度函数在 **Movielens** 数据集中的 MAE 值对比

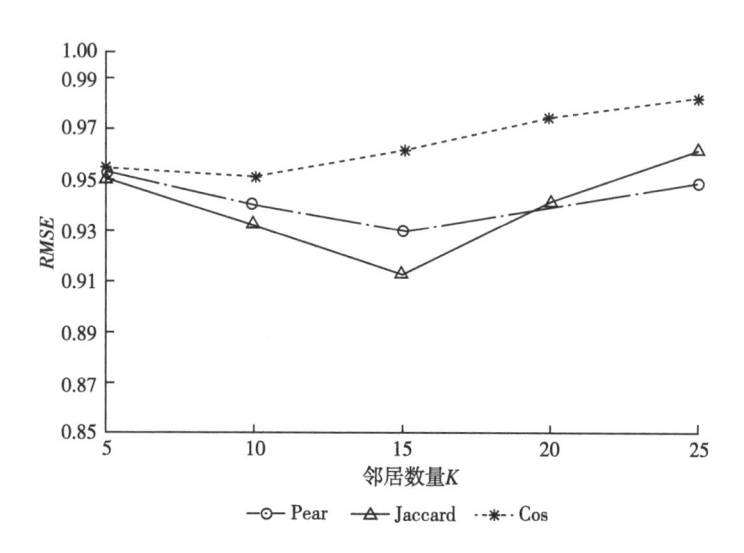

图 5-9 三种相似度函数在 **Movielens** 数据集中的 $RMSE$ 值对比

表 5-14　　　　　　Movielens 数据集上的实验结果数据

数据集	相似度度量函数	相似邻居数量	MAE	RMSE
Movielens	Jaccard（杰卡尔德相似度）	5	0.7632	0.9499
		10	0.7474	0.9317
		15	0.7338	0.9123
		20	0.7483	0.9411
		25	0.7649	0.9616
	Cos（余弦相似度）	5	0.7787	0.9543
		10	0.7596	0.9507
		15	0.7723	0.9611
		20	0.7950	0.9743
		25	0.8105	0.9821
	Pearson（皮尔森相似度）	5	0.7610	0.9530
		10	0.7426	0.9401
		15	0.7388	0.9296
		20	0.7457	0.9390
		25	0.7567	0.9490

实验 5-2：隐因子 K 对于算法预测准确度的影响

隐因子 K 是进行矩阵分解推荐算法的一个重要参数。根据上述实验 5-1 的实验结果分析，基于 Jaccard 相似度的矩阵填充推荐算法在 Movielens 数据集和 Netflix 数据集中选择邻居数量 K 为 15 时得到最优预测准确度。同时选取隐因子 K 的值 5、10、15、20、25 和 30，其范围为 [5, 30]，步长为 5。图 5-10 至图 5-12 分别为隐因子 K 在 Movielens 数据集和 Netflix 数据集对 MAE 和 RMSE 值的影响。

实验 5-3：HRA-JSMD 推荐算法与传统推荐算法实验结果比较

本节实验为验证基于 Jaccard 相似度与矩阵分解混合推荐算法相较于传统的推荐算法能有效地提高推荐质量，分别选取了 CF、NMF、

PMF、SVD、SVD++、JM-SVD 六种推荐算法进行比较分析。

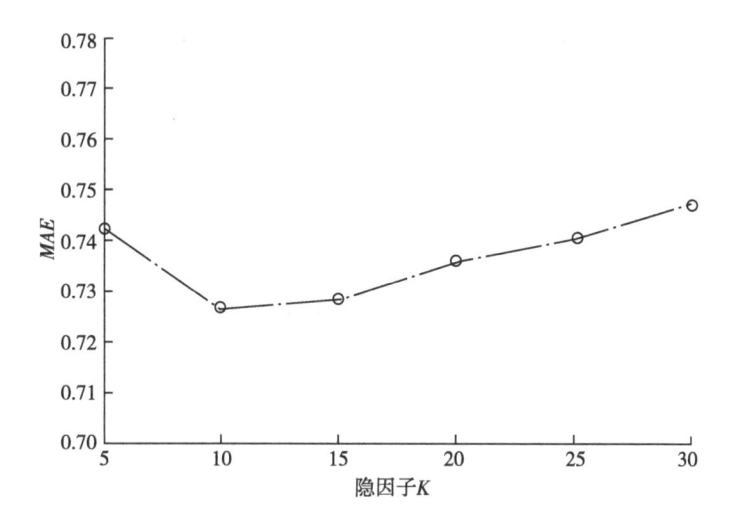

图 5-10 隐因子 K 在 Movielens 数据集中对 MAE 值的影响

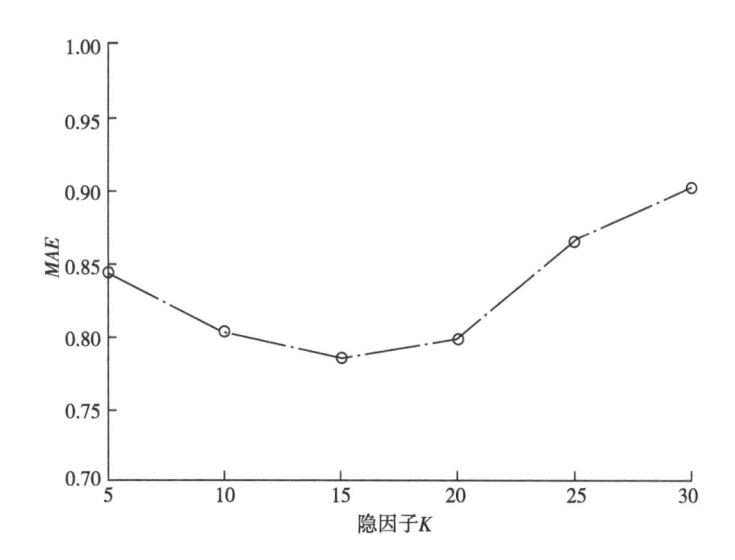

图 5-11 隐因子 K 在 Netflix 数据集中对 MAE 值的影响

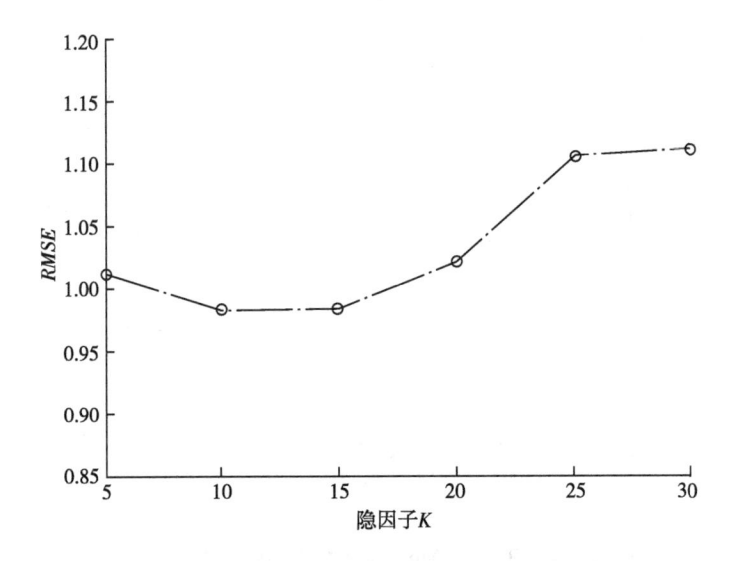

图 5-12　隐因子 K 在 Netflix 数据集中对 $RMSE$ 值的影响

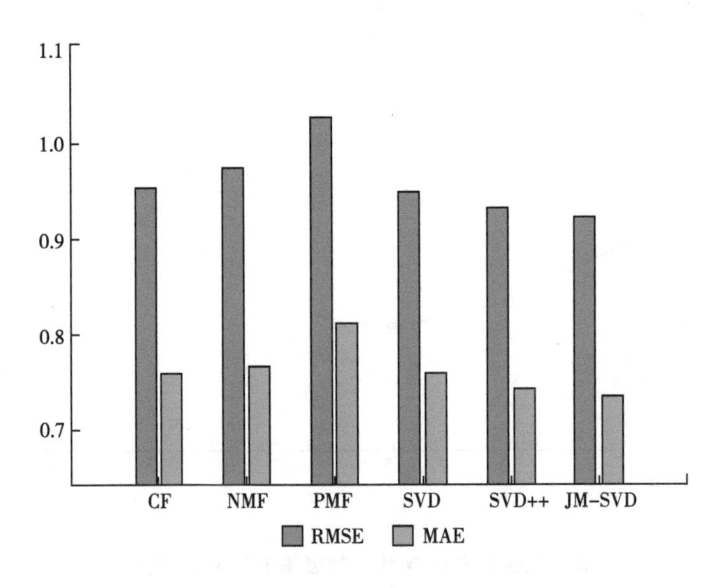

图 5-13　Movielens 数据集上预测结果对比

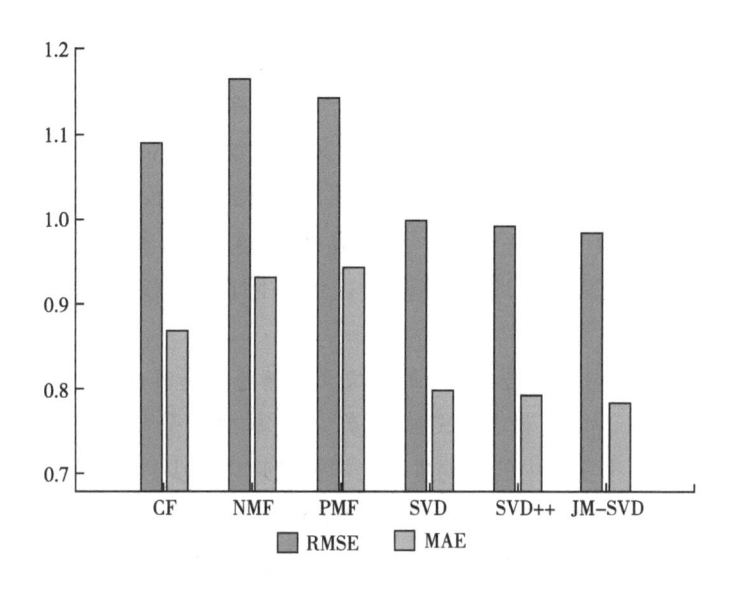

图 5-14　Netflix 数据集上预测结果对比

五　基于句向量与 LSTM 的英文文本情感分析算法

随着互联网的蓬勃发展，挖掘文本的情感倾向是当今自然语言处理研究领域中的前沿话题。为了更高效且准确地挖掘文本中存在的情感倾向，本书根据构建句向量的算法思想提出了一种基于句向量与 LSTM 的英文文本情感分析算法[①]。SA-SVL 算法的基本算法思想：首先根据训练的语料库为句子中不同的单词分别分配特定数值，其次将训练数据集中的各个句子构建特定的句子向量并运用 TF-IDF 方法进一步提取出句子中的情感特征词，最后使用基于 LSTM 的循环神经网络对处理过后的句向量进行训练以构建能有效判别文本情感倾向的算法模型。在两种电影评论数据集上的实验表明，相较于其他文本情感分析算法，SA-SVL 算法的文本情感倾向的判别准确度更优。

该算法首先根据训练的语料库为句子中不同的单词分别分配特定数值；其次将训练数据集中的各个句子构建特定的句子向量，并运用 TF-IDF 方法进一步提取出句子中的情感特征词；最后使用基于 LSTM

---

① 吴晓亮：《基于文本情感分析与矩阵分解的混合推荐算法研究》，硕士学位论文，南昌大学，2019 年。

的循环神经网络对处理过后的句向量进行训练，以构建能有效判别文本情感倾向的算法模型。IMDB 和 RT-2k 数据集上的实验表明，基于句向量的文本表示方式能更好地表明文本的情感特征，LSTM 循环神经网络能有效地处理具有序列特性的数据，相较于 SVM、w2v-LSTM、OH-LSTM、CNN、LSTM 等算法，SA-SVL 算法能更有效地挖掘出文本评论数据中的情感倾向，情感倾向预测准确度及计算效率也更高。

（一）基于句向量与 LSTM 的英文文本情感分析算法

提出的基于句向量与 LSTM 的英文文本情感分析算法的主要思想：首先对评论文档中的单词进行文本预处理以减少数据集中存在的无效字符。其次对预处理过后的单词给定对应的数值。例如，假设单词"like"对应数值"2"、单词"love"对应数值"10"。通过算法基于 TF-IDF 的句向量表示算法以挖掘评论文本中存在的情感特征值。最后将得到的文本句向量及其对应的情感倾向标签信息输入基于 LSTM 的循环神经网络中进行训练，以构建文本情感倾向分析网络。通过向其中输入评论句子向量可以判断句子代表积极或消极情感倾向。图 5-15 为 SA-SVL 的算法流程。

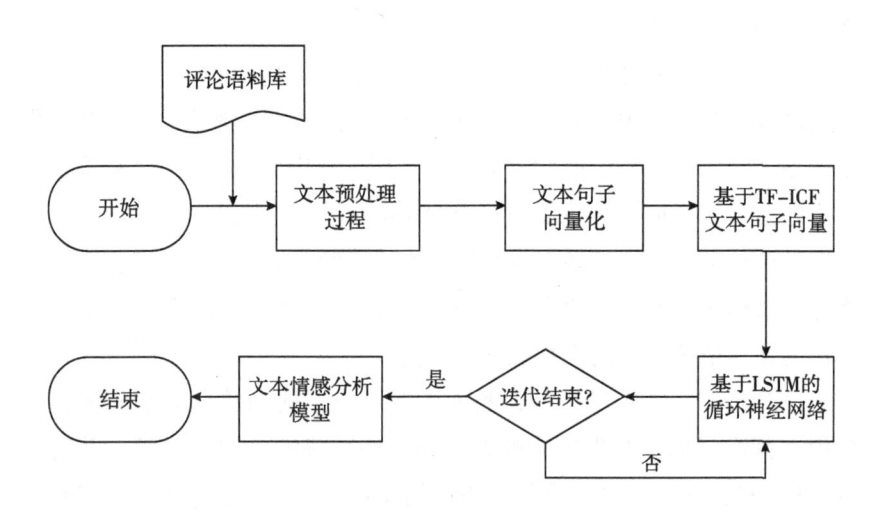

图 5-15 SA-SVL 的算法流程

算法：基于 TF-IDF 的句向量表示算法

Input：文本句子为 $Sentence = \{w_1, w_2, w_3, \cdots, w_m\}$，其中 w_i 为文本句子中的单词，m 为该文本句子中存在单词的最大数量。$L = \{s_1, s_2, s_3, \cdots, s_p\}$ 为评论文本项目档，s 为文本句子，p 为文本项目档的数量

Output：文本的句向量为 $s2v = \{v_1, v_2, v_3, \cdots, v_n\}$，其中 n 为文本句向量长度

1. set<array>Sentence，$s2v = L$，L； //输入文本句子和所有文本项目档
2. L，S = **Pre-process**(L，Sentence)； //对文本项目档和句子预处理
3. C = **Compute_Built**(L)； //语料库 C 中单词对应为唯一自然数值，数值越大则表示该单词在语料库中越少
4. for $i = 0$；$i \leqslant$ **len**(Sentence)，i++do； //对文本句子 Sentence 进行遍历
5.   Word = Sentence[i]； //选取句子中第 i 个单词
6.   Vector = C[Word]； //根据语料库 C 选取单词特定的向量值
7.   Vector = **Compute_TF-IDF**(Vector)； //更新词语的向量
8.   s2v[i] = **append**(Vector)； //在位置 i 中保存其词向量
9. **end for** //循环结束
10. **return** $s2v$； //输出最终句子向量 $s2v$

时间复杂度分析及空间复杂度分析：步骤 1 中输入文本句子和评论文本项目档。步骤 2 至步骤 3 对文本进行预处理以消除文本中无效的字符，且构造相应的文本语料库，可知时间复杂度为 $O(1)$，空间复杂度为 $O(p)$，其中 p 为文本语料库的中文档的数量。步骤 4 至步骤 9 通过对文本句子的遍历，选取目标单词其唯一的数值表示。且其中通过更新文本的句向量，其时间复杂度为 $O(m)$，m 为输入句子的单词总数，空间复杂度为 $O(m)$，因此算法的时间复杂度为 $O(m)$，空间复杂度为 $O(p)$。

算法：基于句向量与 LSTM 的英文文本情感分析算法

Input：文本语料库 C，初始化算法参数，设定最低词频阈值 F、固定词向量维度 WN、最大迭代次数 T，Batch_size 参数、Dropout 层参数 P

Output：输出文本情感分析判别准确度 P 及目标文本的情感倾向 S

1. 输入文本语料库 C，根据文本预处理方法对文本单词进行预处理以移除无效字符，且根据文本句向量为文本语料库中的每个单词根据其出现在文本中的频率生成唯一对应的向量表示，且单词频率低于最低词频阈值 F 的单词向量为 0
2. 根据对文本语料库中的单词计算 TF-IDF 值，并将文本向量的每个单词与 TF-IDF 值根据基于 TF-IDF 的文本向量生成句向量，将更新后的向量按单词位置依次组合成为文本句向量，最后将训练得到的文本句向量分为训练集和测试集

3. 将得到的训练集中的句向量及其对应的情感倾向标签输入基于 LSTM 的循环神经网络中进行训练，设定损失函数、优化方法使用，同时设定最大迭代次数 T，Batch_size 参数值及 Dropout 层激活概率参数后进行网络训练

4. 直到基于 LSTM 的循环神经网络迭代到最大迭代次数 T 时停止迭代，得到基于句向量的文本情感倾向分析网络，随后将测试集用于网络进行实验验证，输出网络对于测试集的预测准确度 P

5. 选取目标文本根据步骤 1、2 得到文本句向量，将文本句向量输入训练完成的网络中进行情感极性倾向分析，输出目标文本的情感倾向 S

算法时间复杂度分析：步骤 1 至步骤 2 中，输入算法参数并运用 TF-IDF 进行句向量优化，根据算法的复杂度分析可知其时间复杂度为 $O(n)$，其中 n 为文本语料库的中文档的数量。步骤 3 至步骤 4 中，算法将得到的文本句向量输入循环神经网络中进行训练，其时间复杂度为 $O(NT)$，其中 N 为词向量的输入维度，T 为网络迭代时间。因此 SA-SVL 算法的时间复杂度为 $O(NT)$。

（二）实验结果与分析

1. 实验数据集

选用 IMDB 和 RT-2k 电影评论数据集进行实验分析，数据集中具体的参数介绍如下。

（1）IMDB 数据集，IMDB 数据集来自 CSDN[①] 网站，其分别包括 25000 条已标注的积极文本评论数据集、25000 条已标注的消极文本评论数据集及 50000 条未标注的训练数据集。已标注的标签分别包含正向与负向的情感标签（见表 5-15）。

表 5-15　　　　　　　各数据集参数

数据集	积极情感数量	消极情感数量	未标注数量
IMDB	25000	25000	50000
RT-1M	5331	5331	0

[①] 吴晓亮：《基于文本情感分析与矩阵分解的混合推荐算法研究》，硕士学位论文，南昌大学，2019 年。

（2）RT-1M数据集，该电影数据集源于文献，其分别包含5331条已标注的情感倾向为积极的电影评论数据集、5331条已标注情感倾向为消极的电影评论数据集（见表5-15）。

2. 算法评价指标

本章选用准确度（Precision）作为实验结果的评价标准。计算公式如式（5-12）：

$$P_i = \frac{TP_i}{TP_i + FP_i} \tag{5-12}$$

式中：TP为正向样本被分为正向分类的样本数量；FP为负向被错误分类的样本数量；FN为原本属于错误分类的样本数量。

（三）实验设计与结果分析

实验5-4：文本预处理对预测准确度的影响

本组实验目的比较并分析文本预处理方法对SA-SVL算法性能的影响。本节实验分别在两种数据集下进行对比实验，每组实验依次移除该文本预处理方法。为了更简洁地表示实验选用的文本预处理方法，用字母A、B、C、D、E分别代表移除的一种预处理方法，其分别是：①清除无效及噪声字符；②消除数字字符；③替换文本中缩写为完整形式；④将大写字母替换为小写字母；⑤修改文本的拼写错误。例如，在A组实验中，SA-SVL算法在文本预处理过程中移除"清除无效及噪声字符"预处理方法仅添加其余四种预处理方法进行实验。

实验参数依次设定为词频阈值20、Batch_size为128、Dropout层概率0.4、固定词向量维度100、迭代次数30次。选择准确度P作为本组实验评价指标。横坐标分别代表移除的文本预处理方法，纵坐标范围为[0.7，1.0]代表SA-SVL算法在该数据集上得到的文本情感判别准确度。SA-SVL算法在IMDB数据集与RT-1M数据集中的英文文本情感分析实验结果见图5-16和图5-17。其中，虚线代表SA-SVL算法选用五种预处理方法进行实验的预测准确度，柱状部分代表A、B、C、D、E组文本预处理方法实验得到的实验结果。

IMDB和RT-1M数据集中文本预处理方法的准确率见表5-16。

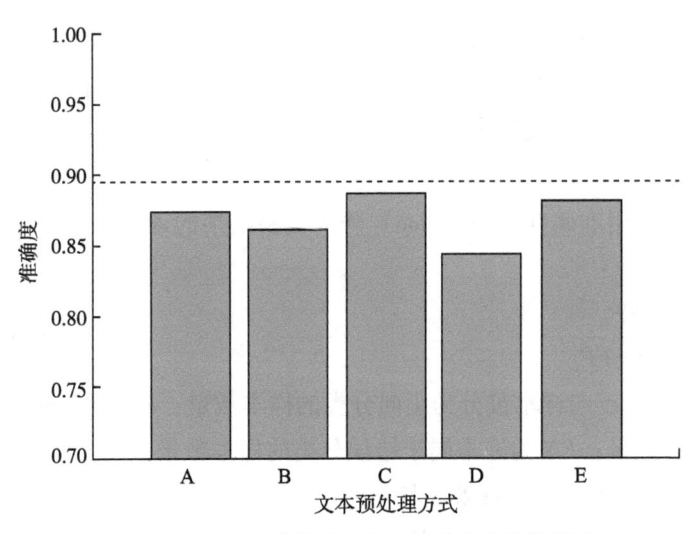

图 5-16 IMDB 数据集中文本预处理方法的影响

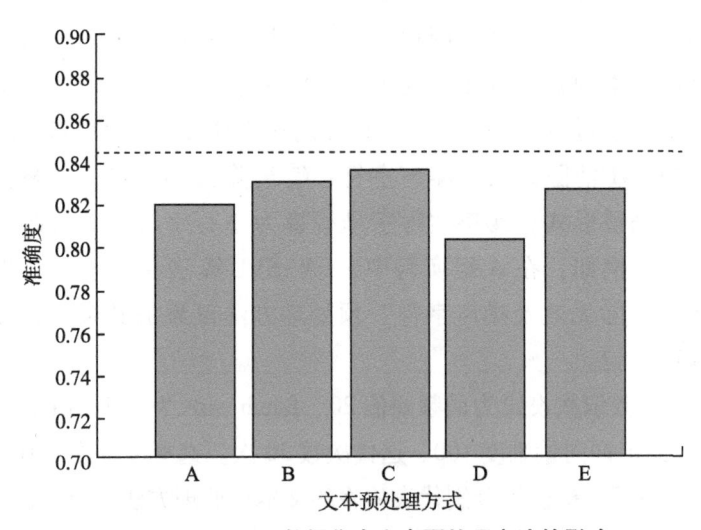

图 5-17 RT-1M 数据集中文本预处理方法的影响

表 5-16　IMDB 和 RT-1M 数据集中文本预处理方法的准确率　　　　单位：%

数据集	移除无效字符	消除数字	替换缩写	大写改小写	拼写错误
IMDB	87.32	86.11	88.62	84.31	88.10
RT-1M	82.12	83.13	83.62	80.33	82.67

实验 5-5：Dropout 层参数对于实验结果的影响

本书所提算法中添加 Dropout 层可以解决训练模型时容易产生的过拟合现象，增强模型的泛化能力。为了验证 Dropout 层的有效性，且为选取 Dropout 层中最佳的实验参数值，本节实验参数依次设定为词频阈值 20、Batch_size 为 128、固定句向量长度 100、迭代次数 30 次。在两种数据集上选取 Dropout 层中神经元的不同的激活概率 P 的范围为 $[0.1, 0.9]$，步长为 0.1。其中当激活概率 P 为 0.1 时，则表示神经元在每次训练时将会有 0.1 的概率被移除。实验结果表示 Dropout 层中激活概率的变化对两种数据集中文本情感预测准确度 Accuracy 的影响（见表 5-17）。

表 5-17　　　　Dropout 层对情感倾向预测准确度的影响

数据集	拟合度	0.1	0.2	0.3	0.4	0.5	0.6	0.7	0.8	0.9
IMDB	Train	0.9821	0.9817	0.9801	0.9784	0.9761	0.9710	0.9743	0.9645	0.9412
	Test	0.8816	0.8905	0.8931	0.8952	0.8909	0.8869	0.8879	0.8772	0.8517
RT-1M	Train	0.9423	0.9410	0.9431	0.9424	0.9393	0.9310	0.9211	0.9163	0.9022
	Test	0.8394	0.8365	0.8451	0.8432	0.8409	0.8316	0.8229	0.8103	0.7920

实验 5-6：Batch_size 参数对预测准确度及计算时间的影响

为了考虑 Batch_size 参数对算法的影响且选取最优的 Batch_size 参数，本实验分别在两种数据集上进行实验验证。实验参数依次设定为词频阈值 20、Dropout 层概率 0.4、固定词向量维度为 100、迭代次数 30 次。图 5-18 横坐标为 Batch_size 参数数值选取值为 {64，128，256，512，1024}。左侧纵坐标表示测试集的预测准确度，右侧纵坐标表示算法的计算时间。图 5-18 和图 5-19 描述了 Batch_size 参数对 SA-SVL 算法预测文本情感倾向准确度及计算时间的影响。

实验 5-7：SA-SVL 算法与 5 种主流算法比较实验

图 5-20 和图 5-21 分别是上述 5 种文本情感分析算法与 SA-SVL 算法在 IMDB 评论数据集中进行文本情感分析预测得到准确度和算法计算时间的实验结果。详细实验结果分析如图 5-20 和图 5-21 所示。

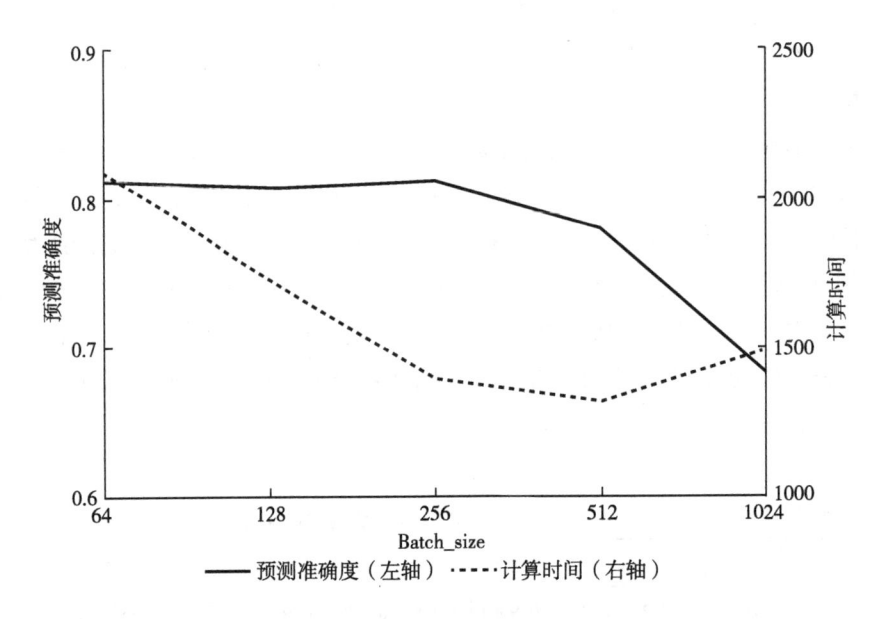

图 5-18 IMDB 数据集上 Batch_size 参数对预测准确度及计算时间的影响

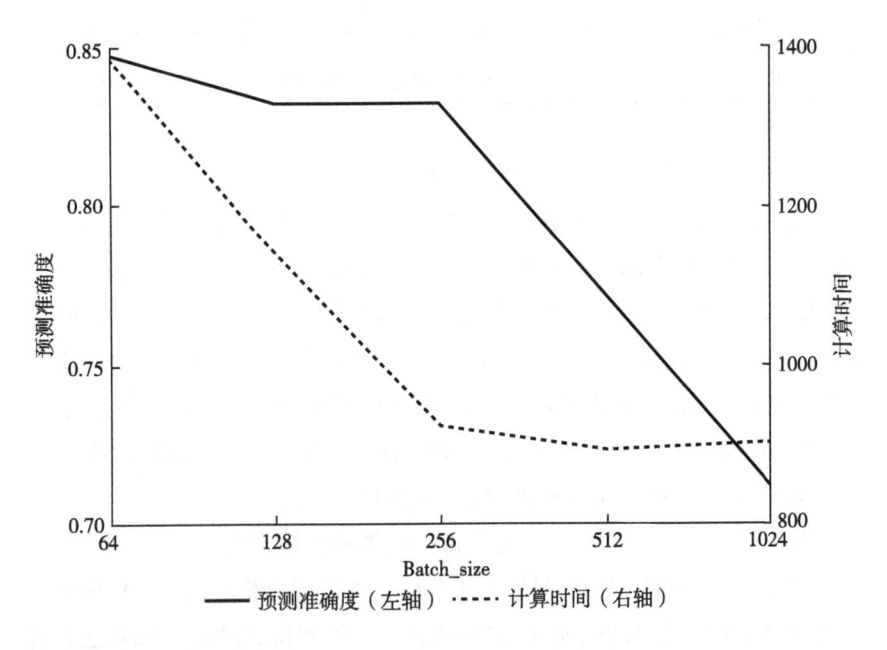

图 5-19 RT-1M 数据集上 Batch_size 参数对预测准确度及计算时间的影响

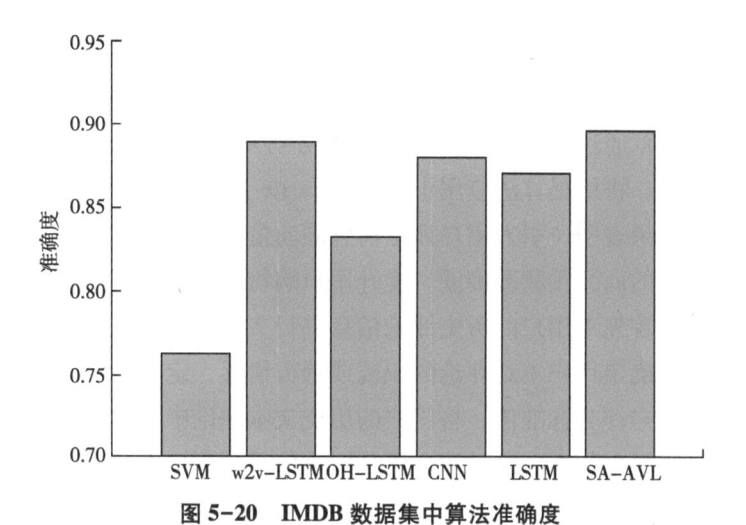

图 5-20　IMDB 数据集中算法准确度

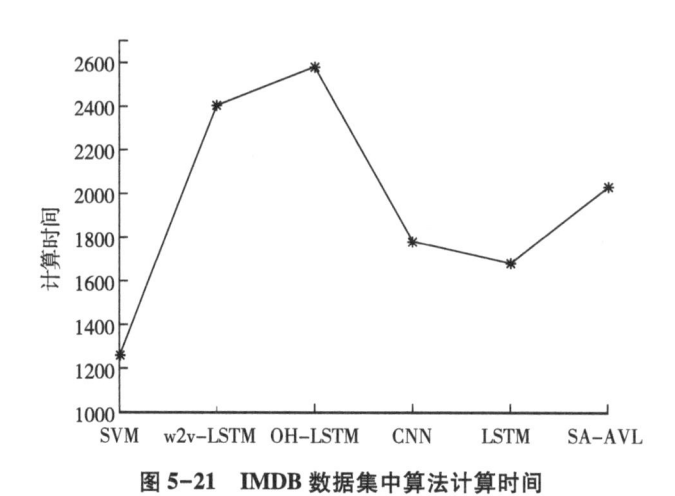

图 5-21　IMDB 数据集中算法计算时间

六　基于用户评论情感与矩阵分解推荐算法

为解决传统推荐系统面临的数据冷启动项及数据稀疏性问题，同时提高现有推荐算法的推荐质量。本章研究提出了一种基于用户评论情感与矩阵分解混合推荐算法（The Recommendation Algorithms Based on Comment Sentiment of Users and Matrix Decomposition，RACSMD）[1]，RACSMD

---

[1] 吴晓亮：《基于文本情感分析与矩阵分解的混合推荐算法研究》，硕士学位论文，南昌大学，2019 年。

算法根据各电子商务网站上用户给予商品的海量评论中所包含的用户情感倾向信息，改善用户实际主观评分的准确度，提高推荐算法的推荐结果，同时本章通过一个简单的算法实例分析从理论上验证 RACSMD 算法的有效性。将所提算法应用于 Beeradvocate 及 Netflix 商品销售数据集上，实验结果表明，引入用户评论情感倾向信息的推荐算法能有效地提升推荐算法的商品预测准确度，提升用户购物的满意度。

该算法首先对用户的历史评论信息进行文本情感倾向分析，通过评论情感倾向确定用户主观评论的积极或消极情感，定义了评论情感误差偏离值及用户评分标准值，将用户的历史文本评论中包含的情感信息引入用户历史评分值中，通过用户评分标准值得到用户的主观评分，使评分标准值更接近用户的主观评价，最后通过使用矩阵分解技术对更新后的用户评分进行预测推荐，以此提升基于矩阵分解的推荐算法的预测质量。Beeradvocate 和 Modcloth 数据集上的实验结果表明，RACSMD 算法引入用户评论情感倾向信息的推荐算法能有效地提升推荐算法的商品预测准确度、推荐质量，以及用户的满意度。

（一）用户评论情感与用户评分值混合算法

在现有的电商网站中用户对商品的评分值和评论信息都表达了用户对于该商品的主观评价，但是传统的推荐算法仅将用户历史评分信息作为用户的最终主观评分而未考虑文本评论信息，这使传统的推荐算法未能准确使用用户主观评分作为推荐因素。因此，本章尝试将用户评论情感与用户评分值的混合值作为用户的最终主观评价，以提升推荐算法的预测准确度。

算法：用户评论情感与用户评分值混合算法

Input：用户 n 评分及文本评论 $D_n = \{u_1: [r_1, c_1], u_2: [r_2, c_2], \cdots, u_n: [r_n, c_n]\}$，设置评论情感值与评分值的混合参数 ∂，用户评分范围 $[0, R_{max}]$，用户情感值的评分范围 $[0, S_{max}]$

Output：用户评分标准值 $D_n' = [u_1: rs_1, u_2: rs_2, \cdots, u_n: r_{sn}]$

1. set<int>∂, D_n, R_{max}, S_{max}
2. for($i=0$; $i \leq n$; $i++$) do
    3. CommentText = $D_n[i][2]$
    4. sentimentvalue = **SentimentValue**(CommentText)；#对评论情感值分析
    5. ratingvalue = $D_n[i][1]/R_{max}$；#对用户评论情感值归一化

6. sentimentvalue = sentimentvalue/S_{max} #对用户评分值归一化

7. **If** ‖sentiment-ratingvalue‖ ≤0.3 **then**

8. ratingvalue = **Standardization**(sentimentvalue, ratingvalue); #对用户评分标准化

9. **else**

10. ratingvalue = ratingvalue; #用户情感值为误差偏离值时舍弃情感值

11. **end if**

12. D_n' = **Save**(ratingvalue)

13. **end for**

14. **Return** D_n'

用户评论情感与用户评分值混合算法的时间复杂度：在步骤1中输入用户评分及评论信息，同时设定实验参数，时间复杂度为$O(1)$，步骤2至步骤6中对用户评分评论信息进行遍历并通过文本情感倾向分析算法对评论文本进行情感倾向预测并进行评分归一化，其时间复杂度为$O(n)$。步骤7至步骤12中计算用户评分标准值并保存至D_n'中，其时间复杂度为$O(1)$。因此该算法的时间复杂度为$O(n)$。

（二）基于用户评论情感与矩阵分解推荐算法描述

本章提出了基于用户评论情感与矩阵分解推荐算法，其主要思想：首先，对用户的历史评论信息进行文本情感倾向分析，评论情感倾向确定用户主观评论的积极或消极情感。其次，根据评论情感误差偏离值及用户评分标准值，将用户的历史文本评论信息包含的情感信息引入用户历史评分值中，以使混合标准分值更接近于用户的主观评价。最后，通过使用矩阵分解技术对更新后的用户评分进行预测推荐，以此提升基于矩阵分解的推荐算法的预测质量。

算法：基于用户评论情感与矩阵分解推荐算法

Input：用户对项目评分及评论D_m，$n = \{u_1, 1: [r_1, 1, c_1, 1], u_2, 1: [r_2, 1, c_2, 1], \cdots, u_m, n: [r_m, n, c_m, n]\}$（其中$m$为用户数，$n$为商品数量），设置评论情感值与评分值的混合参数$\partial$，学习因子$a$，隐因子$k$，正则化参数$\lambda$，迭代次数$T$

Output：商品推荐列表L_n = [item1, item2, ⋯, item$n$]

1. set D_m, n, ∂, a, a, λ, L

2. **for** ($i=0$; $i<m$; $i++$) **do**

3. **for** ($j=0$; $j<n$; $j++$) **do**

4. $D'_{m,n}$ = **ComputeSentiment**(D_m, n, ∂) #计算用户评分标准值

5. end for

6. end for

7. Pre_Matix = **MatrixDecomposition**($D'_{m,n}$, a, k, λ, T) #根据梯度下降使损失函数最小,得到用户商品预测矩阵

8. L_n = **predicte_items**(Pre_Matix) #通过排序算法选择预测分值高的商品

9. Return L_n

时间复杂度及空间复杂度分析:步骤1中设定实验参数,时间复杂度为$O(1)$,空间复杂度为$O(n)$;步骤2至步骤6中对文本评论进行文本情感分析,其时间复杂度为$O(n)$,空间复杂度为$O(n^2)$;步骤7中对得到的用户评分标准值矩阵进行矩阵分解运算,其时间复杂度为$O(n^3)$,空间复杂度为$O(n^2)$。因此,基于用户评论情感与矩阵分解算法的时间复杂度为$O(n^3)$,空间复杂度为$O(n^2)$。

(三)实验结果与分析

1. 实验数据集

本书选取了两种真实评分及评论数据集(Beeradvocate数据集和Modcloth数据集)进行实验,两种数据集的用户数量、商品数量、评分数量及评分稀疏度如表5-18所示。

表5-18 各数据集参数

数据集	用户数量(个)	商品数量(件)	评分数量(条)	评论数量(条)	评分稀疏度(%)
Beeradvocate	33387	66051	1586259	1586259	99.9
Modcloth	47958	1378	82790	82790	99.87

(1)Beeradvocate数据集。本书选取Beeradvocate数据集,该数据集包含33387个用户对66051件啤酒的总计1586259条评分及评论记录且其评分稀疏度为99.9%,评分取值为0—20分,评分分值越高则表示用户越满意。

(2)Modcloth数据集。本书选取Modcloth数据集,该数据集包含

47958个用户对1378服饰的82790条评分及评论记录且其评分稀疏度为99.87%，评分取值为0—10分，评分值越高则表示用户对该商品的满意度越高。

2. 算法评价指标

为了在离线环境下评估本章所提推荐算法的预测准确度，本实验将采用平均绝对误差和均方根误差作为评价指标计算预测评分和真实评分之间的差别，以衡量推荐预测结果的质量。

算法在实验结果中计算得到的 *MAE* 和 *RMSE* 的值越小，则表明预测值与实际值越接近，推荐算法的预测结果越准确。相反地，*MAE* 和 *RMSE* 值越大则表明算法预测值与真实值越偏离。

3. 实验设计与结果分析

实验5-8：∂ 参数对推荐质量的影响

为了实验分析 RACSMD 算法中用户评分标准值的 ∂ 参数对推荐结果的影响，实验5-8中分别选取 ∂ 参数范围为[0.1，0.9]，其步长为0.1进行实验分析（见图5-22和图5-23）。同时，对于 RACSMD 算法按照经验设置学习速率 α 为0.005，正则项 λ 为0.02，隐因子 k 设置为30，迭代次数设置为20。

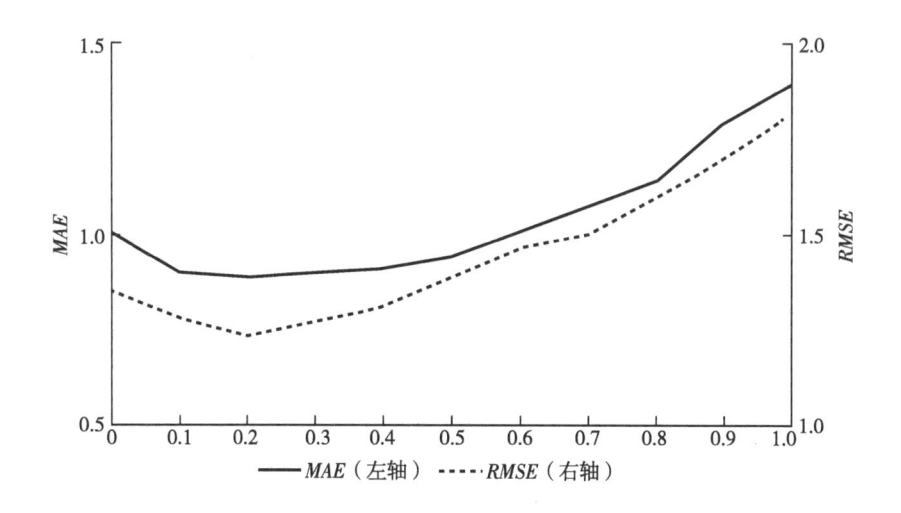

图5-22 Beeradcovate 中 ∂ 参数对于 RACSMD 算法的影响

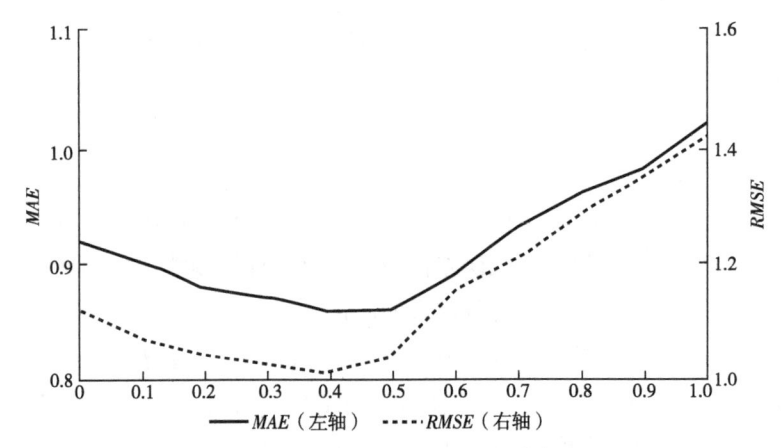

图 5-23　Modcloth 中 ∂ 参数对于 RACSMD 算法的影响

∂ 参数对 RACSMD 算法推荐质量的影响见表 5-19。

表 5-19　∂ 参数对 RACSMD 算法推荐质量的影响

数据集	Beeradvocate		Modcloth	
评价指标	MAE	RMSE	MAE	RMSE
0.0	1.0022	1.3482	0.9202	1.1192
0.1	0.9029	1.2829	0.9029	1.0722
0.2	0.8893	1.2383	0.8803	1.0147
0.3	0.9026	1.2670	0.8726	1.0265
0.4	0.9132	1.3119	0.8592	1.0101
0.5	0.9438	1.3908	0.8608	1.0437
0.6	1.0072	1.4650	0.8926	1.1529
0.7	1.0736	1.5021	0.9334	1.2121
0.8	1.1422	1.6021	0.9628	1.2928
0.9	1.2921	1.6953	0.9832	1.3508
1.0	1.3953	1.8229	1.0272	1.4242

实验 5-9：RACSMD 算法与推荐算法的比较

为对比算法与 RACSMD 算法在 Beeradcovate 数据集上得到的 *MAE* 和 *RMSE* 值。算法在 Beeradcovate 数据集上的计算时间实验结果见图 5-24 和图 5-25。NMF 算法得到的 *MAE* 值与 *RMSE* 值最高，说明 NMF 算法在该数据集上的推荐准确度最差。其次，ItemKNN、Slope One 及 SVD 三种算法得到的 *MAE* 值与 *RMSE* 值均低于 NMF 算法，说明这三种算法得到的推荐质量较优。RACSMD 算法明显优于 SVD 算法的实验结果，说明本书提出的基于用户评论情感倾向的用户评分标准化值能更准确地表示用户对商品的主观评价，以此提升推荐算法的推荐质量。因此，RACSMD 算法得到最低的 *MAE* 和 *RMSE* 值（其分别为 0.8894、1.2387），说明本书所提算法在 Beeradcovate 数据集上得到最优的推荐质量。可知基于矩阵分解的三种算法的计算时间明显高于 ItemKNN 和 Slope One 算法。特别是在 NMF、SVD、RACSMD 三种算法中，RAC-SMD 算法的计算时间最高（3502s），也说明了所提算法引入用户文本的评论情感信息增加了推荐算法的计算成本。

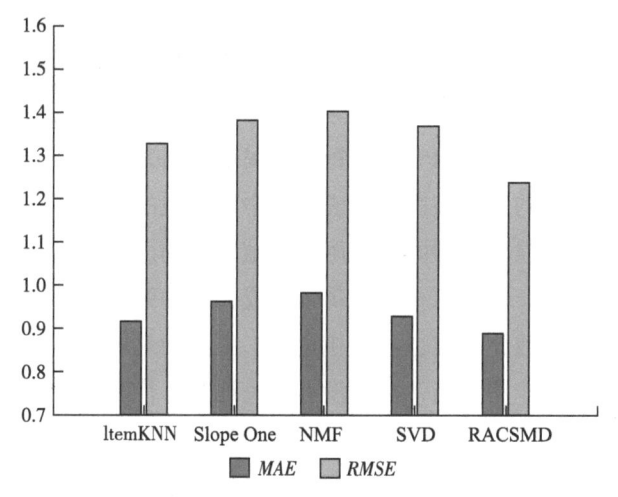

图 5-24 Beeradcovate 数据集上的实验结果

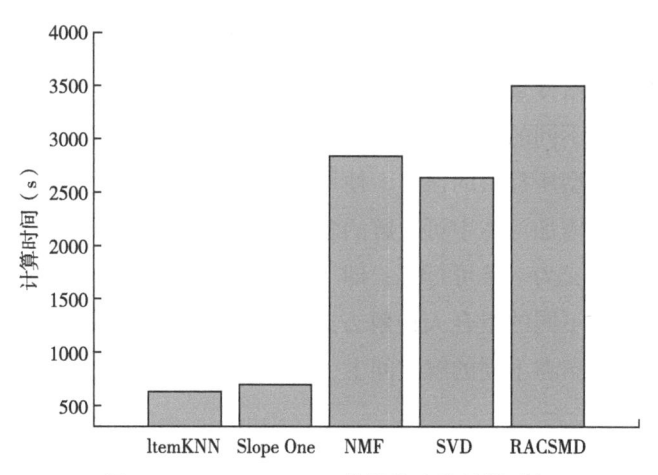

图 5-25 Beeradcovate 数据集上的计算时间

七 基于多样化搜索的帝国竞争算法 MSSICA

基于多样化搜索的帝国竞争算法 MSSICA[①]将一个国家定义为一条可行解,将王国定义成四种特性不同的组合人造解方式。在搜索时使用区块机制保留各自的优势解片段,并对不同的帝国使用差异化的组合人造解方式以搜索不同解空间的有效可行解信息。在陷入局部最优时,使用多样化搜索策略注入均匀分布的可行解替换无优势的解以提升多样性。实验结果显示,多样化搜索策略可以有效地改善帝国算法的求解多样性,并提升求解质量与稳定性。

(一)帝国竞争算法

帝国竞争算法的基本假设:在 ICA 中,每个国家代表一个可能的候选解,国家的强弱则由解的优劣定义。根据各个国家的兴盛程度可将国家分为帝国与殖民地两大类,每个殖民地隶属某一个帝国。国王由一个帝国和其控制的所有殖民地构成,每个殖民地的国力受到所属帝国的统治影响而日益强盛,即同化作用。若殖民地的国力高过所属帝国的国力,该殖民地就会取代原本的所属帝国成为新的帝国,而原先的帝国沦为殖民地。帝国彼此之间也会互相竞争,王国中最弱的殖民地被其他帝国抢夺,即竞争作用。当帝国内没有殖民地时,代表该帝国已经灭亡。

(二)基于多样化搜索策略的帝国竞争算法

本书主要提出一种有效解决旅行商问题(Traveling Salesman Problem,TSP)等组合优化问题的改进帝国竞争算法,改进的内容具体如下。

为了提高帝国竞争算法的收敛速度,采用区块机制挖掘出有效的区块,即通过保留搜索过程中有效的可行解片段来保留优势信息。

定义四种不同的组合人造解(Artificial Chromosome,AC)的机制,即根据概率模型所提供的信息,使用不同的策略人工产生解,以避免陷入局部最优,增加母体中可行解的多样性。

将国家定义为一条可行解,即一个满足要求的城市序列。将王国定义成四种特性不同的组合人造解方式,将母体划分成四个不同的王国。每个王国会分布在不同的解空间上,形成四个不同的搜寻范围。初始的

---

① 陈孟辉等:《求解旅行商问题的多样化搜索帝国竞争算法》,《计算机应用》2019年第10期。

四个王国会分配到相同数量的殖民地,且各个王国会依照特定组合人造解机制,通过竞争作用,占领更多殖民地创造多样性母体以供竞争。

根据高竞争优势群体的概率信息,改变搜索解的方向进行全局搜索,有效拓展解空间,提高求解的质量与多样性。

本书提出的 MSSICA 算法步骤如下。

步骤 1,初始化解:随机产生 N 条初始可行解作为母体(N 为母体大小),定义 n 为优势解的百分比。

步骤 2,更新概率矩阵:根据适应度函数(Fitness)计算每条可行解的适应度,采用前 $N×n$ 个具较高优势的解更新概率模型。

步骤 3,区块挖掘:根据概率模型,组合出具有优势的区块。

步骤 4,组合人造解:使用四种方式组合人造解,产生 N 条人造解注入母体。

步骤 5,竞争作用:强盛的帝国从较弱小的帝国抢夺殖民地,筛选出母体和子代中具有竞争优势的解,成为新的母体进入下一世代演化。

步骤 6,判断最优解是否更新:若未更新跳转到步骤 7,若已经更新且若未达到结束条件则重复执行步骤 2 到步骤 6,直至满足停止条件时算法结束。

步骤 7,判断 K 是否达到阈值:达到阈值时使用多样化搜索策略更新优势矩阵,改变探索信息的范围,舍弃母体中较无优势的可行解,并随机生成可行解填充,并重复执行步骤 2 到步骤 6。

(三)实验结果与分析

本书通过旅行商问题编程实现进行验证,以此显示该算法对于组合性问题具有优秀的求解能力。

实验环境为 Ubuntu18.04 LTS 操作系统、2^* Intel Core i9-9900k 处理器、64GB 内存,编程环境为 Jetbrains Rider 2018.1 EAP 与 .NET Core2.1。

从 TSPLIB95 数据库中选择 21 个中小型测试例题,并与 BBICAHybird、BBEA、RABNET(Real-valued Antibody NETwork)、SME 进行比较。实验过程中以误差率(Error Rate,ER)为各算法比较的基准,且在各例题中进行 30 次实验并取平均值。

从表 5-20 可知,MMSICA 在复杂度较小的例题上并不算出色;但在中型例题上，其求解能力甚为优越，从整体性能来看，求解质量明显优于其他方法。在求解稳定性方面，从30次实验次数所求得平均值的平均误差率来看，所求得的解优于其他方法，这也表明 MSSICA 拥有稳定的求解能力。

表5-20　　　MSSICA 与其他四种方法在中小型例题中
BER 和 MER 的比较　　　　　　　　　单位：%

实例名	MSSICA		BBICAHybird		BBEA		RABNET		SME	
	BER	MER	BER	MER	BER	MER	BER	MER	BER	MER
eil51	1.08	1.83	0.94	1.64	0.47	0.47	0.23	2.70	1.64	3.43
eil76	1.77	2.76	1.86	2.49	1.12	1.62	0.56	3.40	2.60	4.52
eil101	2.35	3.35	2.70	3.53	2.07	3.32	1.43	3.12	1.75	4.23
berlin52	0.03	0.03	0.03	0.03	0.03	0.03	0	5.18	2.29	6.41
bierl27	0.56	0.88	0.50	0.87	7.32	7.76	0.58	2.20	1.32	2.92
ch130	1.26	2.25	1.55	2.50	1.11	1.84	0.57	2.82	1.52	3.23
ch150	0.32	0.83	0.41	0.55	0.32	1.53	1.13	3.22	1.58	3.42
rd100	0.31	0.63	0.05	0.86	1.18	1.18	0.91	0.91	1.49	1.49
lin105	0.03	0.67	0.02	0.66	0.02	0.02	0	0.15	0	0.67
lin318	1.41	2.24	3.46	4.75	2.95	3.90	1.92	3.97	2.68	4.51
kroA100	0.02	0.15	0.01	0.05	0.01	0.01	0.24	1.13	0.60	1.57
kroA150	0.37	1.30	1.12	1.77	0.94	1.47	0.58	3.14	1.53	3.31
kroA200	0.51	0.80	1.14	1.60	0.89	2.26	0.79	2.80	2.64	3.57
kroB100	1.04	1.33	0.31	0.78	0	0.30	0.91	2.35	1.84	2.17
kroB150	0.84	1.50	0.97	1.84	0.23	0.82	0.51	1.92	0.81	2.59
kroB200	1.17	1.56	1.55	3.20	2.36	3.24	0.68	2.37	0.90	2.89
kroC100	0.01	0.41	0	0.76	0	0.06	0.80	1.07	0.83	1.93
kroD100	1.04	1.54	0.77	2.13	0	0.44	0.38	1.89	0.97	2.59
kroE100	0.49	0.83	0.23	0.94	0.17	0.33	1.48	2.93	1.41	2.78
rat575	1.86	2.41	4.62	5.48	9.67	10.85	4.05	5.06	4.68	5.91
rat783	1.92	2.21	5.29	6.11	7.00	7.95	5.00	6.11	5.79	6.60
平均值	0.88	1.41	1.31	2.03	1.80	2.35	1.08	2.78	1.85	3.37

根据表5-21的实验数据，MSSICA 在复杂度较大的三个例题上，相较于 BBICAHybird 及 BBEA，在同等的时间复杂度下具有较好的求解

质量和求解稳定性。

表 5-21　　MSSICA、BBICAHybird 及 BBEA 在大型例题中
BER 和 *MER* 的比较　　　　　　　　　　　单位：%

实例名	MSSICA		BBICAHybird		BBEA	
	最优解误差率	平均解误差率	最优解误差率	平均解误差率	最优解误差率	平均解误差率
pr1002	2.14	2.56	5.93	6.47	7.33	7.81
pcb1173	3.13	4.20	7.47	8.12	8.34	9.09
pr2392	0.28	0.40	0.48	0.74	8.84	9.70
平均值	1.85	2.39	4.63	5.11	8.17	8.87

数据说明，从含 51 个城市的小型例题到含 2392 个城市的大型例题均可使用本章算法处理，改变方法可大幅度降低问题的复杂度，有利于搜索求得已知最优解。

八　带标签的协同过滤推荐算法 ADR-CF_T

带标签的协同过滤推荐算法 ADR-CF_T[①] 面向金融服务业务广告，基于标签推荐技术与协同过滤方法，将广告关键词作为标签引入 Query 页的相似性计算中，通过建立 Q-K-A（Query-Keywords-AD）搜索广告兴趣模型，采用 Query 页加权综合相似度度量方法降低相似矩阵的稀疏性，对搜索广告的兴趣偏好进行完整描述，也保证了邻域计算的准确性。KDD CUP 2012 中 *track*2 数据集上的参数调节、可扩展性验证、推荐质量对比等实验结果表明，ADR-CF_T 算法是有效可行的，在准确率、召回率、*F* 度量值方面得到了有效改善，与传统协同过滤算法、基于标签的推荐算法、基于标签和项目关系的推荐算法等相比，ADR-CF_T 算法具有更好的可扩展性和较优的推荐质量。

本书为准确预测点击率（CTR）并合理利用其进行广告推荐，基于标签推荐技术与协同过滤方法，提出一种新的混合式广告推荐算法。将广告关键词作为标签引入 Query 页的相似性计算中，采用 Query 页加权综合相似度度量方法降低相似矩阵的稀疏性，建立一种基于广告关键词的搜索广告兴趣模型。使用 Top-*N* 策略以减少最近邻候选集的大小，

---

① 金紫嫣等：《一种带标签的协同过滤广告推荐算法》，《计算机工程》2018 年第 4 期。

并基于预测 CTR 筛选出广告推荐结果。通过实验调节 Query 页加权综合相似度度量参数并验证算法的可扩展性。在 KDDCUP2012 数据集上的实验结果表明，与传统协同过滤算法、基于标签的推荐算法及基于标签和项目关系的推荐算法相比，带标签的协同过滤广告推荐算法具有更好的可扩展性和较优的推荐质量。

（一）带标签的协同过滤广告推荐算法

带标签的协同过滤广告推荐算法 ADR-CF_T 可描述如下：

算法：带标签的协同过滤广告推荐算法

Input：目标 Query 页 $q_i(i=1, 2, \cdots, m)$，Query 页集合 $Q(|Q|=r)$，广告关键词集合 K ($|K|=n$)，广告集合 A，CTR 集合 C，邻居数 N

Output：目标 Query 页 q_i 的最佳推荐广告集 A^*

---

1. 对集合中的每个 Query 页 q_j，$1 \leq j \leq |Q|$，$j \neq 1$，循环执行如下操作：

  1.1 计算 Query 页间共击相似性 $Sim_{QA}(q_i, q_j)$

  1.2 计算 Query 页间共配标签相似性 $Sim_{QK}(q_i, q_j)$

  1.3 计算 Query 页间共含关系相似性 $Sim_{QKA}(q_i, q_j)$

  1.4 计算 Query 页间综合相似性 $Sim(q_i, q_j)$

2. 根据 $Sim(q_i, q_j)$，对集合中除了目标 Query 页 q_i 的剩余对象从大到小排序

3. 选取集合中排序靠前的 N 个 Query 页为目标 Query 页 q_i 的最近邻域 $N(q_i)$

4. 广告集合中的每个广告 a_j，$1 \leq j \leq Q$，循环执行如下操作：

  4.1 若目标 Query 页 q_i 展现了广告 a_j，重新返回步骤 4.1；否则，跳到步骤 4.2

  4.2 将广告 a_j 加入目标 Query 页 q_i 的待展示广告集合 A' 中

5. 对于待展示广告集合 A' 中的每个广告 a_j，$1 \leq j \leq A'$，循环执行如下操作：计算目标 Query 页 q_i 对未展示的广告 a_j 的预测点击率 $CTR_{pre}(q_i, a_j)$

6. 根据 $CTR_{pre}(q_k, a_j)$，对待展示广告集合 A' 中的广告从大到小排序

7. 选取集合 A' 中预测点击率最高的前 N 个广告作为 TOP-N 最佳推荐广告集 A^*

    ADR-CF_T 算法时间开销的关键在于 Query 页之间的相似度计算，计算 Query 页间共击相似性 Sim_{QA} 上的时间开销与传统 CF 算法一致，都为 $O(m \cdot r)$，计算 Query 页间共配标签相似性 Sim_{QK} 上的时间开销是 $O(m \cdot n)$，计算 Query 页间共含关系相似性 Sim_{QKA} 上的时间开销为 $O(m \cdot n \cdot r)$，因此，ADR-CF_T 算法的时间复杂度为 $O(m \cdot n \cdot r)$。

（二）实验结果与分析

本书选择 KDDCUP2012 中 *track2* 的训练数据集作为实验数据。该数据提供了腾讯搜搜的搜索广告点击数据，共 10.6GB 大小，149639105 条数据。本书选取数据属性中的点击次数、出现次数、广告标示符、Query 页面标示符、广告关键词标示符 5 个属性作为搜索广告推荐系统的实验，即 Click、Impression、AdID、QueryID、KeywordID。

1. 数据预处理

本书首先对原数据进行随机抽样，选取其中部分数据；其次，根据文本实验的数据要求，进行相关处理；再次，为了进一步避免严重的数据稀疏性问题，选择点击记录不少于 30 的 Query 页和广告，在剩下数据中选取 80%的数据作为训练集，剩余数据作为测试集。

2. 评测指标

以邻居数计算的准确率（*Precision*）、召回率（*Recall*）以及 *F* 度量值（*F-Measure*）来评价搜索广告推荐系统的质量。分别对它们进行如下定义。

准确率是指为测试集中目标 Query 页推荐的广告集合 *Top*（*q*）中有多少广告是 *q* 展示过并且点击率较高的广告，令 *Result*（*q*）是 Query 页在训练集中实际展现的广告集合，每个 Query 页推荐结果的准确率计算式为：

$$Precision = \frac{\sum_{q \in Q} |Result(q) \cap Top(q)|}{\sum_{q \in Q} |Result(q)|}$$

召回率又称查全率，是指测试集中的推荐结果中，正确推荐所占的比例，则每个 Query 页推荐结果的召回率计算式为：

$$Recall = \frac{\sum_{q \in Q} |Result(q) \cap Top(q)|}{\sum_{q \in Q} |Top(q)|}$$

F 度量值是兼顾准确率和召回率的总体表现的综合指标。*F* 度量值的计算式为：

$$F\text{-}Measure = \frac{2 \times Precision \times Recall}{Precision + Recall}$$

采用平均绝对误差（Mean Absolute Error，*MAE*）对各权重调和因子预测的准确度。对测试集中的一个 Query 页和广告，令 $CTR_{pre}(q, a)$ 为 Query 页对广告的实际点击率，$CTR_{pre}(q, a)$ 为 Query 页对广告的预测点击率。则平均绝对误差（MAE）的计算表达式为：

$$M_{MAE} = \frac{\sum_{q,a \in T} |CTR_{real}(q, a) - CTR_{pre}(q, a)|}{T}$$

3. 结果分析

（1）参数调整。在带标签的协同过滤广告推荐算法中，其关键的相似度计算方法是对 Query 页间的共击相似性、共配标签相似性、共含关系相似性进行加权，使相似性的计算更加准确。本书分别选取 10%、20%、30% 的数据集进行实验，通过对 α、β 遍历取值，观察 MAE（α，β）的变化，权衡各相似性度量方法的权重。实验结果如图 5-26 至图 5-28 所示。

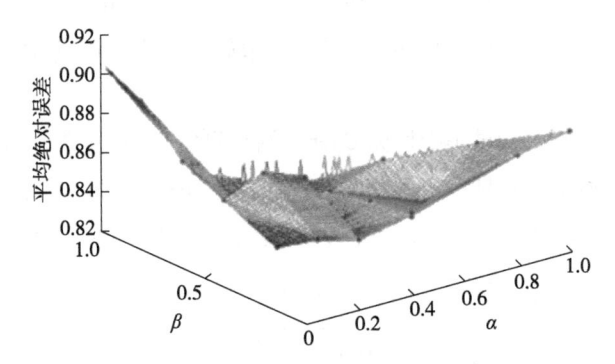

图 5-26　10%数据集权重调节因子对 *MAE* 的影响

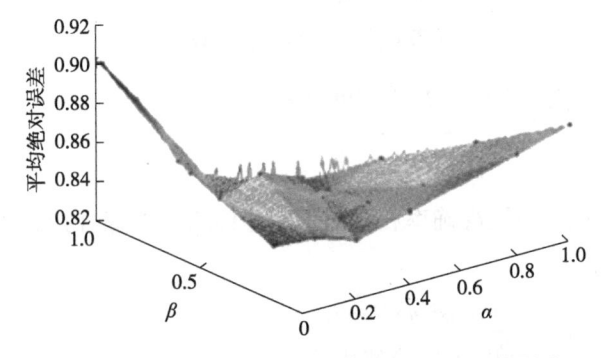

图 5-27　20%数据集权重调节因子对 *MAE* 的影响

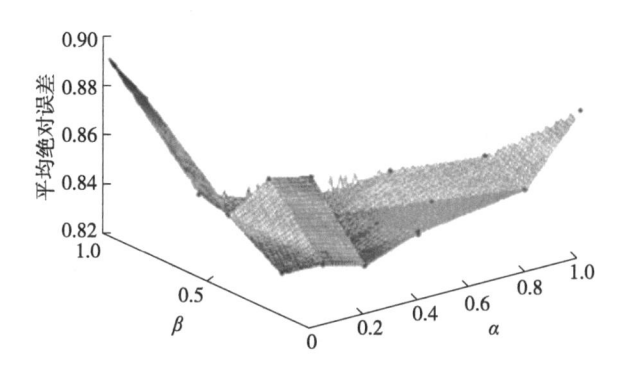

图 5-28　30%数据集权重调节因子 MAE 的影响

（2）可扩展性验证。为测试 ADR-CF_T 算法的可扩展性能，本书通过随机选取数据集规模的 20%、40%、60%、80% 的数据与整体数据集的执行时间进行对比，实验结果如图 5-29 所示。

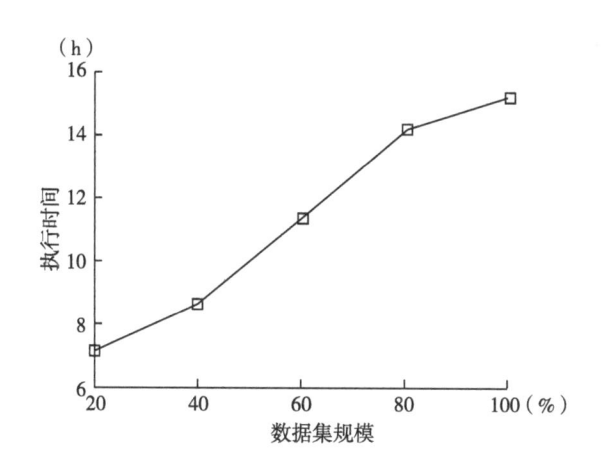

图 5-29　数据集时间对比

可见，带标签的协同过滤广告推荐算法在数据规模增加的情况下，其执行时间的增长在可接受的范围内，故该算法具有较好的可扩展性。

（3）推荐质量对比实验。在本书实验过程中将数据集分为训练集和测试集两部分，其中训练集占 80%，测试集占 20%。通过 Top-N 输出推荐列表,并采用准确率、召回率、F度量值对实验的推荐质量进行评测。为了比较带标签的协同过滤广告推荐算法的推荐质量,本书设计了三组实验,即TOP5推荐各算法的推荐质量对比、不同N值下各算法的推荐质量对比、推荐质量优化程度对比。

实验5-10:TOP5推荐各算法的推荐质量对比

实验从准确率、召回率、F度量值三个方面,对所提算法进行比较分析,根据广告推荐的实际应用情况,本书实验对每个页面推荐5个广告,即进行Top5推荐,实验结果如表5-22所示。

表5-22　　　　　　4种算法TOP5推荐实验评价指标

算法	准确率	召回率	F度量值
User-based CF	0.025	0.0612	0.035
TAG-based	0.031	0.0753	0.043
TAG-Item-based	0.033	0.0765	0.046
ADR-CF_T	0.038	0.0768	0.051

通过对比发现,本书提出的带标签的协同过滤广告推荐算法在准确率、召回率、F度量值方面均有所提高。同时,本书提出的相似性度量的权重调和因子α、β、γ,通过分析发现其取值对推荐算法的预测准确度有较大的影响。

实验5-11:不同N值下各算法的推荐质量对比

最近邻居数的选择对推荐算法的推荐质量同样产生影响,因此,本书对比了最近邻居数选择为5、10、15、20、25、30的情况下,分别对基于用户的协同广告推荐算法、基于标签的广告推荐算法、基于标签和项目关系的广告推荐算法,以及本书提出的带标签的协同过滤广告推荐算法的准确率、召回率及F度量值进行比较,其对比结果如图5-30至图5-32所示。

通过对比发现,本书提出的带标签的协同过滤广告推荐算法在准确率、召回率、F度量值上都有所提高。

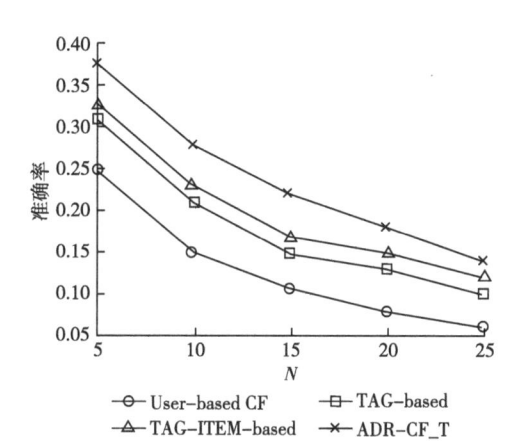

图 5-30　不同 N 值下的准确率对比

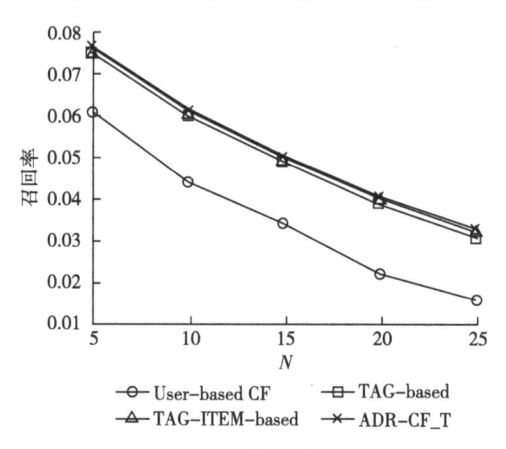

图 5-31　不同 N 值下的召回率对比

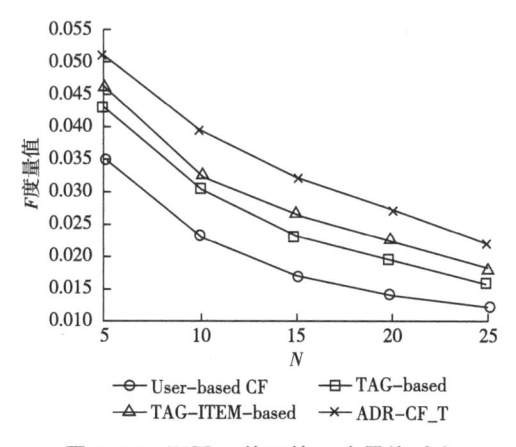

图 5-32　不同 N 值下的 F 度量值对比

实验5-12：推荐质量优化程度对比

本书对4种推荐算法的准确率和召回率进行高斯拟合，对推荐结果优化程度进行验证（见图5-33）。

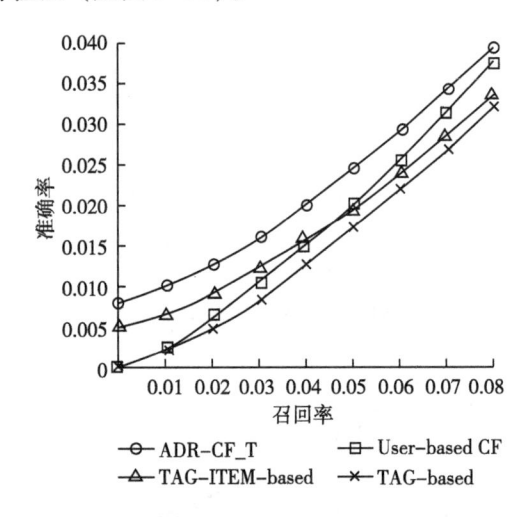

图5-33 推荐结果的准确率和召回率高斯拟合曲线

通过分析广告关键词、广告及其之间的关系来构建Query页的兴趣度模型，计算综合的整体相似性，相对于利用CTR作为偏好信息及广告关键词作为隐式偏好信息的方法，本书提出的广告推荐算法构建的Q-K-A兴趣度模型更加准确，具有较好的可扩展性，推荐的质量也得到了提高。

九 基于可信邻域的协同过滤推荐算法FCFRA-TN

本书针对传统邻居选择策略及相似性描述不完整导致的数据稀疏度高和推荐质量低下的问题，提出了基于可信邻域的协同过滤推荐算法FCFRA-TN[1]。首先，对候选邻域、增强相似度、增强相似度阈值、偏好最近邻域、信任度等定义进行了描述和介绍。其次，提出了一种增强相似度动态邻域选择算法以及信任子邻域选取算法。最后，通过对邻居用户的多重筛选，构造基于可信邻域的协同过滤推荐算法，并对算法的设计思路、算法流程、算法复杂度等进行详细的阐述和分析。Movielens

---

[1] 张华薇：《基于标签和可信邻域的协同过滤推荐算法研究》，硕士学位论文，南昌大学，2016年。

数据集上的实验表明，FCFRA-TN算法在邻居选择策略和信任计算方面提出的优化是有效的，与其他相关推荐算法相比，具有更低的 MAE 值且推荐质量得到了显著提高。

该算法对用户邻居集合进行了多重筛选，筛选的依据分别是增强相似度阈值和信任度阈值，而阈值的设定通过动态邻居选择策略设定，使用户间的相似性得到完整的度量，也使邻域的计算的准确性得到了保证，进而提高了推荐的精准度。通过增强相似度、动态邻域选择方法、信任度计算模型优化了传统面向用户的协同过滤推荐算法，既对用户间的相似性给出了合理定义，也充分过滤了邻居用户集合。Movielens数据集上的实验表明，FCFRA-TN算法在邻居选择策略和信任计算方面提出的优化是有效的，与其他相关推荐算法相比，具有更低的 MAE 值且推荐质量得到了显著提高。

（一）增强相似度动态邻域选择算法

在协同过滤推荐系统中，如何准确地选择目标用户的最近邻域是提高预测评分精准度的关键环节。在传统的协同过滤推荐算法中，通常的做法是采用KNN（K Nearest Neighbor）算法，其主要流程是：首先，根据实际应用情况选定最近邻域中邻居的总个数 K；其次，比较其与目标对象之间的相似值；最后，选择相似值最大的 K 个对象作为目标对象的最近邻域。然而，该算法应用到推荐系统中存在两个问题：一方面，在大多数推荐系统中，用户对项目的评分行为有限，导致用户—项目评分矩阵过于稀疏的情况，对用户之间的相似性计算造成了影响。例如，选取相似性最大的 K 个用户作为最近邻居，但是在实际应用背景下，由于评分矩阵极度稀疏，很可能存在一些并不相似的用户被迫选择为最近邻居，从而导致预测评分的准确性下降。另一方面，采用KNN算法时，K 值的设定往往采用遍历取值或者人为经验值的设定，这将不利于推荐系统的在各个应用背景下的适应性，同时也增加了运算成本。

针对KNN算法应用到协同过滤系统中存在的问题，本章从用户之间评分相似度、评分可信度两个方面出发，结合Pearson相关相似性和Jaccard相似度，提出增强相似度对用户之间的偏好程度进行度量。其中，Pearson相关相似性对用户之间的相关性、相似性进行度量，但是，考虑到用户评分数据的可靠性因素，需引入基于共同评分项目个数的Jaccard 相似度对结果进行权衡。即 Jaccard 相似度相当于用户评分贡献值的可靠程度,若两个用户之间的共同评分的项目越多,则其贡献的评分可靠度越高,反之有些攻击用户会模仿目标用户的部分评分信息,但是无法掌握所有数据,在这种情况下其可靠度就会较低,虽然 Pearson 相似度较高,但是在结合的增强相似度上不会很高。因此,增强相似度对用户概貌攻击结果进行了很好的综合,保证邻居用户评分贡献值的可靠性。

算法:增强相似度动态邻域选择算法 ESNSD

Input:目标用户 u_x,目标项目 i_y,用户集合 U,用户—项目评分矩阵 R

Output:目标用户 u_x 的偏好最近邻域 N_x

1. 初始化变量 $SUM=0$、候选邻域 $C_{xy}=\emptyset$、偏好最近邻域 $N_x=\emptyset$

2. 对目标用户 u_x,计算其关于项目 i_y 的候选邻居集合 C_{xy}

3. 对候选邻居集合 C_{xy} 每个用户 u_k,$1 \leq k \leq |C_{xy}|$,$k \neq x$,循环执行如下操作:

   3.1 计算其与目标用户 u_x 之间增强相似度 $eSim_{xk}$

   3.2 $SUM=SUM+eSim_{xk}$

4. 根据候选邻居集合 C_{xy} 中的用户与目标用户 u_x 之间的增强相似度,计算目标用户 u_x 的增强相似度阈值 T_{eSim}

5. 对目标用户 u_x,计算其偏好最近邻域 N_x

动态邻域选择算法的关键环节在于候选邻域集合及增强相似度阈值的计算,其中候选邻域集合的计算需要遍历所有用户,其时间复杂度为 $O(m)$,而增强相似度的计算需要遍历候选邻居集合中的所有用户,其时间复杂度为 $O(n)$,因此,该算法的时间复杂度为 $O(m)$,取决于用户集合 U 的规模。

(二)信任度计算模型与信任子邻域选取算法

在大多数协同过滤推荐系统中,用户之间的相似度是进行邻居选择及评分预测的关键。仅通过用户的可靠度来衡量用户之间的信任度是不够的,可靠度是信任度计算的前提,但信任度的计算应该是建立在用户过往推荐的正确程度来衡量的,即让邻居用户对目标用户已评价过的项目的评分进行预测,根据预测结果的偏差值来衡量用户的信任度,其结果称作偏差相似度(MSD)。同时,本章引入 Jaccard 相似度对偏差相似度的结果进行综合得到增强的偏差相似度($eMSD$),避免不可靠用户的过高评分值对预测结果造成影响。

在传统的协同过滤算法中,用户之间的相似度不仅作为邻居选择关键依据,也是预测评分环节重要的权衡系数值。考虑到实际应用的情况中,用户评分数据稀疏,会出现相似度计算值存在误差的情况,进而影响推荐的精准度。因此,本章在增强相似度的基础上,对候选邻居用户集进行第一重筛选得到最近偏好邻居用户集,而用户之间的信任度作为最近偏好邻居用户集筛选的第二重根据。本书认为,邻居用户所提供评分的可靠性是信任度计算的前提。例如,用户 a、用户 b 和用户 c,如果用户 a、用户 b 各评价了 10 个项目,而用户 a 与用户 c 共同评价了 2 个项目,用户 a 与用户 c 之间共同评价了 4 个项目,显然对于用户 c 来说,用户 b 的可靠性更大。在此基础上,根据邻居用户过去的评分行为,如果其产生的推荐被目标用户采用的次数越多,表明其信任度越高。例如,用户 a 和用户 b 在过去分别向用户 c 推荐了 10 次,其中被采用的次数分别是 8 次和 1 次,则用户 a 的采用率为 0.8,用户 b 的采用率是 0.1,显然用户 a 的信任度要高于用户 b。则在今后的推荐行为中,用户 a 的推荐更容易被用户 c 采用,即选择用户 a 作为用户 c 的邻居用户可以提升推荐的精准度。

算法:信任子邻域选取算法 TSNS

Input:目标用户 u_x,目标项目 i_y,偏好最近邻域 N_x,用户—项目评分矩阵 R

Output:目标用户 u_x 的可信子邻域 T_x

1. 初始化可信子邻域 T_x
2. 计算目标用户 u_x 的平均评分 $\overline{r_x}$
3. 对偏好最近邻域 N_x 的每个用户 u_k,$1 \leq k \leq |N_x|$,循环执行如下操作:

   3.1 计算目标用户 u_k 的平均评分 $\overline{r_k}$

   3.2 计算其与目标用户 u_x 共同评分的项目集合 I_{xk}

   3.3 对项目集合 I_{xk} 中的每个项目 i_j,$1 \leq j \leq |I_{xk}|$,循环执行如下操作:

     3.3.1 初始化变量 $TEMP=0$

     3.3.2 计算目标用户 u_x 对项目 i_j 的预测评分 p_{xj}

     3.3.3 计算 $TEMP=TEMP+(p_{xj}-r_{xj})^2$

   3.4 计算用户 u_k 的采用度 $Adoption_{xk}$

3.5 计算用户 u_k 的可靠度 $Reliability_{xk}$

3.6 计算用户 u_k 的信用度 $Trust_{xk}$

4. 根据偏好最近邻域 N_x 中的用户与目标用户 u_x 之间的信任度,计算目标用户 u_x 的信任度阈值 T_{trust}

5. 对目标用户 u_x,计算其信任子邻域 T_x。

信任子邻域选取算法主要包括三个环节,分别是计算偏好最近邻域中每个用户的信任度、计算信任度阈值、计算信任子邻域。其中,计算用户的信任度是TSNS算法的关键环节,直接影响其信任度阈值的计算及信任子邻域的选取。步骤3是对用户间信任度的计算,需要遍历偏好最近邻域 N_x 的每个用户,时间复杂度为 $O(m)$。其中,步骤3.1至步骤3.4是对用户间采用度的计算,需要遍历和目标用户共同评分项目集合 I_{xk} 中的每个项目,时间复杂度为 $O(n)$。步骤3.5、步骤3.6分别是对用户间可靠度和信用度的计算,时间复杂度均为 $O(1)$。步骤4是对信任度阈值 T_{trust} 的计算,将偏好最近邻域 N_x 中所有用户的信任度求和取其平均值,而步骤5根据步骤4中的信任度阈值选择符合条件的子用户集合,时间复杂度均为 $O(1)$。因此,TSNS算法的时间复杂度为 $O(mn)$,取决于偏好最近邻域的规模 N_x 及共同评分项目集合 I_{xk} 的大小,而实际应用系统应用中,用户间共同评分的项目集合的个数很小,可以通过控制偏好最近邻域的规模来降低运算的时间成本。

(三) 基于可信邻域的协同过滤推荐算法

协同过滤算法的关键环节则是目标用户的邻居集合的选择,其直接影响预测的精准度及推荐的质量。因此,如何全面地描述目标用户的邻居用户以及正确地筛选出目标用户的邻居用户是本章研究的重点。在传统的协同过滤算法中,用户之间评分的相似性作为邻居选择的唯一依据,并采用TOP-N策略选取邻居用户。一方面,评分数据的相似性具有偶然性和不客观性,很难完整地描述用户之间的偏好信息;另一方面,实际应用中用户的评分数据过于稀疏,会导致一些并不相似的用户被选为邻居用户从而使预测的精准度降低。基于上述问题,本章考虑采用动态邻居选择策略,并对提出候选邻域、增强相似度、可信度计算模型对邻居用户进行多重筛选，并以此构造基于可信邻域的协同过滤推荐算法 FCFRA-TN。

算法：基于可信邻域的协同过滤推荐算法 FCFRA-TN

Input：目标用户 u_x，目标电影 i_y，用户集合 U，电影集合 I，用户—电影评分矩阵 R

Output：目标用户 u_x 对目标电影 i_y 的最佳推荐电影集 I^*

1. 初始化候选邻域 C_{xy}，偏好最近邻域 N_x，可信子邻域 T_x
2. 计算目标用户 u_x 的候选邻域 C_{xy}，偏好最近邻域 N_x
3. 计算目标用户 u_x 的可信子邻域 T_x
4. 计算目标用户 u_x 对目标电影 i_y 的预测评分 p_{xy}
5. 根据 p_{xy} 电影集合 I 中的电影从大到小排序
6. 选取集合 I 中预测评分最高的前 N 个电影作为 $TOP-N$ 最佳推荐电影集 I^*

FCFRA-TN 算法主要分为四个部分，对应于算法的四个步骤。其中，第 1 部分主要完成算法的初始化工作，第 2 部分通过 ESNSD 算法先计算候选邻域 C_{xy}，在此基础上计算偏好最近邻域 N_x，第 3 部分通过 TSNS 算法输出可信子邻域 T_x，第 4 部分通过可信子邻域 T_x 中用户的评分信息和可信度，计算目标用户 u_x 对目标项目 i_y 的预测评分 p_{xy}。不难看出，FCFRA-TN 算法的时间复杂度主要取决于 ESNSD 和 TSNS 算法的时间复杂度，通过对 ESNSD 和 TSNS 算法分析可知，ESNSD 算法的时间复杂度为 $O(m)$，TSNS 算法的时间复杂度为 $O(mn)$，因此 FCFRA-TN 算法的时间复杂度为 $O(mn)$，其复杂度主要取决于偏好最近邻域的规模 N 以及共同评分项目集合 I 的大小。

实验 5-13：动态邻域选择策略的验证

为了验证本章提出的动态邻居选择策略的有效性，将本章提出的基于动态邻居选择策略的 FCFRA-TN 算法和基于 KNN 策略的 eTCF 算法进行比较实验，目的是证明 FCFRA-TN 算法中第一步筛选的可行性，为接下来的筛选策略提供保障。其中，eTCF 算法与 FCFRA-TN 算法的不同之处在于 eTCF 算法在偏好最近邻域选择时，采用 KNN 策略，在信任子邻域选择时采用 TOP-N 策略（$N=1$），而本章提出的 FCFRA-TN 算法在偏好最近邻域和信任子邻域选择时均采用动态选择策略。本实验中，以所选邻居数量为横坐标、平均绝对偏差 MAE 为纵坐标，邻居数量从 1 开始逐步增加到 2、3、5、10、20、30、40、50、60、100。为了进一步验证用户数目对推荐质量的影响，本实验的数据集分别为 100 个用户、200 个用户、300 个用户，实验结果如图 5-34 至图 5-36 所示。

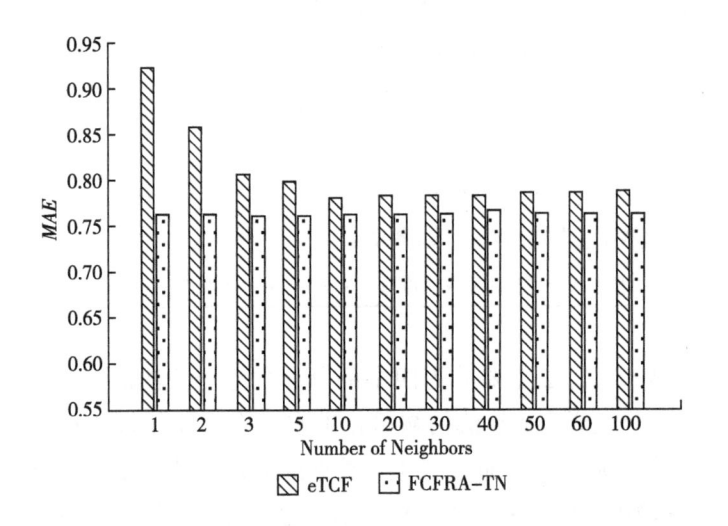

图 5-34 用户数 100 情况下动态邻居选择策略与 KNN 策略的对比

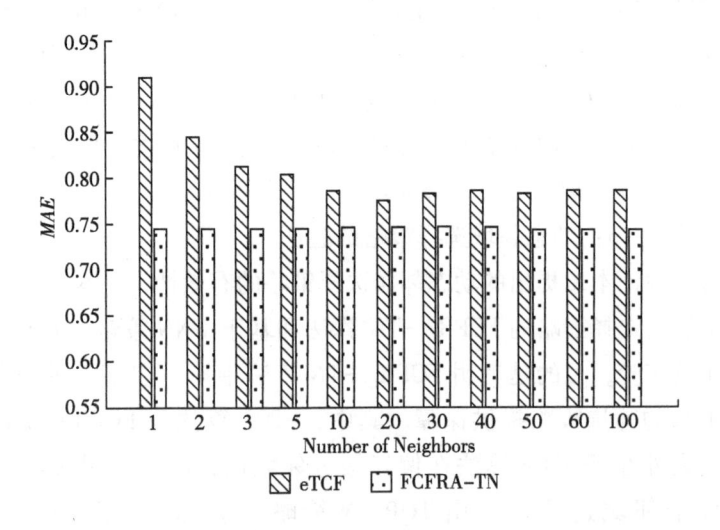

图 5-35 用户数 200 情况下动态邻居选择策略与 KNN 策略的对比

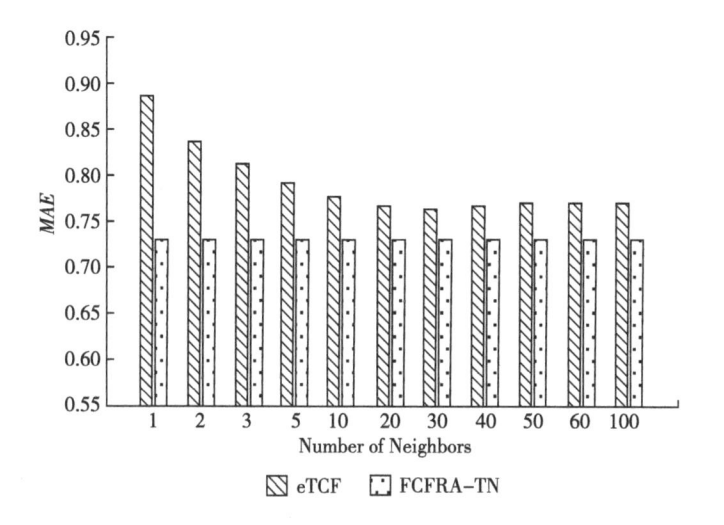

图 5-36　用户数 300 情况下动态邻居选择策略与 KNN 策略的对比

从实验结果中不难发现，基于 KNN 策略的 eTCF 算法随着邻居用户数量的增加，推荐精确度出现不增反减的现象，这是因为选择了过多并不相似的用户作为邻居用户，导致对推荐结果造成了负面影响。随着用户数量的增加，基于 KNN 策略的 eTCF 算法和基于动态邻居选择策略的 FCFRA-TN 算法的推荐精确度都有所提高，这是因为随着更多训练用户的加入，更容易寻找目标用户的邻居用户，因此得到了更好的推荐结果。但是，无论是用户数 100、200 还是 300 的情况下，本章提出的基于动态邻居选择策略的 FCFRA-TN 算法比基于 KNN 策略 eTCF 算法都获得较小的 MAE，即动态邻居选择策略更能有效地推荐。

实验 5-14：TOP10 推荐各算法的推荐质量对比

本实验通过准确率、召回率、F 度量值来验证所提出的基于可信邻域的协同过滤推荐算法的有效性，将所提出算法与传统面向用户的协同过滤推荐算法进行比较分析（见图 5-37 至图 5-39）。其中，用户感兴趣的电影是指用户评分大于或等于 3 分的电影，根据电影推荐的实际应用情景，本实验对每个用户推荐 10 个电影，即进行 Top10 推荐，实验结果如表 5-23 所示。

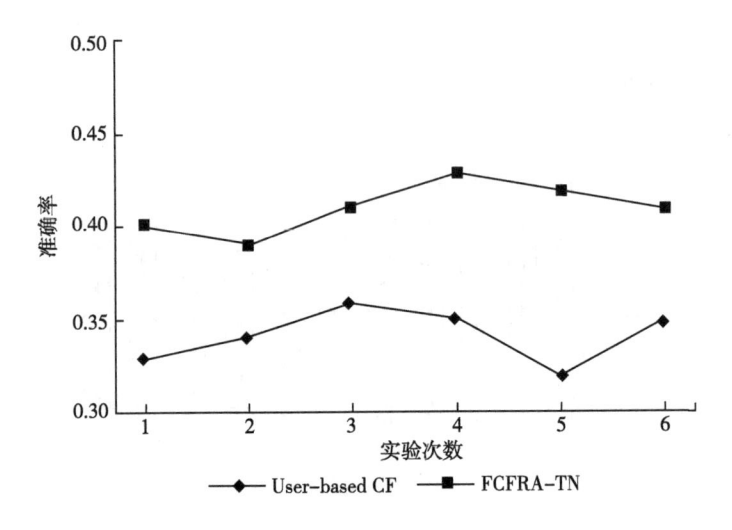

图 5-37　推荐准确率对比

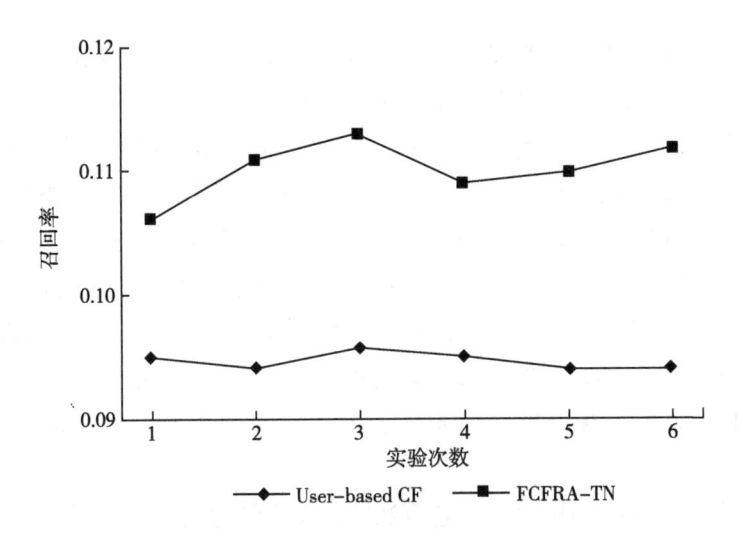

图 5-38　推荐召回率对比

表 5-23　　　　　　　推荐评价指标平均值

评价指标	准确率	召回率	F 度量值
FCFRA	0.34	0.09	0.15
FCFRA-TN	0.41	0.11	0.17

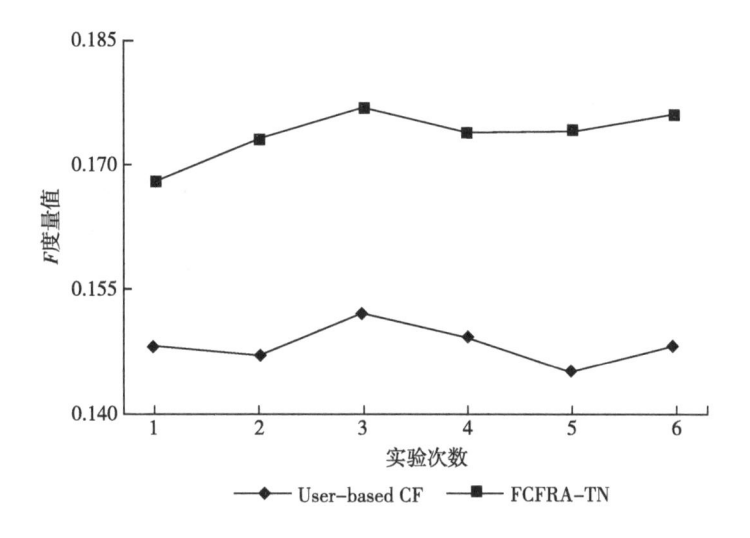

图 5-39　推荐 F 度量值对比

由上述实验结果可以看出，本书提出的基于可信邻域的协同过滤推荐算法比面向用户的协同过滤推荐算法具有更好的准确率、召回率和 F 度量值。在进行了 6 次实验后可以得出结论，基于可信邻域的协同过滤推荐算法的准确率方面提高了近 20%，在召回率方面提高了近 16%，在 F 度量值方面提高了近 17%。可见，通过动态设定增强相似度阈值和信任度阈值可以保证所选择的邻居用户是与目标用户真正相似的邻居；另外，信任度计算模型的引入对用户间的信任度进行了完整的描述，提升了推荐精确度，进而提高了推荐的准确率和召回率。综上，通过引入增强相似度、信任度计算模型、动态邻域选择方法后推荐性能得到了明显的提高。

综上所述，通过引入增强相似度对用户间的偏好相似度完整描述，动态邻居选择策略的使用保证邻居用户与目标用户真正相似，信任度计算模型作为对邻居用户的二次筛选提高了邻居用户的质量，相对于单一评分相似性及传统 KNN 邻居选择策略的方法，本章提出的基于可信邻域的协同过滤推荐算法 FCFRA-TN 更加准确，推荐质量得到了提升。

第三节　风险控制与预警相关算法研究

一　基于动态条件互信息的金融数据特征选择算法 DCMIFS

基于动态条件互信息的金融数据特征选择算法 DCMIFS[①] 针对特征选择算法在处理海量时序性数据集时，评价标准衡量因素片面化得不到最优特征子集问题，在构造评价函数时考虑特征在历史数据中对异常类别判定的贡献，结合数据的时序性特点，从多方面衡量候选特征，在未识别样本上以动态条件互信息度量特征与异常类之间的相关性，删除不相关及冗余特征，保留最有利于区分出"正常"数据和"异常"数据的相关的候选特征子集，然后将这些特征子集应用于 KNN 算法、隔离森林分类器以建立异常检测系统，实现对金融数据集的异常检测。UCI 中 Statlog（German Credit Data）、Polish Companies Bankruptcy Data 、Default of Credit Card Clients DataSet3 个数据集上的实验结果表明，该特征选择算法可有效去除金融数据集中冗余特征，提高分类器的分类性能，结合异常检测算法可有效提高正常样本和异常样本的区分能力，一定程度上提高异常检测的准确率、降低误报率。

（一）基于动态条件互信息的金融数据特征选择算法 DCMIFS

设定一个空的特征子集 S、包含所有特征的候选特征集合 F、已识别样本 O_l、未识别样本 O_u、异常类别 C。首先，求出候选特征集合中每个特征与异常类别的互信息，选择互信息值最大的特征加入特征子集 S 中，并将其从候选特征集合 F 中删除。其次，当候选特征集合 F 满足 $|F| \neq 0$ 或未识别样本 O_u 满足 $|O_u| \neq 0$ 时，在候选特征集中依次比较 $MI(f_i; S)$ 和 $MI(f_i; C/f_s)$（$\forall f_s \in S$），若 $MI(f_i; S) > MI(f_i; C/f_s)$，则直接将该特征从 F 中删除。否则选择最大值 $DCMI$ 对应的 f_i，将其加入特征子集 S 中，并从候选特征集合 F 中删除，同时将被特征值 f_i 识别的样本从未识别样本中删除；循环上述操作，直到候选特征集合 F 为空或未识别样本集为空。基于动态条件互信息的金融数据特征选择算法的伪代码如下所示。

[①] 梁伟：《面向金融数据的异常检测方法研究》，硕士学位论文，南昌大学，2019 年。

算法：基于动态条件互信息的金融数据特征选择算法

Input：样本集 O，已识别样本 $O_l=\emptyset$，未识别样本 $Ou=0$，候选特征集合 $F=\{f_1, f_2, \cdots, f_n\}$，特征子集 $S=\emptyset$，异常类别 C

Output：最优特征子集 S

1. 计算 $MI(fi; C)$ //$fi \in F$
2. 选择有 $MI(fi; C)$ 最大值的特征 fi，$F \leftarrow F-\{fi\}$，$S \leftarrow \{fi\}$
3. while $|F| \neq 0$
4. 对于所有的候选特征计算 $MI(fi; S)$，$MI(fi; C/fs)$ //$fi \in F, fs \in S$
5. if $MI(fi; S) > MI(fi; C/fs)$ then
6. $F \leftarrow F-\{fi\}$
7. else
8. 计算 f_i 在历史数据与异常类别的互信息，选择具有 DCMI 最大值的 f_i，$F \leftarrow F-\{fi\}$，$S \leftarrow \{fi\}$
9. 将 f_i 识别的样本加入 Ol，并将其从 Ou 中删除
11. end if
12. end while

DCMIFS 的搜索策略是顺序向前搜索，因此 DCMIFS 获得的已选特征子集是最优近似子集。假设训练数据集中含有 n 个特征，虽然 DCMIFS 算法中每次循环结束后未识别的样本数未必会减少，但它每次都会选择一个特征，候选特征集中的特征数量呈下降趋势，因此算法最终会终止。算法第一步需要计算所有候选特征与类别的互信息，其时间复杂度为 $O(n)$，在循环语句中时间复杂度是 $O(n^2)$，则此算法的时间复杂度为 $O(n^3)$。在实验过程中，发现 DCMIFS 的运行速度相对较快，原因是未识别的样本数随着特征选择过程不断减少，几次循环后，未识别的样本数就很少，因此运行速度得到提高。

（二）评价指标

我们使用准确率（Accuracy，ACC）、误警率（False Alarm Rate，FAR）及评估时间（Evaluation Time）来评价不同算法的质量，其是分类算法中广泛采用的评价标准。分类结果主要分为以下四种情况。

（1）True Positive（TP）：被模型预测为正常的正常实例，即正常样本中被分类为正常的样本个数；

（2）False Positive（FP）：被模型预测为正常的异常实例，即异常样本中被分类为正常的样本个数；

（3）False Negative（FN）：被模型预测为异常的正常实例，即正常

样本中被分类成异常的样本个数;

(4) True Negative (TN): 被模型预测为异常的异常实例,即异常样本中被分类成异常的样本个数。

为评估算法性能,评价指标定义如下:

准确率 (ACC): 被正确分类的样本数与总样本数之比,即:

$$ACC = \frac{TN+TP}{TN+TP+FN+FP}$$

误警率 (FAR): 异常样本中错误分类的样本数与全部错误分类的样本数之比,即:

$$FAR = \frac{FP}{FP+TN}$$

运行时间 (Time): 常检测算法的运行时间包括建模时间和检测时间,运行时间为算法运行所消耗的 CPU 时间,单位为秒。好的分类算法是在保证分类准确率高的情况下,同时满足检测用时少的要求。

(三) 实验结果与分析

本书对提出的特征选择算法及其在金融异常检测领域的应用进行实验与结果分析。

1. Statlog 数据集实验结果与分析

在 Statlog 数据集上,做了三组实验,第一组实验对比了原始特征集及使用 mRMRFS、JMIFS、CMIMFS、NMIFS 与 DCMIFS 算法对 iForest 和 KNN 分类性能的影响,实验结果表明,DCMIFS 算法可有效提高 iForest 和 KNN 的分类准确率、降低误警率,并且 DCMIFS 在 KNN 及 iForest 上的分类性能普遍优于其他特征选择算法在两个分类器上的分类性能。第二组实验比较了不同特征选择算法的特征子集的性能,实验结果表明 DCMIFS 选择出的特征数最少且分类准确率最高,可以有效地去除冗余不相关特征,提高算法的分类准确率。由此可证明,DCMIFS 可有效提升金融数据集的异常检测能力。第三组实验比较了不同特征选择算法的运行时间,结果表明 DCMIFS 运行时间相对较长。

2. 分类性能对比

分类器的分类性能是评价一个特征选择算法的重要指标,本节使用 DCMIFS 与 4 种特征选择算法在 iForest 和 KNN 上进行分类,验证

DCMIFS 的有效性。

表 5-24 为不同特征选择算法在 iForset 及 KNN 下的分类比较结果。图 5-40、图 5-41 分别为不同特征选择算法在 iForset 及 KNN 的分类准确率、误警率对比。

表 5-24　　各种方法结果比较

算法	准确率（ACC）（%）			误警率（FAR）（%）		
	Min	Max	Avg	Min	Max	Avg
Original+iForest	85.03246	90.97532	89.18052	7.08	10.10	9.09
JMIFS+iForest	89.78234	98.95427	93.61578	5.68	8.95	6.31
CMIMFS+iForest	84.78460	96.63290	95.55793	4.34	7.64	5.60
mRMRFS+iForest	96.57431	98.29425	97.58905	4.75	7.53	5.17
NMIFS+iForest	87.44803	99.70135	98.78032	4.32	5.21	4.76
DCMIFS+iForest	99.13162	99.80313	99.48953	2.42	4.31	3.01
Original+KNN	68.60421	75.86214	74.40538	28.43	38.53	34.59
JMIFS+KNN	72.80635	82.18012	78.79056	24.21	35.32	31.64
CMIMFS+KNN	75.09754	84.31643	78.97029	22.43	29.43	28.06
mRMRFS+KNN	79.03764	84.06678	81.39691	21.24	30.43	28.10
NMIFS+KNN	80.08535	85.36893	83.48043	19.53	24.23	22.55
DCMIFS+KNN	85.09462	89.67053	86.92471	16.56	21.91	19.02

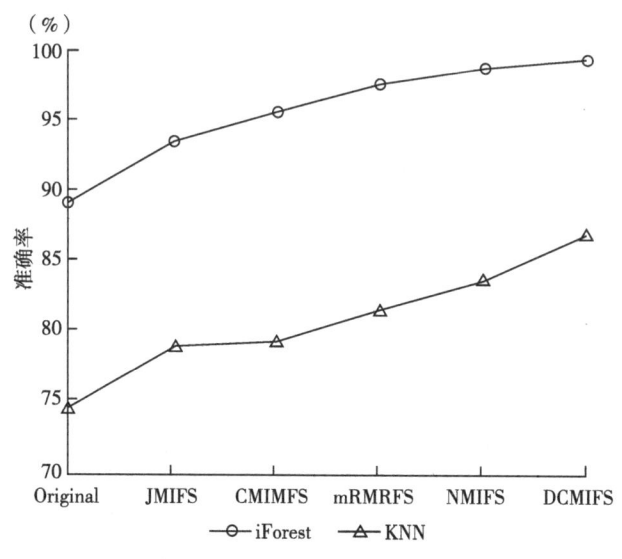

图 5-40　在不同特征选择算法下的分类准确率比较

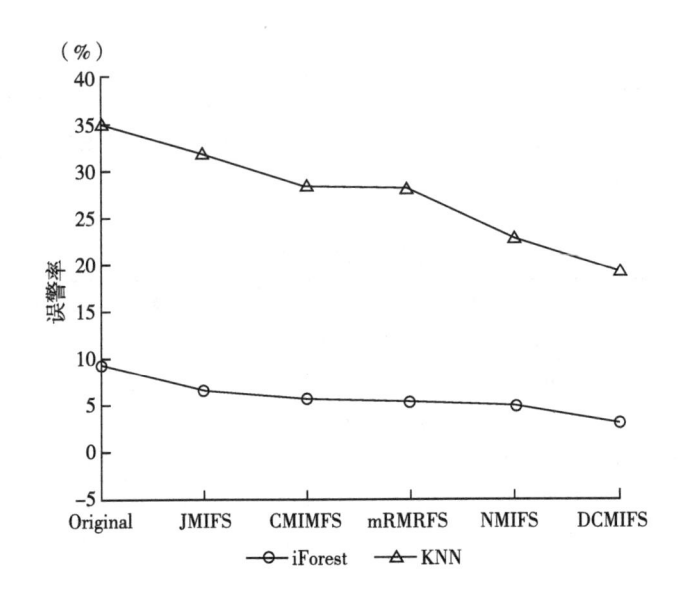

图 5-41 在不同特征选择算法下的误警率比较

当横坐标为 Original 时,两条曲线从左到右呈上升趋势,当横坐标为 Original 时,准确率最低,不同特征选择算法下的分类准确率均高于使用原始数据集的分类准确率,表明特征选择算法有利于提高分类器的分类准确率。当横坐标为 DCMIFS 时,两种算法分类准确率达到最高,与 JMIFS、CMIMFS、mRMRFS、NMIFS 相比,DCMIFS 在 iForest 上的平均分类准确率约提高 5.86%、3.93%、1.9%、0.71%,在 KNN 上的平均分类准确率约提高 8.13%、7.95%、5.52%、3.44%。这说明与其他特征选择算法相比,DCMIFS 可有效选择出与类别相关的特征,能有效识别出信用良好和信用差的用户,显著提升了算法的分类准确性。

可知两条曲线呈下降趋势,不同的特征选择算法下的误警率均低于原始数据集下的误警率,DCMIFS 的误警率最低,可知,与 JMIFS、CMIMFS、mRMRFS、NMIFS 相比,DCMIFS 在 KNN 上的平均误警率约降低 12.62%、9.04%、9.08%、3.53%,在 iForest 上约降低 3.31%、2.59%、2.16%、1.75%。这表明 DCMIFS 可有效选择出与用户信用差相关的特征,提高对信用差的用户的识别能力,减少异常类数据的错分,降低分类误警率。同时,KNN 算法对应的曲线比 iForest 对应的曲线陡峭，表明 DCMIFS 在 KNN 上的性能更好。

3. 特征子集性能对比

为了验证 DCMIFS 选择的单个特征子集的性能，选择 DCMIFS 与 mRMR、JMIFS、CMIMFS、NMIFS 在该数据集上获取不同数量的特征，并使用 iForest 和 KNN 进行测试。具体实验过程：首先使用特征选择算法在每个数据集上选择一个特征子集，其次用 iForest 和 KNN 两种学习算法分别在由该特征子集 S 中前 1 个、前 2 个……前 i 个，前 $|S|$ 个特征组成的新数据集上验证分类性能。为了更清楚地反映特征选择算法的有效性及在不同特征数下的分类准确率，将 $|S|$ 设为 10，当各个算法特征选择算法结束后，特征数不足 10 时，本实验将从除去的特征集合中随机选择特征进行分类。实验结果如图 5-42 所示，横坐标为已选特征数，纵坐标为分类准确率。

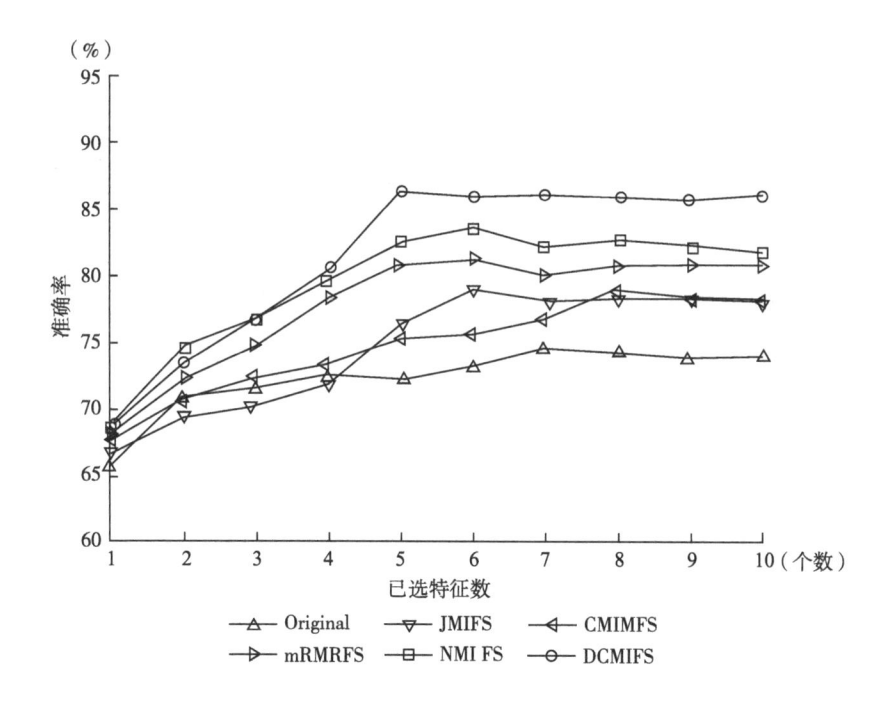

图 5-42 不同特征选择算法在 KNN 算法上的准确率比较

为不同特征选择算法的最优特征子集的个数，本实验给出了在

KNN、隔离森林算法下的不同特征选择算法随已选特征数的分类准确率对比（见图 5-43）。

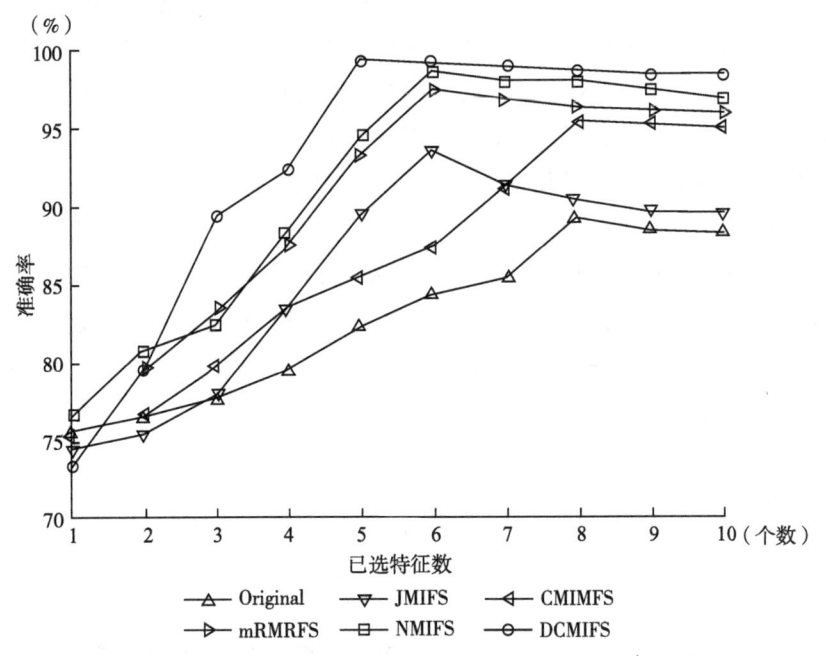

图 5-43 不同特征选择算法在 iForest 算法上的准确率比较

DCMIFS 选择的特征个数为 5，JMIFS、mRMRFS、NMIFS 选择的特征个数为 6，CMIMFS 选择的个数为 8，由此可知 DCMIFS 可有效去除冗余数据，降低样本维度，在 5 种特征选择算法中 CMIMFS 降低属性维度的效果最差，DCMIFS 最好（见表 5-25）。

表 5-25　　　　　　　　已选特征数

算法	已选特征数
Original	24
JMIFS	6
CMIMFS	8
mRMRFS	6
NMIFS	6
DCMIFS	5

在不同的已选特征数下，DCMIFS 在 KNN 和 iForest 上的曲线均位于所有曲线的最上方，表明 DCMIFS 的分类准确率均普遍高于其他的对比算法，当特征数为 5 时，DCMIFS 使 KNN、iForest 算法呈现最高的分类准确率，表明 DCMIFS 选择的特征可以有效地区分异常和正常样本，对于识别未知样本很有帮助，此时的特征子集能以最少的特征数提高分类器的准确率。当特征数大于 5 时，分类准确率明显下降，表明当特征数大于 5 时，将出现冗余及不相关特征，这些特征无法正常地区分异常和正常样本，出现分类错误的现象，这是分类性能下降的主要原因。综上所述，DCMIFS 选择出的特征数最少，且使分类算法呈现最高的分类准确率。

4. 运行时间对比

特征选择算法的运行时间可直接影响异常检测的整体性能，因此本组实验对比了不同特征选择算法的运行时间，横坐标为特征选择算法，纵坐标为运行时间，如图 5-44 所示。

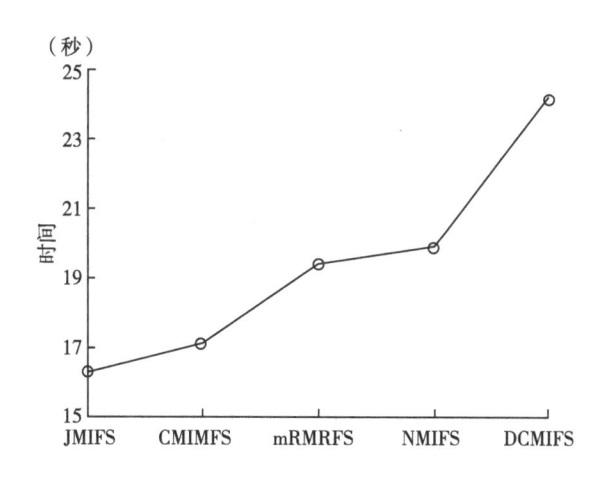

图 5-44 不同特征选择算法运行时间对比

在 5 种特征选择算法中，JMIFS 的运行时间最短，DCMIFS 的运行时间最长。这主要是因为 JMIFS 的评价函数只包含候选特征与类别之间的互信息，衡量因素较少，而 DCMIFS 算法考虑了金融数据集的时序性，衡量多方面因素对特征子集的影响，增加了算法的运行时间。

因此，通过在数据集上比较原始特征集、JMIFS、CMIMFS、mRMRFS、NMIFS、DCMIFS 算法在 iForest 和 KNN 上的分类准确率、误警率和评估时间，可以得到如下结论：①DCMIFS 可有效提高 iForest 和 KNN 的分类性能，且优于其他的特征选择算法。这表明 DCMIFS 选择的特征对已选子集来说都是很有帮助的，可有效去除冗余及不相关特征，提高分类器对正常样本和异常样本的区分能力。②相较于其他特征选择算法，DCMIFS 选择出的最优特征个数最少，对应的分类准确率最高，表明 DCMIFS 可以最少的特征数提高分类器的准确率，选择出的每个特征都能有效地区分正常样本和异常样本。③DCMIFS 在 KNN 上的准确率曲线低于在 iForest 上的曲线，而误警率曲线高于在 iForest 上的曲线，这主要是因为 KNN 算法在处理不均衡数据集时，更偏向多数类样本，对少数类样本的分类准确率低、误警率高。④相较于其他特征选择算法，DCMIFS 的运行时间最长，这主要是因为 DCMIFS 考虑了金融数据集的时序性，评价函数衡量因素最多，其中包含特征在历史数据中对分类的贡献度，这是算法运行时间增加的主要原因。

二 基于隔离森林的金融数据异常检测算法 FA-iForest

本书提出了一种基于异常代价信息增益率的节点划分标准，并根据该标准提出了一种基于隔离森林的金融数据异常检测算法 FA-iForest[①]。针对隔离森林节点划分的随机性造成异常检测准确率低、误警率高的问题，节点划分标准考虑历史数据对子隔离树节点划分的影响，通过计算异常代价信息增益率，优先隔离出异常数据的划分属性及其属性值，减少因样本不均衡造成的准确率低的问题。基于隔离森林的异常检测算法包括子隔离树构建、隔离森林构建、异常检测三个部分。该算法首先利用所提出的特征选择算法 DCMIFS 进行特征选择得到最优属性子集，依次计算待分裂属性在历史数据与异常类别中的加权信息熵，选择最大值对应的属性及属性值为节点分裂属性和属性值，循环此过程直至子隔离树的深度达到最大深度或者该节点只包含单一类别的训练数据，从而得到对应的子隔离树，然后将子隔离树组成隔离森林。异常检测阶段，异常判定主要是通过计算样本数据在所有子隔离树上的平均路径长度来获

---

① 梁伟：《面向金融数据的异常检测方法研究》，硕士学位论文，南昌大学，2019 年。

取异常评分。UCI 和 Kaggle 数据集上的实验结果表明，该算法可有效提高金融数据集的异常检测准确率、降低误报率、缩短运行时间，是有效可行的。

基于隔离森林的异常检测算法包括子隔离树构建、隔离森林构建、异常检测算法。限于篇幅，只介绍子隔离树构建算法和异常检测算法。

1. 子隔离树构建算法

（1）算法描述。该算法思路可描述为：假设训练样本 Train 集为 O，设置参数 β_1 和 β_2，对训练集由放回的采样得到数据子集 S，在 S 上构建隔离森林，首先利用前文提出的 DCMIFS 进行特征选择得到最优属性子集 A，依次计算待分裂属性 A_i（$A_i \in A$）在历史数据与异常类别中的加权信息熵，计算每个属性在不同数据值下的 $GainRatio$ (A_i, a_j)，选择最大值对应的属性及属性值为节点分裂属性 A_i 和属性值 a_j，循环此过程直到子隔离树的深度达到最大深度 d_{max} 或者该节点只包含单一类别的训练数据，最后将子隔离树组成隔离森林。

算法：子隔离树构建算法

Input：$iTree$ $(S, e, h_{max}, S$ 为样本集，e 为当前树的高度，h_{max} 为树的最大高度，设置代价参数 β_1, β_2

Output：子隔离树

    1. DCMIFS (S)

    2. 设置树的最大高度为 $h\log_2 \phi_{max}$；   // ϕ 为子采样大小

    3. **if** $e \geqslant h_{max}$ or $|S| \leqslant 1$ **then**

    4. **return** exNode $\{Size \leftarrow |S|\}$

    5. **else**

6. 对于每个待分裂属性 A_i，计算在历史数据与异常类别中的加权信息熵 α_m

7. 对于每个样本，计算 $GainRatio$ (A_i, a_j)，最大值对应的 A_i，a_j 作为当前的分裂属性及该分裂属性值

8. $S_l \leftarrow filter$ $(S, a_i > a)$，$S_r \leftarrow filter$ $(S, a_i \leqslant a)$

9. return in Node $\{Left \leftarrow iTree$ $(S_l, e+1, h_{max}$，$Right \leftarrow iTree$ $(S_r, e+1, h_{max}$

10. $SplitAtt \leftarrow A_i$，$SplitValue \leftarrow a_i\}$

    11. **end if**

（2）算法时间复杂度。假设待分裂属性个数为 k，ϕ 为训练样本子集的大小，t 为构造子隔离树的大小，可参考的历史数据为 m 个。可知 DCMIFS 特征选择算法时间复杂度为 $O(k^3)$，步骤 6 中 $GainRatio$ (A_i, a_i) 的时间复杂度为 $O(km)$，异常样本数据的路径长度小于平均路径长度，当子隔离树的深度达到平均路径长度时终止递归过程，因此子隔离树构建算法的时间复杂度为 $O(t\phi\log\phi+k^3+km)$。

2. 异常检测算法

（1）算法描述。设测试样本集 Test 为 X，当前树高度为 e，如果当前属性值小于分裂属性值，则分裂为左孩子，路径长度 $h(x)=e+1$；如当前属性值大于分裂属性值，则分裂为右孩子，路径长度 $h(x)=e+1$，一直递归遍历到叶子节点，返回路径长度，计算待测样本子隔离树上的平均路径长度，计算其异常评分 $s(x, n)$，判断样本类别。

算法：异常检测算法

Input：待测样本 X，当前子隔离树 T，当前树高度 e，路径长度 $h(x)$。
Output：样本类别。

1. **if** T is an external node **then**
2. **return** $h(x)$
3. **else**
4. A 为当前分裂属性，a 为当前分裂属性值
5. **if** $a_i<a$ **then**
6. **return** $h(x)=e+1$，分裂为子隔离树的左孩子
7. else
8. **return** $h(x)=e+1$，分裂为子隔离树的右孩子
9. **end if**
10. $s(x, n) = 2^{\frac{-E(h(x))}{c(n)}}$ //计算异常评分，n 为样本数
11. **if** $s>0.5$ **then**
12. 样本为异常样本
13. **else** 样本为正常样本
14. **reutrn** 样本类别

（2）算法时间复杂度。在异常检测阶段，异常判定主要是通过计

算样本数据在所有子隔离树上的平均路径长度来获取异常评分，因此时间复杂度为 $O(nt\log\phi)$，其中 n 为待检测的数据集大小，ϕ 为训练样本子集的大小，t 为构造子隔离树的大小。

3. 实验结果与分析

为了验证本书提出的基于隔离森林的金融数据异常检测算法在金融数据集的有效性，在数据集上进行实验进行测试，比较文献提出的原始隔离森林模型 iForest、文献提出的 aForest 模型、本书提出的 FA-iForest 模型的异常检测能力。

由于 FA-iForest 和 aForest、iForest 的主要区别在于子决策树的划分标准的选择，为了验证新的异常代价敏感划分标准的有效性，将三种异常检测模型的参数设置为一致的参数，参数设置参考论文的设置方法，即训练数据集子采样大小 ϕ 设为 256，t 设为 100，树的高度为 $h\log_2\phi_{max}$，β_1 设为 0.8，β_2 为 0.2。

算法运行环境为微软 Windows10（64位）操作系统，酷睿 i5-2410M CPU 2.3GHz 频率，内存 4GB。

4. 实验设计与结果分析

对提出的基于隔离森林的金融数据异常检测算法进行实验与结果分析。

在 Polish Companies Bankruptcy Data 数据集上，做了三组实验，第一组实验对比了 iForest、aForest、本书所提出的 FA-iForest 算法，误警率、运行时间。实验结果表明 FA-iForest 的分类准确率高于 iForest、aForest，误警率低于 iForest、aForest，运行时间短于 iForest、aForest。第二组实验对比了三种算法的稳定性，实验结果表明 FA-iForest 算法在保证高准确率、低误警率的同时稳定性较好。第三组说明了参数 β_1 和 β_2 对分类效果的影响。

（1）分类性能对比。为了有效地说明 FA-iForest 算法的有效性，本节所有实验均运行 20 次，并记录实验结果的最大值、最小值及均值。

给出了 iForest、aForest、FA-iForest 算法运行 20 次实验的分类准确率、误警率、运行时间比较，如图 5-45 至图 5-47 所示。

Improved-iForest 的平均分类准确率比 iForest1、iForest2 的平均分类准确率约提高 0.73%、0.23%，误警率降低了 2%、1.5%，平均评估时间约降低 3.178s、0.64s。同时由表 5-26 可以看出，相比 iForest、aForest，FA-iForest 在一定程度上提高了分类准确率、降低了误警率、缩短了评估时间。与 aForest 相比，FA-iForest 算法的分类准确率提升幅度较小，但误警率得到了有效的提高，表明 FA-iForest 优先分裂的属性提高了对财务危机报表的识别能力，推迟正常类数据的识别，从而降低了误警率。因此可知该算法对误警率的影响较大，其次为评估时间，而对准确率的影响不是很明显。

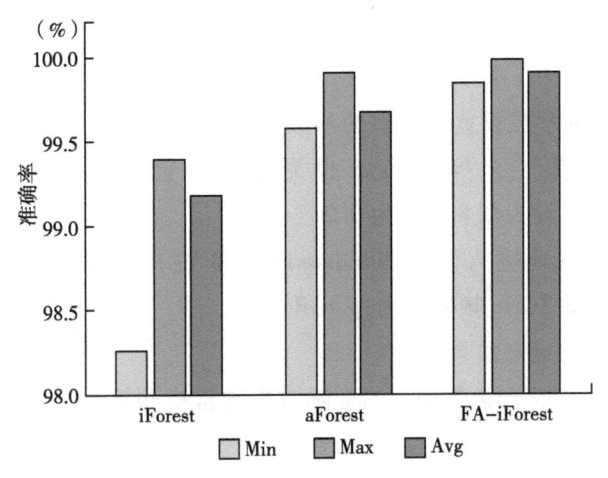

图 5-45　三种算法分类准确率比较

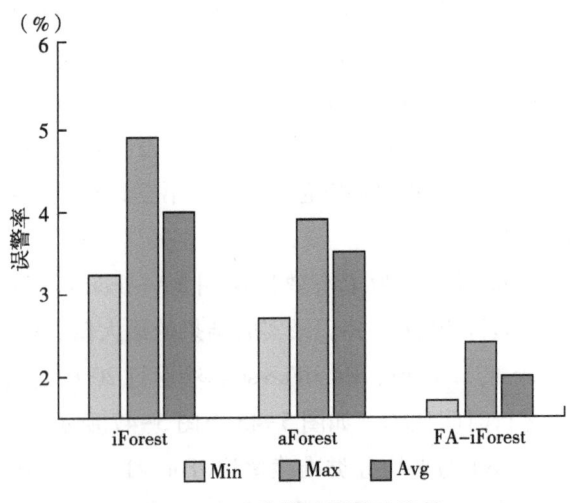

图 5-46　三种算法误警率比较

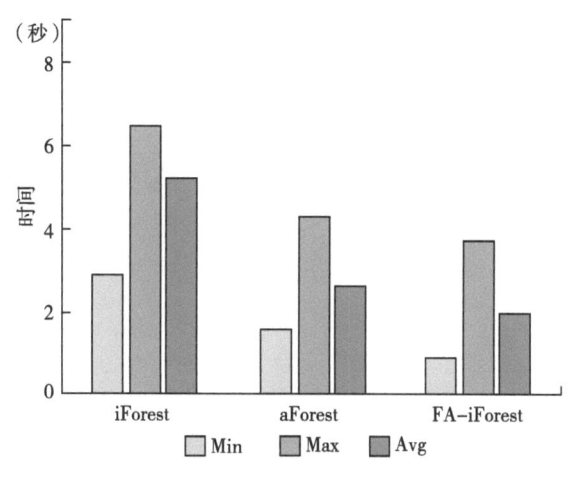

图 5-47 三种算法运行时间比较

表 5-26　　　　　　　　　　实验结果比较

算法		准确率（ACC）（%）	误警率（FAR）（%）	运行时间（s）
iForest	Min	98.25081	3.20	2.68532
	Max	99.39531	4.90	6.33119
	Avg	99.18183	4.00	5.11463
aForest	Min	99.57389	2.67	1.53325
	Max	99.90631	3.90	4.26834
	Avg	99.67938	3.50	2.58031
FA-iForest	Min	99.83246	1.70	0.80758
	Max	99.99871	2.40	3.67924
	Avg	99.91360	2.00	1.93649

（2）算法稳定性对比。为了进一步验证 FA-iForest 算法的稳定性，本组实验将 iForest、aForest 和 FA-iForest 算法连续运行 20 次，对比分类准确率和误警率的变化，并记录每次实验结果（见图 5-48、图 5-49）。

在连续多次的实验比较中，FA-iForest 算法对应的曲线波动最小，其次为 aForest 算法，波动最大的为 iForest 算法，表明在三种分类算法中，FA-iForest 算法的稳定性最好。这也表明隔离森林算法在对金融数据进行异常检测时，分类的性能受节点划分属性及属性值的影响较大，每次的节点划分都会影响隔离森林的分类效果。FA-iForest 考虑历史数据对当前数据的影响，因此在节点分裂时能更偏向于分裂与财务危机类

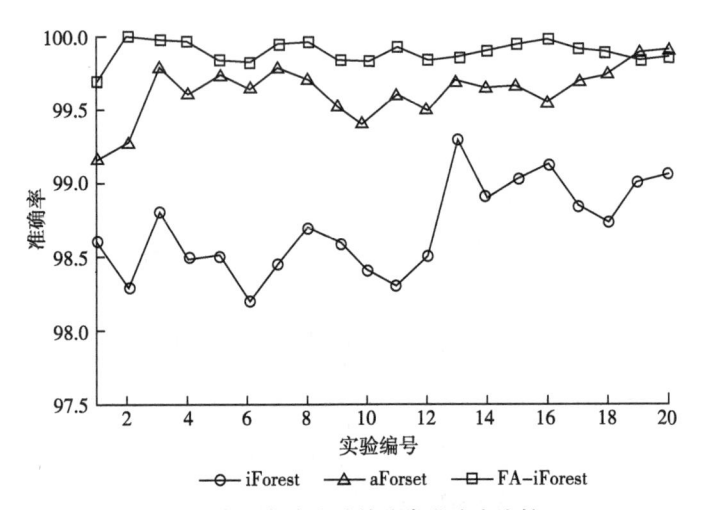

图 5-48 每次实验的分类准确率比较

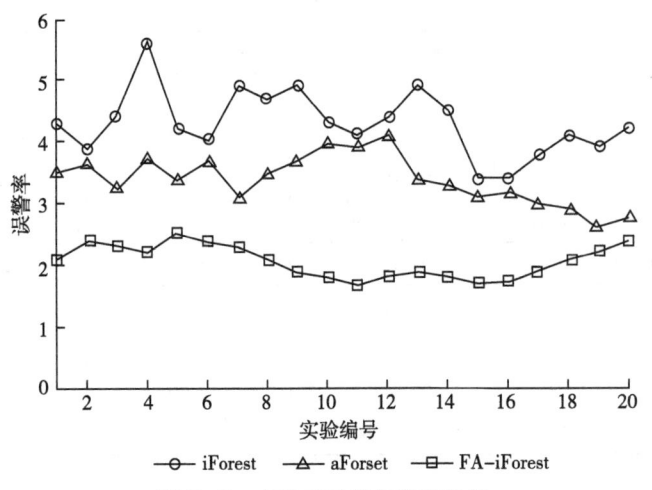

图 5-49 每次实验的误警率比较

别高度相关的特征。而 iForest 采用随机性原则，aForest 没有考虑时序性特征，因此 FA-iForest 算法呈现更加稳定的状态。此外，可知 FA-iForest 算法对应的曲线始终位于最上方，即在每次实验中 FA-iForest 都能获得最高的分类准确率。FA-iForest 算法对应的曲线始终位于最下方，iForest 算法对应的曲线始终位于最上方，表明在每次实验中 FA-iForest 算法的误警率最低，iForest 的误警率最高。这是由于 iForest 采用的是随机划分原则，而这种划分原则会更加偏向识别多数类样本，不利于异常类样本的识别，这是误警率高的原因。

（3）β 参数对算法异常检测的影响。由于 FA-iForest 对误警率影响较大，为了说明 β_1 和 β_2 对 FA-iForest 的影响，本节在设置不同 β_1 和 β_2 值下，比较 FA-iForest 的分类误警率。考虑金融数据集异常误判会造成重大经济损失的特性，β_1 应设置为 $\beta_1>0.5$，在 [0.1] 区间上，我们分别将 (β_1, β_2) 设为 (0.6, 0.4)，(0.7, 0.3)，(0.8, 0.2)，(0.9, 0.1)。

图 5-50 给出了 FA-iForest 在不同 (β_1, β_2) 下的误警率对比。

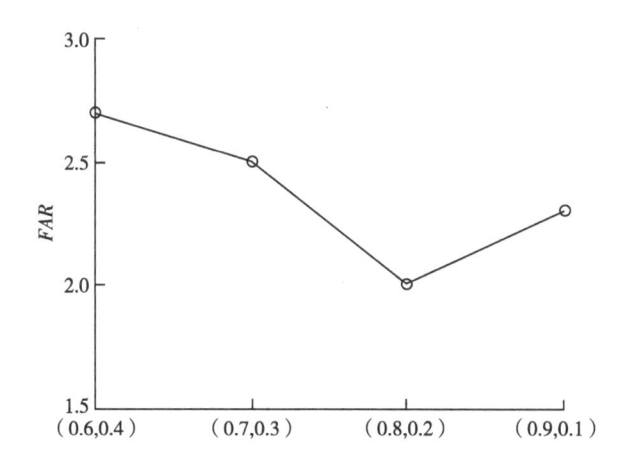

图 5-50 不同 (β_1, β_2) 参数下的误警率比较

当 (β_1, β_2) 设为 (0.8, 0.2) 时，FA-iForest 的误警率最低，识别财务异常数据的能力强；当 (β_1, β_2) 设为 (0.6, 0.4) 时，FA-iForest 的误警率最高，此时 β_1 权重过小，对异常类误判的惩罚较小，对财务异常的数据识别能力差。因此，在使用 FA-iForest 时，要合理地设置参数，尽可能优先分裂出与异常类别数据相关的属性，增强异常检测的效果。

由以上数据集的实验结果可知，隔离森林算法的分类能力受节点划分标准的影响，好的节点划分标准可以有效提高隔离森林的分类性能。主要有以下几个原因：①iForest 节点划分时采用随机性原则，随机选择分裂属性及属性值，当处理不均衡数据时，这种节点划分标准会使分裂属性及属性值偏向于正常样本，不利于少量样本的识别。由于隔离森林的异常判定是通过路径长度来单一衡量的，随机划分标准会造成假正常、假警报的问题，这是 iForest 算法分类性能低的主要原因。②aForest 算法在选择分裂属性时，缺乏动态性考虑，在每次属性分裂接受后，应该在未知样本上对待分裂的属性重新度量。并且 iForest、aForest 未考虑数据的时序性特征，这是两个算法在金融数据集上性能差的一个重要原因。③FA-iForest 对误警率的影响较大，但是与 aForest 相比，运行时间上降低幅度不大，主要是由于在属性分裂时考虑的因素较多，需要计算历史数据与异常类别的加权信息熵，这是 FA-iForest 比 aForest 在构建隔离森林时运行时间较长的一个原因。但是 FA-iForest 在构建的子隔离树个数比 aForest 少且长度较短，待测样本进行异常检测时，运行时间较短，因此 FA-iForest 运行总时间并未得到有效降低。④参数 β_1 和 β_2 影响 FA-iForest 的执行效率，因此如何选择合适的参数也是未来的研究方向。

尽管本实验在一定程度上提高了隔离森林算法的分类性能，但是通过以上数据集中误警率的比较可知，FA-iForest 算法仍然存在异常误分的现象，主要原因可能是：金融数据集中存在类域交叉或重叠现象，即一些异常样本与正常样本非常类似，这增加了 FA-iForest 算法分类的难度，出现一些错误分类的现象。因此，提高隔离森林算法对类域交叉的金融数据集异常检测能力是未来的研究方向。

三 基于 SVM 和 KNN 的混合金融数据异常检测算法 SVM-KNN

该算法[①]针对 SVM 和 KNN 算法在时序性、不均衡数据集上分类性能差的问题。首先，使用特征选择算法 DCMIFS 进行金融数据特征选择，得出最优特征子集及其权重。其次，对 SVM 构建二次规划，对正常类样本、异常类样本的惩罚因子设置不同的权值，减少不均衡数据集引起的超平面偏移。同时，引入时序性特征，依据时间间隔对时序性特征的影响设定不同的权重，增大近期历史数据的权重，并依据非时序性特征对异常类别的识别能力，设置非时序性特征不同的权重，构造特征加权核函数。然后，使用构建的 SVM 进行异常检测分类，得到第一次分类结果。最后，根据第一次分类结果计算正常样本的密度值，通过设

---

① 梁伟：《面向金融数据的异常检测方法研究》，硕士学位论文，南昌大学，2019 年。

置阈值,选择与异常样本个数相同的靠近最优超平面的正常样本,组成均衡数据集,使用 KNN 算法进行异常检测二次分类,最终获得检测分类结果。UCI 和 Kaggle 数据集上的实验结果表明,该算法可有效提高对异常类样本的识别能力、降低误报率、缩短运行时间,处理不均衡且具有时序性特征的金融数据异常检测时具有较好的分类准确率且稳定性较好。

(一)基于 SVM 和 KNN 的混合金融数据异常检测算法 SVM-KNN

对基于 SVM 和 KNN 的混合金融数据异常检测算法进行详细的分析与描述。

1. 算法描述

该算法思路可描述为:首先,采集已有的正常金融数据及异常数据作为训练集,然后使用提出的 DCMIFS 算法得到最优特征子集,根据样本集中的历史数据,引入时序性特征指标,再根据历史数据的时间分布,对不同时间间隔内的历史数据的比值设置不同的权重,加大近期历史数据的权重,对最优样本子集中的非时序性指标设置不同的权重,对异常类别识别能力强的特征,设置较大的权重造成加权核函数,同时对正常样本、异常样本设置不同的惩罚权重,加大对异常类样本错分的代价,构造 SVM 模型。其次利用 SVM 对测试样本分类,根据初步分类结果,计算正常样本距离临界区域的密度值,将密度值由大到小排序,选择出与异常样本个数相同的正常样本,再将选出的样本与异常类样本构建新的均衡训练集,然后利用 KNN 算法进行二次分类预测,最终获得所有测试样本的分类结果。

算法:基于 SVM 和 KNN 的改进混合异常检测算法(SVM-KNN)

Input:训练集 Train,测试集 Test,K(KNN 中近邻个数)

Output:样本类别

1. 利用 IMIFS 对 Train 数据集特征选择,输出最优特征子集(S)及每个特征识别的样本数
2. 根据训练集中历史数据,引入时序性特征 $f_m(m=d, \cdots, 2d)$,并计算特征加权矩阵 P
3. Train 数据集利用定义 5.1、5.2 构造支持向量机,并计算支持向量机的分类超平面和所有支持向量 T_{sv}
4. 从测试集 Test 中选择一个待分样本 x,即 $x \in Test$;若 Test 为空集,则算法停止,输出样本类别,否则:样本抽取成功
5. 利用训练的 SVM 对待测样本进行初步分类,并输出样本类别

6. 输出 Test 集中初步正常样本 $A_i(i=1, 2, \cdots, n)$、初步异常样本 $B_j(j=1, 2, \cdots, m)$

7. 设置距离临界值 d_c，计算 A_i 密度值 $\rho_i = \sum_{j=1}^{2d} \chi(d_c, d(z_i, z_j))$

8. 将 A_i 的密度值按照降序排列，前 $n-m$ 个密度值对应 A_i 最终分类结果为正常类

9. 将后 m 个密度值对应的 A_i 与 B_j 组成均衡样本，并利用 KNN 算法进行分类

10. 计算样本与所有支持向量 T_{sv} 的欧式距离 d_{sv}

11. 将 d_{sv} 按照升序排列，从中选择最小的 k 个距离

12. 统计 k 个距离对应的支持向量的类别，比较哪个类别个数多

13. 样本的类别与数目多的类别相同，输出样本类别

14. 输出测试集 Test 中所有样本的类别

2. 算法时间复杂度

假设训练数据集中含有 n 个特征子集，特征选择算法后的特征个数为 k，样本个数为 z。特征选择时间复杂度为 $O(n^3)$；支持向量机的时间复杂度与样本规模有关，时间随样本数的增长呈三次方增长，即 SVM 算法的时间复杂度为 $O(z^3)$，KNN 算法的时间复杂度为 $O(kz)$，因此该算法的时间复杂度为 $O(n^3+z^3+kz)$。

3. 实验结果与分析

为了验证本书提出的基于 SVM 和 KNN 的混合金融数据异常检测算法的有效性，本节在 3 个数据集上做了三组实验进行测试，比较基于 SVM 的异常检测模型和基于 KNN 异常检测模型的异常检测能力。本书参数设置为：SVM 算法中核函数选用高斯核函数，核宽度 $g=1$，$C=1000$，$d_c=0.9$，KNN 算法中 K 取 5。本书所有实验的数据集选择 70% 作为训练集，30% 作为测试集。

算法运行环境为微软 Windows10（64 位）操作系统，酷睿 i5 - 2410M CPU 2.3GHz 频率，内存 4GB。

本书中提出的基于 SVM 和 KNN 的混合金融数据异常检测算法进行实验与结果分析。在 Kaggle 信用卡欺诈数据集上，我们设置了三组实验分别验证 SVM-KNN 的分类性能、SVM-KNN 的稳定性、K 值对 SVM-KNN 分类准确率的影响。

（1）分类性能对比。本组实验对比了基于 SVM 的异常检测算法和

基于 KNN 的异常检测算法与本书提出的基于 SVM 和 KNN 的混合金融数据异常检测算法的分类准确率、误警率、检测时间。本节参数设置为：SVM 算法中核函数选用高斯核函数，核宽度 $g=1$，$C=1000$，$d_c=0.9$，KNN 算法中 K 取 5（见图 5-51 至图 5-53）。

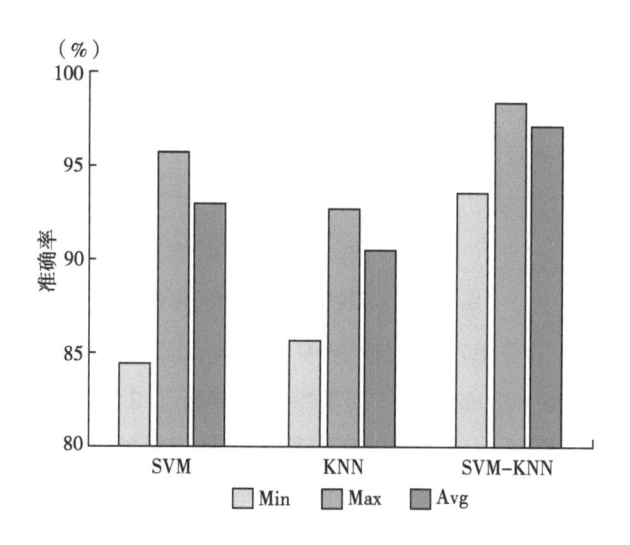

图 5-51 三种算法分类准确率比较

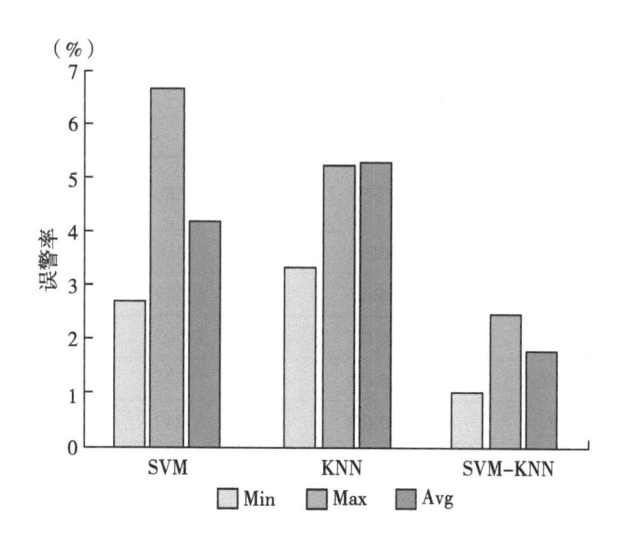

图 5-52 三种算法误警率比较

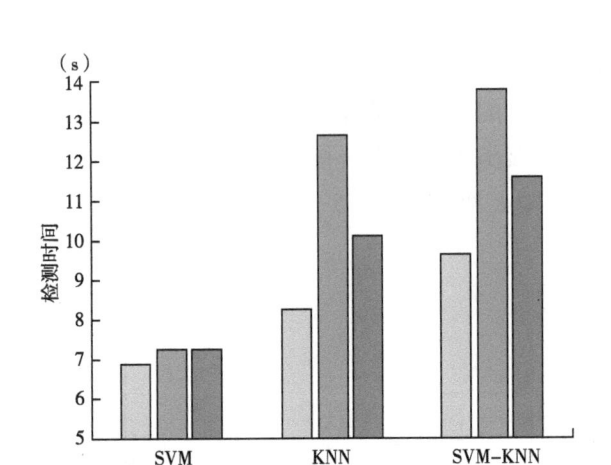

图 5-53　三种算法检测时间比较

SVM-KNN 的分类准确率比 SVM、KNN 的平均分类准确率分别提高约 4.089%、6.6089%，平均误警率分别降低了 2.397%、3.44%。由此可知，SVM-KNN 可有效地提高信用卡交易记录的分类准确率、降低对异常交易的误警率。SVM 算法的准确率最大值与最小值之间的差值最大，最小的是 SVM-KNN 算法。SVM 算法的误警率最大值与最小值之间的差值最大，最小的是 SVM-KNN 算法。SVM-KNN 的平均检测时间最长，比 KNN 和 SVM 分别提高约 1.44s、4.29s。因此，SVM-KNN 的平均检测时间要大于 SVM 的评估时间（见表 5-27）。

表 5-27　实验结果比较

算法		准确率（ACC）(%)	误警率（FAR）(%)	检测时间（Evaluation Time）(s)
SVM	Min	84.53578	2.74358	6.90743
	Max	95.68632	6.63689	8.45785
	Avg	93.00377	4.22505	7.27653
KNN	Min	85.68953	3.36894	8.24785
	Max	92.65368	6.53249	12.68953
	Avg	90.48444	5.26828	10.13791
SVM-KNN	Min	93.46893	1.00749	9.69632
	Max	98.36893	2.47843	13.79549
	Avg	97.09330	1.82802	11.57102

(2)算法稳定性对比。为了进一步验证基于 SVM 和 KNN 的混合金融数据异常检测算法的稳定性,将 SVM、KNN 算法与 SVM-KNN 算法在数据集上连续运行 20 次,节参数设置为:SVM 算法中核函数选用高斯核函数,核宽度 $g=1$,$C=1000$,$d_c=0.9$,K 取 5。图 5-54 为三个算法在连续 20 次实验的分类结果比较。

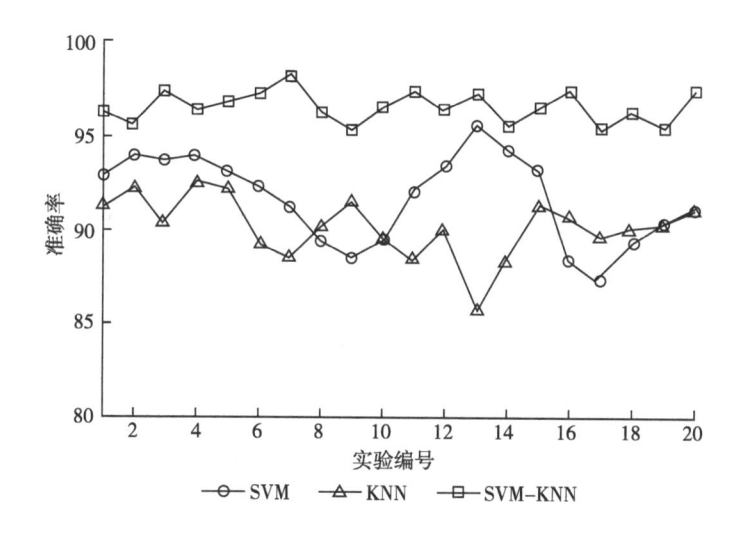

图 5-54 多次实验下的分类准确率比较

SVM-KNN 算法对应的曲线波动最小,SVM 算法曲线波动最大,表明 SVM-KNN 算法的稳定性最好,SVM 算法的稳定性最差。此外,SVM-KNN 算法的曲线始终位于其他两种算法的上方,即在每次实验中,SVM-KNN 都能获得较好的准确率,因此 SVM-KNN 可有效提高 SVM 和 KNN 的分类准确率。

算法都存在较大的波动,表明 SVM-KNN 算法的稳定性最好,此外,SVM-KNN 算法的曲线始终位于其他两种算法的下方,即在每次实验中,SVM-KNN 都能获得较低的误警率,表明 SVM-KNN 可以有效地识别异常交易数据,减少对信用卡异常交易的误判(见图 5-55)。

(3)时序性指标对 SVM-KNN 算法的影响。针对金融数据的时序性,本节在构造 SVM-KNN 模型时引入了时序性特征,为了验证时序性特征对金融数据集的作用,选择使用包含时序性特征属性的 SVM-KNN

（特征维度为 $d+1$）与不包含时序性特征的 SVM-KNN（特征维度为 d）在数据集上连续运行 20 次，本节采用的节参数设置为：核函数选用高斯核函数，核宽度 $g=1$，$C=1000$，$d_c=0.9$，K 取 5（见图 5-56）。

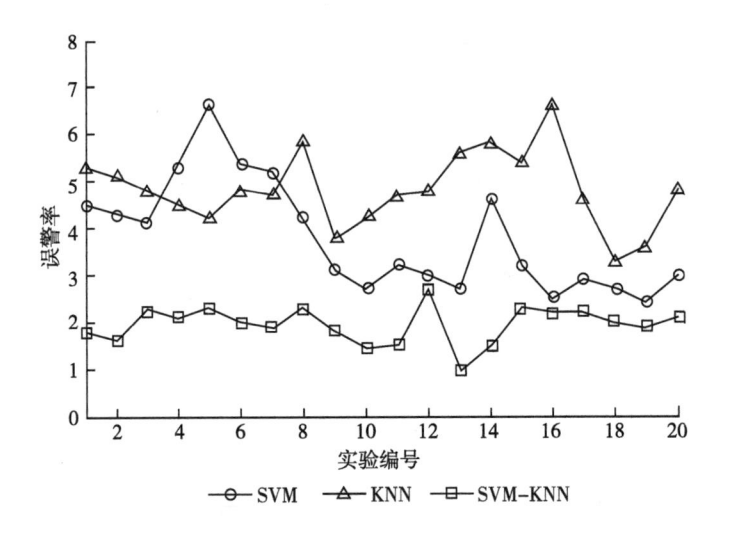

图 5-55 多次实验下的误警率比较

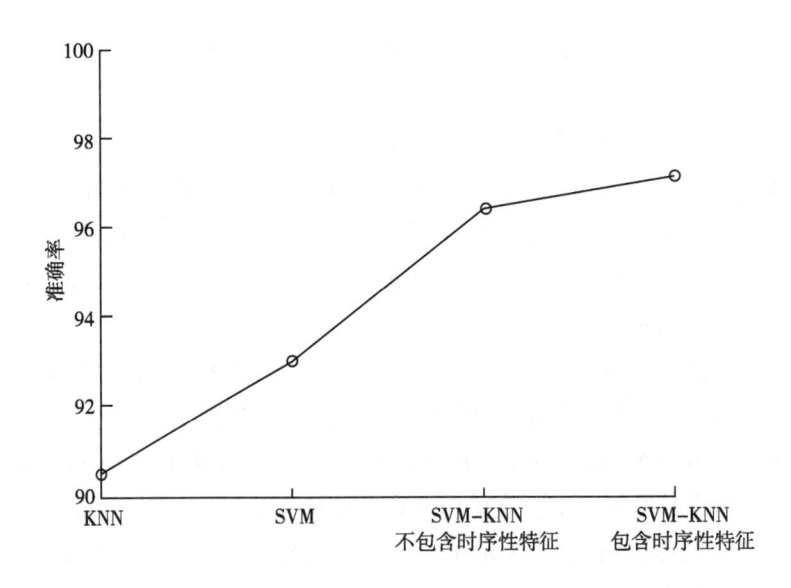

图 5-56 时序性指标对于 SVM-KNN 准确率的影响

包含时序性特征对应的曲线要高于不包含时序性特征对应的曲线，表明在构造 SVM-KNN 模型时，时序性特征可提高 SVM-KNN 的分类准确率。这是因为金融数据集具有时序性，相近时期的样本之间相互影响，所以在对金融数据进行异常检测时，需要考虑将当前数据与自身历史数据作纵向比较。

根据以上数据集的实验结果分析，可得出如下结论：①虽然基于 SVM 和 KNN 的混合金融数据异常检测算法可有效提高分类准确率、降低误警率，但是以增加检测时间为代价，这主要是因为 KNN 算法在分类时的计算时间要比 SVM 算法的计算时间长，所以 SVM-KNN 的评估时间要大于传统的 SVM 的评估时间。在保证高准确率和低误警率的前提下，如何缩短 SVM-KNN 的评估时间是本书未来的研究方向。②SVM-KNN 算法具有很好的稳定性，表明 SVM-KNN 可有效地识别出金融数据中少数的异常样本，在异常检测中提高对异常类样本的识别能力，解决了 SVM 和 KNN 算法在处理不均衡数据集时误警率高的问题。③金融数据具有时序性，通过构造时序性特征，并将时序性特征作为分类器的输入，可有效提高 SVM 和 KNN 对时序性数据的异常检测性能。④K 值的选取会影响 SVM-KNN 的分类效果，选取适当的 K 值将会提高 SVM-KNN 的分类准确率。

四 样本规模粒子群优化策略和基于样本规模粒子群优化的网络异常检测算法

针对 TCM-RNE 算法正常训练集规模过大的问题，提出了一种样本规模粒子群优化策略，该策略采用粒子群优化算法对训练集样本空间进行搜索，从大规模训练样本集中选取得到一个适量、高质量的可行训练样本子集，然后将该样本子集作为后续适用于基于相对邻域熵的直推式网络异常检测算法 TCM-RNE 的训练集样本，利用相对邻域信息熵取代原本的特征向量距离，给出离群度定义，进一步精确地刻画出各数据对象异常程度，用来检测异常点。UCI、KDD Cup1999 数据集上的实验结果表明，粒子群样本规模优化策略能够有效减少训练样本数量，极大缩短 TCM-RNE 异常检测算法的建模时间和检测时间，在保证异常检测准确率（检测率高、误报率低）的前提下提高了其异常检测效率，也在一定程度上提高了 TCM-RNE 异常检测算法在带噪声数据下的抗干扰性。

（一）基于粒子群样本规模优化的 TCM-RNE 算法

基于粒子群样本规模优化的 TCM-RNE 算法（TCM-RNE Algorithm based on Improved Binary Particle Swarm Optimization Algorithm，TCM-RNE&IBPSO）思想：首先采用 IBPSO 对训练集样本空间进行搜索，得到一个可行的训练集子集，其次将该样本子集作为新的训练集样本。计算所有训练样本的奇异值及测试集检测样本的 P 值，与预定义的阈值 τ 进行比较，若更小则以置信度为 $1-\tau$ 来判定其为异常，否则为正常，逐条输出待检测样本判定结果。

1. TCM-RNE&IBPSO 算法描述

算法名称：TCM-RNE&IBPSO（TCM-RNE Algorithm based on Improved Binary Particle Swarm Optimization Algorithm）

Input：训练集样本 U，待检测样本 x_r，信息系统 $IS=(U, A, V, f, Q)$

Output：正常或者异常

1. 输入样本矩阵为 U：(P, S)，根据样本的数量对 P 编号

2. 初始化相关参数，种群规模、惯性权重 w、学习因子 c_1 和 c_2 及最大速度 v_{max} 相关参数等

3. 对样本集 S 数据离散化、数值化和归一化处理

4. 根据样本规模 P 计算粒子编码长度 N，随机初始化一定数量的粒子群，种群由多个粒子组成，表示样本集合 P 中的随机位置

5. 根据 P 得到样本 S，计算每个粒子对应样本的适应度函数值

6. 更新粒子群最好位置、粒子历史次好位置和粒子历史最好位置，将最好位置的粒子解码得到样本矩阵 U 中的样本 S，添加到样本选中样本的子集 U'

7. 更新粒子的速度和位置，产生新的粒子

8. 判断结束条件，若满足条件则直接下一步，否则跳回步骤 5

9. 选中样本的子集 U' 作为 TCM-RNE 异常检测的训练集

10. 计算所有训练集对象在属性 a_j 上的取值，根据邻域参数确定邻域划分，然后进行基数排序后得到单属性的邻域熵

11. 对单属性进行相应排序，构造单属性递减序列

12. 计算所有训练集样本对象 x_i 的相对邻域熵和相应权重

13. 根据相对邻域熵和权重计算对象 x_i 所对应的奇异值 $\alpha(x_i)$

14. 对待检测样本 x_r，采用步骤 10 至步骤 13 相同的步骤计算奇异值 $\alpha(x_r)$

15. 对待检测样本 x_r，计算 P 值

16. 将奇异值 $\alpha(x_r)$ 和 P 值与预定阈值 τ 进行比对，判定 x_r 正常或异常

假设输入的训练集样本总数为 m，样本特征维数为 n，待检测样本个数为 r。TCM-RNE 算法的时间开销主要集中在待测样本的奇异值、正常训练集中各样本的奇异值及对相应 P 值的计算。计算样本的奇异值时需要循环计算基数排序、邻域划分和单属性的邻域熵，还需要计算相对邻域熵和权重。计算 P 值的时间复杂度 $O(n)$，计算所有待检测样本和训练集样本的奇异值的时间复杂度分别为 $O(m \cdot r \cdot \log(r))$ 和 $O(m \cdot n \cdot \log(n))$。采用规模优化对数据集的规模样本规模精简，可以有效减少 m 的数量，从而缩短异常检测算法检测时间。

2. 实验结果与分析

试验中将四种搜索算法与 TCM-RNE 异常检测算法结合，验证 IBPSO 样本规模优化算法在两组测试集（异常数据分别占测试集的 20% 和 10%）的检测率和误报率，实验结果如表 5-28 所示。优化后的异常检测算法中，CHC 和 IBPSO 算法有较高的检测率，但样本减少率和误报率均不如 IBPSO 算法。PBIL 和 IBPSO 算法有较低的误报率，在最差的实验结果中，IBPSO 算法一些评价指标数据仍好于 SGA 算法的最好值。IBPSO 算法在第一组测试集中，最好情况下正确检测异常个数为 19951，误报个数为 984，在第二组测试集中，正确检测异常个数为 99820，误报个数为 968。相同算法在两组测试集下检测率和误报率相近，都能保证在较高检测率和较低误报率前提下有效减小样本规模。

表 5-28 四种搜索策略性能比较

算法	评价指标	TP（20%）	FP（20%）	TP（10%）	FP（10%）	Reduce（%）
TCM-RNE+CHC	平均值	98.95	2.06	98.93	2.06	94.10
	最好值	99.39	1.62	99.38	1.53	95.79
	最差值	98.51	2.49	98.33	2.52	92.34

续表

算法	评价指标	TP (20%)	FP (20%)	TP (10%)	FP (10%)	Reduce (%)
TCM-RNE+SGA	平均值	98.18	2.12	98.21	2.15	94.03
	最好值	98.42	1.58	98.39	1.55	95.34
	最差值	97.98	2.71	98.01	2.73	92.72
TCM-RNE+PBIL	平均值	98.53	2.12	98.58	2.22	93.19
	最好值	98.75	1.72	98.75	1.71	95.78
	最差值	98.26	2.73	98.24	2.74	92.43
TCM-RNE+IBPSO	平均值	99.45	1.53	99.46	1.54	96.43
	最好值	99.79	1.23	99.82	1.21	97.55
	最差值	98.78	1.84	98.76	1.85	95.32

网络环境中存在不同类型的攻击，实验对比四种不同攻击数据的检测率和误报率，第一组测试集实验结果如图 5-57 所示。TCM-KNN 算法在四种攻击下的检测率均不相同，各组误报率在 2% 上下，优化后 TCM-RNE 算法在 DoS 和 U2R 攻击下检测率高于 TCM-KNN。TCM-RNE 和 TCM-RNE&IBPSO 算法在 Probe、R2L 两种类型攻击下有相同的检测率，DoS 和 U2R 攻击下检测率分别下降 2.5% 和 1%。

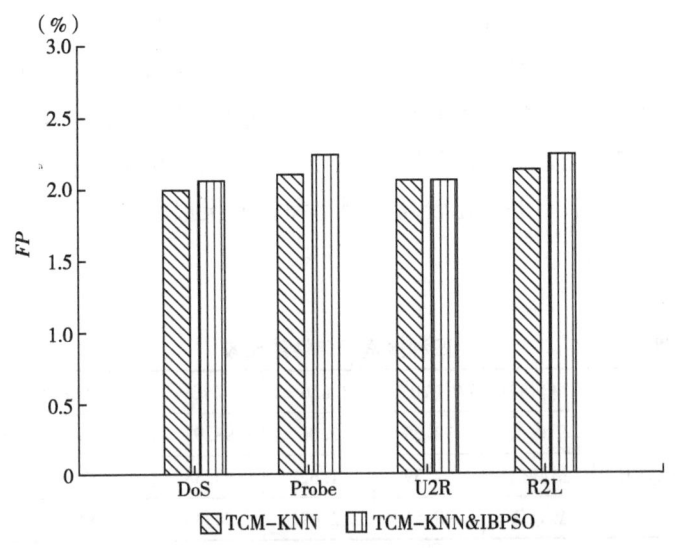

图 5-57 TCM-KNN 四种攻击类型检测率和误报率对比（20%）

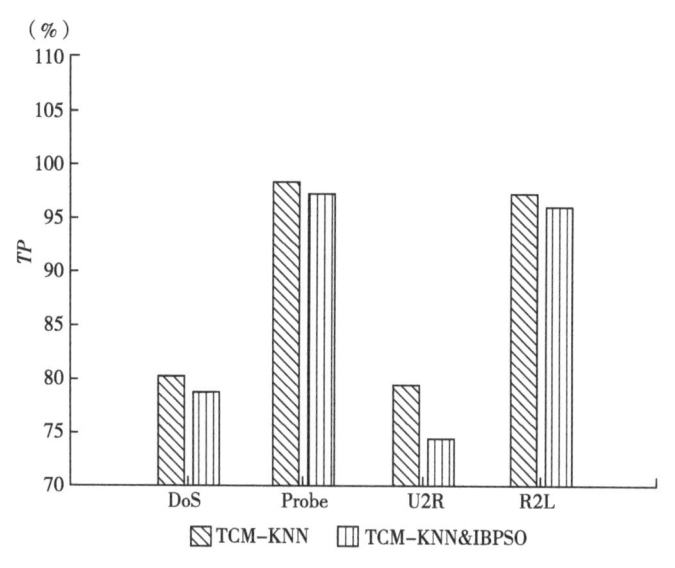

图 5-57　TCM-KNN 四种攻击类型检测率和误报率对比（20%）（续）

第二组测试集实验结果如图 5-58、图 5-59 所示：TCM-KNN 和 TCM-RNE 算法在两组测试集四种攻击中有不同幅度的偏差，异常数据所占测试集的比例不同，各攻击类型数量不平衡，在一定程度上会影响算法检测率。随着测试集中正常数目的增加和异常数据的减少，测试集异常数据接近第一组测试集的 2 倍，实验中异常误判个数也有所增加。实验发现，样本规模优化后两种算法的检测率和误报率均有不同程度的下降和上升，样本规模优化后选出的样本虽然在总体上代表了整个样本的特性，但不可能与原数据集完全相同，样本数量的减少一定程度上使分类的参考减少，使算法检测率和误报率有不同幅度的误差。

验证 IBPSO 样本规模优化策略对异常检测算法的抗噪性影响，对比含少量"噪声"干扰情况下的检测率和误报率。TCM-KNN 算法在含有少量"噪声"数据的误报率高于 TCM-RNE 算法，TCM-RNE 采用相对邻域熵定义异常，相较于 TCM-KNN 使用距离计算异常有更好的精度。当训练集不含干扰的数据时，TCM-RNE 算法在第一组测试集中正确检测个数为 19886，误报个数为 1008。少量"噪声"数据集下，正确检测个数为 19886，误报个数为 10048，误报率有所上升，检测个数不

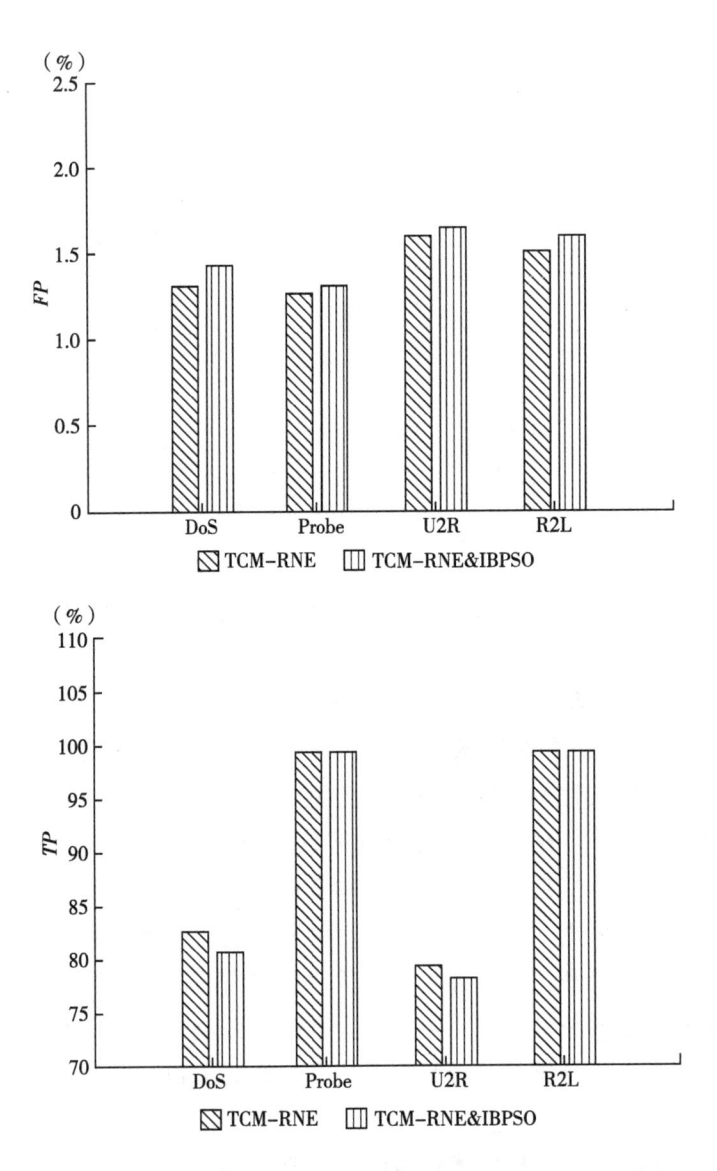

图 5-58 TCM-RNE 四种攻击类型检测率和误报率对比（20%）

变。同时，TCM-RNE 在 IBPSO 规模优化下正确检测个数为 19878，误报个数为 1064，而少量"噪声"数据集下检测个数为 19874，误报个数为 1080。少量"噪声"数据集下，误报个数和检测个数与优化前没有明显增加，两组测试集实验结果偏差很小，IBPSO 算法的适应度函数考虑了多个评价指标，样本规模优化算法在构建训练基准库时，一定程度上会精简"噪声"数据，样本规模优化后算法与原算法的检测率和误报率非常接近，IBPSO 保持了原算法的抗噪性（见表 5-29）。

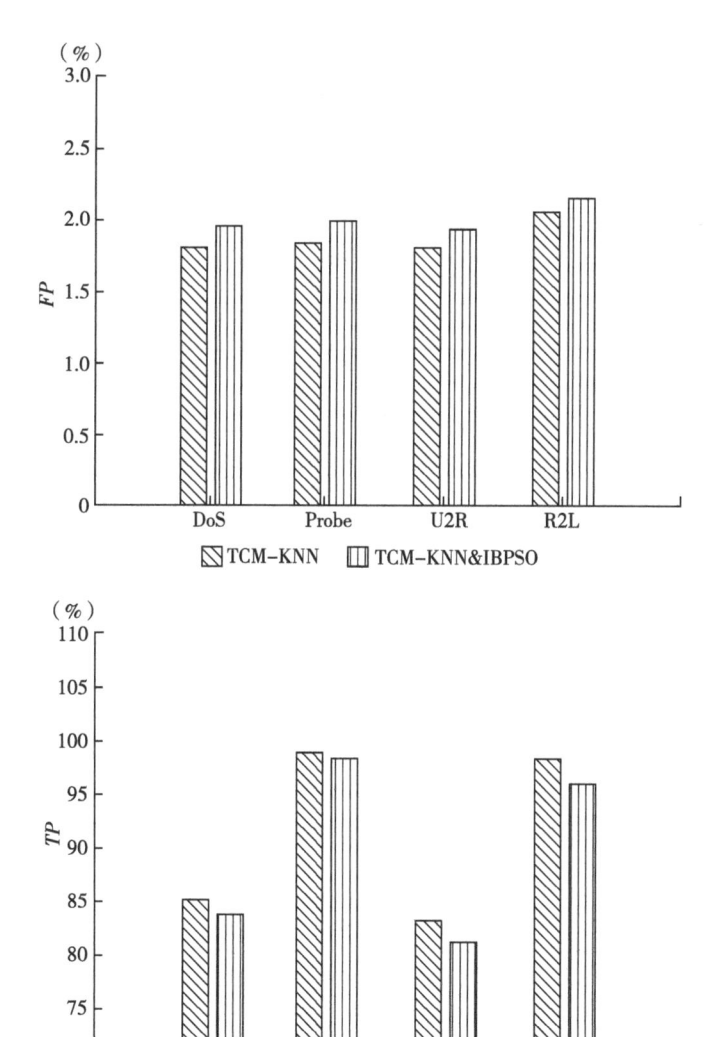

图 5-59 TCM-KNN 四种攻击类型检测率和误报率对比（10%）

表 5-29　　　　　　　　　　　抗干扰性实验结果

算法	正常数据集		少量"噪声"数据集	
	检测率（%）	误报率（%）	检测率（%）	误报率（%）
TCM-KNN（20%）	98.53	1.87	98.49	2.14
TCM-KNN&IBPSO（20%）	98.38	2.15	98.35	2.26
TCM-RNE（20%）	99.43	1.26	99.43	1.31
TCM-RNE&IBPSO（20%）	99.39	1.33	99.37	1.35
TCM-KNN（10%）	98.52	1.86	98.49	2.05
TCM-KNN&IBPSO（10%）	98.39	2.17	98.35	2.24
TCM-RNE（10%）	99.54	1.26	99.53	1.32
TCM-RNE&IBPSO（10%）	99.48	1.33	99.45	1.35

验证 IBPSO 样本规模优化策略对异常检测建模时间和检测时间的影响，实验结果如表 5-30 所示。异常检测采用训练集建模，建模时间不受测试集影响，第一组测试集中 TCM-KNN 建模时间缩短了 62.06%，检测时间缩短了 62.63%。TCM-RNE 算法最初的建模时间和检测时间分别为 4470.1s、4968.6s，优化后的算法建模时间和检测时间分别为 1375.9s、1381.2s，分别降低了 69.62% 和 72.2%。第二组测试集中样本规模优化后 TCM-KNN 检测时间降低了 59.79%，TCM-RNE 检测时间降低了 70.11%。两组测试集规模相同，异常数据占测试集比例不同，当测试集中异常比例更小时，算法的检测时间更短，样本规模优化策略极大缩短了异常检测算法的建模时间和检测时间（见图 5-60）。

表 5-30　　　　　　　　　　样本规模优化前后时间性能对比

算法	建模时间（s）	检测时间（s）	检测率（%）	误报率（%）
TCM-KNN（20%）	4826.8	5389.3	98.53	1.87
TCM-KNN&IBPSO（20%）	1830.9	2121.9	98.38	2.15
TCM-RNE（20%）	4470.1	4968.6	99.43	1.26
TCM-RNE&IBPSO（20%）	1375.9	1381.2	99.39	1.33
TCM-KNN（10%）	4826.8	5343.2	98.52	1.86

续表

算法	建模时间（s）	检测时间（s）	检测率（%）	误报率（%）
TCM-KNN&IBPSO（10%）	1830.9	2148.1	98.39	2.17
TCM-RNE（10%）	4470.1	4933.9	99.54	1.26
TCM-RNE&IBPSO（10%）	1375.9	1474.7	99.48	1.33

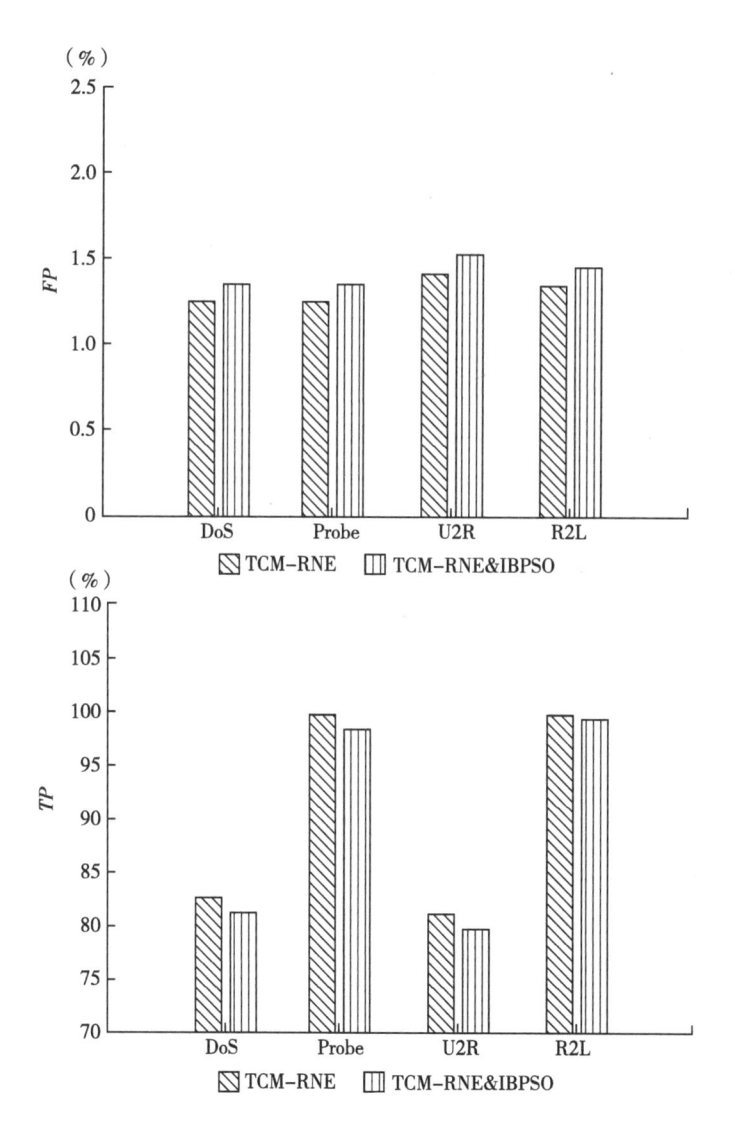

图 5-60　TCM-RNE 四种攻击类型检测率和误报率对比（10%）

五 组合式样本规模优化策略和基于组合式样本规模优化的网络异常检测算法[①]

针对TCM-RNE算法熵计算时出现的维数灾难,结合过滤式特征选择方法中的ReliefF算法和CFS算法,首先,提出了一种ReliefF+CFS组合式样本规模优化策略,分两个阶段进行样本规模优化,第一阶段采用ReliefF算法过滤特征集中的无关特征,第二阶段采用CFS算法过滤特征集中的冗余特征,从而得到一个适量、高质量的可行训练样本子集。其次,将该样本子集作为后续适用于基于相对邻域熵的直推式网络异常检测算法TCM-RNE的训练集样本,利用基于相对邻域信息熵定义的离群度刻画出各数据对象异常程度,用来检测异常点。UCI、KDD Cup1999数据集上对比实验表明,组合式样本规模优化策略能够在较少时间代价下有效去除样本集中无关特征和冗余特征,降低TCM-RNE算法训练集规模带来的计算开销,在保证异常检测准确率(检测率高、误报率低)的前提下提高了其异常检测效率,也一定程度上提升了TCM-RNE异常检测算法在带噪声数据下的抗干扰性。

(一)基于组合式样本规模优化的TCM-RNE算法

基于组合式样本规模优化的TCM-RNE算法(TCM-RNE Algorithm Based on ReliefF and Correlation-Based Feature Selection,TCM-RNE&ReCFS)思想为:采用ReCFS样本规模优化算法对特征集进行搜索,首先对特征权重计算初步过滤特征集中不相关特征,其次采用特征间相关分析去除冗余特征得到一个可行的特征子集,将特征选择后的样本子集作为新的训练集样本,再采用TCM-RNE异常检测算法对测试集分类。TCM-RNE&ReCFS算法可描述如下。

算法名称:TCM-RNE&ReCFS(TCM-RNE Algorithm Based on ReliefF and Correlation-Based Feature Selection)

Input:训练集样本U,待检测样本集x_r,信息系统$IS=(U, A, V, f, Q)$

Output:正常或者异常

1. 输入网络数据矩阵U,遍历矩阵删除重复样本
2. 数据预处理,对数据数值化归一化处理

[①] 梁伟:《面向金融数据的异常检测方法研究》,硕士学位论文,南昌大学,2019年。

3. 初始化特征权重和参数模型 $P(r,d)$ 的值，$w[A]=0$

4. 根据 d_{ij} 的大小，计算每组间隔欧式距离 Δd

5. 选择距离组内的中间样本 x_i

6. 循环 r 次抽样，从 U 中随机选择一个样本 s_i，从与 s_i 同类的样本中选择与 s_i 最近的一个近邻，标记为 Hit

7. 循环 C 次从 c 类选择与 s_i 距离最近的 d 个网络样本，构成集合 $M(c)$，计算特征权重向量 $w[A]$

8. 选取大于特征权重向量 $w[A]$ 指定阈值的特征，更新网络数据样本集 S 和特征变量集合 F'

9. 初始化空候选子集列表 L

10. 计算特征集 S 的 $Merit_s$ 值

11. 将集合保存至候选子集列表 L

12. 求 L 中最大 M_{max} 对应的候选集 S，将 S 赋值给 S_{best}

13. 将样本集合保留特征 S_{best} 作为新的 TCM-RNE 训练集

14. 计算所有训练集样本 U 单属性的邻域熵

15. 对单属性进行相应排序，构造单属性递减序列

16. 对所有训练集 U 样本对象循环计算相对邻域熵和相应权重

17. 根据相对邻域熵和权重计算对象 x_i 所对应的奇异值 $\alpha(x_i)$

18. 对待检测样本 x_r 采用步骤 15 至步骤 17 相同的步骤计算奇异值 $\alpha(x_r)$

19. 对待检测样本 x_r 计算 P 值

20. 将奇异值 $\alpha(x_r)$ 和 P 值与预定的阈值 τ 进行比对，判定 x_r 正常或异常

TCM-RNE 异常检测算法的时间复杂度为 $O(m \cdot n \cdot \log(n))$，特征向量的维数 n 和数据集的规模 m 是影响算法开销的主要因素，ReCFS 算法对 TCM-RNE 中数据集的特征向量的维数 n 特征精简，计算得到样本权重矩阵，搜索时将被选中的特征与目标集合组合，对其重复相关性计算，然后将样本规模优化后样本子集作为新的训练集，精简的样本子集一定程度上可以减少算法的计算开销。

（二）实验结果与分析

将 IBPSO 和 ReCFS 样本规模优化策略同时结合在 TCM-KNN 和 TCM-RNE 算法中，实验选取两组测试集上 5 次检测结果，第一组测试集实验结果（见图 5-61、图 5-62）：优化后的 TCM-KNN 在 5 组实验中误报率有所上升，误报个数为 750—2000。TCM-RNE 算法误报率维

持在1.5%左右，TCM-RNE&ReCFS算法与优化前的算法误报率最接近，其次是TCM-RNE&IBPSO&ReCFS，样本规模优化前的TCM-RNE算法有较高的检测率，5组实验下检测率均维持在99%以上。实验中，样本规模优化后的算法检测率稍有下降，检测率和误报率的变化范围都在1%以内。

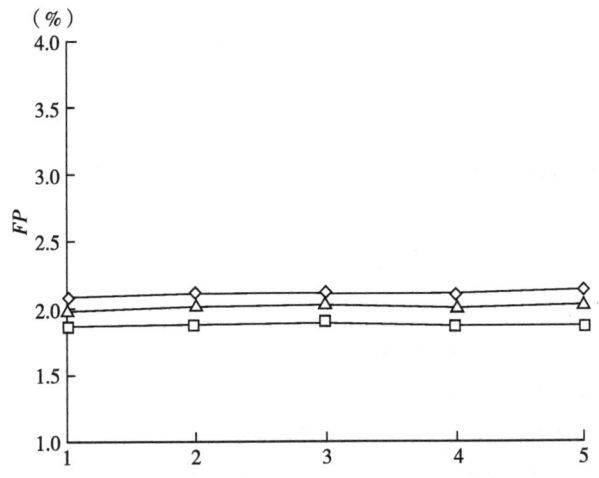

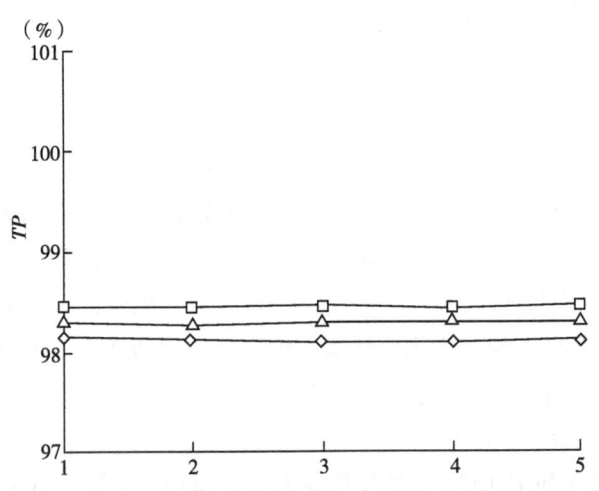

图 5-61 TCM-KNN 检测率和误报率（20%）

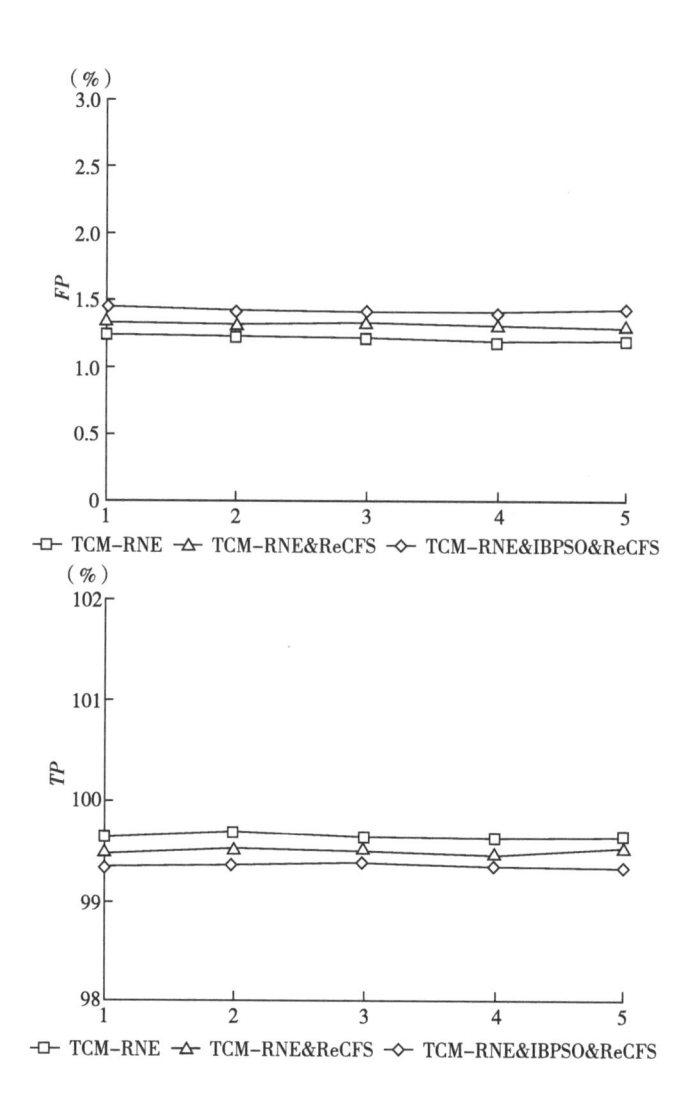

图 5-62　TCM-RNE 检测率和误报率（20%）

第二组测试集实验结果（见图 5-63、图 5-64）：优化前后的 TCM-KNN 异常检测算法误报率维持在 2% 上下，检测率维持在 98.4% 上下。TCM-RNE 算法误报率维持在 1.5% 上下，ReCFS 和 IBPSO 策略都会在一定程度上增加算法的误报率和降低算法的检测率，同时减小训练集规模和对特征样本空间降维时，会进一步加大误差。两组测试集的检测率和误报率不会随着测试集的改变而发生太大的改变，样本规模优化后的异常检测算法具有一定的稳定性。

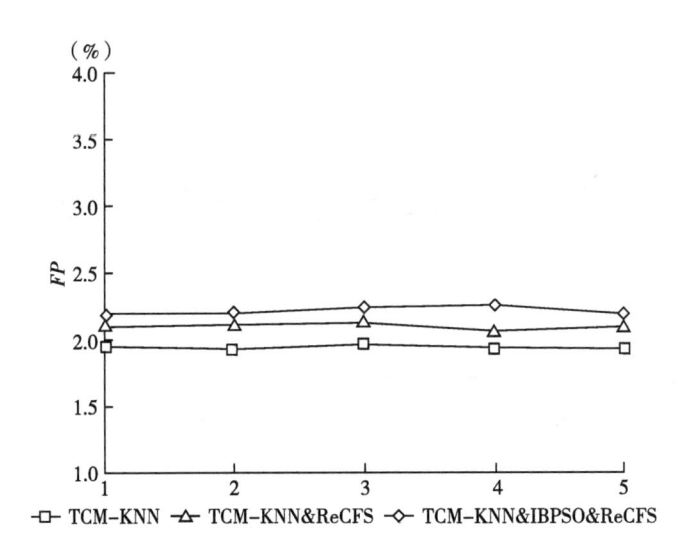

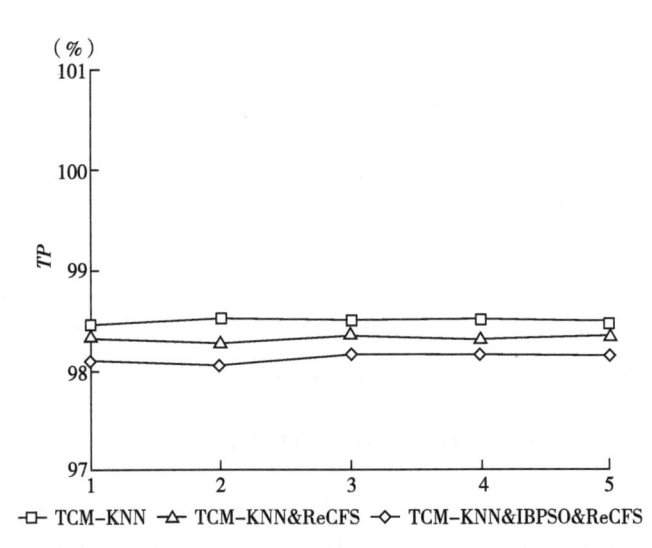

图 5-63 TCM-KNN 检测率和误报率（10%）

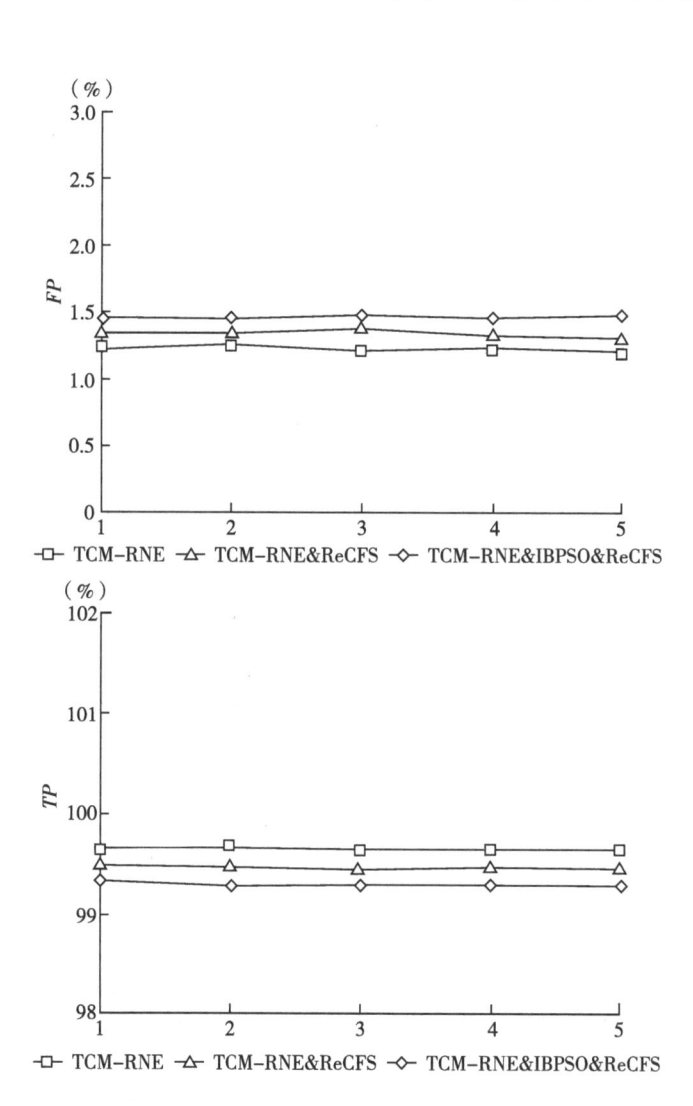

图 5-64　TCM-RNE 检测率和误报率（10%）

实验对比样本规模优化后的异常检测算法在四种攻击下的检测率和误报率，第一组测试集实验结果（见图 5-65、图 5-66）：优化后的 TCM-KNN 不同攻击类型检测率比 TCM-RNE 低。TCM-RNE&ReCFS 算法 DoS、U2R 攻击下检测率分别为 81.5%、75%，TCM-RNE&ReCFS 算法 U2R 检测率低于优化前。TCM-RNE&IBPSO&ReCFS 不同数据集下误报率比 TCM-RNE&ReCFS 高。第二组测试集实验结果（见图 5-67、图

5-68）：四种攻击有较小的浮动。由于 U2R 数据与正常的用户行为非常相似，异常检测算法并不容易识别，U2R 攻击类型下各组实验的检测率都较低。

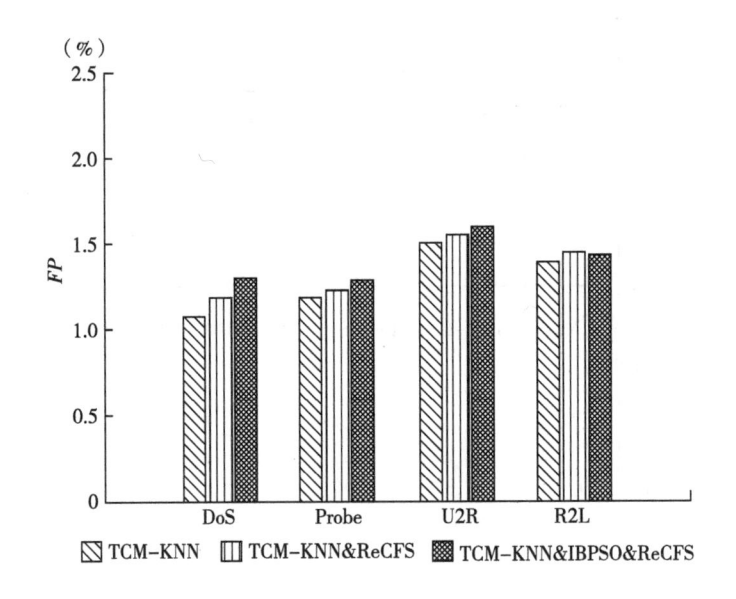

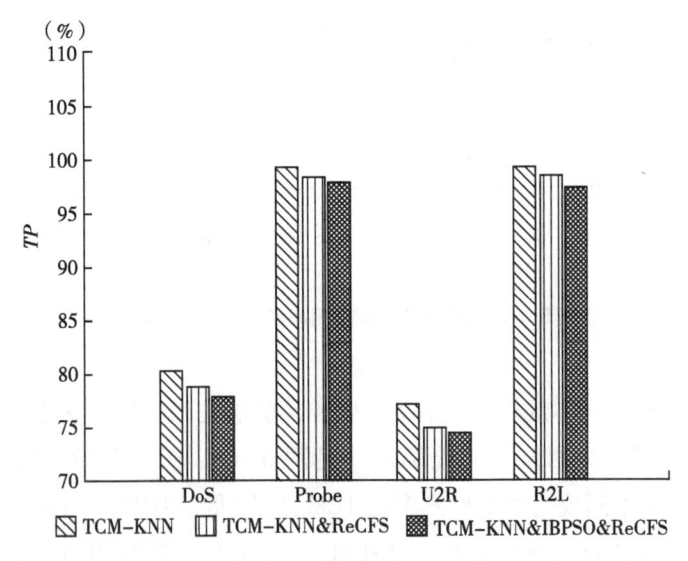

图 5-65 TCM-KNN 四种攻击类型检测率和误报率对比（20%）

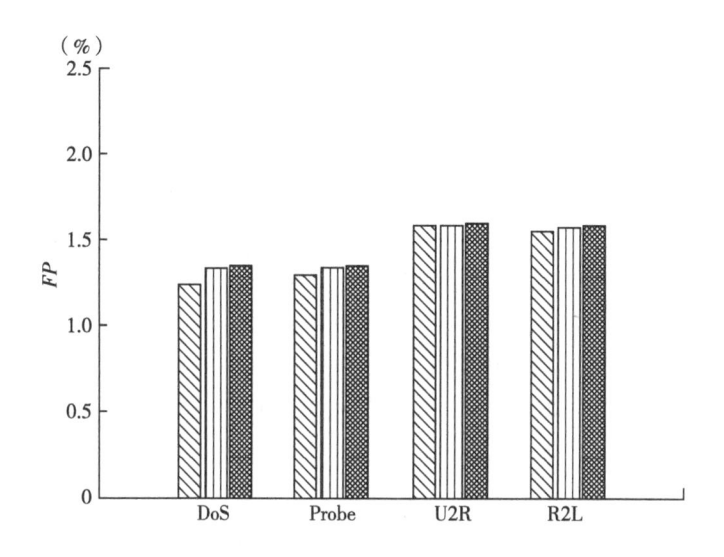

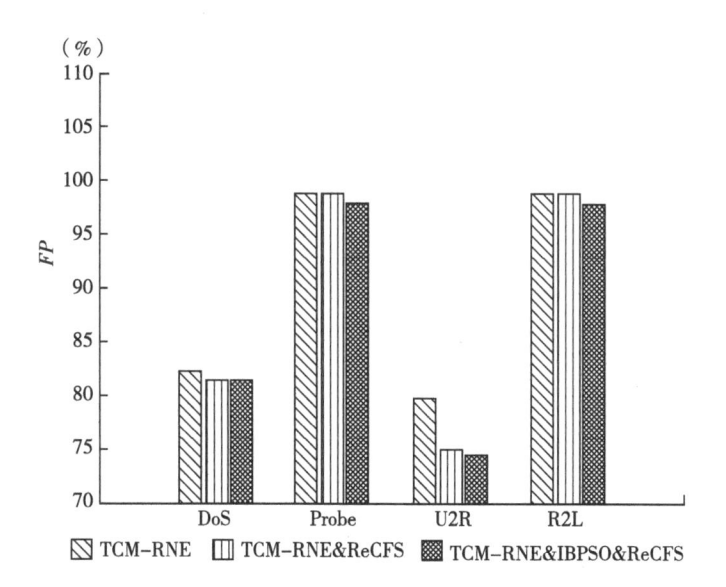

图 5-66 TCM-RNE 四种攻击类型检测率和误报率对比（20%）

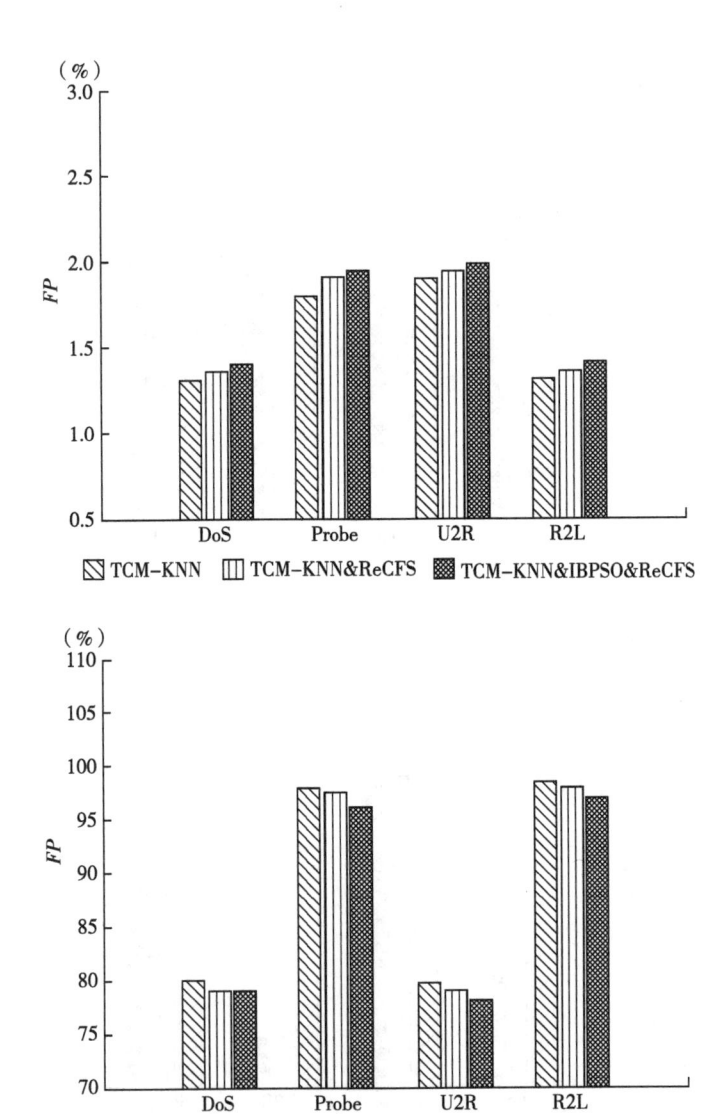

图 5-67 TCM-KNN 四种攻击类型检测率和误报率对比（10%）

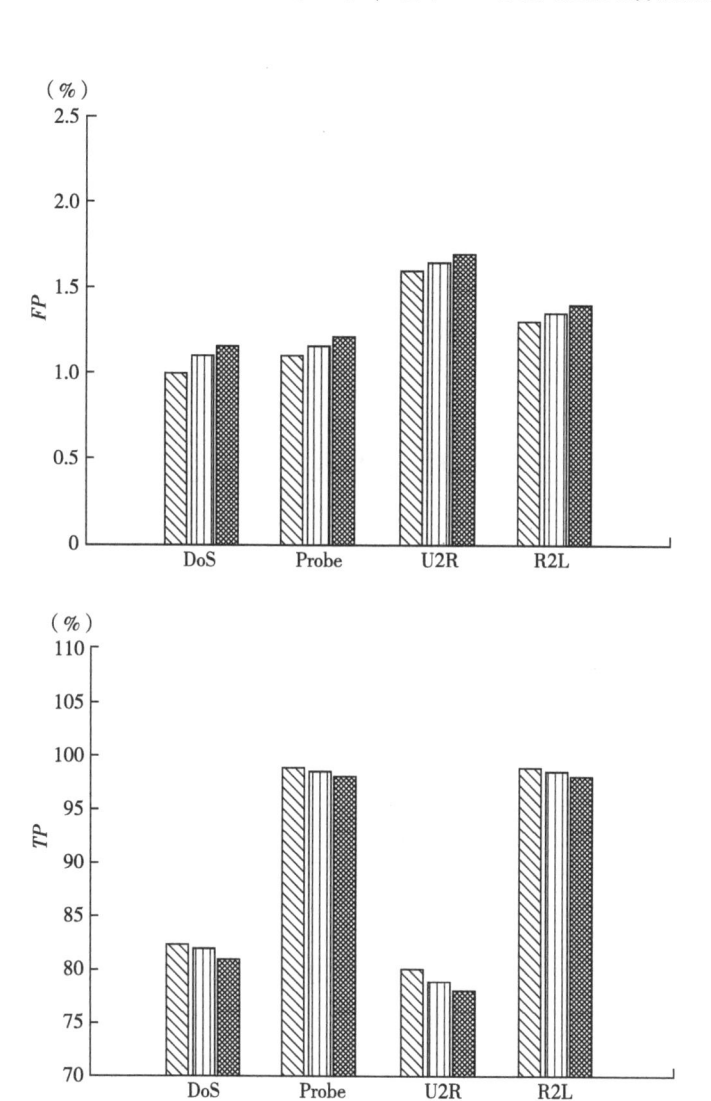

图 5-68 TCM-RNE 四种攻击类型检测率和误报率对比（10%）

验证 ReCFS 优化策略对 TCM-KNN 和 TCM-RNE 算法的抗噪性，对比含少量"噪声"干扰情况下的检测率和误报率，第一组测试集中 IBPSO 和 ReCFS 两种优化策略的 TCM-KNN 算法检测率为 98.33%，误报率为 2.25%。TCM-RNE 算法在 ReCFS 优化策略下少量"噪声"数据集检测个数和误报个数分别为 19682、1808。TCM-RNE 在 IBPSO 和

ReCFS 两种优化策略下检测率为 99.36%，误报率为 1.38%。少量"噪声"数据集下检测率和误报率分别为 98.35% 和 1.42%。第二组测试集中，样本规模优化前后少量"噪声"数据集算法检测率和误报率变化较小。IBPSO 从训练集中选择少量样本会极大减小样本的规模，而 ReCFS 保留的样本特征为样本的主要属性，由于"噪声"数据仅占训练集规模的 2%，少量的"噪声"数据并不影响数据集的训练及样本分类，优化后的算法仍具备一定的抗干扰能力（见表 5-31）。

表 5-31　　　　　　　　　　抗干扰性实验结果

算法	正常数据集		少量"噪声"数据集	
	检测率（%）	误报率（%）	检测率（%）	误报率（%）
TCM-KNN&ReCFS（20%）	98.43	2.18	98.41	2.26
TCM-KNN&IBPSO&ReCFS（20%）	98.33	2.25	98.29	2.31
TCM-RNE&ReCFS（20%）	99.45	1.34	98.42	1.35
TCM-RNE&IBPSO&ReCFS（20%）	99.36	1.38	98.35	1.42
TCM-KNN&ReCFS（10%）	98.42	2.17	98.42	2.25
TCM-KNN&IBPSO&ReCFS（10%）	98.35	2.26	98.33	2.37
TCM-RNE&ReCFS（10%）	99.46	1.33	99.43	1.37
TCM-RNE&IBPSO&ReCFS（10%）	99.39	1.35	99.35	1.39

验证两种样本规模优化策略对 TCM-KNN 和 TCM-RNE 的建模时间与检测时间的影响。第一组测试集中，ReCFS 样本规模优化后的 TCM-KNN 算法建模时间和检测时间分别下降 64.29%、57.82%，同时采用两种策略时分别下降 83.21%、79.93%。TCM-RNE&ReCFS 优化后的算法建模时间和检测时间分别为 1140.1s、1351.9s，建模时间缩短了 74.49%，检测时间缩短了 72.79%。同时，采用两种策略时建模时间和检测时间分别缩短了 87.45%、83.48%，检测率和误报率都保持了较高的水平。第二组测试集中，ReCFS 和 IBPSO&ReCFS 样本规模优化后 TCM-KNN 检测时间缩短了 58.38%、81.12%，TCM-RNE 检测时间缩短了 73.19%、83.60%。实验表明，IBPSO 和 ReCFS 优化策略都能有效缩短 TCM-KNN 和 TCM-RNE 算法的建模时间和检测时间，同时采用两种优化策略时间性能提升更加明显（见表 5-32）。

表 5-32　　　　　　　样本规模优化前后时间性能对比

算法	建模时间（s）	检测时间（s）	检测率（%）	误报率（%）
TCM-KNN&ReCFS（20%）	1723.2	2272.8	98.43	2.18
TCM-KNN&IBPSO&ReCFS（20%）	810.3	1081.4	98.33	2.25
TCM-RNE&ReCFS（20%）	1140.1	1351.9	99.45	1.34
TCM-RNE&IBPSO&ReCFS（20%）	560.8	820.5	99.36	1.38
TCM-KNN&ReCFS（10%）	1723.2	2223.4	98.42	2.17
TCM-KNN&IBPSO&ReCFS（10%）	810.3	1008.5	98.35	2.26
TCM-RNE&ReCFS（10%）	1140.1	1322.6	99.46	1.33
TCM-RNE&IBPSO&ReCFS（10%）	560.8	808.9	99.39	1.35

六　基于马氏距离的概念漂移数据流新异类检测与分类算法

该算法[①]通过引入马氏距离作为相似性度量，考虑了样本属性间的相关性，关注变量细微变化的作用，可以有效地检测概念漂移数据流中出现的新异类并标记，随后更新分类模型以适应数据流的变化提升算法的准确率。在人工数据集和 UCI 数据集上分别进行了算法分类性能以及概念漂移处理的对比实验。实验结果表明，C&NCBM 算法在提升数据流分类准确率方面是有效的，分类准确率得到了提高，且能较好地处理数据流中的概念漂移。

近年来，随着网络的普及，物联网和数据采集技术不断发展，数据呈爆炸式增长，出现了一种在互联网、金融、医学、生态监控等领域产生的不断变化的带有时间戳的数据模型，即数据流。数据流作为在时代背景下孕育而生的新型数据模型，受到社会越来越多的关注，数据流不同于传统数据集，具有时间顺序性、快速变化、海量和潜在的无限等特性。正是数据流的独特特征，使数据流的数据处理模型与传统的数据挖掘技术存在很大的差别。传统的数据挖掘技术处理的数据均为静态数据集，这些数据可以在介质中永久性存储，在分析数据的过程中，可以多次扫描使用。与传统静态数据库不同，数据流数据处理模型的更新速率更加快速，且持续地流入和流出计算机系统。因此，处理数据流数据的

---

① 金紫嫣：《面向概念漂移数据流挖掘的新异类检测与分类方法研究》，硕士学位论文，南昌大学，2018 年。

两个最大挑战是其自身潜在无限的长度,以及数据实时变化出现的概念漂移(Concept Drift)。概念漂移意味着模型尝试预测的目标变量的统计性质以不能预测的方式随着时间改变。因此,使用传统数据挖掘技术,存储和使用所有的历史数据用于训练是不切实际的,这使人们必须对现有的数据挖掘技术进行改变,针对这种新型的数据模型设计新的挖掘算法。

(一)基于马氏距离提出新异类检测指标

基于马氏距离与 M. M. Masud 等提出的内聚性分离性指标 $N-NSC$ 提出一种新的新异类检测指标,相关定义如下。

定义(R-异常值)令 x 为测试点,C_{min} 为最靠近 x 的聚类结果点,若 x 在 C_{min} 包含的特征空间决定范围之外,则 x 是一个 R-异常值。

定义(F-异常值)若对分类集合 E 中的所有分类器 E_i 均有 x 是一个 R-异常值,则 x 是一个 F-异常值。

定义(λ_c-邻居)F-异常值 x 的 λ_c-邻居是类 c 中距离 x 最近的 n 个邻居集合,用符号 $\lambda_c(x)$ 表示。其中 n 是一个用户定义的参数。

根据上述定义,给出了基于马氏距离的内聚性、分离性指标 MN-NSC 的定义,MN-NSC 为 F-异常值 x 到已存在类的 λ_c-邻居的最小平均马氏距离与 F-异常值 x 到其他 F-异常值的 λ_c-邻居的平均马氏距离之差和上述两种距离最大值的差值。

定义(MN-NSC)令 $ma(x)$ 为 F-异常值 x 到 $\lambda_o(x)$ 的平均马氏距离,$mbe(x)$ 为 F-异常值 x 到 $\lambda_e(x)$ 的平均马氏距离,则 $mb_{min}(x)$ 为 $mbe(x)$ 中的最小值。则 MN-NSC 定义如下:

$$MN-NSC = \frac{mb_{min}(x) - ma(x)}{\max(mb_{min}(x), ma(x))}$$

式中:$\lambda_o(x)$ 为 x 到其他 F-异常值的 λ_c-邻居;$\lambda_e(x)$ 为 x 到其已存在类的 λ_c-邻居。

由定义可知,MN-NSC 的值在区间 $(-1, 1)$,当 MN-NSC 为负时,则表示 x 与已存在类更近,与 F-异常值更远;当 MN-NSC 为正时,则表示 x 与已存在类更远,与 F-异常值更近。当至少有 $N(>n)$ 个 F-异常值的 MN-NSC 值大于 0 时,表明数据流中有一个新异类产生。

（二）数据流新异类检测及分类算法描述

算法将数据流划分成相同大小的数据块，取数据流中最后到达的数据块 D_i 及当前最优的 m 个分类器集合 M，最近邻数 n 及产生新异类阈值 β 作为算法的输入，对数据块中的实例进行分类，判定实例是否为 R-outlier，若实例是 R-outlier 则将其加入异常集合 F 中，随后使用 K-means 聚类集合 F 中的实例，并为每个簇创建一个 F 簇点，F 簇点保存每个簇的簇心和聚类半径，对每个 F 簇点计算 MN-NSC 值，若 MN-NSC 值大于 0 的 F 簇点个数大于所设阈值，则算法判定产生新异类并将其归类。当 D_i 中所有数据均被标记后，使用 D_i 训练一个新的模型 M_{n+1}。从集合 M 中选择一个当前分类准确率最低的模型 M_i，将模型 M_i 替换为模型 M_{n+1}。通过上述方法，可以保证在任意时刻，算法均保持当前最新概念的分类模型，进而解决数据流中的概念漂移问题。

算法：基于马氏距离的概念漂移数据流新异类检测及分类算法 C&NCBM

Input：数据块 D_i，分类器集合 $M=\{M_1, M_2, \cdots, M_n\}$，最近邻数 n，产生新异类阈值 β

Output：更新后的分类器集合 M'

1. **for** $x \in D$ **do**
2. **Classify**(M, x)
3. **if** x 为 M 中所有分类器的 R-outlier
4. **then** 将 x 加入集合 F
5. **end for**
6. 使用 **K-means**$(K=K*|F|/|D|)$ 对集合 F 进行聚类并为每个簇创建一个 F 簇点 Fp_k
7. **for** $i=0$; $i \leqslant k$; i++ **do**
8. **compute** MN-NSC(Fp_i)
9. **if** MN-NSC$(Fp_i)>0$; $n=n+1$
10. **end for**
11. **if** $n>\beta$
12. **then** $C_n =$ **NovelInstance**(D_i)
13. **if** D_i 中所有数据均被分类
14. $M_{n+1} =$ **Train**(D_i)
15. $M' =$ **Replacement** (M, M_{n+1})

(三) 实验结果与分析

为了验证本书提出的基于马氏距离内聚性分离性指标的新异类检测算法，在两个真实数据集和一个人工数据集上做了三组实验进行测试。选用 KNN（K-Nearest Neighbor）做 C&NCBM 算法总的数据流分类器，以及使用 KNN 单独对数据流进行分类进行对比实验，同时选择 Masud 等提出的 MineClass 进行了对比实验。

KKD CUP 数据集上的实验结果如表 5-33 所示，Covertype 数据集上的实验结果如表 5-34 所示，人工数据集上的实验结果如表 5-35 所示。

表 5-33　　　KKD CUP 数据集上的实验结果数据

C	C&NCBM 准确率（%）	MineClass 准确率（%）	KNN 准确率（%）	C&NCBM 评估时间（s）	MineClass 评估时间（s）	KNN 评估时间（s）
1	99.82272555	99.69880555	99.6174244	26.8109375	25.950	22.48593750
2	99.84682111	99.73753055	99.50710498	54.1312500	51.120	45.07500000
3	99.80780925	99.65692518	99.40015924	83.9796875	77.800	69.34375000
4	99.85413583	99.74269388	99.50811708	117.6718750	109.33	97.36875000
5	99.88193178	99.79415511	99.60649366	152.3984375	138.35	123.5468750
6	99.88898833	99.81297259	99.67207805	190.0578125	170.77	154.1312500
7	99.89501222	99.81559523	99.69662159	213.7468750	203.87	185.8859375
8	99.90275722	99.82896458	99.72493241	246.0796875	228.09	207.2968750
9	99.90202846	99.82450139	99.71013319	259.0312500	258.43	234.4468750

表 5-34　　　Covertype 数据集上的实验结果数据

C	C&NCBM 准确率（%）	MineClass 准确率（%）	KNN 准确率（%）	C&NCBM 评估时间（s）	MineClass 评估时间（s）	KNN 评估时间（s）
1	88.98316753	87.84379195	87.0176586	21.5171875	18.2156250	15.7437500
2	91.15607036	89.86455199	89.47368421	39.0093750	32.575000	30.7796875
3	91.52123277	89.85462348	89.58440903	57.2562500	49.2234375	46.3015625
4	92.0269526	90.25808199	89.98571478	75.3640625	65.4875000	64.8359375
5	91.46122337	89.44133421	88.92740353	96.3562500	85.3375000	84.2593750

续表

C	C&NCBM 准确率（%）	MineClass 准确率（%）	KNN 准确率（%）	C&NCBM 评估时间（s）	MineClass 评估时间（s）	KNN 评估时间（s）
6	**91.48365518**	89.28080846	88.83170975	**118.4125000**	104.6640625	102.9203125
7	**91.47066489**	89.11857325	88.5924753	**143.8546875**	128.4421875	121.6671875
8	**91.73673023**	89.40587587	88.84827545	**165.1609375**	148.081250	139.3656250
9	**91.89012426**	89.35605927	88.96117556	**185.7062500**	166.9156250	156.5406250
10	**92.22494544**	89.86975071	89.46252401	**204.0609375**	183.3109375	173.3312500

表 5-35　　　　　人工数据集上的实验结果数据

C	C&NCBM 准确率（%）	MineClass 准确率（%）	KNN 准确率（%）	C&NCBM 评估时间（s）	MineClass 评估时间（s）	KNN 评估时间（s）
1	**76.09**	74.89	74.15	**7.796875**	7.375	7.30875
2	**76.205**	75.26	74.42	**16.703125**	15.078125	14.6625
3	**76.35**	75.78	74.63	**25.25**	22.84375	21.98375
4	**76.3775**	75.805	74.5575	**34.203125**	30.484375	29.33125
5	**76.45**	75.864	74.454	**44.484375**	38.234375	36.6325
6	**76.54666667**	75.99166667	74.40833333	**53.921875**	45.90625	44.2265
7	**76.56857143**	75.95571429	74.45857143	**63.609375**	53.625	51.7875
8	**76.60125**	75.93875	74.40875	**73.296875**	61.296875	59.48125
9	**76.64444444**	76.00444444	74.37111111	**82.171875**	69.0625	67.05875
10	**76.687**	75.98	74.385	**90.75**	76.71875	74.52625

在两个真实数据集和一个人工数据集上做的三组实验可知，使用本书所提的基于马氏距离的概念漂移数据流新异类检测及分类算法有以下特点：①能够在概念漂移数据流中出现新异类时及时进行判定，并对其进行标记后自适应地更新原有模型，对概念漂移数据流中出现新异类具有更强的分类鲁棒性；②相较于使用普通分类器在分类准确率方面有显著提升，相较于基于欧式距离的异类检测及分类算法在分类准确率上有一定程度的提升；③评估时间略多于对比算法。

本书提出了一种基于马氏距离内聚性分离性指标 MN-NSC，并将其应用于数据流分类算法中，提出了一种基于马氏距离改进的概念漂移数据流新异类检测及分类算法 C&NCBM，MN-NSC 首先使用马氏距离计算 F-异常值与 F-异常值之间的距离 $ma(x)$ 以及 F-异常值与已有类之间的距离 $mb(x)$，随后将 $mb(x)$ 的最小值 $mb\min(x)$ 与 $ma(x)$ 之差和 $mb\min(x)$ 与 $ma(x)$ 的最大值做商，得出最终的指标值。与传统使用欧式距离进行实例之间距离度量不同，本方法更加注重实例之间的相似性，能够敏感地检验异常值之间的微小变化。在使用 KNN 算法和 MineClass 算法的比较性试验中验证了该分类算法的有效性，另外还设计了概念漂移处理效果实验，对比分析了 C&NCBM 算法、KNN 算法和 MineClass 算法分类精度 Kappa Statistic。同时，由于加入马氏距离等问题，提出的指标在时间上略高于比较算法。如何在保证算法分类有效性的同时提升计算时间是本书未来的研究方向。

七 基于 ReliefF 特征空间局部无损转换数据流分类算法

该算法[①]对特征空间设定阈值，若超过限定阈值则使用 ReliefF 对特征属性进行筛选，否则使用特征空间无损转换方法。本方法缩短了现有特征空间无损转换维度灾难的可能性，同时保证了算法的分类准确度，且显著缩短了算法的分类时间。在人工数据集和 UCI 数据集上分别进行了算法分类性能及概念漂移处理的对比实验，实验结果表明提出的 LLHCCR 算法是有效可行的，在分类准确率、分类评估时间方面得到了有效改善，同时具备处理数据流概念漂移的能力。

随着科学技术不断变革，在社交网络、生物医学、金融、科研等领域不断涌现海量高维数据流。高维数据在研究和处理方面给人们带来了巨大挑战：随着维度增加，数据中无关、冗余的信息也会随之增加，从而导致数据模型处理数据的能力减弱，无法有效显示数据特点。特征选择是一种剔除数据中的部分特征，仅选择特征的子集的方法。特征选择因其降低数据规模、提升数据质量的特点受到许多科研人员的关注。

（一）基于 ReliefF 特征空间局部无损转换的数据流分类算法

已知一个数据集 D，D 中最新未标记实例数据块为 D_u，x_i 为 D_u 中

[①] 金紫嫣：《面向概念漂移数据流挖掘的新异类检测与分类方法研究》，硕士学位论文，南昌大学，2018 年。

的一个实例，M_j 是分类模型集合 M 中的一个模型。设 x_i 的特征数为 n，则 x_i 的特征集合为 $\{f_{i_1}, f_{i_2}, \cdots, f_{i_n}\}$；$M_j$ 的特征数为 m，则 M_j 的特征集合为 $\{f_{j_1}, f_{j_2}, \cdots, f_{j_m}\}$，设 x_i 和 M_j 中相同属性的个数为 s，则 $0 \leq k \leq s$ 时 $f_{j_k} = f_{j_k}$。特征空间属性个数阈值为 α。

基于上述假设，我们给出如下定义。

定义：特征空间无损转换（Lossless Homogenizing Conversion）：使用 x_i 和 M_j 的并集 $F = \{f_{j_1}, \cdots, f_{j_s}, f_{j_{s+1}}, \cdots, f_{j_m}, f_{i_{s+1}}, \cdots, f_{i_n}\}$ 作为特征空间。并集 F 大小 $F_{num} = m+n-s$。对于转换后的特征空间，实例（模型）原本不存在的属性值为 0。

基于上述参数及定义，我们根据特征空间局部无损转换（Local Lossless Homogenizing Feature Space Conversion）的具体定义，当实例 x_i 与模型 M_j 的特征空间并集的大小 $F_{num} > \alpha$ 时，若 $\alpha > M_j$ 的特征数，则特征空间转换为模型 M_j 的特征空间与 α 与 M_j 特征数之差个实例 x_i 特征的并集；若 $\alpha \leq M_j$ 的特征数，则特征空间转换为 α 个模型 M_j 的特征。当实例 x_i 与模型 M_j 的特征空间并集的大小 $F_{num} \leq \alpha$ 时，进行特征空间无损转换。

定义：特征空间局部无损转换。

（1）当 $F_{num} > \alpha$，即当实例与模型的特征并集大小大于阈值时：

$$F = \begin{cases} \{f_{j_1}, \cdots, f_{j_s}, f_{j_{s+1}}, \cdots, f_{j_m}, f_{i_{s+1}}, \cdots, f_{i_{s+(\alpha-m)}}\} & \alpha > m \\ \{f_{j_1}, \cdots, f_{j_s}, f_{j_{s+1}}, \cdots, f_{j_\alpha}\} & \alpha \leq m \end{cases}$$

（2）当 $F_{num} \leq \alpha$，即当实例与模型的特征并集大小不大于阈值时：

$$F = \{f_{j_1}, \cdots, f_{j_s}, f_{j_{s+1}}, \cdots, f_{j_m}, f_{i_{s+1}}, \cdots, f_{i_n}\}$$

对于转换后的特征空间，实例（模型）原本不存在的属性值为 0。

ReliefF 算法是 Kononenko 等为了解决 Relief 算法不能处理多类、回归以及数据缺失问题提出的一种改进式的特征选择算法。ReliefF 算法在同类与不同类实例中选择 K 个最近邻样本，通过求均值对各个特征进行加权，权重值大小代表特征的分类能力强弱，可设置阈值 N 选择前 N 个特征权值最大的特征。给出了 Kononenko 等提出的 ReliefF 特征选择算法伪代码。

算法：ReliefF 特征选择算法

Imput：数据集 D，迭代次数 N，最近邻数 k

Output：特征权值排序 $W[n]$　　//n 为数据集特征个数

1. set $W[n] = 0$;
2. **for** $i = 0$; $i \leq m$; i++ **do**
3. 随机选择 D 中一个样本 x_i
4. 找出与 x_i 同类的 k 个最近邻 H_j
5. 找出与 x_i 不同类的 k 个最近邻 $W_j[C]$
6. **for** $j = 0$; $j \leq n$; j++ **do**
7. $W[n] = W[n] - \dfrac{\sum_{j=1}^{k} diff(n, x_i, H_j)}{(m \times k)} + \dfrac{\sum_{C \neq class(R_i)} \dfrac{P(C)}{1-P(class(x))} \times \sum_{j=1}^{k} diff(n, x_i, W_j[C])}{(m \times k)}$
8. **end for**
9. **return** $W[n]$

若数据集含有 m 个实例，每个实例中有 n 个特征，则 ReliefF 算法的时间复杂度为 $O(mn)$，该算法适用于处理高维数据集，对噪声过滤有鲁棒性。

(二) 基于 ReliefF 的数据流特征空间局部无损转换算法

1. 算法描述

算法将数据流划分成相同大小的数据块，取数据流中最后到达的数据块 D_i 迭代次数 t，最近邻数 k，特征数阈值 α，以及当前最优的 m 个分类器集合 M 作为算法的输入，首先使用 ReliefF 算法对数据块中的属性进行排序，判断数据块中的每个实例与模型的特征空间并集大小，并将其转换后的数据块和模型返回。

2. 算法时间复杂度

若数据集含有 m 个实例，每个实例中有 n 个特征，则 LLHCR 算法的时间复杂度为 $O(mn)$。

算法：基于 ReliefF 的数据流特征空间局部无损转换算法 LLHCR

Imput：数据块 D，迭代次数 t，最近邻数 k，特征数阈值 α，当前分类器集合 M

Output：转换后的实例 x_i' 和模型 M'

1. ReliefF(D, t, k)
2. **for** $i = 0$; $i \leq N$; i++ **do** //N 为数据块大小

3. if $F_{num} > \alpha$ then   //特征空间并集大小超过阈值

4. $F = \begin{cases} \{f_{j_1}, \cdots, f_{j_s}, f_{j_{s+1}}, \cdots, f_{j_m}, f_{i_{s+1}}, \cdots, f_{i_{s+(\alpha-m)}}\} i & \alpha > m \\ \{f_{j_1}, \cdots, f_{j_s}, f_{j_{s+1}}, \cdots, f_{j_\alpha}\} & \alpha \leq m \end{cases}$

5. $x_i' = F$; $M' = F$；//将求得的特征空间赋值给测试实例和模型

6. else

7. $F = \{f_{j_1}, \cdots, f_{j_s}, f_{j_{s+1}}, \cdots, f_{j_m}, f_{i_{s+1}}, \cdots, f_{i_n}\}$

8. $F_{x_i'} = F$；$F_{M_i'} = F$

9. end if

10. end for

11. return D', M'

该算法适用于处理高维数据集分类过程中的特征空间转换，对提升准确率、降低分类时间具有辅助效果。

（三）基于 ReliefF 特征空间局部无损转换的数据流分类算法

1. 算法描述

算法将数据流划分成相同大小的数据块，取数据流中最后到达的数据块 D_i 迭代次数 t，最近邻数 k，特征数阈值 α，产生新异类阈值 β，以及当前最优的 m 个分类器集合 M 作为数据集的输入，使用 LLHCR 算法对模型和实例进行特征空间转换后，使用 C&NCBM 算法进行新异类检测及分类，并使用已分类数据训练新的模型，随后对原模型集合进行更新。

2. 数据流中概念漂移处理过程

通过保持分类模型的概念为数据流中最新的概念这一方法，解决数据流中的概念漂移问题，具体解决步骤如下：当 D_i 中所有数据均被标记后，使用 D_i 训练一个新的模型 M_{n+1}。从集合 M 中选择一个当前分类准确率最低的模型 M_i，将模型 M_i 替换为模型 M_{n+1}。通过上述方法，可以保证在任意时刻，算法均保持当前最新概念的分类模型。

3. 算法时间复杂度

算法 LLHCCR 的时间复杂度为 $O(mn + kd + k2E + classify() + Replacement())$。给出了基于 ReliefF 特征空间局部无损转换的数据流分

类算法 LLHCCR 的伪代码。

算法：基于 ReliefF 特征空间局部无损转换的数据流分类算法 LLHCCR

Imput：数据流最新的数据块 D_i，迭代次数 t，最近邻数 k，特征数阈值 α，当前分类器集合 $M=\{M_1, M_2\cdots, M_n\}$，产生新异类阈值 β

Output：转换后的实例 x_i' 和模型 M' //n 为数据集特征个数

1. **while** stream not null **do**
2. **For** $x \in D_i$
3. M'，D'_i = **LLHCR**(D, t, k, α, M)   //进行数据流特征空间局部无损转换
4. **C&NCBM**(D_i', M', k, β)   //进行新异类检测及分类，并使用已分类数据训练新的模型，随后对原模型集合进行更新
5. **end while**

4. 实验结果与分析

基础分类器 KNN 和 HAT 的 LLHCR 算法在 Connect-4 数据集上的分类准确率与评估时间随数据块变化如图 5-69 至图 5-72 所示。

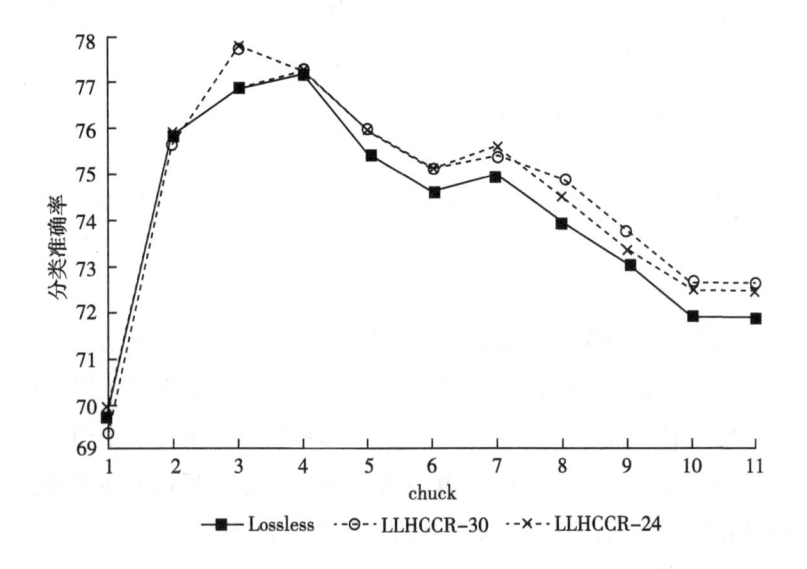

图 5-69　Connect-4 数据集 HAT 算法准确率对比

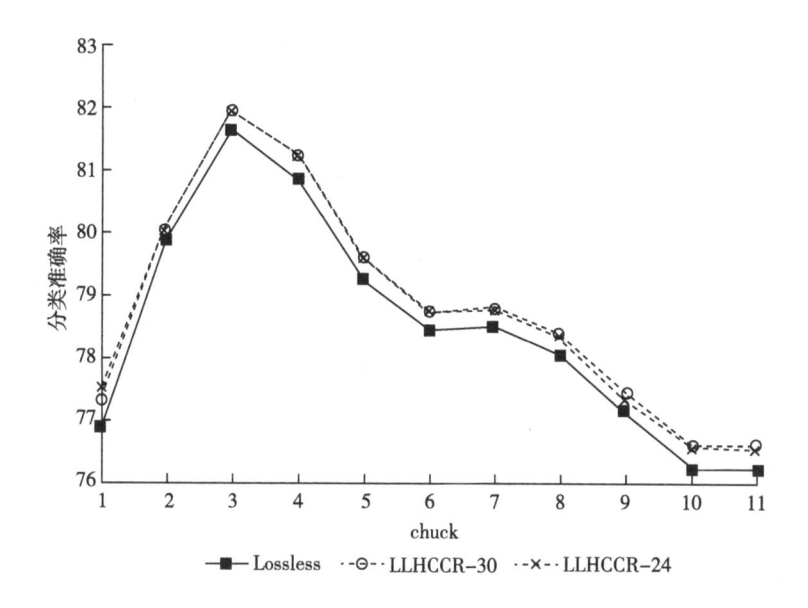

图 5-70　Connect-4 数据集 KNN 算法准确率对比

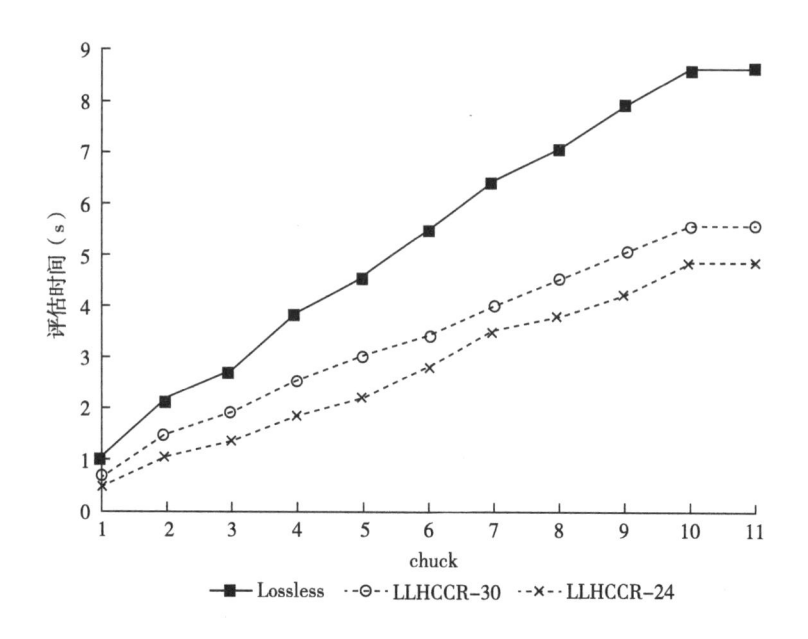

图 5-71　Connect-4 数据集 HAT 算法评估时间对比

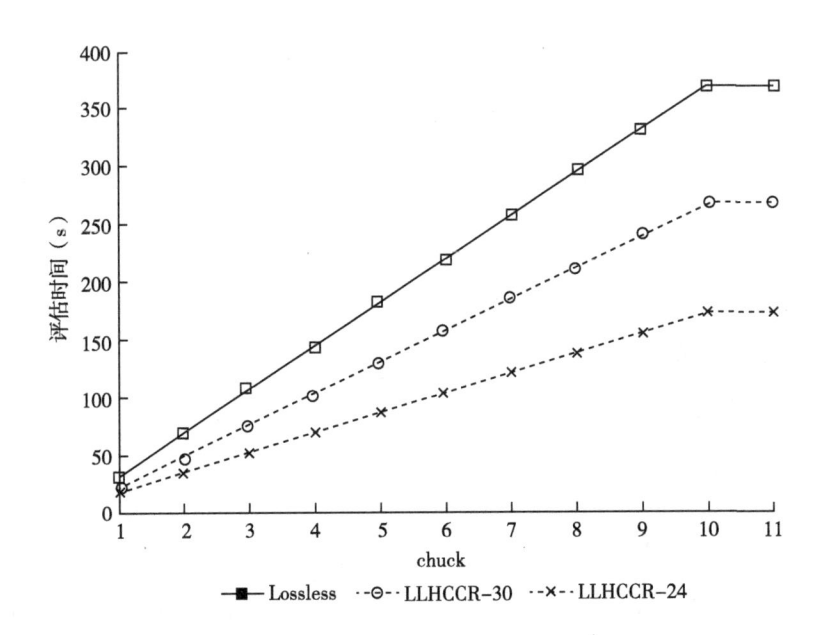

图 5-72　Connect-4 数据集 KNN 算法评估时间对比

在第 3 个数据块上 LLHCCR-30 准确率显著高于其他两种情况，随后在第 4—11 个数据块上 LLHCCR-30 与 LLHCCR-24 的分类准确率基本相同但均高于 Lossless 算法，其中，在第 4—6、第 8—10 个数据块上，出现概念漂移时，LLHCCR 算法受概念漂移影响相比 Lossless 算法较小，分类准确率曲线下降更加缓慢。

在第 2 个数据块中 Lossless 与 LLHCCR-30 与 LLHCCR-24 的准确率基本相同，在其他数据块上 LLHCCR-30 与 LLHCCR-24 的准确率均高于 Lossless 算法，LLHCCR-30 与 LLHCCR-24 两种情况的分类准确率在分类过程中无显著差别。在第 4—6 个、第 8—10 个数据块上，出现概念漂移时，LLHCCR 算法受概念漂移影响与 Lossless 算法基本相同，但在第 7 个数据块中，受概念漂移影响后，LLHCCR 算法分类准确率相比 Lossless 算法恢复更快。

由此可见，引入特征空间局部无损转换后的分类算法在分类评估时间上有了显著的降低，在一定程度上避免了数据流中数据维度过大而造成的维度灾难，对概念漂移更不敏感，且由于局部无损转换使用 ReliefF 算法对特征进行筛选，剔除了部分排名超过阈值限定的特征，这些特征在一定程度上可能会对分类带来负面的影响，这使使用特征空间局部无损转换后的算法在分类准确率上也有了一定程度的提升。

表 5-36　Connect-4 数据集上使用 HAT 算法的实验结果数据

C	无损转换准确率（%）	LLHCCR-30 准确率（%）	LLHCCR-24 准确率（%）	无损转换评估时间（s）	LLHCCR-30 评估时间（s）	LLHCCR-24 评估时间（s）
1	69.68171725	69.29681717	69.90377498	0.984375	0.640625	0.453125
2	75.79570688	75.66987417	75.88452998	2.156250	1.468750	1.062500
3	76.82704170	77.81396496	76.88132248	2.718750	1.906250	1.343750
4	77.20947446	77.27609178	77.21687639	3.843750	2.515625	1.859375
5	75.43153220	75.9703923	76.00888231	4.546875	3.015625	2.218750
6	74.62126820	75.11226252	75.13200099	5.468750	3.406205	2.828125
7	75.00052871	75.41292165	75.60114201	6.421875	4.015625	3.515625
8	73.94337528	74.87416728	74.46521095	7.046875	4.546875	3.781250
9	73.03396661	73.73303726	73.35142693	7.937500	5.078125	4.218750
10	71.85936343	72.58919319	72.43671355	8.625000	5.562500	4.843750
11	71.85487810	72.58611247	72.43364862	8.625000	5.562500	4.859375

表 5-37　Connect-4 数据集上使用 KNN 的实验结果数据

C	无损转换准确率（%）	LLHCCR-30 准确率（%）	LLHCCR-24 准确率（%）	无损转换评估时间（s）	LLHCCR-30 评估时间（s）	LLHCCR-24 评估时间（s）
1	76.93560326	77.32050333	77.51295337	31.515625	22.37500	17.07813
2	79.89637306	80.02220577	80.08882309	66.546875	47.734375	34.23438
3	81.67776955	81.98865038	82.02812731	103.43750	72.359375	50.68750
4	80.90303479	81.26572909	81.26202813	140.703125	97.437500	67.40625
5	79.28053294	79.61213916	79.59141377	180.078125	125.687500	84.23438
6	78.48013817	78.74414014	78.72686899	220.59375	154.765625	101.60940
7	78.54287829	78.82415142	78.84529978	258.50000	182.296875	119.90630
8	78.08290155	78.40118431	78.36602517	295.390625	211.296875	136.85940
9	77.16917510	77.47183157	77.38794309	333.03125	240.65625	154.14060
10	76.24130274	76.62472243	76.55070318	368.109375	267.015625	171.89060
11	76.24080406	76.62418402	76.54869222	368.84375	267.500000	172.28130

从实验结果可知：①引入特征空间局部无损转换后的分类算法在分类评估时间上有了显著的缩短，在一定程度上避免了数据流中数据维度过大而造成的维度灾难；②算法对阈值有一定程度的敏感度，且阈值的大小在一定程度上并不总是与分类时间成正比，即并非阈值越小所需的分类时间越短；③多数情况下引入特征空间局部无损转换后的分类准确率与无损转换基本相似或稍大于无损转换；④算法对数据流中的概念漂移更不敏感且在其影响后算法性能恢复更快。

第四节 基于复杂网络的社团结构（企业关联关系）检测算法研究

一 基于聚类的多关系复杂网络社区结构检测算法[①]

考虑到复杂网络中存在大量的重叠社团，且现有的大部分聚类算法不能很好地使用其先验知识边，提出了基于模糊 c 均值聚类和半监督聚类的复杂网络社团结构聚类算法，且分别通过实例证明了所提聚类算法的有效性和精确度。结果表明，模糊 c 均值聚类算法将复杂网络中的拓扑结构转变为更容易进行社团重叠分析的欧几里得空间聚类。通过使用空手道俱乐部的复杂网络社团结构案例，证明了模糊 c 均值聚类算法能帮助获得高精度重叠社团结构。半监督复杂网络聚类算法考虑了节点间的干扰和成对特征的约束。通过使用先验知识边算法可以有效提升聚类质量且获得了更加准确、稳定和快速的聚类计算。在此方法上，可以更加精准划分复杂网络结构。

各种实际网络中经常存在多种关系，这些关系可以通过多关系复杂网络来表示。它是检测社区结构以识别复杂网络中结构之间边缘的一项基本功能。以前的社区结构检测算法通常受一种关系引起的网络拓扑结构的限制，但是基于半监督聚类算法和多子网复合复杂网络算法可以克服该限制。通过实验分析，通过使用人工生成的数据集，将算法与经典谱聚类算法和非负矩阵分解（NMF）进行了比较。实验结果表明，由

---

① Wang X., et al., "Community Structure Detection Algorithm in Multi-Relationships Complex Network Based on Clustering", *Revista de la Facultad de Ingeniería*, Vol. 31, No. 10, 2016, pp. 253-264.

我们提出的算法划分的社区结构更加模糊。

(一)基于聚类的多关系复杂网络社区结构检测算法

监督作为数据集对象上的两组成对约束提供：强制链接约束 C_{OL} 和无链接约束 C_{NL}。每对 $(u,v) \in C_{OL}$ 意味着对象 u 和 v 必须附加到同一个群集。同样，对 $(u,v) \in C_{NL}$ 表示对象 u 和 v 属于两个群集。约束伴随有关联的违约成本矩阵 $\boldsymbol{W}$。条目 $w_{uv} \in \boldsymbol{W}$ 用于指示破坏对象 u 和 v 之间的约束的代价。我们的社区结构检测算法的目标函数构造为：

$$J_{mc} = \min \|\bar{\boldsymbol{J}} - \boldsymbol{PP}^{\mathrm{T}}\|^2$$

式中，$\bar{\boldsymbol{J}} = \boldsymbol{J} - \alpha \boldsymbol{W}_{OL} + \beta \boldsymbol{W}_{NL}$ 为一个核或者具有约束 $\boldsymbol{W}_{OL} = \{w_{ij}:(i,j) \in C_{OL}\}$，$\boldsymbol{W}_{NL} = \{w_{ij}:(i,j) \in C_{NL}\}$ 的相似矩阵 $\boldsymbol{J}$；α、β 均为实数，必须足够小，所以它们可以保证 $\boldsymbol{J}$ 必须为正。参数 α、β 可用于表示多个关系之间的相互关系。注意，当 $\alpha = \beta = 0$ 时，我们的算法简化为传统的非负矩阵分解算法。

我们的算法是从随机矩阵 $\boldsymbol{P}$ 衍生而来的，其入口为 $P_{ij} \sim N(0,1)$，其中 $N(0,1)$ 符合高斯分布 $\boldsymbol{P}$ 的入口 P_{ij} 的更新规则可以定义如下：

$$P_{ij} = P_{ij} \left(\frac{(\bar{\boldsymbol{J}}\boldsymbol{P})_{ij}}{(\boldsymbol{PP}^{\mathrm{T}}\boldsymbol{P})_{ij}} \right)$$

因为 J_{mc} 并不总是增长。终止过程将继续进行，直到 1/3 小于实例 10^{-3} 的预定阈值，并且达到最大迭代次数（例如 10^3）为止。

根据 $\boldsymbol{J} \approx \boldsymbol{PP}^T$，可以通过以下方式导出分区 $\boldsymbol{P} = (P_{ij})$：对于每个节点 i，对于 $l^* = \operatorname{argmax} 1 \leq l \leq m m P_{ij}^* = 1$，否则 $P_{ij}^* = 0$。

(二)参数优化过程

对于我们算法的性能而言，选择参数的近似值将是最关键的问题。有两个关键参数：社区数量，相似或不相似。

与大多数其他聚类算法相似，我们算法的最重要参数是社区数 m。通常，在没有人类参与的情况下以自适应方法确定 m 是一个难题。社区数 m 有不同的方法。每种算法都有其自身的优缺点。

我们的算法工作原理如下：首先，提出一个测量标准（如 Q 函数或 D 函数）来确定合适的 m。其次，以 $m=2$ 进行初始化，逐渐增加 m 直到测量标准达到其峰值为止。

该策略的最主要优点是将聚类问题转换为可以使用最佳策略的优化

问题。但是，其性能会受到测量标准的敏感影响。正如引言中所述，尚未达成有关社区结构的衡量标准的协议。

频谱算法通过 G 的邻接矩阵 A 的最大特征值或拉普拉斯矩阵的最小特征值 $L=D-A$（$D=diag(d_1, d_2, \cdots, d_n)$，其中 di 是第 i 个节点的度）来确定 m。当特征谱是线函数以外的阶跃函数时，这些算法将获得最佳性能。

现在，提出了另一种划分方法。它节省了算法初始阶段的计算。首先，计算网络的 ml 向分区，其中 $ml \geq 2$ 来自给定的不相似矩阵。接下来继续增加 ml，直到新分区无法提高 D 功能为止。给定一个不相似矩阵 $S=(S_{ij})$，得出 ml 为首先获得 $S(S_{max}=\max S_{ij} \in S)$ 中的不相似度的最大值。基于最大度，构成成对集合，其中每对数据具有最大不相似性，例如，$\forall V, \forall i, j \in S_{ij}=S_{max}$。最后，$ml=|SS_{max}|$，显然 $ml \geq 2$。

实验结果表明，通过将 DS_{max} 调整为 $DS_{max}-\delta$，其中 $\delta>0$ 是干扰因子，将获得优异的性能。我们的算法使用随机矩阵 P 初始化，因此各种执行器动作方法可能会返回完全不同的结果。我们通过将方法复制一定时间（如 100 次）来确定 m，然后根据最大 D 选择一个最佳结果。

即使基于相似度和不相似度矩阵对 WOL 和 WNL 的适当选择对我们算法的最终结果也不足轻重，这提供了一种将先验知识合并到我们的算法中的方法。如果未使用任何先验知识，则 WOL=0 和 WNL=0，这意味着，我们的算法等效于 SNMF。如果给定相似或不相似矩阵 $S=(S_{ij})$ 且阈值 $h=\max S_{ij} \in SS_{ij}$，则 WOL=$(W_{ij})$ 为 $W_{ij}=eS_{ij}-h$（如果 $S_{ij} \geq h$），否则为 0。很容易看出 $W_{ij}=1$ if 且仅当 $S_{ij}=\max S_{ij} \in SS_{ij}$ 时，WNL 的构造过程与 WOL 相似。

可以使用不同的相似性或相异性度量标准。我们在算法中采用 K 的扩散核特征矩阵，对于 WNL 采用最短平均路径相似度，对于 WOL 采用邻接矩阵相似度。

（三）实验结果与分析

在实验过程中，我们的算法被应用于一系列人工生成的网络以测试其性能。确定网络中的合理社区并确定正确的社区编号（见图 5-73）。

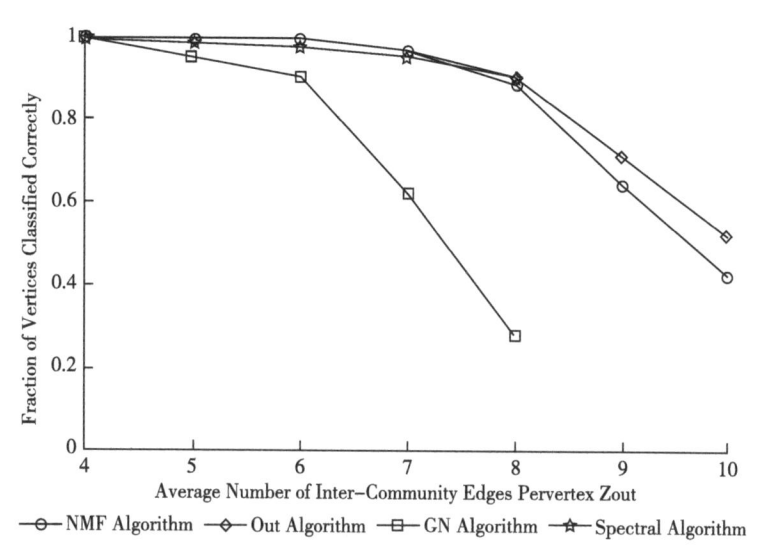

图 5-73 具有特定社区编号的人工网络上的不同算法

首先，我们的算法用作可验证的测试，我们已经生成了测试网络，在该网络中，已知社区结构可以检查我们的算法是否可以识别和检测社区。GN 网络已被广泛用于验证社区结构检测算法。GN 网络中有 128 个节点，这些节点被分为四个社区，其中有 32 个顶点。边缘以恒定概率 z_{in} 随机分配以连接每对内部社区顶点的边缘，并且为每个外部社区顶点分配另一个恒定概率 z_{out}，以确保每个顶点的度为 16。随着 z_{out} 的增加，网络中的社区结构变得越来越模糊。

当 $z_{out} \leqslant 7$ 时，我们的算法、频谱算法和 NMF 算法都具有优越的性能。但是，当 $z_{out} \geqslant 8$ 时，算法的性能越来越弱，但我们的算法要优于 NMF 算法。上述结果的合理阐述是，当 $z_{out} \leqslant 7$ 时，网络社区是如此清晰，以至于一个简单的度量指标就可以轻松描绘出来。但是，当 $z_{out} \geqslant 8$ 时，社区不够清晰，无法仅通过一种测量指标来检测。

空手道俱乐部网络是用于识别网络中社区算法的著名测试示例。在此，已经将俱乐部的 34 个成员作为顶点，并进行了 78 个链接，这些委派代表了俱乐部成员之间的关系，这些关系已经进行了数年的调查。俱乐部管理员和俱乐部教练彼此迥异，因此成员分为两部分。空手道俱乐部网络如图 5-74 所示，方顶点和圆顶点分别代表俱乐部教练的一部分和俱乐部管理员的成员。

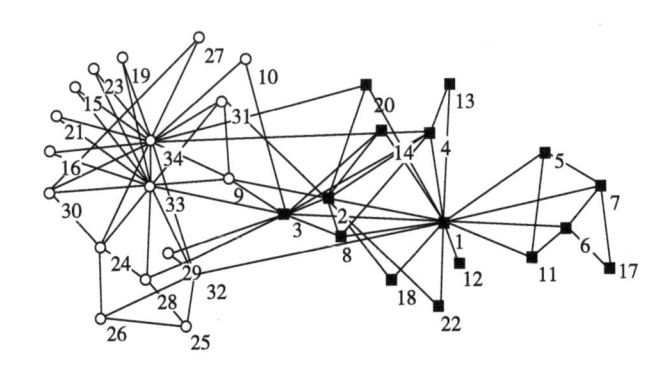

图 5-74 空手道俱乐部网络

实验结果如图 5-75、图 5-76、图 5-77 所示，分别显示了通过非负矩阵分解算法、K-means 算法和我们的算法检测到的社区结构。

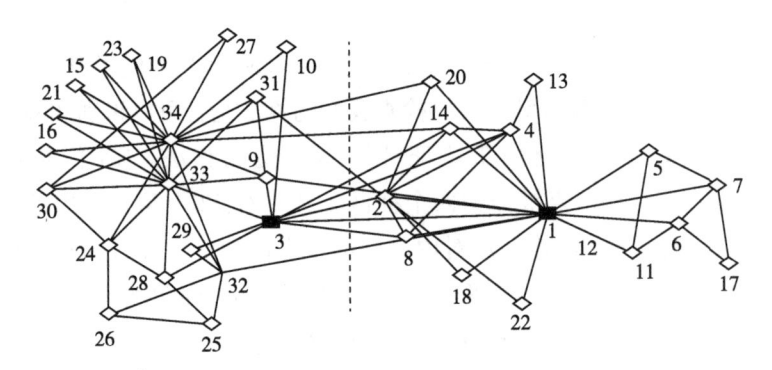

图 5-75 NMF 算法的社区结构

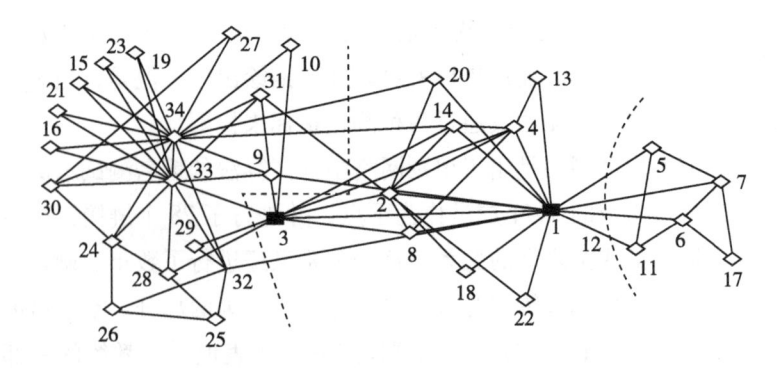

图 5-76 K-means 算法的社区结构

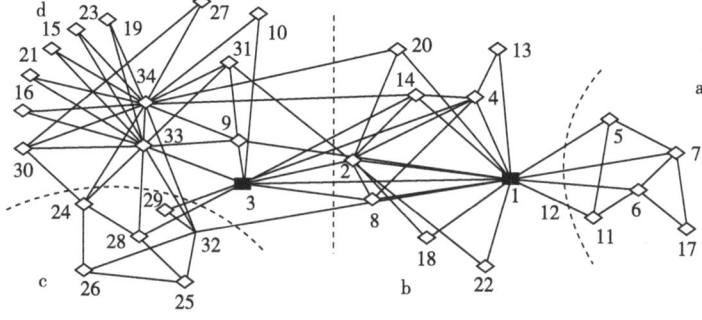

图 5-77　算法在 $m=2$ 和 $m=4$ 时的社区结构

实心方形节点是那些可能被错误分类的关键节点。结果表明，非负矩阵分解算法将网络分为两个分区，K-means 算法将同一个网络分为三个分区。同时，我们的算法发现 $m=2$ 和 $m=4$。我们可以看到存在一些特殊的顶点，如节点 3，通过不同的社区检测算法可能属于各种社区。这样的顶点可能在复杂网络中的不同社区中发挥互联功能。

有 40 种期刊作为顶点，包括四个不同的领域，即化学、生物学、物理学和生态学，如果一个期刊中有一篇文章引用了该期刊索引网络中其他期刊的另一篇文章，则顶点之间有 189 个链接。选择了十个在网络中影响因子最高的期刊作为初始顶点。我们将期刊索引网络分为 1—5 个社区，但是当 $m=4$ 时，我们达到 Q 的最大值。

从图 5-78 可以看出，我们的算法和 NMF 算法都可以实现最佳划分。

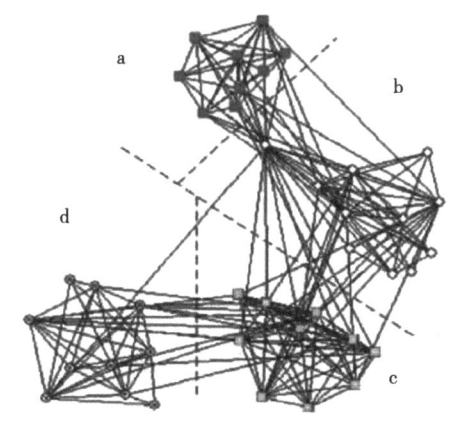

图 5-78　算法检测到的最佳分区

最小容许误差率 $J_{mc}/\|\bar{J}\|^2$ 大于 0.5。这意味着，非负矩阵因子化算法和我们的算法都不会限制为具有预先定义的最大化器有效数的局部最优。但是，它不会扭曲识别隐式结构的能力。

本书提出了一种基于 NMF 算法的多关系复杂网络中半监督聚类的社区结构检测算法，该算法可以选择合适的聚类数，精确识别社区结构。我们的算法有两个主要贡献。首先，我们通过显示对称 NMF 的目标函数和模量密度 D 的等价关系来深入研究理论结果。其次，先前的算法仅使用一种相似关系来检测复杂网络的社区结构，从而放弃了包含在其他网络中的有用信息。最后，我们的算法可以通过多子网复合复杂网络模型解决此类限制。

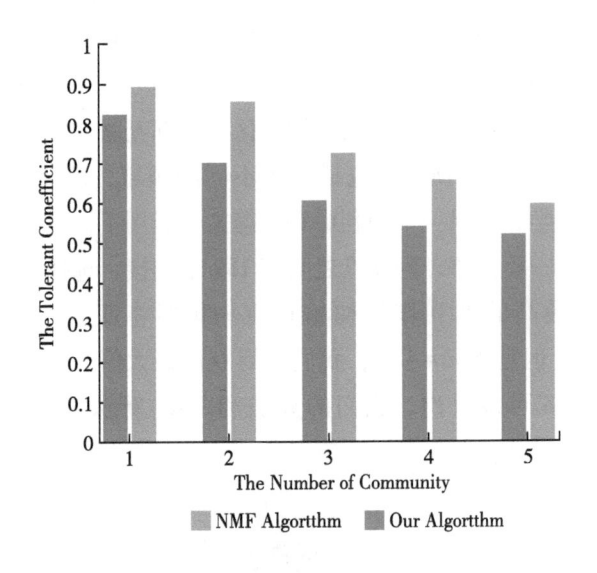

图 5-79　算法检测到的最佳分区

二　带粒子多样性和变异策略离散粒子群优化的复杂网络社团检测算法 DPSO-PDM

该算法[①]从模块度优化的角度出发，以离散方式重新定义了粒子编

---

① Li X., et al., "A Novel Complex Network Community Detection Approach Using Discrete Particle Swarm Optimization with Particle Diversity and Mutation", *Applied Soft Computing*, Vol. 81, 2019, p. 105476.

码、粒子速度、粒子位置及其进化操作，有效解决了传统的进化算法需要先验知识的问题。同时，针对传统粒子群优化算法在优化过程中容易产生的局部最优，采用基于粒子多样性的混合惯性权重调整策略和自适应变异策略两种进化策略避免算法的局部收敛。理论分析和实验结果表明，DPSO-PDM 是一种能有效检测网络社团结构、具有稳定的社团划分质量和全局收敛性的复杂网络社团检测方法。

本书从模块度优化的角度出发，提出了一种带粒子多样性和变异策略离散粒子群优化的复杂网络社团检测方法（DPSO-PDM）。首先，以离散方式重新定义了粒子编码、粒子速度、粒子位置及其进化操作，有效解决了传统的进化算法需要先验知识问题。同时，针对传统粒子群优化算法在优化过程中容易产生的局部最优，采用基于粒子多样性的混合惯性权重调整策略和自适应变异策略两种进化策略避免算法的局部收敛。理论分析和实验结果表明，DPSO-PDM 是一个能有效检测网络社团结构、具有稳定的社团划分质量和全局收敛性的复杂网络社团检测方法。

（一）复杂网络中的社团检测问题描述

复杂网络由节点和边组成。每个节点可以看成一个实体，每条边则是两个实体之间的关系，可用连接或边表示。在复杂网络中，由不同类型节点组成的内聚子称为"社团"，如图 5-80 所示。

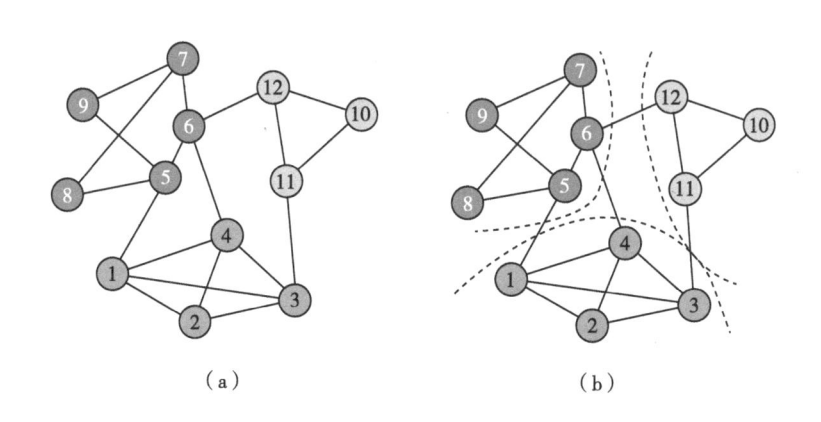

图 5-80 复杂网络中的社团结构

图 5-80（a）为待划分的社团网络，图 5-80（b）则是经过社团发现算法处理后得到的三个社团结果。在复杂网络中社团检测研究中，分析网络结构并预测复杂网络中各实体间的行为至关重要。

（二）带粒子多样性和变异的离散粒子群优化复杂网络社团检测算法描述与分析

本书提出一种带粒子多样性和变异的离散粒子群优化复杂网络社团检测算法 DPSO-PDM，该算法从编码到进化操作均使用离散化方式处理解决进化理论需要先验知识的问题，并且采用混合惯性权重调整策略和自适应变异策略来有效避免算法的局部收敛。

（三）实验结果与分析

1. 性能指标

本书从两个方面评价了复杂社团检测算法划分结果的质量，除了模块度，对于真实划分已知的网络数据集，采用标准化互信息 NMI 来衡量算法社团划分结果与真实划分之间的相似性。

2. 人工基准网络数据集实验结果与分析

人工基准网络数据集 GN 由 Girvan 和 Newman 提出，其真实社团结构可以获取，因此它广泛应用于社团检测算法的性能实验。GN 网络数据集包含 128 个节点，共有 4 个社团，每个社团包含 32 个节点，每个节点度的期望为 16，z_{out} 表示节点与社团外节点连接边的期望。当 z_{out} 减小时，社团结构会变得明显，通常认为 $z_{out}>8$ 时，网络没有明显社团结构。我们按照 $z_{out} \in [0, 8]$ 共 9 组 GN 基准网络数据集，每组实验产生 20 个网络，对 NMI 取平均值，并将本书所提算法 DPSO-PDM 与简单 DPSO 算法（未采用混合惯性权重调整策略和自适应变异策略）、CNM、GN、LPA，以及 GA-Net 算法的实验划分结果分别进行比较。其实验结果如图 5-81 所示。

3. 真实网络数据集实验结果与分析

实验采用 4 个真实网络数据集来测试算法性能。对于每个网络数据集，我们对所提算法运行了 30 次，取模块度和 NMI 两种性能的平均值，并与 CNM、MOGA-Net、LPA、GA-Net，以及简单 DPSO 算法（未采用混合惯性权重调整策略和自适应变异策略）分别进行比较。

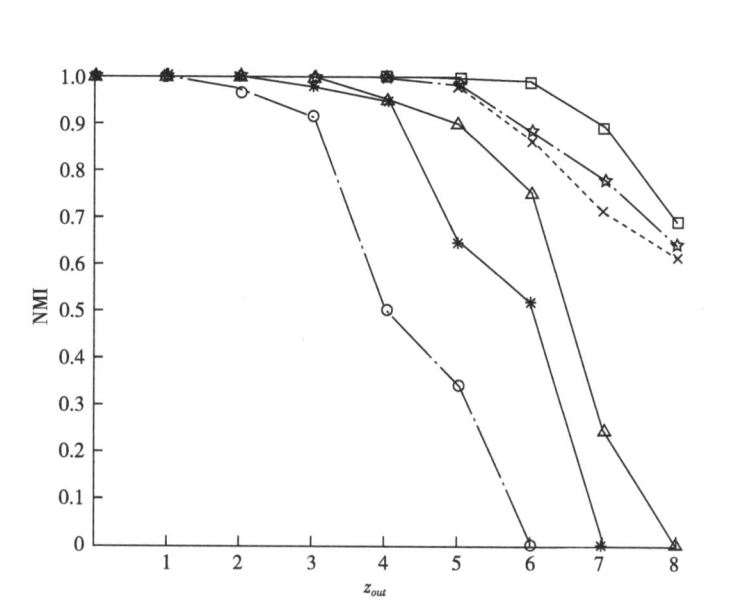

图 5-81 人工数据集实验结果

给出了 CNM、MOGA-Net、标签传播算法（Label Propagation Algorithm，LPA）、GA-Net、简单 DPSO 算法（未采用混合惯性权重调整策略和自适应变异策略）及 DPSO-PDM 算法在真实网络数据集上（包括 Karate、Dolphins 及 Football 数据集）的 NMI 均值（见图 5-82）。

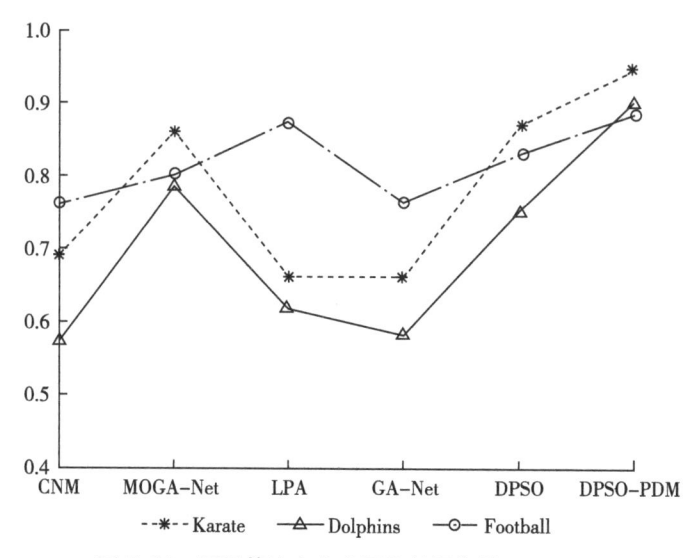

图 5-82 不同算法在真实网络数据集的 NMI 均值

CNM、MOGA-Net、LPA、GA-Net、简单 DPSO 及 DPSO-PDM 的 6 种算法在 Karate 和 Power grid 数据集上的 Q 值箱形图如图 5-83、图 5-84 所示。

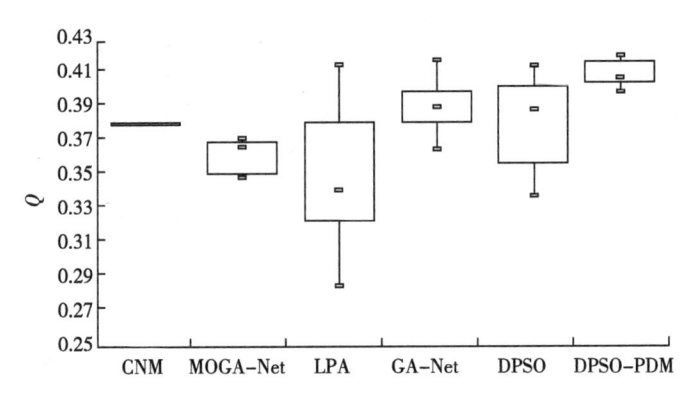

图 5-83 不同算法在 Karate 的 Q 值箱形

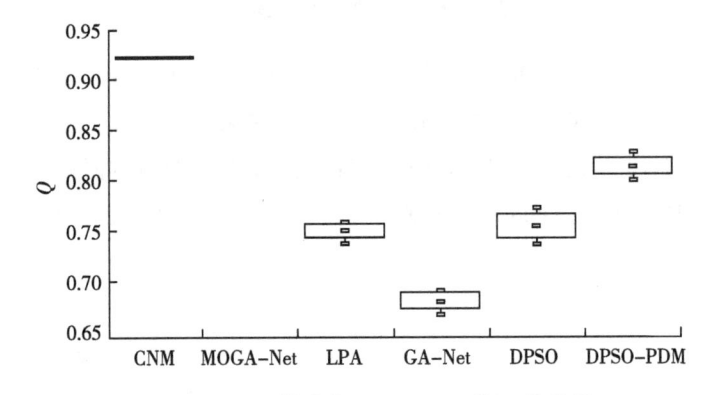

图 5-84 不同算法在 Power grid 的 Q 值箱形

DPSO-PDM 算法在 4 种真实数据集的 Q 值箱形如图 5-85 所示，可以发现 DPSO-PDM 算法的模块度稳定保持在一个较小区间内，收敛性能较好，能够得到更好的目标函数值，最接近最优划分。

三 异构物联网环境中无线传感器网络实用数据传输方案

该方案[①]通过异构环签密，设计实现了异构物联网环境下无线传感

---

① Luo M., et al. "Practical Data Transmission Scheme for Wireless Sensor Networks in Heterogeneous IoT Environment", *Wireless Personal Communications*, Vol. 109, No. 1, 2019, pp. 505-519.

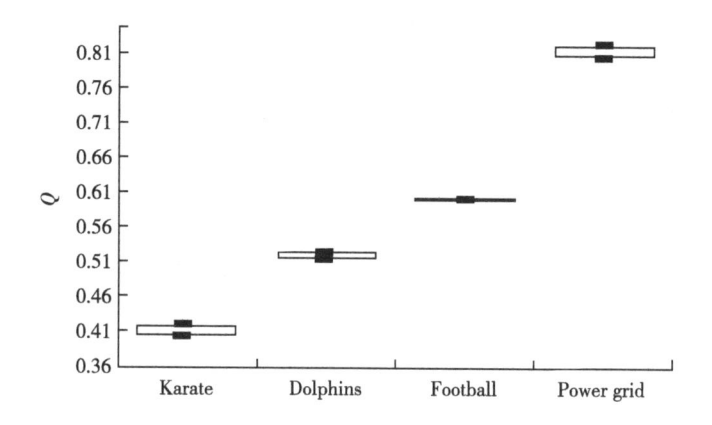

图 5-85　DPSO-PDM 在真实数据集的 Q 值箱形

器网络的数据传输方案。所提方案在随机预言模型中，计算 Diffie-Hellman（CDH）问题下被证明是安全的。此外，通过效率分析，提出的数据传输方案，对于异构物联网环境中的无线传感器网络是实用的。

无线传感器网络（WSNs）是物联网（IoT）的基础。传感器主要将传输到 IoT 服务器的数据进行收集。为防止未经授权的用户窃取、伪造甚至破坏数据，为物联网中的 WSN 设计安全的数据传输方案至关重要。近年来，虽然相继提出了许多数据传输方案，但是大多数方案要求发送方和接收方在相同的网络域中，或者在不同的环境中共享相同的系统参数。此外，几乎所有的数据传输方案都无法实现已知的特定会话临时信息安全性（KSSTIS）。为解决这些问题，通过异构签密，提出了异构物联网环境下无线传感器网络的数据传输方案。所提方案在随机预言模型中，计算 Diffie-Hellman（CDH）问题下被证明是安全的。此外，通过效率分析，提出的数据传输方案，对于异构物联网环境中的无线传感器网络是实用的。

（一）网络模型

如图 5-86 所示，设计了异构物联网环境中 WSN 数据传输方案的网络模型。

在异构物联网环境下的无线传感器网络数据传输方案的网络模型中，通信实体分为三类：CLC 环境下的 WSN 节点和 KGC，PKI 环境下的 Internet 服务器。KGC 充当 WSN 节点的注册服务器，以发布系统参数

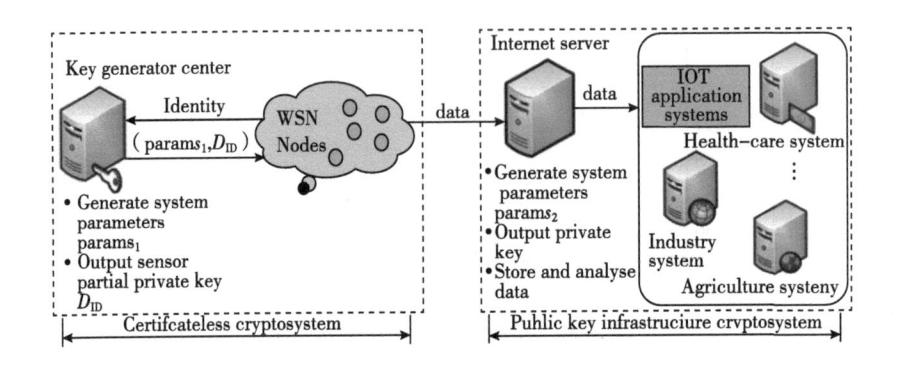

图 5-86 网络模型

并计算其网络区域中 WSN 节点的一部分私钥，然后由它们自己选择 WSN 节点的另一个私钥。Internet 服务器负责生成其系统参数和私钥，搜集和分析从 WSN 节点传输的数据。这些数据可用于物联网应用系统，如智能工业系统、医疗保健系统、现代农业系统及城市管理系统等。在网络模型中，每个 KGC 和 Internet 服务器都有不同的系统公共参数。

在数据传输方案的网络模型中，在 CLC 情况下从 WSN 节点发送的数据在以下情况下传输到 Internet 服务器时应同时满足认证：机密性，不可否认性，完整性，匿名性和 KSSTIS 的要求 PKI。

（二）双线性对

给定一个循环加法基团 G_1 和一个循环乘法基团 G_2，它们具有相同的素数 q，将满足以下属性的映射 $\hat{e}: G_1 \times G_1 \to G_2$ 称为双线性对。双线性给定 $M, N \in G_1$ 和 $u, v \in Z_q^*$，则有 $\hat{e}(uM, vN) = \hat{e}(M, N)^{uv}$。非退化性 $\hat{e}(M, N) \neq 1_{G_2}$。可计算性给定任何 $M, N \in G_1$，都有一种计算 $\hat{e}(M, N)$ 的算法。

（三）拟议的签密方案

在这一部分，本书提出了异构物联网环境中无线传感器网络数据传输方案的网络模型，并描述了双线性对的基本理论。其基本方案如下。

设置 KGC：选择循环加性组 G_1 和循环乘性组 G_2，它们有相同的主顺序 p，选择 P_1 的一个生成结果 G_1 和一个双线性对 $\hat{e}: G_1 \times G_1 \to G_2$，KGC 选择其主密钥 $\eta \in Z_q^*$，然后 KGC 计算其公钥 $P_{pub} = \eta P_1$，之后，KGC 选择三个哈希方法：

$H_1: \{0, 1\}* \to G_1$, $H_2: \{0, 1\}* \to Z_q^*$ and $H_3: \{0, 1\}* \to \{0, 1\}^n$，最后，我们得到系统参数（$G_1$, G_2, q, $\hat{e}$, P_1, P_{pub}, H_1, H_2, H_3）。

CL-PPKE：从 WSN 节点获取身份 ID 后，KGC 进行计算 $Q_{ID} = H_1(ID)$，然后 KGC 用安全的方式将部分私有密钥 $D_{ID} = \eta Q_{ID}$ 发送给相应的 WSN 节点。

CL-SVS：给定 KGC 系统参数，具有身份 ID 的 WSN 节点选择自己的密值 $x_{ID} \in Z_q^*$，然后 WSN 节点运行 CL-PKG 算法。

CL-PKG：执行完 CL-SVS 算法后，WSN 计算公钥 $PK_{ID} = x_{ID} P_1$。

PKI-KG：在 PKI 环境中具有身份 ID 的网络服务器选择一个公共参数值 P_0，P_0 是 G_1 的一个生成结果，$G_1' = G_1$ 或 $G_1' \supseteq G_1$（$G_1' \supseteq G_1$ 意味着 G_1 是 G_1' 的一个子组），然后随机选择其私钥 $x_r \in Z_q^*$，并计算相应的公共密钥 $pk_r = x_r P_0$。

SC：给定一组环用户 $L = \{ID_1, ID_2, \cdots, ID_n\}$（$ID_s \in L$）且 ID_r 信号加密器（WSN 节点）使用公钥 PKr 为接收方（网络服务器）发送一个明文 PKr。异构环签密 σ 输出如下：

选择一个随机数 $r \in Z_q^*$，计算 $V = (r + x_s)P_0$ 和 $W = (r + x_s)pk_r$。

对所有的 $i \in \{1, 2, \cdots, n\} \setminus \{s\}$，选择 $U_i \in G$，设置 $h_i = H_2(m, V, PK_i, L)$。

计算 $h_s = H_2(m, V, PK_s, L)$ 和 $U_s = rQ_s - h_s PK_s - \sum_{i=1, i \neq s}^{n}(U_i + h_i(Q_i + PK_i))$。

计算 $Y = (h_s + r)D_s - W$。

计算 $z = H_3(V, W', pk_r)$。

计算 $R = (m \| Y) \oplus z$。

输出环形签密 $\sigma = (V, U_1, U_2, \cdots, U_n, R)$。

USC：给定一组环用户 $L = \{ID_1, ID_2, \cdots, ID_n\}$，环签密 $\sigma = (V, U_1, U_2, \cdots, U_n, R)$ 带有私钥 x_r 的接收方工作如下。

计算 $W' = x_r V$。

计算 $z = H_3(V, W', pk_r)$。

重新获取 $(m \| Y) = R \oplus z$。

计算 $h_i = H_2(m, V, PK_i, L)$，其中 $i \in \{1, 2, \cdots, n\}$。

验证 $\hat{e}(Y+W', P_1) = \hat{e}(P_{pub}, \sum_{i=1}^{n}(U_i + h_i(Q_i + PK_i)))$ 成立。如果这个条件成立，则输出明文 m；否则，输出符号 $\perp$。

（四）实验结果与分析

在这一部分中，我们分析了该方案的性能。比较主要从三个方面进行：安全性、计算成本和异构网络。"签密"和"未签密"表示相应算法的计算成本。"PM"和"PA"分别代表点乘法和配对计算。"环境"包括发送方和接收方的加密环境，"不同参数"表示发送方和接收方在异构网络中使用不同的加密系统参数。KDEP 代表密钥分发和托管问题。"Y"表示方案具有此属性，"N"表示否。

在 IP-HRSC 方案中，签密是由 IBC 环境中的发送方生成的。这种加密环境具有私钥分发和托管问题。而且，其签密消息无法实现 KISS-TIS 安全属性，并且在 PKI 上下文中，由 IBC 环境中的发送方执行的 Signcryption 算法和由接收方执行的 Unsigncryption 算法需要在异构网络中使用相同的密码系统参数。

对于异构物联网环境中无线传感器网络的数据传输方案，由于无线传感器网络的资源有限，关键问题是控制能耗。Li 等的成果配对操作消耗 45.6 mJ，点乘法操作消耗 19.44 mJ。因此，Li 等的 WSN 节点上的计算能耗方案和我们的方案分别为 $(n+2) \times 19.44 = 19.44n + 38.88$ mJ 和 $(n+4) \times 19.44 = 19.44n + 77.76$ mJ。与 Li 等相比，我们的方案在能耗方面略有增加。当传感器节点数为 100 时，Li 等的方案消耗 1982.88 mJ 计算能耗，而本书的方案为 2021.76 mJ。这种计算能耗对于实际的 WSN 应用而言是可以接受的。

提出了一种 HRSC 方案，该方案授权在 CLC 情况下的传感器节点将具有不同密码系统参数的 PKI 情况下收集到的数据发送到 IoT 服务器。在 CDHP 下，该方案在随机预言机模型中对自适应选择密文攻击（IND-CCA2）具有不可区分性，并且对任何自适应选择消息攻击者（EUF-CMA）都具有不可伪造性。此外，针对异构物联网环境中的无线传感器网络，使用 HRSC 方案设计了一种数据传输方案。与 Li 等相比，本书的方案不存在私钥托管和分发问题，并且实现了 KISSTIS 属性。而且，本书的方案在异构网络中使用了不同的密码系统参数。此外,通过对计算能耗的效率分析,本书的数据传输方案对无线传感器网络是实用的。

第五节 超像素分割、人脸识别、人流量识别等图形图像处理算法研究

一 基于聚类的由精到粗的超像素分割算法

超像素分割作为一种图像预处理技术,已成为计算机视觉领域一项重要的工具。如何实现更精确、更快速、更易于应用的超像素分割方法是研究者所面对的难题。本书提出了基于聚类的由精到粗的超像素分割(FCSS)算法,通过引入具有物理意义的颜色阈值和深度阈值作为算法参数,实现了较少超像素数量下的高质量分割,既降低上层应用的复杂度,又为其提供易于理解的接口。在数据集上的实验结果表明,在超像素数量为100时,FCSS就能获得较高的分割性能,优于现有主流算法。

(一)基于聚类的由精到粗超像素分割算法

首先将 k 个聚类中心均匀放置于图像中,其次使用颜色信息、位置信息和深度信息组成6维空间来度量像素与簇心间的距离,第 i 个簇心可表示为 $C_i=[l_i, a_i, b_i, x_i, y_i, \Delta d_i]^T$。算法中度量颜色和位置距离时类似于 SLIC。在 CIELAB 颜色信息 $c=[l, a, b]^T$、位置信息 $p=[x, y]^T$ 和深度信息 $d=[\Delta d]^T$ 的情况下,第 j 个像素到第 i 个超像素质心的距离可表示为:

$$D_c = \sqrt{(l_j-l_i)^2+(a_j-a_i)^2+(b_j-b_i)^2}$$
$$D_s = \sqrt{(x_j-x_i)^2+(y_j-y_i)^2}$$
$$D_d = \sqrt{(\Delta d_j - \Delta d_i)^2}$$
$$D' = \sqrt{\frac{D_c^2+\alpha D_d^2}{m}+\frac{D_s^2}{s}}$$

式中:α 为深度距离的缩放因子;m 和 s 分别为颜色和位置距离的归一化因子;m 也称为紧凑度因子;当将有 N 个像素的图5-像分割为 K 个超像素时,$s=\sqrt{(N/K)}$,则距离 D' 可改写为:

$$D = \sqrt{D_c^2+\alpha D_d^2+\rho D_s^2}$$

式中：$\rho=m/\sqrt{(N/K)}$ 为位置距离权重，紧凑度因子 m 越大，生成的超像素越规则，默认值为 20；缩放因子 α 越大则会增大深度信息的影响，生成的超像素越不规则，默认值为 10。

在距离度量式 2 中，D_c 项有利于形成颜色高度相似的超像素，D_s 项有利于形成紧凑、规则的超像素，D_d 项有利于将颜色高度相似但属于不同类别的物体分割开，该度量式鼓励生成高质量的超像素。

FCSS 算法的伪代码见算法 1，依据用户提供的期望超像素数量 K 生成均匀分布在图像中的 K 个超像素质心，利用超像素质心创建 K 个优先级队列元素 $e_i=\{p_i, c_i, d_i, k, D_{i,k}\}$，其中 k 表示唯一的超像素标签，$D_{i,k}$ 表示第 i 个像素到第 k 个超像素质心的距离，因此初始化创建的 K 个元素的 $D_{i,k}=0$。将创建的 K 个元素压入优先级队列 Q 中，当弹出时，Q 总是返回队列中距离最小的元素，即离超像素质心最近的像素。

当 Q 不为空时，弹出最顶端元素。如果该元素指向的像素位置未标记，则将该元素指向的像素位置标记为 k，根据新加入的像素更新超像素的质心。扫描该像素的 4 或 8 邻域内的像素，对于满足未标记、深度距离 $D_d<d_h$、颜色距离 $D_c<c_h$ 条件的像素创建一个新元素，计算该像素与第 k 个超像素的距离 $D_{i,k}$，并将该像素压入队列中。深度阈值 d_h 可以避免颜色高度相似但三维空间中相距较远的像素误分割在同一超像素中，d_h 也称为最大扩展深度，默认值为 10 厘米。颜色阈值 c_h 可以避免位置信息相邻而颜色相差较大的像素误分割在同一超像素中，该阈值会随着未标记区域的颜色方差自适应调整，通过自适应调整颜色阈值 c_h 就实现了由精到粗的超像素分割。

当 Q 为空时，对未标记区域进行种子重定位，同时更新颜色阈值 c_h，将新增的超像素质心压入队列中。这一步可以解决初始种子位置对超像素分割的影响，如图像中某块区域与相邻超像素均具有较大差异，而且初始化种子位置并未在该区域内，不进行种子重定位将会造成误分割。

当没有需要重定位的区域后，对未标记的像素加入相邻的最小距离的超像素中，并对超像素进行规则化使其具有规整的外形。

对于一幅包含 n 像素的图像，FCSS 算法的空间复杂度为 $O(n)$。与 SNIC 算法相比，FCSS 算法在其基础上增加了重定位种子过程和超像素正则化过程。每次重定位的时间复杂度为 $O(n)$，重定位种子次数与阈值有关，阈值越小则重定位次数越多。正则化过程与超像素数量密切相关，每次正则化的时间复杂度为 $O(n+k \times C_2)$，其中 C 表示超像素周长。因此，FCSS 算法的时间复杂度为 $O(n+t_1 \times n+t_2 \times (n+k \times C_2))$，其中 t_1 为重定位次数，t_2 为正则化次数。

算法 1 FCSS 算法

Input：Input image I, Number of superpixels K, Color threshold c_h, depth threshold d_h
Output：Assigned label map L

1. Initialize $L[:] \leftarrow 0$
2. Initialize the queue $Q \leftarrow \{p_i, c_i, d_i, k, 0\}$
3. **while** Q is not empty **do**
4.   Pop Q to get e_i
5.   **if** $L[p_i]$ is 0 **then**
6. $L[p_i] = k_i$
7.   Update centroid $C[k_i]$ online with p_i, c_i and d_i
8.   **for** Each connected neighbor p_j of p_i **do**
9.   **if** $L[p_j]=0 \&\& D_{d(j,i)}<d_h \&\& D_{c(j,i)}<c_h$ **then**
10.   Create element $e_i=\{p_i, c_i, d_i, k, D_{j,i}\}$
11.   Push e_i on Q
12.   **end if**
13.   **end for**
14.   **end if**
15.   **if** Q is empty **do**
16.   **if** Relocation is not empty **then**
17.   Initialize the queue $Q \leftarrow \{p_i, c_i, d_i, k, 0\}$
18.   Update c_h
19.   **else**
20.   break；
21.   **end if**
22.   **end if**
23. **end while**
24. Regularization superpixel
25. **return** L

（二）实验结果与分析

测试在超像素数量较少的情况下，FCSS 算法能否生成高质量的超像素,同时验证引入深度信息后是否有助于提高超像素的质量。实验中选取伯克利标准分割数据集(BSD)和纽约大学深度数据集(NYU-Depth V2)作为测试数据集。

1. 算法性能比较与分析

本节比较 FCSS 算法与其他超像素分割方法:TURBO、ERS、LSC、SEEDS、SLIC、SNIC。这些方法可以通过在线获得,实验中只改变各算法的超像素数量,其余参数均采用算法的默认值。考虑到这些方法均未引入深度信息,FCSS 算法也不考虑深度信息。选用 BSD 作为测试数据集,实验参数设置如下:超像素数量 K 为 50—300,紧凑度因子 $m=20$,颜色阈值 $c_h=1000$。FCSS 算法与其他超像素分割算法的定量比较结果如图 5-87 所示。

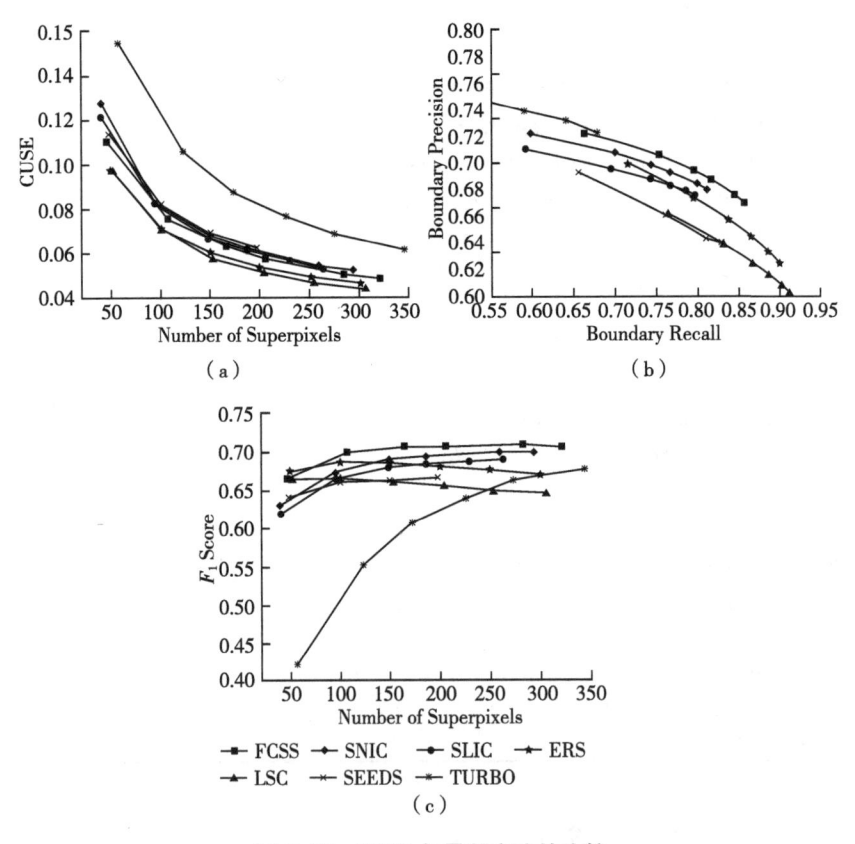

图 5-87　FCSS 与最新方法的比较

图 5-87（a）FCSS 的分段不足错误（CUSE）是所有算法中最低的一种。图 5-87（b）FCSS 显示出更好的准确性和召回性能，并且图 5-87（c）FCSS 的 F_1 Score 比其他方法更高。

显示了不同算法的 CUSE、PR 和 F_1 Score 曲线。在图 5-87（a）中，除了 TURBO，其他算法均有较低的欠分割误差，FCSS 也是其中之一。在图 5-87（b）中，FCSS 算法显示出最好的精确度与召回率性能，在边缘贴合度较好的情况下，还有着较好的精确度。在图 5-87（c）中，FCSS 算法的 F_1 Score 得分最高且在超像素数量为 150 时就获得了较高的得分。实验结果表明 FCSS 算法综合性能在所有算法中是最佳的。表明除 TURBO 算法外，SEEDS、LSC、ERS、SLIC、SNIC、FCSS 均能获得较低的欠分割误差、较高的 F_1 Score 得分。

2. 算法参数的影响

本节评估不同参数对 FCSS 算法的影响。选用 BSD 数据集来评估颜色阈值 c_h 对算法的影响，设置超像素数量 K 为 50—300，紧凑度因子 $m=20$，颜色阈值 c_h 为 500—50000。在图 5-88（a）中，随着颜色阈值 c_h 的不断减小，欠分割误差也呈下降趋势，但最终获得的超像素数量会增加。这是因为颜色阈值 c_h 变小，重定位的次数则会增加，因此会导致超像素数量增加。在图 5-88（b）中，当颜色阈值 c_h 大于 5000 时，PR 曲线几乎一致，随着颜色阈值 c_h 的继续减小，边界召回率逐渐增大而边界精确度降低。在超像素数量为 100 时，不同颜色阈值的得分曲线出现了交叉，在超像素数量小于 100 时，得分显著降低，而超像素数量大于 100 时，得分变化缓慢，并随着超像素数量持续增大出现了降低的趋势。结果表明比较合理的颜色阈值为 1000—2000，超像素数量的合理取值为 100—250。显示了不同颜色阈值下的分割结果的视觉对比。结果显示，随着颜色阈值减小，FCSS 算法的边缘贴合度越来越好（见图 5-89）。

选用 NYU-Depth V2 数据集来验证在 FCSS 算法中引入深度信息后是否有助于提高超像素的质量，同时评估了 SNIC 和 ERS 在该数据集上的性能，设置超像素数量 K 为 50—300，紧凑度因子 $m=20$，颜色阈值 $c_h=1000$，深度缩放因子 $\alpha=10$，深度阈值 $d_h=10$。图 5-90 中的结果显示，增加深度信息项后对算法性能有一定提升，与 SNIC 和 ERS 算法相比，FCSSD 算法的综合性能也有一定优势。

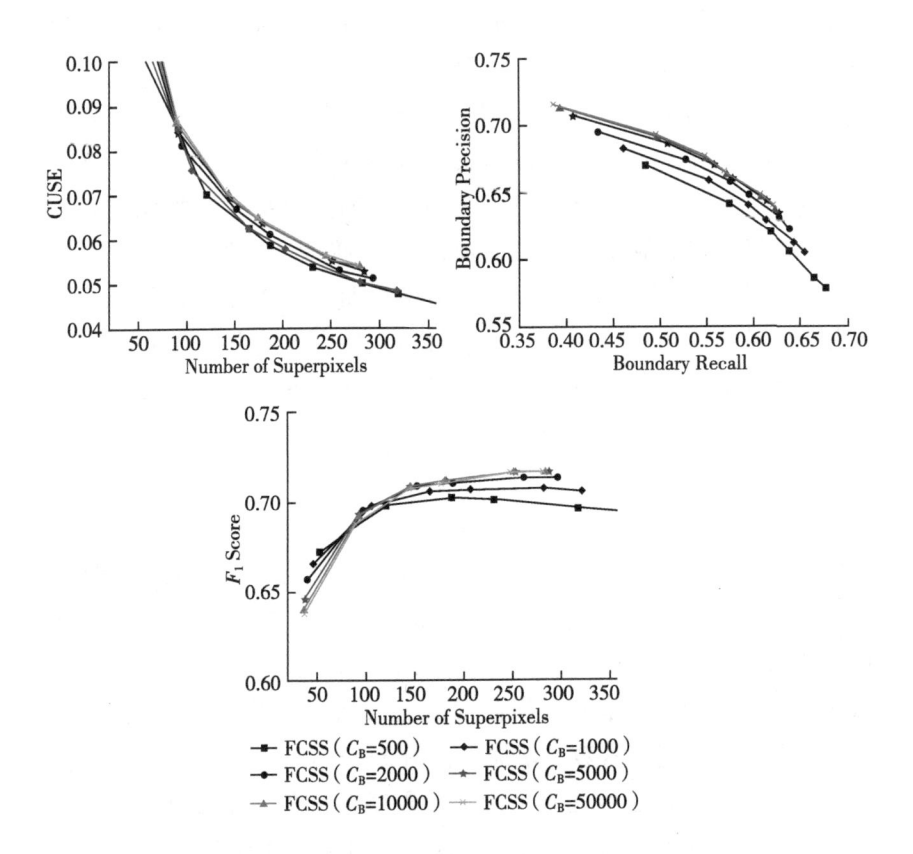

图 5-88 不同颜色阈值 c_h 对算法性能的影响

图 5-89 不同颜色阈值 c_h 下的分割结果比较
（从左到右，颜色阈值 c_h 依次为 1000、200、50）

图 5-89 不同颜色阈值c_h下的分割结果比较
（从左到右，颜色阈值c_h依次为 1000、200、50）（续）

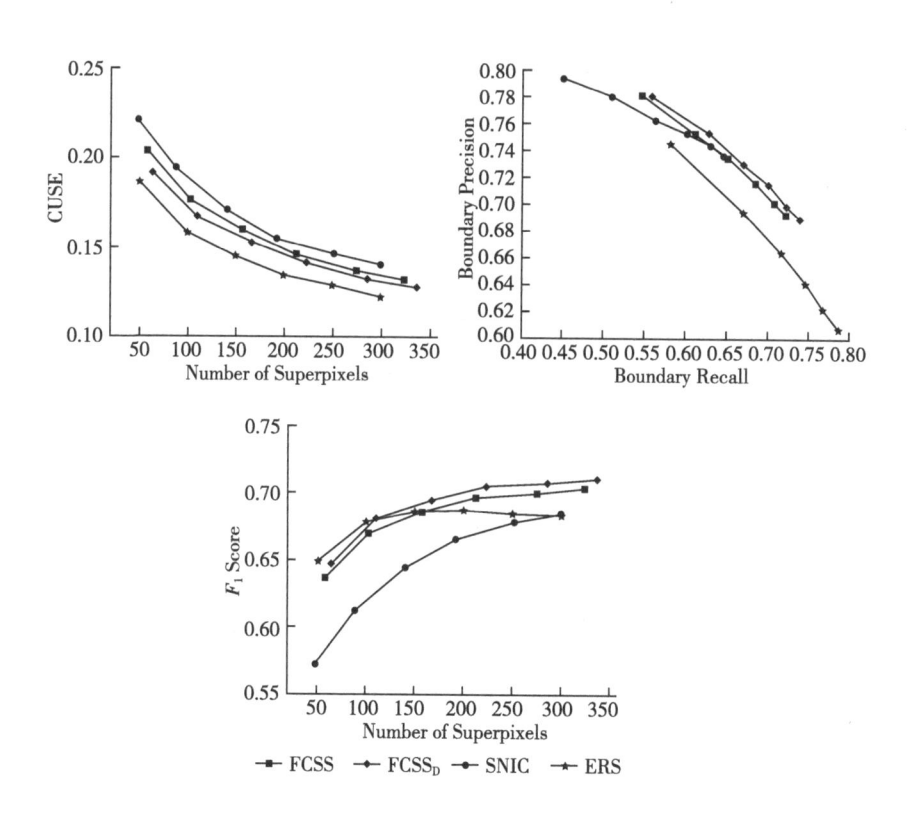

图 5-90 深度信息对算法性能的影响

本书通过分析人们观察事物的过程，同时受到神经科学领域的研究启发，提出了 FCSS 算法。首先，通过种子重定位过程解决了由于初始种子位置所造成的误分割问题。其次，还可以通过调节颜色阈值 c_h 模拟人们识别图像的过程，获得高质量的过分割效果。最后，将深度信息引入距离度量式中，进一步提高了算法性能。FCSS算法还为上层应用提供了一个易于理解的接口，即通过设置颜色阈值和深度阈值，可模拟人脑迭代过程，实现精确分割。当需要分割出墙壁上挂着的画像时，往往由于相框与墙壁的颜色高度相似难以分割，采用FCSS算法时，可通过设置合适的深度阈值来完成分割。

二 基于LKA的Gaussian核宽度参数选择方法

作为一种独立于具体分类算法的核函数评估标准，核极化中用核函数表示同类输入模式之间的相似性增大而异类输入模式之间的相似性减小，这将导致核极化值的增大。针对该标准未考虑同类输入模式的局部结构信息的保持性，导致限制异类数据可分性的自由度增强的问题，本书提出一种"局部化"的核函数评估标准，称为局部核校准。局部核校准是核极化的自然推广，它不仅能够保持同类输入模式之间的局部结构信息，相较于核极化方法它还能够更好保证数据的可分性。理论分析和UCI数据集上的比较实验均表明局部核校准是一种更好的核函数评估标准。

（一）基于LKA的Gaussian核宽度参数选择方法流程描述

步骤1：目标核参数 σ 根据式 $L(K) = \sum_{y_i = y_j} A_{ij} k(x_i, x_j) - \sum_{y_i \ne y_j} k(x_i, x_j)$ 和式 $L(K) = \sum_{y_i = y_j} A_{ij} - 2l + l_- + \frac{1}{2}(\sum_{y_i \ne y_j} \|\varphi(x_i) - \varphi(x_j)\|^2 - \sum_{y_i = y_j} A_{ij} \|\varphi(x_i) - \varphi(x_j)\|^2)$ 获得最大化 $\sigma^* = \arg\max L(K)$。

步骤2：使用梯度下降进行参数迭代，迭代式为 $\sigma^{(k+1)} = \sigma^{(k)} + \eta \nabla_\sigma L(K)$，其中 $\nabla_\sigma L(K)$ 为目标函数，参数一阶导数由 $\nabla_\sigma L(K) = \frac{\partial L(K)}{\partial \sigma} \sum_{i=1}^{l} \sum_{j=1}^{l} A_{ij} y_i y_j \frac{\partial k(x_i, x_j)}{\partial \sigma}$ 求得，其中gaussian核关于宽度参数 σ 的一阶导数如 $\frac{\partial k(x_i, x_j)}{\partial \sigma} = \frac{2\|x_i - x_j\|^2}{\sigma^3} k(x_i, x_j)$。

（二）实验结果分析

局部核校准在所选定的数据集上的性能优于核极化标准。在Iris2

数据集上，三种标准的结果类似可以说明该数据集同类内没有局部结构信息或局部结构信息对异类数据的分离性没有什么影响。在 Yeast2 和 Letter2 数据集上，核极化标准的性能较其他两种标准差，表明该数据集同类内的局部结构信息对分类性能产生了不可忽略的影响；而局部核校准由于保持了同类数据的局部结构信息，从而增强了异类数据的可分性。总之，实验结果确认了本书对核极化标准缺陷的理论分析和局部核校准可以很大程度上克服这种缺陷的结论（见图 5-91、图 5-92）。

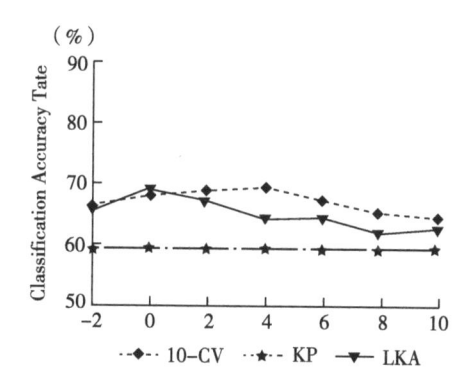

图 5-91 准确率变化

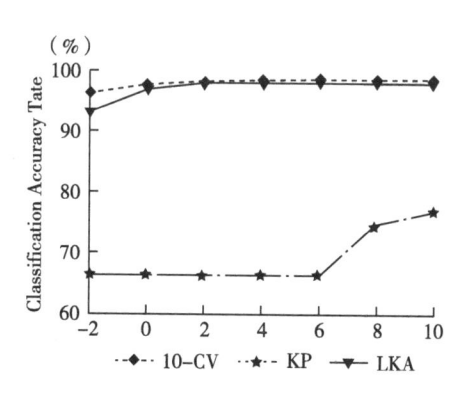

图 5-92 准确率变化

三　基于 PCA 的人脸识别算法

针对识别园区高管这一问题，本书采用基于 PCA 算法的人脸识别技术。PCA算法具有计算效率高、概念清晰、推广性强等特点。其提供了一个高维和低维间的线性变换矩阵，这个变换矩阵可以通过求取协方差矩阵的特征向量获得而无须其他参数。但其是以各维特征欧氏距离上的重建误差和最小为目标，平均对待每一维特征。事实上不同的特征在识别过程中所起的作用是不同的，如眼睛、鼻子和嘴巴等部位富有纹理和结构特征，在人脸识别过程中往往占有重要地位，是鉴别的主要依据。而脸颊和额头（不包括轮廓信息）等由于相对平滑和缺少变化在识别中所起的作用不大。因此，可以设想通过加强某些对识别关键的特征，同时，减弱某些与识别关系不大的特征或者冗余大的特征信息来提高识别率。

（一）PCA 基本原理

不失一般性，设已知原始变量 x 为 d 维（假定其均值为 0），欲进行维数压缩为 $m(m<d)$，应先计算输入向量的相关矩阵的特征值和特征向量，并将特征向量单位化，将特征值由大到小的次序排列；然后，将原向量投影到前个特征值对应的特征向量构成的子空间中，用 x_0'，x_1'，…，x_{m-1}' 表示投影后的各分量，则 x_0' 具有最大方差，与 x_0' 不相关的方向中 x_1' 有最大方差，依此类推。从数值计算来看，用 SVD 效果更好，因为对给定精度，SVD 要的计算精度是特征值计算的 1/2，且 SVD 可以充分利用标准程序。下面给出简要的式推导：

由假设可知 $E[x]=0$，令 u 代表一个 d 维的单位向量，即 $\|u\|=(u^T u)^{1/2}=1$，x 在 u 上的投影为：

$$a = x^T u = u^T x$$

a 也为随机变量，均值为 0，其方差为：

$$\delta^2 = E[a^2] = E[(u^T x)(x^T u)] = u^T E[xx^T] u = u^T R_{xx} u$$

式中：R_{xx} 为 $d \times d$ 维的自先关矩阵（均值为 0 时，也是协方差矩阵），它是对称阵。从上式可以看出 a 的方差 δ^2 是 u 的函数，即：

$$\varphi(u) = u^T R_{xx} u$$

希望找到一个方向 u 使方差 $\varphi(u)$ 达到最大，在极值处有小的扰动 δu 应满足：

$$\varphi(u+\delta u) \leq \varphi(u) 而$$

$$\varphi(u+\delta u) = (u+\delta u)^T R_{xx}(u+\delta u) = u^T R_{xx} + 2\delta u^T R_{xx} u + (\delta u)^T R_{xx}(\delta u)$$

忽略 δu 的二次项，可得：

$(δu)^T R_{xx} u ≈ 0$ (5-13)

$(δu)^T u ≈ 0$ (5-14)

即 δu 的方向近似与 u 正交，即只允许在方向上有变化，由于 u 本身量纲为 1，由式（5-13）、式（5-14）可得，需要引入 $λ$ 使

$R_{xx} u = λ u$

这是矩阵的特征方程，即 u 为 R_{xx} 的特征向量。R_{xx} 为实对称矩阵时，它的特征值是非负实数，且对应不同特征值的特征向量是正交的。用各特征向量构成一个矩阵 $U = [u_0 u_1 \cdots u_{d-1}]$，则有 $R_{xx} U = UV$，其中 V 为正交阵。

经变换有 $UTR_{xx}U = V$，展开后有

$$u_j^T R_{xx} u_k = \begin{cases} λ_j (k=j) \\ 0 (k \neq j) \end{cases}$$

即 $φ(u_j) = λ_j$

可得前 m 个最大的特征值变换后的误差为 $e = x - x' = \sum_{j=m}^{d-1} a_j u_j$。即求 e 的最小值，便可得到最优解，图像处理也简单。

（二）实验结果与分析

因为获取图片的随意性很大，但是考虑单一的图像，即很多人的人脸，所以可以固定采集的像素在一个限定的值来提高确认的精度。算法流程如图 5-92 所示，步骤如下。

1. 预处理

首先，采集一部分人脸图像作为原始的数据读入系统程序（Matlab 中的 imread 命令），将图像转化为 $a×6$（依据个人要求来定）像素的矩阵，然后平均图片来保存所读入的原始数据，即对图像进行逐行逐列地扫描，当遇到黑色像素时取其特征值为 1，遇到白色像素时取为 0，这样当扫描结束以后就形成了一个维数与图像中像素点的个数相同的矩阵。

2. 特征提取

利用预处理阶段保存的像素矩阵进行矩阵变换提取特征值，根据特征值的大小按降序排列，同时按特征值的序列来保存特征值对

应的特征向量。

3. 训练阶段

利用特征值计算出脸部特征坐标，然后将新读入的图像对特征坐标进行投影，对图像进行训练获得识别的精度（见图5-93）。

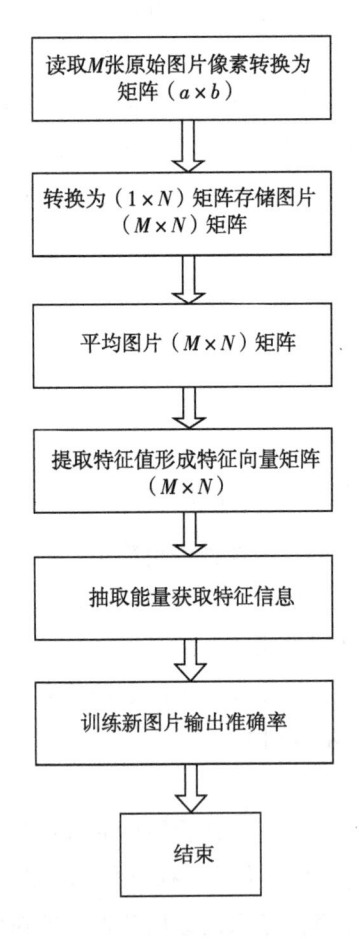

```
┌─────────────────────────┐
│ 读取M张原始图片像素转换为 │
│       矩阵（a×b）        │
└───────────┬─────────────┘
            ↓
┌─────────────────────────┐
│  转换为（1×N）矩阵存储图片 │
│       （M×N）矩阵        │
└───────────┬─────────────┘
            ↓
┌─────────────────────────┐
│    平均图片（M×N）矩阵   │
└───────────┬─────────────┘
            ↓
┌─────────────────────────┐
│  提取特征值形成特征向量矩阵 │
│         （M×N）          │
└───────────┬─────────────┘
            ↓
┌─────────────────────────┐
│    抽取能量获取特征信息   │
└───────────┬─────────────┘
            ↓
┌─────────────────────────┐
│    训练新图片输出准确率   │
└───────────┬─────────────┘
            ↓
┌─────────────────────────┐
│           结束           │
└─────────────────────────┘
```

图5-93 人脸识别算法流程

在人脸识别系统内上传企业高管人员的照片和对应的身份信息后，系统会从视频的图片序列中与系统内的照片相匹配，如果匹配度大于90%，则身份对应。

四 自适应叠合分割的人流量识别算法

（一）自适应叠合分割算法

输入：待检测图像 P_1

输出：人头对象检测框集合 $H = U_{k=1}^{D} U_{L=1}^{L_k} U_{m=1}^{M_l} h_k^m$，其中 D 是深度；L_k 是第 k 层含有的叠合分割块数目，最大为 4^{k-1}；M_l 是第 l 个叠合分割块中所检测到的人头对象数目；人头对象检测框为 $h_k\{x_{center}, y_{center}, w, h, score\}$

参数：可识别为人头对象的最小阈值 λ，最大切割深度 D（默认为 4），叠合分割参数 $O(p^0) = \{w, h\}$（默认为 $\{P_1 \text{宽}/4, P_1 \text{高}/4\}$）

步骤1：初始化 $H = \emptyset$，$d = 2$（当前分割深度）

步骤2：将图像 P_1 送入对象检测神经网络模型进行人头对象检测，并将检测框 score 大于阈值 λ 的人头对象检测框 $\text{Det}(P_1) = U_{l=1}^{L_1} U_{m=1}^{M_l} h_1^m$ 加入集合 H

步骤3：如果 $\text{Det}(P_1) = \emptyset$，则将叠合分割参数 $O(p^1)$ 设置为 $O(p^0)$；否则，将叠合分割参数 $O(p^1)$ 设置为 $\text{Max}\{\text{Det}(P_1)\}$

步骤4：结合 $O(p^1)$ 叠合分割参数对 P_1 进行初始四分叠合分割（横切割线为 P_1 纵向 1/3 处，纵切割线为 P_1 横向 1/2 处），得到叠合分割块集合 $P_2 = \{p_1^1, \cdots, p_1^{L_2}\}$，并将其分别送入对象检测神经网络模型进行人头对象检测，将阈值大于 λ 的人头对象检测框 $\text{Det}(P_2)$ 加入集合 $H(\text{Det}(P_2) = U_{l=1}^{L_2} U_{m=1}^{M_l} h_2^m)$

步骤5：For $d < D$

步骤6：For $p^d \in P_d$

步骤7：将 p^d 送入对象检测神经网络模型进行人头对象检测，并将阈值大于 λ 的人头对象检测框 $\text{Det}(p^d) = U_{m=1}^{M_l} h_d^m$ 加入集合 H

步骤8：If $\text{Det}(p^d) \neq \text{Det}(p_d^d)$ // $\text{Det}(p_d^d)$ 是叠合分割块 p^d 在 P_d 所对应区域在第 $d-1$ 深度检测到的人数

步骤9：如果 $\text{Det}(p^d) \neq \emptyset$，将叠合分割参数 $O(p^d)$ 设置为 $\{p^d \text{宽}/4, p^d \text{高}/4\}$；否则，将叠合分割参数 $O(p^d)$ 设置为 $\text{Max}\{\text{Det}(P_d)\}$

步骤10：结合 $O(p^d)$ 叠合分割参数对 p^d 进行四分叠合分割，得到四个叠合分割块并将其加入分割块集合 P_{d+1}

步骤11：End if

步骤12：End for

步骤13：$d = d + 1$

步骤14：End for

该算法对图像实行自适应叠合分割的示意图，如图 5-94 所示，其中图 5-94（a）是利用待检测图像的人头对象尺度变化程度信息确定叠合分割参数的示意，箭头所指区域为叠合中心所在位置，其尺寸为待检测原图送入对象检测模型所检测出的最大人头对象区域的尺寸。图 5-94（b）是自适应叠合分割示意，为了绘图的简洁，图 5-94（b）中虚线代表自适应叠合分割的叠合区域；在自适应确定叠合分割块大小时，用到了注意力机制思想及不同区域的人数信息，即待检测图像中人数较多的区域需要运用注意力机制，将计算资源引导到该区域。具体做法为通过人数信息设置自适应叠合分割区域的分割终止条件，对满足分割条件的自适应叠合区域进行图 5-94（b）左上角所示的四分分割。需要注意的是，对待检测图像进行第一次四分分割时，考虑到监控场景和摄像头安装位置的限制，图像最上面区域包含人的情况较少并且大致属于远景区域。因此，在确定横切割线时应使图像上部区域小于下部区域，本书选取图像纵向 1/3 处为该横切割线所在位置。

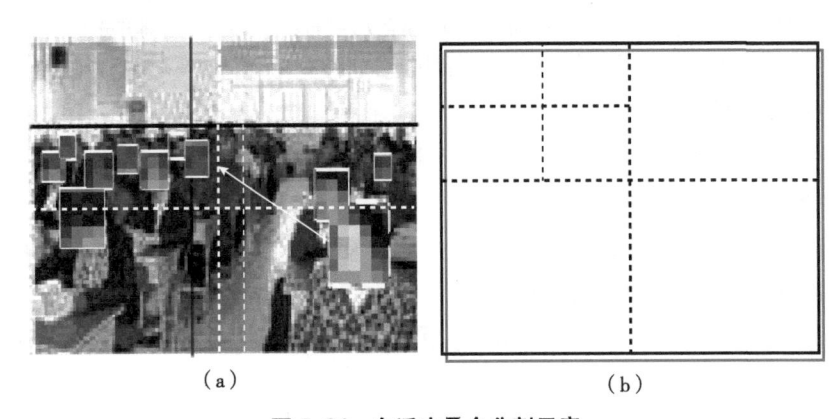

（a） （b）

图 5-94 自适应叠合分割示意

（二）实验结果与分析

在人数众多的场景下，本书基于自适应叠合分割与深度神经网络对象检测模型的人数统计方法能够正确分辨出人的个数，达到算法预期。

五 用户画像与智能监控

（一）用户画像

用户画像[①]就是根据用户的各种数据属性、偏好习惯和行为信息而

---

① 王洋等：《一种用户画像系统的设计与实现》，《计算机应用与软件》2018 年第 3 期。

抽象出来的标签化画像。目前,国内较大的电商平台都推出了自己的用户画像功能,通过对用户的个体消费能力、消费内容等长时间多频次地建模,为每名用户构建一个精准的消费画像。

在贷中风控构建用户画像的过程中引入基于 Hadoop 分布式集群的大数据处理平台,在数据量较大的情况下提供更可靠的分析与处理服务。根据用户的相关数据将标签体系进行了划分,总体划分为两大类,基础信息标签、动态信息标签。基础信息标签是根据用户的注册信息中填写的个人信息得到的;而动态信息标签结合聚类等数据挖掘算法对用户行为进行分析挖掘,达到利用用户行为数据进行用户分类的目的。

用户画像需要多维度的属性标签来构建,业界对于用户画像属性的相关课题有着大量研究,目前主要将用户画像的属性维度定义为 6 类:基本属性、兴趣属性、社交属性、行为习惯、心理属性、能力属性。刘蓓琳[①]等在研究电子商务购买决策的人群分析中提出将这 6 类属性再分为一级属性和细化的二级属性标签,如图 5-95 所示。其中,二级属性标签主要是基础信息,一级属性标签为信息特征。

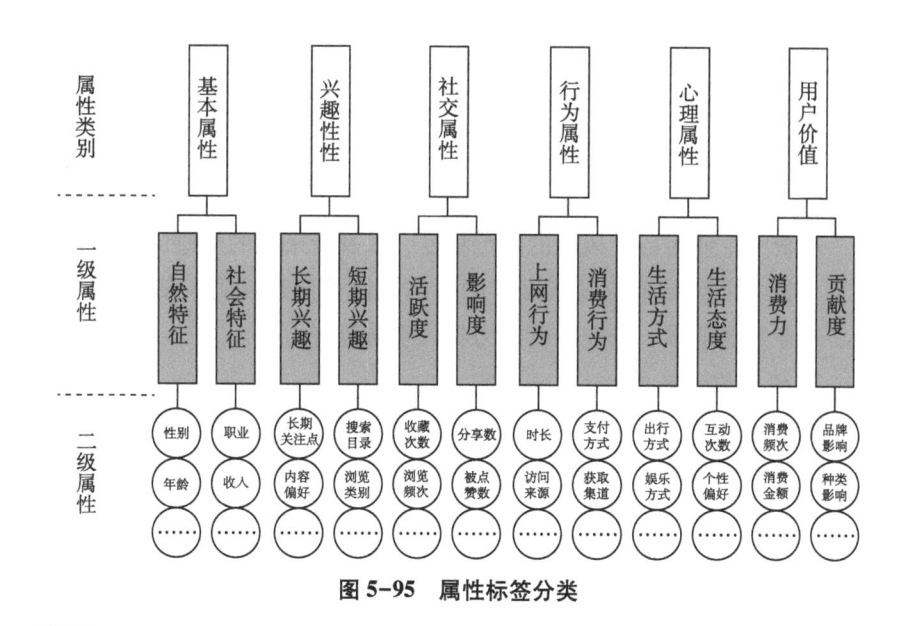

图 5-95 属性标签分类

---

① 刘蓓琳、张琪:《基于购买决策过程的电子商务用户画像应用研究》,《商业经济研究》2017 年第 24 期。

对用户画像进行精细化分析,通过不同维度的数据构建出用户的信用画像。年龄、性别、教育背景等是识别和描述用户的最基本属性。还可以基于这些属性进行深入挖掘分析和高级预测,了解用户的偏好和个性,从而增强用户的在线体验,在实际应用中实现个性化服务。在本书中,提出使用机器学习中的分类算法来预测用户的人口统计属性,如性别、年龄和教育背景,基于平台用户实时的数据,目标是制作用户画像。

(二)智能监测

近年来,为打造多元化市场体系,政府和金融机构都加大了对企业的支持力度,但大部分中小型企业依然面临融资困境。究其原因,中小型企业受到自身发展因素的限制,企业规模、资金实力、管理能力、技术能力均不完善,在金融机构看来为这类企业提供贷款风险较高。同时,当前银行等金融机构缺乏安全有效的风险监测方法,不能很好地获取企业的运营信息,也就不能客观、科学、全面地评估企业面临的风险状况。由于缺乏有效信息,银行等金融机构在为企业提供贷款时往往非常谨慎,甚至采用减少放贷、延迟放贷、提高利息等方式规避风险,使企业融资难、融资慢的问题难以解决。

在这种背景下,构建科学、有效的企业贷款信用风险监测系统是行之有效的解决方案。应用此系统,金融机构能够获取到企业运营信息,综合分析企业信用风险,做出安全的贷款决策。

从贷中企业对各类风险的防范程度,以及所采用的规避风险的方法来看,贷中风险受企业以下因素的影响:债务偿还能力、贷款使用能力、企业发展前景、企业运营能力和风险防范能力。

1. 债务偿还能力

站在金融机构的角度,企业的债务偿还能力无疑是其最为关注的指标,金融机构也乐于为偿还能力较强的企业提供贷款。债务偿还能力包括企业对中长期债务的偿还能力及对短期借款的偿还能力,是企业财务和信用情况的重要体现,直接反映着企业生产、运营能力和经营状况。企业的长期稳定发展也离不开强大的现金支付和债务偿还能力。

2. 贷款使用能力

贷款是对企业生产资金的扩充,同时也为企业带来负债和贷款利息，如果企业的资金收益不足以支付利息，则会处于入不敷出的状态，影响企业的还款能力。因此，企业在贷款前应当做好资金规划选择贷款时机，贷款较早会造成资金闲置，贷款较晚则又无法及时解决生产过程中的资金问题，贷款中应当合理规划运营方式、提高生产能力，创造更多的利润。款项能否用在"刀刃"上同样考验着企业的贷款使用能力。

3. 企业发展前景

金融机构在关注企业债务偿还能力的同时，也要关注企业的发展前景。拥有良好发展前景的企业的违约风险较小，而发展前景堪忧的企业信用降低，金融机构为其提供贷款前的考核标准也更加严格。

4. 企业运营能力

企业由人力资源、生产、财务等诸多部门组成，各个部门也是相互依赖、相互影响的，企业的运营能力是企业能否协同各个部门的关键，其中最为重要的是对生产的管理，包括对生产技术、安全、质量、进度和效益的管理等，这些共同决定着企业的运营水平。运营水平较高的企业贷款有的放矢，风险较小，而运营水平较低的企业贷款风险会随之增加。

5. 风险防范能力

面对经营风险，不同类型的企业有着不同的策略。大体上可将企业划分为保守型、稳健型、平衡型、积极型和激进型五种，相对而言保守型和稳健型的企业有着较强的风险规避意愿，会做好防范风险的准备，贷款风险较小。而积极型和激进型的企业有着投机的经营特征，愿意承担更大的风险。

（三）监控指标

针对企业风险特点选择能识别风险的关键性指标至关重要，对中小企业的指标选取与大企业的指标体系应当有所区别，本书根据以下原则选取对企业风险识别的指标。

1. 针对性原则

国内企业根据企业资金、人员规模一般可分为大型企业、中小型企业和小微型企业，要真实反映不同企业的风险水平，根据不同的企业规模分别选取各自的信用评价指标构建评价体系非常重要。

2. 全面性原则

评价体系的指标选取应当考虑到指标对企业经营状况的全面体现能力，要求这些指标既能量化企业的信用风险，又能体现对融资安全的判别；既要反映企业动态发展的趋势，又要静态体现出企业当前的发展状态；既能用于判断企业短期的盈亏，又能推测出企业的发展前景。

3. 科学性原则

在构建评价体系的过程中，必须保证指标选择的科学性，使选取的指标能客观、真实反映企业经营风险；指标内容相互独立，能多方面反映企业状况不存在相互干扰的情况；最终结果符合对企业风险的判断，标准统一。

4. 客观性原则

在构建评价体系的过程中，必须避免采用主观性大、人为干扰多的指标，以确保指标包含的数据信息来源具有客观性，保证对企业信用和风险规避能力体现的客观性，使结果具有公正性和说服力。

5. 可操作性原则

在实际对评价体系构建的过程中，应当将所获取的信息进行量化，借助现代计算机技术手段，搭建金融风险防控平台，使所获信息方便使用，也让需要信息的金融机构能够轻松获取。

影响信用风险的因子众多，随时可能有新的风险产生。因此，企业贷款风控必须有完整的、精确的数据指标评估体系；通过及时、准确观测风控数据，针对关键指标结果，调整风控策略。

部分贷款企业规模小、呆坏账风险高、信息不透明。因此，贷款企业的财务指标作为重要风控内容，决定银行是否发放贷款以及贷款利率高低。现实业务中，金融机构通常会从财务结构、偿债能力、经营现金流、运营能力、经营效益等方面进行风控审核。相应指标如下。

（1）财务结构。

①净资产与年末贷款余额比率。

计算式：净资产与年末贷款余额比率＝年末贷款余额/净资产×100%。该指标必须大于100%（房地产企业可大于80%）。

②资产负债率（也称净资产负债率）。

计算式：资产负债率＝负债总额/资产总额×100%。资产负债率必须小于70%，最好低于55%。

（2）偿债能力。

①流动比率。

计算式：流动比率＝流动资产额/流动负债×100%。该指标一般控制在150%—200%水平较好。

②速动比率。

计算式：速动比率＝速动资产额/流动负债×100%；速动资产＝货币资金+交易性金融资产+应收账款+应收票据＝流动资产-存货-预付账款-一年内到期的非流动资产-其他流动资产。该指标在100%左右较好，中小企业可能适当宽松，但也应该大于80%。

③担保比率。

计算式：担保比率＝对外担保额度/公司净资产。该指标最好小于0.5。

④现金比率。

计算式：现金比率＝(现金+现金等价物)/流动负债。该指标通常应大于30%。

（3）经营现金流。

①企业经营活动产生的净现金流量。

该指标应为正值，其销售收入现金回笼应在85%—95%。

②企业在经营活动中支付采购商品，劳务的现金支付率。

该指标应在85%—95%。

（4）运营能力。

①主营业务收入增长率。

计算式：主营业务收入增长率＝(本期主营业务收入-上期主营业务收入)/上期主营业务收入×100%。该指标不小于8%，表明企业主业正处于成长期，如果该比率低于5%，表明该产品将进入生命末期。

②应收账款。

计算式：应收账款周转速度(应收账款周转次数)＝营业收入/平均应收账款余额＝营业收入/(应收账款年初余额+应收账款年末余额)/2。

该指标周转速度应大于六次。一般讲企业应收账款周转速度越高，企业应收账款平均收款期越短，资金回笼的速度也就越快。

③存货周转速度。

计算式：存货周转速度(次数)=营业成本/平均存货余额，其中存货平均余额=(期初存货+期末存货)÷2。该指标中小企业应大于五次。存货周转速度越快，存货占用水平越低，流动性越强。

(5) 经营效益。

①营业利润率。

计算式：营业利润率=营业利润/营业收入(商品销售额)×100%=(销售收入-销货成本-管理费-销售费)/销售收入×100%。该指标应大于8%，该指标越大，表明企业综合获利能力越强。

②净资产收益率。

计算式：净资产收益率=总资产净利率×权益乘数=营业净利率×总资产周转率×权益乘数；其中营业净利率=净利润÷营业收入；总资产周转率(次)=营业收入÷平均资产总额；权益乘数=资产总额÷所有者权益总额=1÷(1-资产负债率)。该指标中小企业应大于5%。一般情况下，该指标值越高说明投资带来的回报越高，股东收益水平也就越高。

③利息保障倍数。

计算式：利息保障倍数=息税前利润/利息费用=(利润总额+财务费用)/(财务费用中的利息支出+资本化利息)。该指标应大于400%。该指标越大，表明企业的利息偿还能力越有保障，偿债风险越低。

(四) 风险监测

商业银行在经营活动过程中，主要面临信用风险、市场风险、操作风险和流动性风险等九大风险。其中，信用风险无疑是最主要、最重要的风险。商业银行必须强化信用风险管理，开发适用的信用风险管理模型，切实有效提高信用风险管理水平，通过将信用风险限制在可以接受的范围内，而获得最高的风险调整收益，并防范因商业银行的信用风险导致的系统性金融风险。

无论使用何种系统，对贷款监控都能降低贷款风险。风险监测是指通过对机构已授信及已用信用户的欺诈风险、资质等级变化进行监控并推送风险预警信息，帮助机构实时掌握用户风险波动。风控平台以企业

第五章 | 贷中——智能风控核心算法研究

内部数据和外部大数据作为支撑，建立自动化、智能化的基于征信及大数据进行信用风险监测及预警管理的系统，将风险信号事后预警处置积极向事前预警防范转变，提高风险预警的准确性、有效性和及时性。通过建设企业风险预警系统，设置预警规则，多渠道采集和分析内外部有效信息，采用科学的预警方法，由系统自动或手动发出风险警示信号/任务，对金融企业潜在或存量授信企业及相关企业进行系统化、动态监测分析，提前发现和有效识别授信风险，实现对企业风险状况的持续监测和早期预警，相关管理人员对风险预警信号/任务及时进行响应和处理，发挥风险防控作用，同时为企业贷后管理，以及风险化解处置等全流程风险控制方面提供决策参考。

我们首先建立了源于时间 0 的贷款的最优停止问题。信用评分系统从 $[0, 1]$ 上的均匀分布中产生先验概率 π_0。银行可以继续使用其动态监控系统监控贷款，该监控过程导致后验概率过程 $\{\pi_t | t \geq 0\}$。该监测产生一个由 x_t，x_0 表示的信息信号。这个过程代表了与贷款相关的可观察特征，它遵循布朗运动，即：

$$dx_t = \theta\mu dt + \sigma dB_t$$

式中：μ，$\sigma > 0$ 和 $\theta \in \{0, 1\}$。漂移率 $\theta\mu \in \{0, \mu\}$ 是贷款质量的主要决定因素，但它不能直接观察到。如果 $\theta = 1$，贷款具有高信用质量且无风险；如果 $\theta = 0$，贷款的信用质量较低，且风险最大。漂移率是不可观察的，但 x_t 的路径是，这允许银行实时推断贷款质量。因此，监测导致了一个后验过程 $\{\pi_t | t \geq 0, \pi_0\}$。监控问题的解决方案是在最佳停止时间 t^* 下最终决定是否持有还是出售贷款。调整触发策略，如果 $\pi_{t^*} = \pi^*$ 为一些 π^*，银行决定在 t^* 时间持有贷款；如果 $\pi_{t^*} = \pi^{**}$ 时，一些 $\pi^{**} \leq \pi^*$，银行在 t^* 时间出售贷款。在 π^* 持有的贷款价值为 $V_1(\pi^*) = c/r - K(1-\pi^*)$，在 π^{**} 出售的贷款的银行净值为 $V_s(\pi^{**}) - g = c/r - k(1-\pi^{**}) - g$。被监控的贷款值记为 $V_M^D(\pi t)$，$\pi^{**} < \pi_t < \pi^*$，可以写为：

$$V_M^D(\pi_t) = E\left(\int_0^{t^*} e^{-ru}(c-m)du + e^{-rt^*}\max(V_S(\pi_T)-g, V_1(\pi_T))\right)$$

从上面的表达式可以清楚地看出，监控贷款的价值满足 $V_M^D(\pi_t) \geq \max(V_S(\pi_T)-g, V_1(\pi_T), VI(\pi t))$，因此通过投资内部监控，如果 V_1

$(\pi_0) \geq V_S(\pi_0) - g$ 则选择将贷款保留在内部，银行将永远比立即分类贷款要好，否则会出售贷款。

这也造就了本系统以下功能特点。

1. 风险预警和风险处置有效统一

风险预警系统为有关管理部门提供了风险监控的手段和工具，通过建立的预警系统能够全面涵盖对公和对私授信业务，能够及时发现并提示风险隐患、跟踪核查处置情况，督促有关部门及时采取控制措施，以确保上下联动、前后台联动，准确、迅速地发现、传递和处置风险预警信号，建立授信业务风险实时监测、及时提示、持续跟踪与改进的风险管理机制。

2. 预警模型完全贴合业务实际

信用风险预警系统成功实现了针对大型企业、中小企业、小微企业等不同客群的针对性预警模型和规则，具有实际业务属性。同时，针对使用人员关心的管理类指标和实际问题，设计了管理类预警规则模型，大量需要人工完成的工作转化为系统完成，帮助使用人员能够高效地完成相关工作，减轻工作量，提高工作效率。

3. 监测对象覆盖全面

针对预警企业对象，预警模型不仅覆盖了其自身的风险隐患，同时覆盖了如其关联企业、担保人、抵质押物、关联人等造成的风险。系统满足多维度多角色进行风险预警。

4. 监测维度覆盖全面

通过对企业多维度进行风险智能监测，能够全方位展现企业风险情况。

5. 客群分类监测，突出重点

建立各类信贷企业的风险监测方案，有区别、有重点地对主要企业进行针对性信用风险监测，提高贷后管理的效率和效果。

6. 功能强大，操作便捷，价值明显

系统具备预警规则设计、预警模型管理、预警流程管理、企业风险视图、名单管理、统一视图、报表管理、风险监测平台等多项功能。系统支持业务人员通过规则引擎工具，自主设计和配置预警监控规则，系统支持管理人员通过流程引擎工具实现自主配置预警流程。业务操作人员能够便捷地完成系统管理和配置工作，不断增加风险预警系统的使用价值。

（五）运营监控

运营监控主要监测的是在整个业务运行的过程中的一些核心指标，如运行质量、运行效率、系统异常等。建立一个动态模型，假设银行在稳定状态下运行，当贷款是无限期限时，需要有一些外生的新贷款的进入和现有贷款的退出，并提前偿还。

假设任何质量的 $\pi_0 \in [0, 1]$ 贷款在某个时间 s 随机产生，并在某个时间 $t \geqslant s$，以指数分布随机偿还。指数分布的优点是，它是一种无记忆的分布，即贷款在下一瞬间被偿还的概率，条件是在此之前没有被偿还，与自开始以来的时间流逝无关。因此，对于时间 $t>s$ 和 $\rho_1>0$，假设一个新的贷款（任何类型的）达到的概率是：

$$P(s \leqslant \pi \leqslant s+\mathrm{d}t) = \int_s^{s+\mathrm{d}t} \rho_1 \mathrm{e}^{-\rho_1(t-s)} \mathrm{d}t$$

根据 π 型贷款有时存在的可能性 P_s^π，以及这类贷款的存在，贷款在 s 时被撤回的概率为：

$$P(s \leqslant \pi \leqslant s+\mathrm{d}t \mid P_s^\pi, n) = \int_s^{s+\mathrm{d}t} nP_s^\pi \rho_0 \mathrm{e}^{-\rho_0(t-s)} \mathrm{d}t$$

因此，π 型贷款的净新流入为

$$n\mathrm{d}P_s^\pi = \int_s^{s+\mathrm{d}t} (\rho_1 \mathrm{e}^{-\rho_1(t-s)} - nP_s^\pi \rho_0 \mathrm{e}^{-\rho_0(t-s)}) \mathrm{d}t$$

当 $n\mathrm{d}P_s^\pi = 0$ 时，系统处于稳定状态，在这种情况下，银行从提取的贷款中获得的资本流入，与新贷款的资本流出完全匹配。计算出积分，可以发现：

$$n\mathrm{d}P_s^\pi = (\rho_1 - nP_s^\pi \rho_0) \mathrm{d}t = 0$$

这意味着稳态条件 $P_s^\pi = \rho_1/n\rho_1$，它将任何现有贷款的可能性与到达和提款利率及现有贷款的数量联系起来。因此，如果到达率和提款率相同，则稳态条件意味着一种给定类型的贷款存在的概率与所存在的贷款正好相反，将假设使用 $nP_t^\pi = \rho_1/\rho_0$ 处于稳态。

第六节　本章小结

本章为金融机构贷中监测企业发展状态提供了智能化的解决方案。

自新冠疫情发生以来，金融机构已采取多项举措支持企业，如人民银行会同银保监会等部门发布的中小微企业贷款阶段性延期还本付息政策、普惠小微企业信用贷款支持计划，以及降低贷款利率、减少各环节收费等，有力支持了各地抗击疫情和企业复工复产。

在疫情影响下国内经济增速放缓、金融监管趋严，商业银行体系内的不良资产、坏账等问题加速暴露，对信贷风险的前瞻预警、全面监控和有效管理等提出了更高的要求。对受疫情影响的中小企业救助能够更加精准、更有针对性地防范金融风险；银行迫切需要建设内外部数据结合的预警系统，改变信贷资产风险管理现状，进一步提升信用风险管理水平。

本风控体系平台采用智能分析与数据挖掘算法，能够有效地提高非现场监管的及时性和准确性，其不仅可以迅速、精确完成对各地区信贷质量及其变动情况的分析工作，还能通过对行内和行外信息的高度整合，形成区域信贷风险的综合评价，从而使风险管理在更大程度上体现超前性和系统性。

第六章

贷后——基于物联网的风险控制与智能预警

如何有效解决中小企业贷款难的问题，关键在于建立银行或者金融机构与中小企业的信任机制，而银行或者金融机构缺失了对中小企业的末端数据抓手，无法完全打破与中小企业的信息不对称。而 5G 低延迟、高带宽的传输特性增强了物联网设备在末端数据的采集和预处理能力，使其能够成为持续可信的数据纽带。

因此，本书将着手使用物联网技术采集企业实时经营数据，以新视角构建企业信用风险评价指标。基于指标构建的科学性和易获得性的原则，我们选取了企业用量率均值、企业员工到岗率、第三方综合评分均值作为中小企业信用风险评价的三个指标。科学性在于：该评价指标既考虑了第三方平台对企业公开信息的综合判断，又考虑了企业可能存在的停工或停产的风险点，能够有效地反映企业生产经营活动状况的波动。易获得性在于：综合运用图像处理技术、物联网技术、OCR 模型，可统计企业每日的用量信息及员工实际到岗人数。首先，借助固定架设的物联网设备拍摄对应计量设备的照片，并采用 PaddleOCR 内置模型识别从照片中截取出的待识别区域图片，得到传统电表、水表、燃气表当日的用量数据。其次，利用 PyramidBox 人脸检测模型对公司前台（进出位置）架设的配备开放接口的高清摄像头拍摄的视频数据进行人流量统计分析，推算出当日实际到岗人数。再次，基于所构建的企业信用风险评价指标，建立了模糊逻辑金融风险预警模型。最后，依据模糊逻辑相关理论及所构建的评价指标，设计模糊逻辑模型所需的模糊子集、隶属函数和控制规则，构造用于评价中小企业信用风险的经典模糊逻辑模型。针对经典模糊逻辑模型中，单一隶属函数无法准确地表达输入变量对某一概念的隶属程度的问题，借鉴组合赋权的思想及引入 R^2 拟合优度评价指标，对多种隶属函数进行组合赋权，实现对经典模糊逻辑模型的优化。

实证分析表明，经典模糊逻辑模型与组合隶属函数调优的模糊逻辑模型均能够有效反映企业的金融风险值并预警。组合隶属函数调优的模糊逻辑模型相较于经典模糊逻辑模型准确率及稳定性更高。

第一节　中小企业融资现状研究

一　研究背景

中小企业贷款难是一个长期存在的问题。银行或者金融机构通过尽职调查的方式，审查企业的现金流、固定资产（可抵押物）、担保信息、商业模式、行业前景等不同维度的信息，评估其还款能力。而对于中小企业来说，可能存在自身管理不规范、信息不透明、可抵押物少、无有效担保信息等一系列问题[1]，使银行或者金融机构在贷款前的尽职调查周期变长、成本增高，以及在贷款后的管理成本增高、还款风险增大。因此，银行或者金融机构为了保证低水平的贷款坏账率，更倾向于对优质的大型企业提供金融支持，并适当提高中小企业的贷款门槛、贷款利率，降低贷款额度。

为了解决中小企业贷款难的问题，银行或者金融机构也在不断创新金融手段。在早期的金融信息化阶段（1989—1995 年）[2]，将金融业务和计算机信息化技术相结合，实现了无纸化操作，降低了人工成本，提高了贷款效率。随后，依托互联网技术，进入互联网金融阶段（1995—2015 年）[3]。金融业务的网络化，催生了多样化的金融产品，使贷款形

---

[1] 王馨：《互联网金融助解"长尾"小微企业融资难问题研究》，《金融研究》2015 年第 9 期。
[2] 李政、王雷：《论金融信息化及其对金融发展的影响》，《情报科学》2007 年第 11 期。
[3] 王馨：《互联网金融助解"长尾"小微企业融资难问题研究》，《金融研究》2015 年第 9 期。

式、渠道增多，同时也增加了企业不同维度的数据交换，信息共享。在金融科技阶段（2015 年至今）①，移动支付、人工智能、区块链等新兴技术的出现与广泛应用，使金融服务的效率更高。对于个人用户来说，用户时刻在产生可用于信贷评估的数据，能够体现其不同维度的数字特征，因此个人信贷产品百花齐放，无抵押放款也随处可见，如蚂蚁花呗、京东白条等。但对于中小企业来说，银行或者金融机构很难获取到实时、真实的企业经营数据、财务数据。而中小企业的经营状况很容易发生改变，抗风险能力较弱。单靠人工定期或者不定期地进行贷款后的风险评价，无法及时发现并处置风险点。

银行或者金融机构缺失了对中小企业的末端数据抓手，弱化了自身贷款前的调查能力及贷款后的监管能力，无法完全打破与中小企业的信息不对称，难以建立持续稳定的信任机制。如今，第五代移动通信技术（5G）应用已十分广泛，低延迟、高带宽的传输特性有助于高清视频流等业务层的实时传输，而物联网设备在末端数据的采集和预处理方面更是优势尽显，二者的结合使末端数据抓手的构建变得更加现实。

因此，本书将综合运用物联网技术、图像识别技术、模糊逻辑算法分析等多理论、方法和技术，实现对中小企业的经营风险实时分析和预警。

二 国内外研究现状

本节借助知识可视化工具 CiteSpace，对知网及 Web of Science（WoS）数据库中关于企业信用风险评价、模糊逻辑的文献进行计量分析，客观反映了二者的研究现状。为较为全面地梳理国内外研究现状，不限定检索关键词为中小企业，而扩大为企业，同时选取表达相近的关键词用于检索。选取知网主题索引数据库和 WoS 核心数据库，以"企业信用风险评价""金融风险评价""企业信用风控""信贷风险识别""贷后风险识别"等关键词检索企业信用风险评价领域论文，以"模糊逻辑""模糊逻辑模型""模糊方法""模糊决策""模糊控制"等关键词检索模糊逻辑领域相关论文，得到国内金融风险评价和预警领域相关论

---

① 姜睿：《我国金融科技演进逻辑、阶段特征与提升路径》，《经济体制改革》2020 年第 6 期。

文 4000 余篇，企业金融风险评价相关领域 1999 年至今的论文 346 篇，模糊逻辑 2010 年至今相关论文 16000 余篇作为计量分析的数据来源。

（一）企业金融风险评价研究热点分析

使用 CiteSpace 软件对以"金融风险评价"和"金融风险预警"为主题的相关论文绘制以"关键词"（keyword）为节点，以"一年"为一个时间段的共词网络，同时删除一些对研究意义不大的节点，以最小生成树（Minimum Spanning Tree）算法进行剪枝操作，最终得到如图 6-1 所示的共词网络知识图谱。

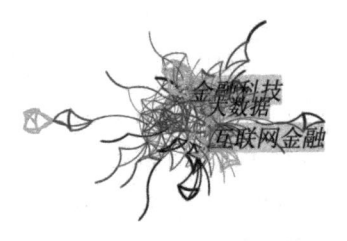

图 6-1　以"金融风险评价/预警"为主题的共词网络知识图谱

除了与金融、贷款相关的关键词，科技、互联网、大数据等词汇是关键词分析中的热门词汇。由此可见，在企业信用风险评价和预警研究领域，如何与互联网尤其是其中的数据挖掘、分析、处理技术相互融合是当下金融风险预警研究的热点。再对以"企业信用风险评价"和"企业信用风险预警"为主题的论文进行同样的关键词分析，最终得到的结果如图 6-2 所示的共词网络知识图谱。

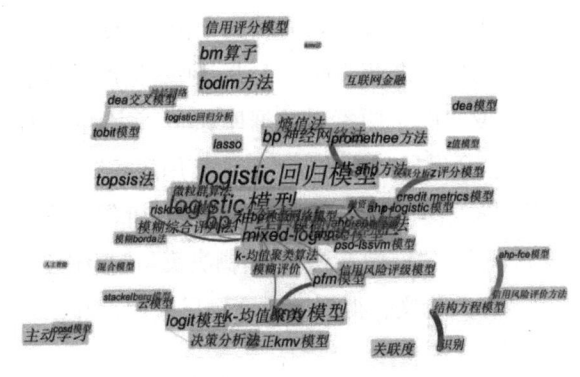

图 6-2　以"企业风险评价/预警"为主题的共词网络知识图谱

从企业信用风险评价现有文献来看，研究者主要侧重在评价指标体系构建和评价方法两个角度的研究，二者共同决定了企业信用风险评价的效果。由图6-1也可以看出用于企业信用评价的各种方法与模型，如Logistic回归模型、BP神经网络、KMV模型、TOPSIS等。为更清晰地了解前人的研究成果，笔者按时间线梳理了近12年的相对高引用、主题强相关且不同侧重点的文献。

汪莉[1]运用主成分分析法从财务指标、企业特征类变量、企业主个人特征三个维度构建了适用于中国中小企业的信用评分指标：资产负债比、流动比率、现金流动负债比、净资产收益率、销售利润率、应收账款周转率、存货周转率、销售收入增长率、净利率增长率、净资产增长率、所处地区、所处行业、是否为出资人、企业主从事本行业或相关行业工作年限，并建立了基于Logistic回归的信用评分模型。蒋曼曼[2]从供应链金融的角度出发，着手企业营利能力、企业运营能力、企业偿债能力、企业成长能力、企业现金流量五个维度，得到适用于供应链金融企业风险评价的5个主成分指标因子。欧耀辉[3]针对Logistic模型不支持动态和面板数据的缺陷及自身样本特点，采用Mixed-Logistic模型对非上市的科技、物流、制造三个行业的中小企业的供应链数据进行分析，发现了财务特征、企业特征、股东特征及供应链运营状况中的合约特征、所处行业5个主要的风险点。辛立秋和鲍宪军[4]采用Logistic模型对上市建筑企业的10个主成分指标因子进行分析，认为建筑企业主要风险点在于应收账款周转率、所有者权益增长率等。

谷鹏[5]基于"流动负债+长期负债"违约点的设计，借助KMV模型对国内中小制造类上市企业的股权价值、股权报酬率的标准差、负债账

---

[1] 汪莉：《基于Logistic回归模型的中小企业信用评分研究》，硕士学位论文，合肥工业大学，2008年。

[2] 蒋曼曼：《供应链金融视角下企业信用风险评价研究》，《经营与管理》2017年第2期。

[3] 欧耀辉：《供应链金融下的中小企业信用风险评价》，硕士学位论文，华南理工大学，2018年。

[4] 辛立秋、鲍宪军：《建筑业上市公司信用风险评价研究——基于Logistic模型》，《建筑经济》2020年第10期。

[5] 谷鹏：《我国中小制造类企业信用风险评价研究》，硕士学位论文，北京化工大学，2010年。

面价值及无风险利率4个评价指标进行判断，推算其违约概率。李延敏和章敏①调整金融联结企业违约点中流动负债和长期负债的权重，并采用KMV模型准确识别参与农村金融联结企业的信用风险。

夏立明等②立足供应链金融数据，采用频数统计法获得原始指标，借助专家评价法和相关性分析确定了38个关键指标，并在后续的研究③中构建了具有时间维度的模糊综合评价模型，对中小企业信用风险进行评价。

段翀和刘忻梅④对100家上市企业调研，得到资产负债率、流动比率、净资产报酬率、总资产报酬率和应收账款周转率5个决定性指标，并借助CCSD（相关系数—标准差）模型确定各指标的权重，有效对中小企业信用风险进行评价。汪鑫⑤提出了供应链金融中线上线下相结合的24个评价指标并采用熵权系数法和灰色综合评价法对指标进行赋权，从而评价出中小企业信用风险值。

孙凯⑥利用2013年上市企业中小板板块中的30个样本，构建用于供应链融资中中小企业信用风险评价的BP神经网络，并产生一定成效。针对中小板存在超出中小企业规模的问题，包敏⑦转用新三板数据并采用遗传算法对BP神经网络进行优化，有效识别风险企业。

周文坤和王成付⑧将层次分析法与模糊TOPSIS方法相结合，对核心企业信用风险、融资企业信用风险、融资项目风险评价、供应链绩

---

① 李延敏、章敏：《农业产业化龙头企业信用风险评价的改进——基于农村金融联结视角》，《农林经济管理学报》2016年第5期。

② 夏立明等：《中小企业信用风险评价指标体系的构建——基于供应链金融视角的研究》，《金融论坛》2011年第10期。

③ 夏立明等：《基于供应链金融的中小企业信用风险评价模型研究》，《商业研究》2013年第10期。

④ 段翀、刘忻梅：《基于CCSD模型的上市企业信用风险评价研究》，《征信》2014年第3期。

⑤ 汪鑫：《基于线上供应链金融的中小企业信用风险评价研究》，硕士学位论文，厦门大学，2014年。

⑥ 孙凯：《基于BP神经网络的供应链融资中中小企业信用风险评价研究》，硕士学位论文，辽宁大学，2015年。

⑦ 包敏：《供应链金融模式下中小企业信用风险评价研究》，硕士学位论文，西南科技大学，2020年。

⑧ 周文坤、王成付：《供应链融资模式下中小企业信用风险评估研究——基于左右得分的模糊TOPSIS算法》，《运筹与管理》2015年第1期。

评价、质押物风险评估、外部环境6个维度的定性定量的指标进行评价。程砚秋[①]提出了小企业的4个显著风险点：净资产与年末贷款余额比率、抵质押得分、法人代表贷款违约记录、公司法人代表本地居住年限，并以违约样本误差最小化为标准，对评价指标进行组合赋权判断其违约风险。

刘艳春和崔永生[②]基于SEM和灰色关联度模型，对供应链中的财务及非财务数据指标进行评价，弱化了评价过程中的主观因素。张高胜[③]从环境、财务要素、企业基本素质、成长及创新四个维度，结合因子分析降维和熵权赋权的方法，克服了评价指标主观赋权的局限性。判断民族地区小微企业信用情况。

汪政元[④]以制造业发债公司为实证研究对象，引入贡献度函数衡量各指标随机森林模型预测过程中的贡献度对随机森林模型（Random Forest）进行调优，认为企业信用的风险点在于成本费用利润率、总资产报酬率、销售净利率。

崔晴[⑤]针对传统支持向量机对风险企业识别率不高的问题，采用粒子群算法（PSO）对最小二乘支持向量机（LSSVM）进行优化，提高了风险识别率。夏晗[⑥]根据小微企业小样本数据，训练并构建了模糊积分SVMR集成模型。

张润驰[⑦]基于发现的与中小企业违约概率存在显著关联的各项指标及所用中小企业历史信贷数据集的样本特征，设计了评估中小企业违约

---

① 程砚秋：《基于违约判别度的小企业信用风险评价研究》，《科研管理》2015年第S1期。
② 刘艳春、崔永生：《供应链金融下中小企业信用风险评价——基于SEM和灰色关联度模型》，《技术经济与管理研究》2016年第12期。
③ 张高胜：《小微企业信用风险评价模型构建——基于因子分析—熵权评价模型》，《财会通讯》2017年第17期。
④ 汪政元：《基于优化的随机森林方法的企业信用风险评价研究》，硕士学位论文，暨南大学，2017年。
⑤ 崔晴：《基于PSO-LSSVM的中小企业信用风险评价研究》，硕士学位论文，河北工程大学，2017年。
⑥ 夏晗：《基于支持向量机回归集成的小微企业信用风险度评估模型研究》，《征信》2019年第4期。
⑦ 张润驰：《我国小微企业贷款信用风险评估模型研究》，博士学位论文，南京大学，2018年。

概率的三阶段混合信用模型——TSHCE 模型，以及用于评估中小企业违约损失率的多预测模型——MPHCE 模型。

孙浩[1]利用主成分分析方法及 DEA 交叉模型，以 13 家中小企业为实证研究对象，发现总资产周转率、主营业务收入增长率、资产负债率、基本每股收益，以及固定资产净值率适合作为企业的风险点。

匡海波等[2]采用偏相关方差分析与神经网络衡量指标群方法及风险因子鉴别最优原则，建立了具有 48 个指标的供应链金融下中小企业信用风险评价体系。

在众多文献中，企业信用风险评价指标的构建大多考虑了其是否具有科学性和易获得性。科学性一方面是指该指标用于评价企业信用风险是否具有有效性，即指标的适用性；另一方面是指所构建的指标能否从不同维度，不重叠地描述企业的特征全貌。易获得性是指该指标对应的可量化的企业数据能否被研究者获取。

基于这两点考虑可以发现几个规律：①研究者对电子商务网站入驻企业、供应链金融相关企业、上市企业关注较多。②从一级、二级、三级指标的选取，以及各研究者得出的风险点结论来看，企业信用风险评价较为常用的指标仍是财务指标，如应收账款周转率、资产负债率、总资产报酬率等。③对于主观性评价指标的选取，研究者持有不同的看法，各有各的偏好。

从企业信用风险评价方法来看，有统计学方法，如 Logistic 回归、KMV 等，有运筹学方法，如层次分析法等，也有数据挖掘相关方法，如 BP 神经网络等。可以看出研究者在方法学上扩展较多，越来越多新的方法能够有效地评价企业信用风险。也可以看出研究者在学科交叉融合方面做了相当细致的研究，发挥各方法之优势，使老方法评价的准确率或效率更高。

对数据选择按时间线绘图分析，即 timeline 的布局方式，即可得到图 6-3，该图可以清晰反映出国内企业信用风险评价领域研究的发展历

---

[1] 孙浩：《基于交叉 DEA-Tobit 模型的中小企业信用风险评价》，《伊犁师范学院学报》（自然科学版）2018 年第 2 期。

[2] 匡海波等：《供应链金融下中小企业信用风险指标体系构建》，《科研管理》2020 年第 4 期。

程，通过前文和图 6-3 不难看出企业信用风险评价领域的研究主要面向的是中小微型企业，原因是大型企业有着优质资产和较好的信用背书。在企业信用风险评价领域建模是一种常用的研究方式，几乎涵盖在该领域的整个发展历史中，但是很少选用模糊逻辑模型作为该领域的研究模型。

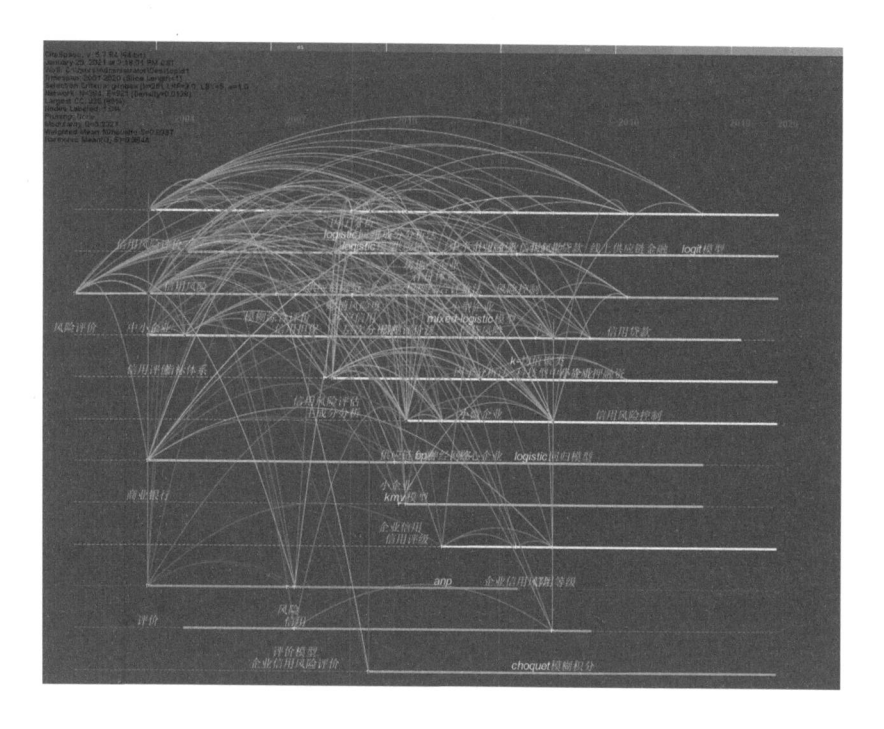

图 6-3 国内企业信用风险评价研究的发展历程

如图 6-4 所示，通过同样的方式对从 Web of Science 获取到的国外论文进行关键词分析（共词网络知识图谱），发现在对企业信用风险评价的研究中同样出现了大量计算机互联网领域相关的概念，除多样的评价模型外，模糊神经网络也曾用于企业信用风险评价的研究中。

（二）模糊逻辑应用领域分析

对模糊逻辑相关论文进行关键词分析，最终得到图 6-5 所示的共词网络知识图谱。

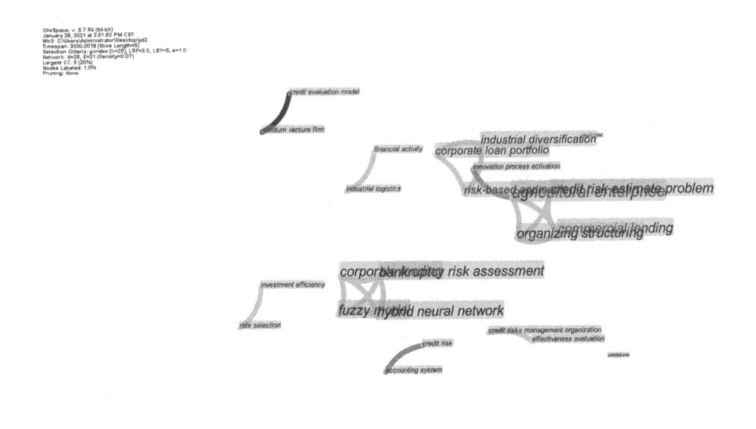

图 6-4 国外以"企业信用风险评价"为主题的共词网络知识图谱

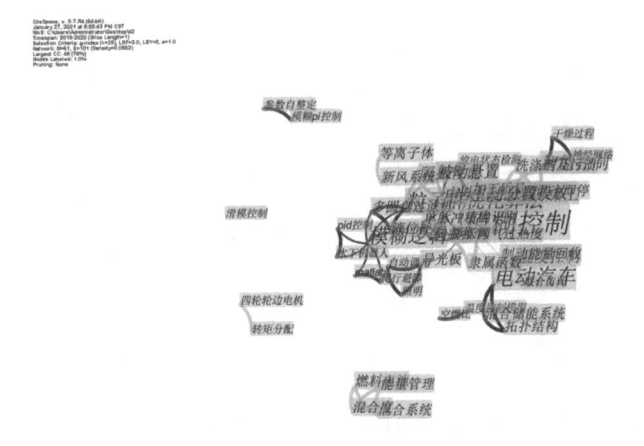

图 6-5 国内以"模糊逻辑"为主题的共词网络知识图谱

由该共词网络知识图谱可以看出，模糊逻辑大多与自动化控制技术有关，如空调电机的控制、机器人的运动轨迹的控制、电动汽车的控制等，也可以看到模糊逻辑与其他技术的结合，实现特定场景的算法优化，如模糊神经网络等。

对数据选择按时间线绘图分析，即 timeline 的布局方式，即可得到图 6-6，该图反映了国内对模糊逻辑领域的研究进程，可以看出模糊逻辑技术常年广泛应用于工业领域，尤其是控制工业，但是在计算机技术、模糊神经网络和大数据技术成熟后,模糊逻辑技术也被用于仿生及人工智能领域。

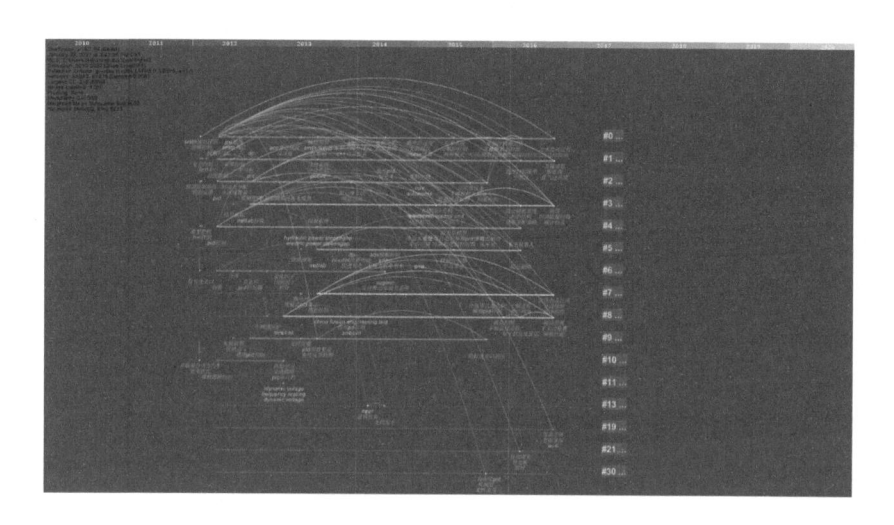

图 6-6　国内在模糊逻辑领域的研究历程

笔者通过同样的方式对从 WoS 获取到的国外论文进行关键词分析,发现在国外的模糊逻辑领域的研究论文与国内比较类似,同样广泛应用于工业、电子商务、团体决策等领域,但几乎没有被应用于企业信用风险评价领域。从图 6-7 中也可以看出数学建模是模糊逻辑领域研究的基础。

图 6-7　国外以"模糊逻辑"为主题的共词网络知识图谱

（三）研究启示

本节对主题为"企业信用风险评价"及"模糊逻辑"的文献进行了系列分析，系统阐述了企业信用风险评价与模糊逻辑的发展历程与现状，得出以下几点结论。

（1）企业信用风险评价研究热度稳定增长。国内外对企业信用风险评价的研究正逐步向数据化、智能化倾斜，尤其是与新兴科技的融合发展，如大数据、人工智能、区块链等。

（2）企业信用风险评价方法论愈加丰富。研究者基于自身的学科背景，从不同的着力点，拓展新的评价方法或者对现有的评价方法进行调整优化，为后续的研究者奠定了坚实的理论基础。从企业信用风险评价指标的构建来看，在满足指标的易获得性后，研究者采用各类主、客观方法，对指标科学性的衡量进行了深入研究。经过多重筛选以及实证研究，大多研究者认为财务指标能够较好反映企业信用风险程度。但财务指标具有一定滞后性，无法及时反映企业风险状况。而在第五代移动通信技术（5G）大众化普及的今天，低延迟、高带宽的传输特性使物联网技术在末端数据的抓取上具有更多的可能性。

（3）模糊逻辑依托自身模糊特性及较好的可扩展性，在工业控制领域应用十分广泛且应用范围正在逐步扩大。研究者已经证实模糊逻辑与BP神经网络的结合体：模糊神经网络能够有效地评价企业信用风险。而纯模糊逻辑综合运用了模糊集合论、模糊语言变量及模糊逻辑推理，包含了较为完整的模糊理论体系，并且对小样本数据支持较好，具有较高的应用价值。

综上所述，可以发现企业信用风险评价进一步的研究方向为：综合运用物联网技术、图像识别技术，构建企业真实的生产经营指标，再引入模糊逻辑模型对企业信用风险进行评价，实现对中小企业的经营风险实时分析和预警。

三 研究思路与方法创新

（一）研究思路

构建中小企业信用风险评价指标，确定定量特征为企业用量率均值、企业员工到岗率、第三方综合评分均值。

企业用量率均值为企业水使用率、电使用率、天然气使用率的均值。如果存在缺失数据，如某些企业无须使用天然气，则天然气用量数据不参与平均。这三种当日的用量数据均通过识别所固定架设的物联网设备拍摄的相关计量设备（如电表）的照片而得。其中，识别算法采用开源的 PaddleOCR 框架，包括 SAST 文字检测模型、CRNN 文本识别模型。当日与历史的用量数据相比，即可计算出企业用量率的均值。

企业员工到岗率为当日实际到岗人数与应该到岗人数的比率。应该到岗人数来自企业提供的员工总数，当日实际到岗人数来自对企业前台（进出位置）架设的高清摄像头拍摄的视频数据的分析。采用开源的 PyramidBox 人脸检测模型对上、下班时间段内的视频流进行抽帧处理，通过识别视频中图片帧指定区域出现的人脸数，推算出当日员工的到岗率。此种统计到岗率的方式是保证对企业最小侵入性的折中方案，避免了加装特殊考勤设备影响企业现有制度。另外，高清摄像头实时性、真实性、可扩展性更好。

第三方综合评分均值为各大型第三方企业征信机构所给出的企业综合信用水平分数的平均值，主要包括企查查、天眼查、启信宝等平台。第三方综合评分范围为区间 [0, 100]，若存在评分范围不一致，则需要归一化处理。如果存在缺失数据，如启信宝未对企业进行评分，则启信宝对该企业的缺失评分不参与平均。

中小企业信用风险评价，将企业用量率均值、企业员工到岗率、第三方综合评分均值作为模糊逻辑风险评价模型的三个输入变量；利用模糊统计实验法+R^2 拟合优度评价指标对多种隶属函数组合赋权得到更为拟合的新隶属函数；模糊器将输入变量模糊化成模糊集合，模糊输入集合匹配控制规则并根据匹配的规则进行模糊推理得到模糊输出集合，模糊输出集合在去模糊器中解模糊得到精确输出值，即企业的风险值。在实际应用中，企业风险值超过阈值则预警，同时需要辅以其他佐证材料，供人工进行排查。技术路线如图 6-8 所示。

（二）方法创新

1. 企业信用风险评价指标选取创新

突破依赖财报、担保等信息评价企业风险的传统思维，认为企业信用风险也体现在生产经营活动的各项真实数据中，并通过实验论证评价指标的有效性。

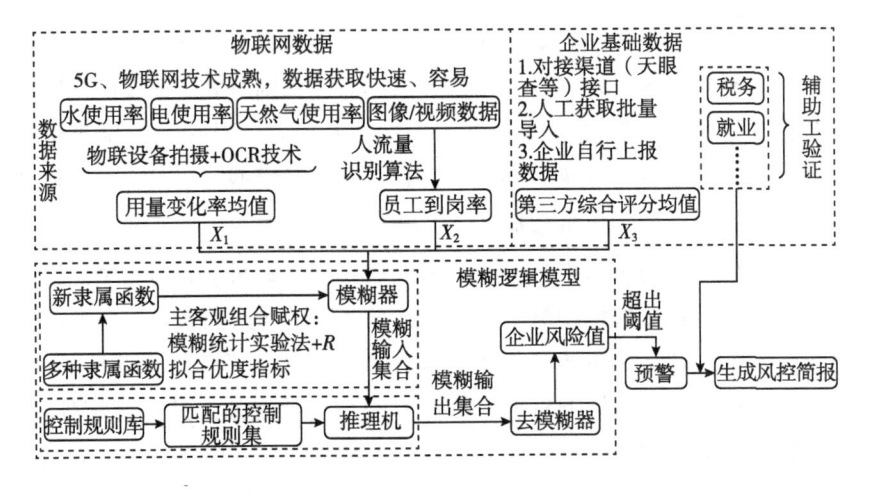

```
┌─────────────────────────────────────────────────────────────────┐
│         物联网数据                    企业基础数据              │
│   5G、物联网技术成熟，数据获取快速、容易   1.对接渠道（天眼  辅 │
│  ┌──────┬──────┬────────┬──────────┐  查等）接口   ┌──┐ 助 │
│数│水使用率│电使用率│天然气使用率│图像/视频数据│ 2.人工获取批量│税务│ 工 │
│据│      │      │        │          │ 导入        ├──┤ 验 │
│来│ 物联设备拍摄+OCR技术  │ 人流量    │ 3.企业自行上报│就业│ 证 │
│源│                      │ 识别算法  │ 数据        └──┘   │
│  │     用量变化率均值    │ 员工到岗率│ 第三方综合评分均值  │
│  │         X₁           │   X₂     │      X₃            │
└─────────────────────────────────────────────────────────────────┘
                                  模糊逻辑模型
  ┌────────┐                   ┌──────┐     超出
  │新隶属函数│──┐              │模糊器│──┐  阈值
  └────────┘  │主客观组合赋权：└──────┘  │ ┌──────┐──→┌────┐
              │模糊统计实验法+R  模糊     │ │企业风险值│  │预警│
  ┌────────┐  │拟合优度指标     输入     │ └──────┘──→┌────────┐
  │多种隶属函数│─┘               集合     │            │生成风控简报│
  └────────┘                             │            └────────┘
                                        模糊输出集合
  ┌────────┐   ┌──────┐    ┌────┐──┘
  │控制规则库│──→│匹配的控制│──→│推理机│──→去模糊器
  └────────┘   │规则集   │   └────┘
               └──────┘
```

图 6-8 技术路线

2. 提出一种基于物联网与计算机视觉的企业实时生产经营数据的获取方法

真实可靠的数据来源及有效的评价模型是信用风险评价的两大关键部分，然而企业实时、真实的数据难以获得。本书综合运用物联网技术、人脸检测算法、OCR 模型，以对所评价企业最小的侵入性为原则，识别出传统电表、水表、燃气表的用量数据，推算出企业员工到岗率，为后续的研究者提供一种新的研究视角。

3. 提出了一种组合隶属函数模糊逻辑信用风险评价模型

模糊逻辑模型在工业、自动化控制领域应用广泛，却较少用于企业信用风险评价。本书根据所构建的中小企业信用风险评价指标，构造用于评价中小企业信用风险的经典模糊逻辑模型，并通过借鉴组合赋权的思想及引入 R^2 拟合优度评价指标，优化经典模糊逻辑模型中单一隶属函数无法准确地表达输入变量对某一概念的隶属程度的问题。

第二节　核心算法相关理论基础

本节将梳理研究过程中所涉及的基础理论，主要包括人脸检测算法、OCR 模型、经典模糊理论。人脸检测算法较为常用的是卷积神经网络（CNN[①]）模型，但 CNN 的运行速度达不到动态检测所需实时效果的要求，而 PyramidBox[②] 人脸检测模型弥补了这一缺陷，因此本研究采用此模型进行人流量识别。OCR 模型主要包括 SAST[③] 文字检测模型、CRNN[④] 文本识别模型。经典模糊理论主要包括模糊化过程、知识库、推理决策三个部分。

一 人脸检测算法

（一）卷积神经网络

图像检测领域使用最为广泛的传统模型是 CNN，即卷积神经网络，它是一种多层感应机的变种，卷积神经网络的概念来自生物领域对猫的视觉皮层的研究，猫的视觉皮层细胞的结构对输入影像的部分区域非常敏感，研究者对这种结构进行模拟并将其应用于目标检测中。

卷积神经网络可以看作对常规神经认知机的推广，常见的神经认知机由两个部分组成，采样元用于特征提取，卷积元用于抗变形。感受野与阈值参数是采样元中的重要参数，感受野用于识别输入特征的数目，阈值参数用于控制对特征子模式的采取相应识别动作的阈值。卷积神经网络采取了局部连接（神经网络的每个神经元与对应图片的像素点对应）和权值共享（进行卷积操作的过程中卷积核的权值不变）两种方式，减少了神经网络中权值的数量使网络易于进行优化，同时降低了识别过程中过拟合的风险，这两点正是卷积神经网络被大量使用且获得成功的关键所在。

卷积神经网络中提取层获得的参数是通过对训练数据进行学习得到的，这一操作使卷积神经网络框架避免了使用人工进行特征提取操作，使操作的来源更加可信，噪声更少，信息更加完整；而权值共享操作减

[①] Li, H., et al., "A Convolutional Neural Network Cascade for Face Detection", Proceedings of the IEEE Conference on Computer Vision and Pattern Recognition, 2015.

[②] Tang, X., et al., "Pyramidbox: A Context-Assisted Single Shot Face Detector", Proceedings of the European Conference on Computer Vision (ECCV), 2018.

[③] Wang P., et al., "A Single-Shot Arbitrarily-Shaped Text Detector Based on Context Attended Multi-Task Learning", Proceedings of the 27th ACM International Conference on Multimedia, 2019, pp. 1277-1285.

[④] Shi, B., et al., "An End-to-End Trainable Neural Network for Image-Based Sequence Recognition and Its Application to Scene Text Recognition", IEEE Transactions on Pattern Analysis and Machine Intelligence, Vol. 39, No. 11, 2016, pp. 2298-2304.

少了神经网络中的参数个数，使整个网络更加简单高效，这同样是卷积神经网络的局部连接和权值共享的模式相较于其他全连接网络的一个巨大的优势。

卷积神经网络在对图片特征进行描述的过程中，一般按照卷积层与采样层接替操作的方式进行处理，即先使用卷积层提取出图片相应的特征，再对这些特征进行组合得到更详细的特征，交替进行，不断叠加，最终得到目标图片内容较为完整的特征。

（二）PyramidBox 人脸检测模型

PyramidBox 是一种基于 SSD（Single Shot MultiBox Detector）的单阶段人脸检测器，它利用上下文信息解决困难人脸的检测问题，并且可以用于识别动态目标，能达到检测人流量的效果。

PyramidBox 的执行流程与 SSD 相似，流程如下。

步骤 1：从数据集中提取出图像信息并进行预处理操作。

步骤 2：使用搭建好的网络模型获得不同尺度（一般是六种尺度）的特征图，并根据每个特征图生成相应的默认框，通过默认框生成检测规则。

步骤 3：生成默认框与标注框的相似度矩阵，计算出默认框与标注框的匹配结果，根据结果为每个默认框匹配对应的类别，计算出匹配到标注框的默认框上实际的位置调整量和矩阵中的数值。

步骤 4：根据生成的特征图判断得出每个默认框的目标类别与位置调整量，通过随机采样或其他采样方式取样用于损失函数计算的默认框。

步骤 5：计算损失函数，包括分类损失和位置损失，以及损失函数的梯度，根据梯度的数值对其中的参数进行更新，并对数据集进行迭代训练，直至达到终止条件或预设的执行次数，停止并完成检测。

在 PyramidBox 中，作为对多边框损失的一般化，一张图片损失函数的定义如下：

$$L(\{p_{k,i}\}, \{t_{k,i}\}) = \sum_{k} \lambda_k L_k(\{p_{k,i}\}, \{t_{k,i}\}) \tag{6-1}$$

第 k 个 pyramid-anchor 损失计算方式如下：

$$L(\{p_{k,i}\}, \{t_{k,i}\}) = \frac{\lambda}{N_{k,cls}} \sum_{i_k} L_{k,cls}(p_{k,i}, p_{k,i}^*) + \frac{1}{N_{k,reg}} \sum_{i_k} p_{k,i}^* L_{k,reg}(t_{k,i}, t_{k,i}^*) \tag{6-2}$$

式中：k 为 pyramid anchors 的序号（$k=0，1，2$ 分别为面部、头部和身体）；i 为 anchor 的编号；$P_{k,i}$ 为第 i 个 anchor 是第 k 个目标（面部、头部或身体）的预测概率。

二　OCR 模型

光学字符识别（Optical Character Recognition，OCR）是指对文本资料的图像文件进行分析识别处理，获取文字及版面信息的过程。亦即将图像中的文字进行识别，并以文本的形式返回。OCR 主要有三大部分：图像预处理、文字检测、文本识别。其中，影响识别准确率的技术瓶颈是文字检测和文本识别。文字检测部分采用准确率、召回率、F_1 值均表现优秀的 SAST（Single-Shot Arbitrarily-Shaped Text Detector，单阶段任意形态文字检测器）文字检测模型。文本识别模型部分采用经典的 CRNN（Convolutional Recurrent Neural Network）文本识别模型。

（一）SAST 文字检测模型

SAST 是一种基于分割的单镜头任意形状文字检测器，该检测器在单镜头中集成了高级对象知识和低级像素信息，并以高精度和高效率检测任意形状的场景文本。采用 FCN 模型，文本区域的各种几何属性，即文本中心线（TCL）、文本边界偏移（TBO）、文本中心偏移（TCO）和文本顶点偏移（TVO），被设计为在多任务学习式下同时学习。除了跳过连接，引入一个上下文注意块（CAB）到架构中，以聚集上下文信息用于特征增强。为了解决扭曲文字的问题，SAST 模型提供了一种用于文本实例分割的点到四点方法，该方法通过结合来自 TVO 和 TCO 图的高级对象知识为像素分配标签。在将 TCL 映射聚类成文本实例之后，基于 TBO 映射重构任意形状文本的更精确的多边形表示。

通过提取文本区域（TCL 图）的中心线，并利用回归的几何性质（TBO）进而重建文本实例的精确形状表示，该几何性质表示文本区域上下边缘的点对和文本区域中每个像素之间的偏移量。更具体地，表示策略包括两个步骤：文本中心点采样和边界点提取。首先，在文本实例的中心线区域从左到右等距采样 n 个点。其次，通过采取进一步操作，可以基于采样的中心线点和由相同位置的 TBO 地图提供的信息来确定相应的边界点对。再次，通过顺时针链接所有的边界点，可以获得一个完整的文本多边形表示。最后，n 并非设置为一个固定的数字，而是根据中心线长度与边界偏移对的平均长度之比自适应地分配它。

SAST 模型的框架由三个部分组成：主干网络、多任务分支和后处理部分。主干网络基于 ResNet-50 和 FPN 以及 CABs，用于产生增强上下文的表示。预测每个文本区域的 TCL、TCO、TVO 和 TBO 映射是一个多任务问题，在后处理中，通过点到四点赋值来分割文本实例。具体而言，类似于 EAST，TVO 映射直接使文本区域的边界四边形的四个顶点回归，并且将检测结果视为高级对象知识。对于 TCL 映射中的每个像素，来自 TCO 映射的对应偏移矢量将指向该像素所属的低级中心。通过计算检测到的边界四边形的低级中心和高级对象中心之间的距离，TCL 映射中的像素将被分组为几个文本实例。SAST 在每个文本实例的中心线中采样一个自适应点，在 TBO 映射的帮助下计算上下边界中的对应点，并最终重建任意形状的场景文本的表示。

（二）CRNN 文本识别模型

CRNN 全称为 Convolutional Recurrent Neural Network，主要用于端到端对不定长的文本序列进行识别，不用先对单个文字进行切割，而是将文本识别转化为时序依赖的序列学习问题，就是基于图像的序列识别。

CRNN 网络架构包含三部分：卷积层，使用 CNN，作用是从输入图像中提取特征序列；循环层，使用 RNN，作用是预测从卷积层获取的特征序列的标签（真实值）分布；转录层，使用 CTC，作用是把从循环层获取的标签分布通过去重整合等操作转换成最终的识别结果。CNN 采用了 VGG 的结构，并且对 VGG 网络做了一些微调，主要调整为将 VGG 网络的第三和第四个 maxpooling 的核尺度从 2×2 改为了 1×2；在第五和第六个卷积层后面加上了 BN 层。对于 CNN 输出的特征序列 $x = x_1, \cdots, x_t$，每个输入 x_t 都有一个对应的输出 y_t。为防止训练时梯度的消失，将 LSTM 神经单元作为 RNN 的单元。CTC 翻译层：测试时，翻译分为两种：一种是带字典的，一种是不带字典的。带字典的，即是在测试的时候，测试集是有字典的，测试的输出结果计算出所有字典的概率，取概率最大的作为最终的预测字符串。不带字典的，即是测试集未给出测试集包含哪些字符串，预测时就选取输出概率最大的作为最终的预测字符串。

三 经典模糊理论

经典模糊理论是指所有基于模糊集合基本概念或者连续隶属函数而衍生的理论，如模糊逻辑（又称模糊逻辑控制）、模糊人工智能、模糊数学、模糊聚类等。自然语言中存在很多无法用精确数值描述的词，如"好""坏"之分，这种词语的描述通常是模糊的，但又往往能够被人们清晰地理解。于是，美国加州大学的 Zadeh 教授于 1965 年基于此类模糊描述发表了模糊集合理论著作[1]，界定了隶属函数的概念，夯实了模糊理论的根基。后来的研究者不断对模糊集合理论进行补充，并尝试应用于工业控制领域。1974 年，英国的 E. H. Mamdani 基于模糊理论中的模糊逻辑和模糊推理，完成了对蒸汽机的控制。这是模糊理论在工业上的首次应用，并在效果上优于当时的数字控制算法。

Zadeh 教授在提出模糊集合相关理论后，于 1975 年对模糊集合进行扩展，提出了更为模糊的二型（Type-2）模糊集合，而原有的模糊集合及隶属函数被称作一型（Type-1）。二型模糊理论的正式形成离不开美国南加州大学的 J. M. Mendel 教授的贡献。他在 1998 年通过发表论文的方式，牵头整理、不断完善该理论。如图 6-9 所示，二型模糊集合是将原有的一型模糊集合更加模糊化，即变量在一个模糊子集中确定取值后，其隶属度值不再是个精确值，而是另一个子集（区间）。同时，引入区间的概念使模糊推理输出时需要额外进行类型降维，如图 6-10 和图 6-11 所示。这使变量的映射关系及运算更加复杂化，但同样也有一定的优势，即能够用来描述并求解更高模糊度的问题。

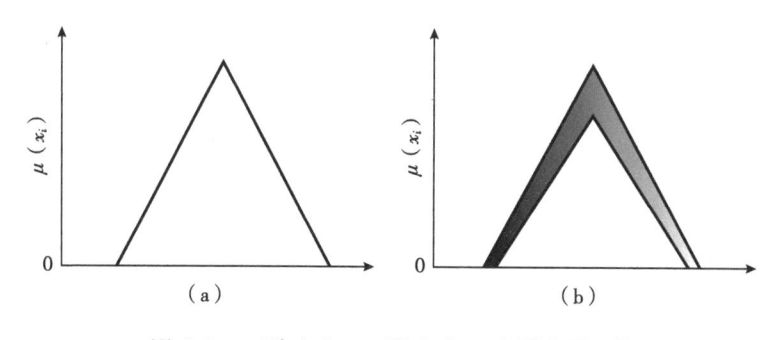

图 6-9 一型（a）、二型（b）三角型隶属函数

---

[1] Zadeh L. A. , "Information and Control", *Fuzzy Sets*, Vol. 8, No. 3, 1965, pp. 338-353.

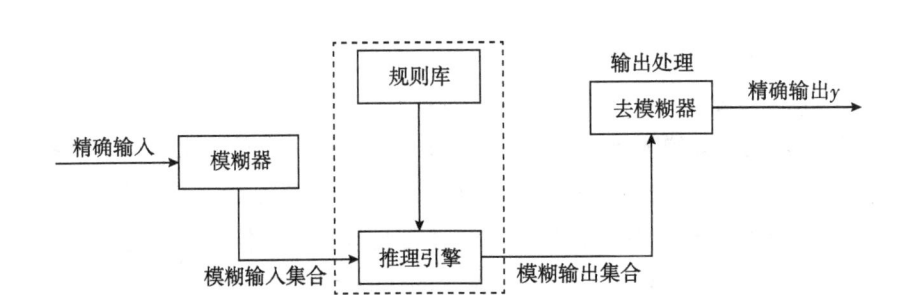

图 6-10 一型（Type-1）模糊推理系统

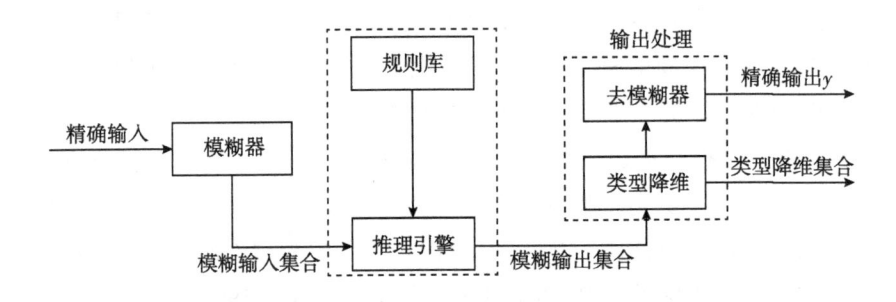

图 6-11 二型（Type-2）模糊推理系统

随着模糊理论的不断完善，其应用范围也更加广泛。模糊逻辑综合运用了模糊集合论、模糊语言变量和模糊逻辑推理，理论较为完整且应用效果较好，因此发展最为迅速。本节也以一型模糊推理系统（见图 6-10）作为切入点，介绍与之对应的模糊化过程、知识库、推理决策三大部分。

（一）模糊化过程

模糊化过程是指将参数的精确值转化为对应的模糊集合，常用的模糊化方法为隶属度值法。隶属度值法是将精确输入量对各语言值的隶属度值作为模糊化结果。

输入参数 x 所有可能的值（实数范围内）构成了一个论域（区间）X，在论域 X 中可以定义多个模糊子集（概念），如高、中、低。各子集有着各自的范围界定，并且此范围界定是模糊的，可能存在交叉。每个模糊子集有自己的从属函数 $\mu(x)$，也称隶属函数，用于表示输入参数 x 对该模糊子集的隶属程度。当输入参数 x 确定了一个值后，根据各模糊子集的从属函数：$\mu_{高}(x)$、$\mu_{中}(x)$、$\mu_{低}(x)$，即可得到 x 的精确值对各模糊子集的隶属度值，此隶属度值即为模糊化结果。

如图 6-12 所示，变量 x 有 3 个模糊子集：{高}，{中}，{低}，当变量 $x=2.5$ 时，变量 x 隶属模糊子集{低}的程度为 1，隶属模糊子集{中}的程度为 0，隶属模糊子集{高}的程度为 0，变量 x 完全属于模糊子集{低}。

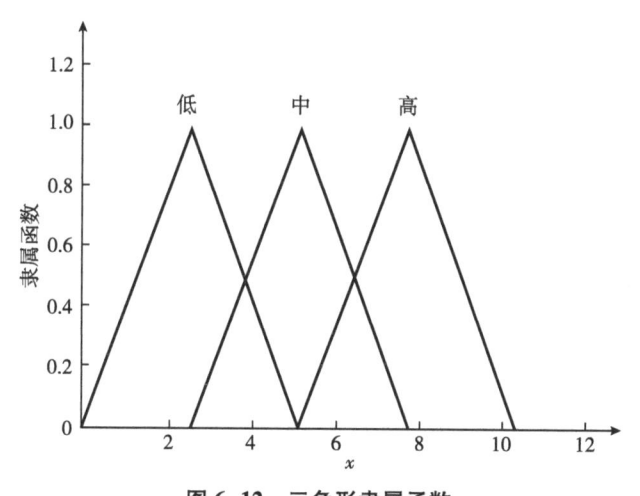

图 6-12 三角形隶属函数

每个隶属函数在整个论域 X 上都有对应的函数表达式，例如图 6-12 中，$\mu_{低}(x)$ 的函数表达式如下：

$$\mu_{低}(X)=\begin{cases} 2-\dfrac{2X}{5}, & 0\leqslant X<2.5 \\ \dfrac{X}{5}-1, & 2.5\leqslant X<5 \\ 0, & X\geqslant 5 \text{ 或 } X<0 \end{cases} \quad (6-3)$$

其通用表达式如下：

$$\mu_A(X)=\begin{cases} \dfrac{X-a}{b-a}, & a\leqslant X<b \\ \dfrac{c-X}{c-b}, & b\leqslant X<c \\ 0, & X\geqslant c \text{ 或 } X<a \end{cases} \quad (6-4)$$

式中：a、b、c 三点分别为三角形的左顶点、上顶点和右顶点。同样，$\mu_{中}(x)$、$\mu_{高}(x)$ 也有类似的函数表达式，此处不重复描述。

常见的隶属函数除三角形隶属函数外，还有梯形隶属函数、高斯隶属函数（正态分布曲线）、广义钟形隶属函数、柯西分布隶属函数、岭型隶属函数等。

梯形隶属函数示例如图 6-13 所示，其通用函数表达式如下：

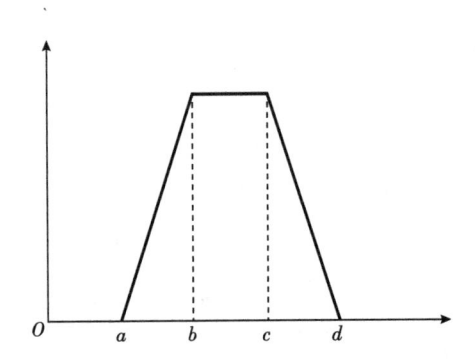

图 6-13 梯形隶属函数示例

$$\mu(X)=\begin{cases}\dfrac{X-a}{b-a}, & a\leqslant X<b \\ 1, & b\leqslant X<c \\ \dfrac{d-X}{d-c}, & c\leqslant X<d \\ 0, & X\geqslant d\ 或\ X<a\end{cases} \quad (6\text{-}5)$$

式中：a、d 两个参数分别为梯形下底边的左右两端；b、c 两个参数分别为梯形上底边的左右两端。

高斯隶属函数示例（正态分布曲线）如图 6-14 所示，其通用函数表达式如下：

$$\mu_{(X)}=e^{-\left(\frac{x-a}{\sigma}\right)^2} \quad (6\text{-}6)$$

式中：参数 a 为高斯隶属函数图像对称轴的 x 的值，即隶属度为 1 时对应的 x 的值；参数 σ 为正态分布的标准偏差。

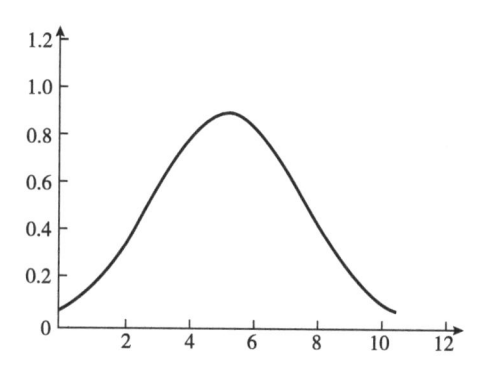

图 6-14 高斯隶属函数示例

广义钟形隶属函数示例如图 6-15 所示，其通用函数表达式如下：

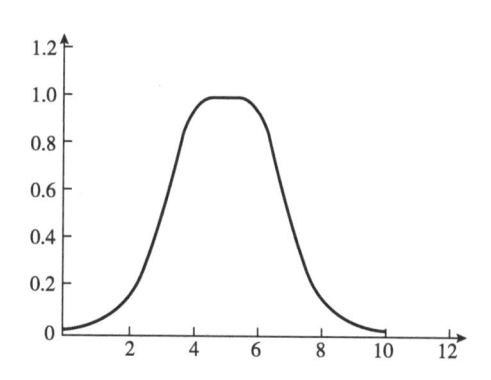

图 6-15 广义钟形隶属函数示例

$$\mu_{(X)} = \frac{1}{1+\left|\dfrac{x-c}{a}\right|^{2b}} \tag{6-7}$$

式中：参数 c 为广义钟形隶属函数对称轴 x 的值；参数 a、b 通常为正数。

柯西分布隶属函数如图 6-16 所示，其通用函数表达式如下：

$$\mu_{(X)} = \frac{1}{1+a(x-a)^{\beta}} \tag{6-8}$$

式中：参数 a 为柯西分布隶属函数对称轴 x 的值；参数 α、β 为正数。

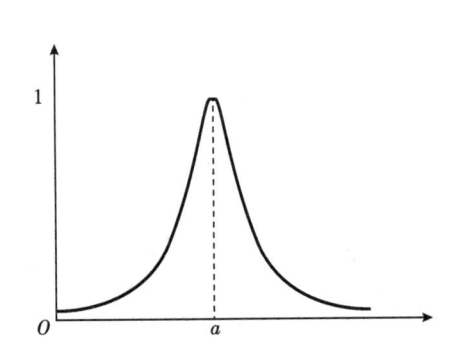

图 6-16 柯西分布隶属函数示例

岭型隶属函数如图 6-17 所示，其通用函数表达式如下：

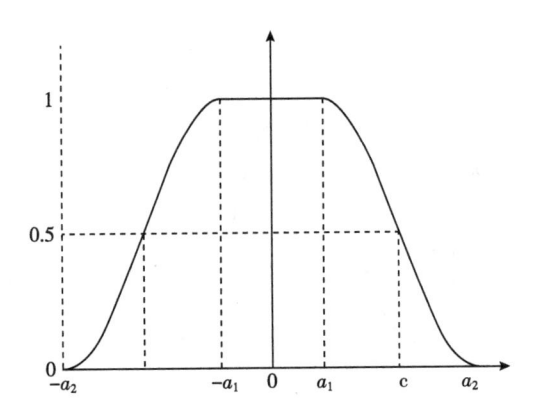

图 6-17 岭型隶属函数

$$\mu_{(X)} = \begin{cases} \dfrac{1}{2} + \dfrac{1}{2}\sin\dfrac{\pi}{a_2-a_1}\left(x+\dfrac{a_1+a_2}{2}\right), & -a_2 \leq X < -a_1 \\ 1, & -a_1 \leq X < a_1 \\ \dfrac{1}{2} - \dfrac{1}{2}\sin\dfrac{\pi}{a_2-a_1}\left(x-\dfrac{a_1+a_2}{2}\right), & a_1 \leq X < a_2 \\ 0, & X > a_2 \text{ 或 } X \leq -a_2 \end{cases} \quad (6-9)$$

上述隶属函数的表达式均为中间型的函数。中间型的函数图像大多数在区间内是对称的，而同一种隶属函数还有偏小型和偏大型，这两种类型只有中间型的某一侧。以梯形隶属函数为例，其偏小型函数表达式如式（6-10）所示，函数图像如图 6-18（a）所示；其偏大型函数表达式如式（6-11）所示，函数图像如图 6-18（b）所示。从直观的角度来看，隶属函数的偏小型是隶属程度逐渐降低的，偏大型是逐渐增加的。

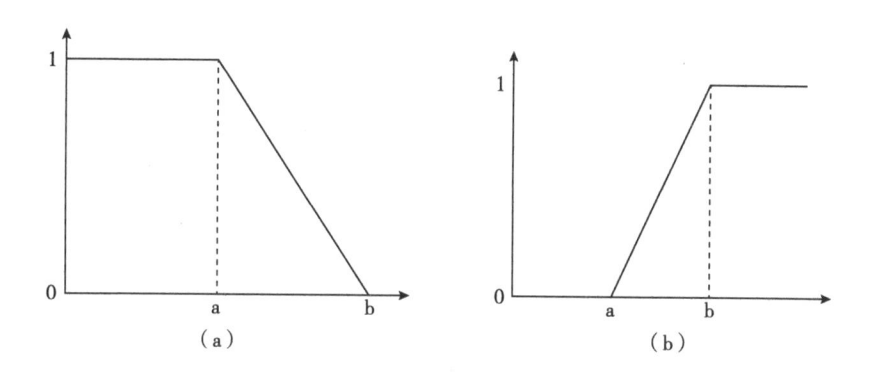

图 6-18　梯形隶属函数偏小型（a）、偏大型（b）

$$\mu_{(X)} = \begin{cases} 1, & \leq a \\ \dfrac{b-X}{b-a}, & a \leq X \leq b \\ 0, & X > b \end{cases} \quad (6\text{-}10)$$

$$\mu_{(X)} = \begin{cases} 1, & X > b \\ \dfrac{X-a}{b-a}, & a \leq X \leq b \\ 0, & X < a \end{cases} \quad (6\text{-}11)$$

每种隶属函数都有自己的特性[①]，比如，有些隶属函数是先增加后减少的，有些隶属函数的增长速度是先快后慢的，还有线性和常数隶属函数。因此在隶属函数的确定方面，要根据参数隶属程度的特性选择或定制其隶属函数。

目前，常用的隶属函数确定方法有专家经验法、二元对比排序法、模糊统计法、最小模糊度法等。专家经验法是指行业领域的专家根据自身关于隶属函数的理论与实践经验，确定每种参数各自适合的隶属函

---

① 刘博：《电能质量综合评价方法及其应用研究》，硕士研究论文，华南理工大学，2011 年。

数。二元对比排序法是借助模糊概念两两比较的方式，构造相对优先矩阵，从而推算出对应的隶属函数。模糊统计法是指通过统计学中的独立统计实验，确定精确值隶属某个模糊概念的程度。最小模糊度法是指从备选隶属函数中，利用模糊隶属度均值最小原则，计算出适合的隶属函数。除上述方法外，有些学者构造人工神经网络，自动优化隶属函数中的参数，生成契合度高的隶属函数；也有学者采用统计学方法得到参数的概率分布函数，并依此构造参数的隶属函数[1]。

（二）知识库

知识库主要是指控制规则（模糊规则），用于模糊推理过程的参考。控制规则有两类：一类是 Mamdani 型模糊控制规则，另一类是 Sugeno 型模糊控制规则。

Mamdani 型[2]模糊控制规则形式如 IF X is A Then Y is B，其中 X、Y 为模糊变量，A、B 为对应的模糊子集（模糊概念值），IF 右邻接的是前提（前件），Then 右邻接的是结论（后件）。控制规则类似人类语言，所表达的内容也相当当 X 属于 A 则 Y 属于 B，前提成立时，结论也成立。在多输入单输出的模糊系统中，模糊规则具有多个前提、一个结论，如 IF X_1 is A and X_2 is B Then Y is C，其中，and 连接符表示模糊交集，代表两个前提同时成立。而在多输入多输出的模糊系统中，模糊规则有多个前提、多个结论，如 IF X_1 is A and X_2 is B Then Y_1 is C and Y_2 is D。除了 and 连接符，还有模糊并集 or、模糊补码 not 连接符。

Sugeno 型[3]模糊控制规则的前件与 Mamdani 型模糊控制规则形式相同，后件部分调整为函数的形式，其一般形式为 IF X is A Then $Y = f(X)$，其中 f(X) 为模糊变量 X 的一个函数，且通常采用简单的线性函数。相较于 Mamdani 型模糊控制规则，Sugeno 型模糊控制规则不太符合人类语言逻辑思维，但后件函数计算过程相对简化且便于与其他自动化、智能化方法相结合，有利于优化模糊逻辑推理。

控制规则的产生通常来自领域专家的经验，但当前提变量或划分的

---

[1] 周康辉等：《基于模糊逻辑的雷暴大风和非雷暴大风区分方法》，《气象》2017 年第 7 期。

[2] Mamdani E. H.，"Application of Fuzzy Logic to Approximate Reasoning Using Linguistic Synthesis"，*IEEE Computer Architecture Letters*，Vol. 26，No. 12，1977.

[3] Sugeno M.，"Industrial Applications of Fuzzy Control"，Elsevier Science Inc.，1985.

模糊子集较多时，控制规则的条目将十分庞大，此时可将模糊变量分层输入[1]，也可采用统计学等方法自动生成模糊规则[2]。但一个完备的控制规则库自动生成依赖前提变量构成的每个模糊子空间都能被遍历，即测试集能够覆盖所有前提变量子空间的组合，对测试集的完备性要求较高。若测试集无法覆盖所有前提变量子空间的组合，仍需要领域专家设定缺失的规则。

（三）推理决策

推理决策是指根据模糊化及知识库设定，进行逻辑运算，得到输出模糊集，再对输出的模糊集去模糊，从而得到精确的输出值。其中，去模糊方法有两类：一类是 Mamdani 型去模糊算法，另一类是 Sugeno 型去模糊算法。

Mamdani 型（积分型）去模糊算法包括重心法（又称面积中心法）、面积等分法、最大隶属度法、最大隶属度平均法（又称最大值平均法、平均最大隶属度法）、最大隶属度取最小值法。

重心法为取结果变量隶属函数曲线与横坐标围成面积的重心的横坐标作为模糊推理的最终输出值。其具有更平滑的输出推理控制，即使对于输入信号的微小变化，输出也会发生变化。面积等分法是找一条将模糊集划分为两个相等面积的子区域垂直线，有时会与重心线重合。

最大隶属度法是选取推理结果模糊集合中隶属度最大的元素作为输出值，只考虑最大隶属度处的输出值，会丢失其他信息。最大隶属度取最小值法则相反，其只考虑最小隶属度处的输出值。而最大隶属度平均法是对最大隶属度法和最大隶属度取最小值法的折中方法，输出值也不会过于极端，运算相对于重心法也有所简化。

Sugeno 型（加权型）去模糊算法常用的为加权平均法。加权平均法对具有对称输出隶属函数的模糊集有效，其产生的结果非常接近重心法，而且此方法的计算强度较低，因此在工业控制中较为常用。每个隶属度函数由其最大隶属度值加权。加权平均法输出值由式（6-12）

---

[1] 孙扬智：《基于双层模糊逻辑控制的智能小车研究》，硕士学位论文，西南交通大学，2016年。

[2] 王永富等：《一个具有完备性和鲁棒性的模糊规则提取算法》，《自动化学报》2010年第9期。

决定：

$$y_{(x)} = \frac{\sum_{i=1}^{n} a_i \mu_{i(y)}}{\sum_{i=1}^{n} a_i} \tag{6-12}$$

式中：$\mu_{i(y)}$ 为输出集合的隶属度；a_i 为第 i 个控制规则的输出值；n 为控制规则总数。

第三节 基于模糊逻辑的风险评价模型设计

首先，本节基于指标构建的科学性和易获得性的原则，构建了中小企业信用风险评价的指标。其次，依据模糊逻辑相关理论及所构建的评价指标，构造用于评价中小企业信用风险的经典模糊逻辑模型。最后，针对经典模糊逻辑模型中，单一隶属函数的隶属程度表达不准确的问题，借鉴组合赋权的思想及引入 R^2 拟合优度评价指标对多种隶属函数进行组合，实现对模糊逻辑模型的优化。

一 评价指标选取

企业信用风险评价指标的选取，较为传统的方式有 5C 分析法，即基于其中五个维度的一级指标，细化得到二级、三级指标。近几年，研究者在指标的构建上较为常用的做法为采用频数统计法、主成分分析法等主、客观方法，对选取的文献中所采用的评价指标，以及特定行业专用的评价指标（主要源于经验）进行筛选或去重，得到不重叠、多维度的特征指标。从现有文献的一级、二级、三级指标的选取，以及各研究者得出的风险点结论来看，企业信用风险评价较为常用的指标仍是财务指标。然而财务指标具有一定滞后性，而且中小企业的财务指标可能存在一定的不透明，因此本书选用较为实时、透明的物联网指标。

基于指标构建的科学性和易获得性的原则，本书选取企业用量率均值、企业员工到岗率、第三方综合评分均值作为中小企业信用风险评价的三个指标，分别记作 X_1、X_2、X_3。

企业用量率均值为企业的水使用率、电使用率、天然气使用率的均值。反映的是企业生产经营过程中对水、电、天然气资源的使用状况的波动情况，对于生产制造型企业来说，能够较好地反映其产能情况。

企业员工到岗率为企业员工的每日的出勤率，能够从侧面反映公司的经营情况，如果出现大量裁员，出勤率维持在较低水平，表明该企业经营存在问题。

第三方综合评分均值为各大型第三方企业征信机构所给出的企业综合信用水平分数的平均值，主要包括企查查、天眼查、启信宝。评价维度包括基本信息、法律风险、经营风险、知识产权、企业发展等，对于信息公开透明的企业，能够较好地反映其特征。

具体指标描述如表 6-1 所示。

表 6-1　　　　　　　　　　评价指标定义

指标名称	子项	原始范围	解释说明
企业用量率均值 X_1	水使用率 U_1	[0, 100]	当日用水量与 2 倍的前 30 日用水量均值的比值×100
	电使用率 U_2	[0, 100]	当日用电量与 2 倍的前 30 日用电量均值的比值×100
	天然气使用率 U_3	[0, 100]	当日天然气用量与 2 倍的前 30 日天然气用量均值的比值×100
企业员工到岗率 X_2	无	[0, 100]	企业当日实际到岗人数与应该到岗人数的比值×100
第三方综合评分均值 X_3	企查查企业综合评分 S_1	[600, 1000]	从经营状况、企业活力、信用历史、组织背景、创新能力五个维度对企业进行评分
	天眼查企业综合评分 S_2	[0, 100]	从企业自身、投资、股权等因素对企业进行评分
	启信宝企业综合评分 S_3	[600, 1000]	从资本背景、经营质量、知识产权、风险情况、成长性和企业规模等多个维度对企业进行评分

水使用率 U_1、电使用率 U_2、天然气使用率 U_3 的计算方式相同，如式（6-13）所示。U_i 代表用量的波动情况：当 U_i 在 [0, 50] 时，U_i 越小，当日用量波动越大；当 U_i 在 [50, 100] 时，U_i 越大，当日用量

波动越大，但此时的波动是由当日用量增加导致的：

$$U_i = \frac{D_{t(i)}}{2 \times \overline{D}_{30(i)}} \times 100 \tag{6-13}$$

式中：$D_{t(i)}$ 为当日的用量；$\overline{D}_{30(i)}$ 为该用量的前 30 日均值。若当日用量超过 2 倍 30 日均值，则计算 U_i 时 $D_{t(i)}$ 只取 2 倍 30 日均值，但不影响次日 $\overline{D}_{30(i)}$ 的计算。

企业用量率均值 X_1 为水使用率 U_1、电使用率 U_2、天然气使用率 U_3 的平均值。其计算公式如下：

$$X_1 = \sum_{i=1}^{N} \frac{U_i}{N} \tag{6-14}$$

式中：若 U_i 为缺失值，则 U_i 为 0；N 为非缺失值 U_i 的总个数。若企业天然气用量缺失，则 U_3 为 0，$N=2$，$X_1 = \frac{U_1 + U_1}{2}$。

第三方综合评分均值 X_3 为企查查企业综合评分 S_1、天眼查企业综合评分 S_2、启信宝企业综合评分 S_3 的平均值。其计算公式如下：

$$X_3 = \sum_{i=1}^{N} \frac{S_i}{N} \tag{6-15}$$

式中：若 S_i 为缺失值，则 S_i 为 0；N 为非缺失值 S_i 的总个数。缺失值的处理同企业用量率均值 X_1。

企查查企业综合评分 S_1、启信宝企业综合评分 S_3 与天眼查企业综合评分 S_2 范围不一致，因此需要对这两个子项进行归一化处理。归一化方法采用最小—最大归一化法，如下：

$$S_{normalization} = \frac{S - S_{min}}{S_{max} - S_{min}} \tag{6-16}$$

式中：$S_{normalization}$ 为归一化后的值，范围为 [0，1]，需要乘以 100 映射至 [0，100] 得到最终评分值；S_{min} 为数据集的最小值，此处为区间的左端点值；S_{max} 为数据集的最大值，此处为区间的右端点值。

二 经典模糊逻辑模型构造[1]

模糊逻辑模型以 Mamdani 型（一型）最为经典，其内部结构如

---

[1] 黄轩等：《模糊逻辑视角下数字版权价值评估》，《南昌大学学报》（理科版）2019 年第 2 期。

图 6-19 所示，主要包括 a、b、c、d 四个部分，分别对应使用模糊化策略将输入变量的精确值转化成模糊值；从模糊规则库找到相匹配的模糊规则；借助符合条件的模糊规则及结果变量的模糊子集定义推算出结果变量的模糊输出集；根据去模糊方法对结果变量的模糊输出集进行解模糊，获得精确输出值。

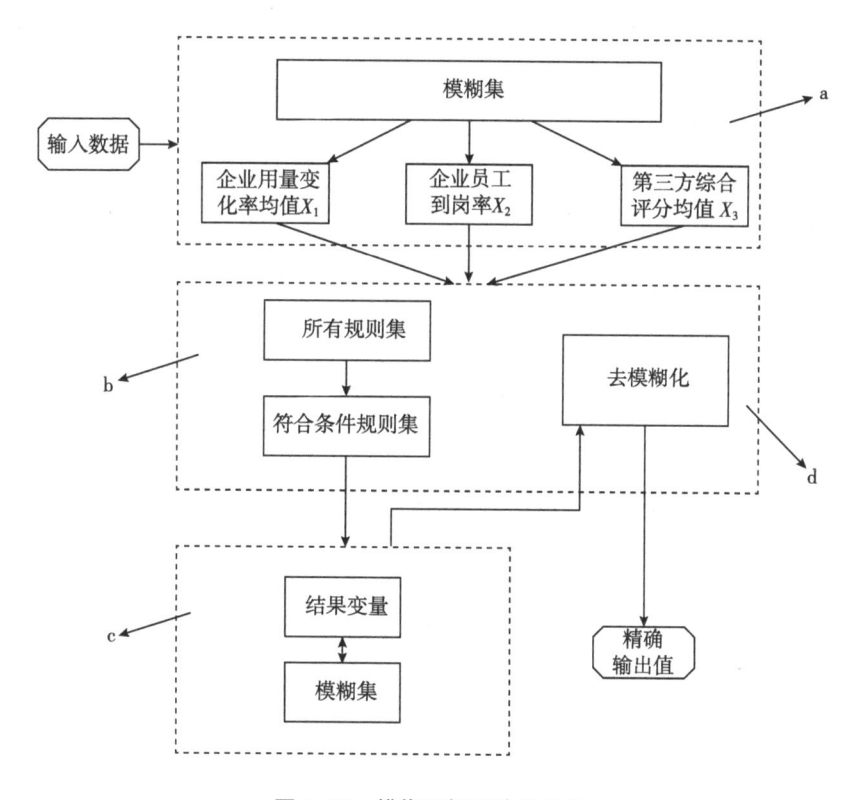

图 6-19 模糊逻辑系统的工作

（一）模糊子集和隶属函数定义

模糊逻辑输入参数采用企业用量变化率均值、企业员工到岗率、第三方综合评分均值三个变量，分别记作 X_1、X_2、X_3。输出参数为企业信用风险值，记作 Y。输入参数的详细定义如表 6-2 所示。隶属函数的确定采用专家经验法，选择灵敏度高的三角形隶属函数与梯形隶属函数作为三个变量的隶属函数，能够较好地覆盖论域和反映隶属程度。

表6-2　　　　　　　　　　模糊子集定义

论域	范围	模糊子集数	子集名称	子集定义
X_1	[0, 100]	4	低，中，高，非常高	[0, 20]，[10, 35]，[25, 50]，[40, 100]
X_2	[0, 100]	3	低，中，高	[0, 80]，[75, 95]，[90, 100]
X_3	[0, 100]	5	非常低，低，中，高，非常高	[0, 40]，[30, 60]，[50, 70]，[60, 90]，[80, 100]
Y	[0, 100]	4	非常低，低，中，高	[0, 40]，[30, 70]，[50, 90]，[80, 100]

根据三角隶属函数通用式（6-4）与梯形隶属函数通用式（6-5）与模糊子集定义可以得到模糊变量 X_1、X_2、X_3、Y 在不同模糊子集上的实例化表达式及图像，其隶属函数图像如图 6-20 至图 6-23 所示。

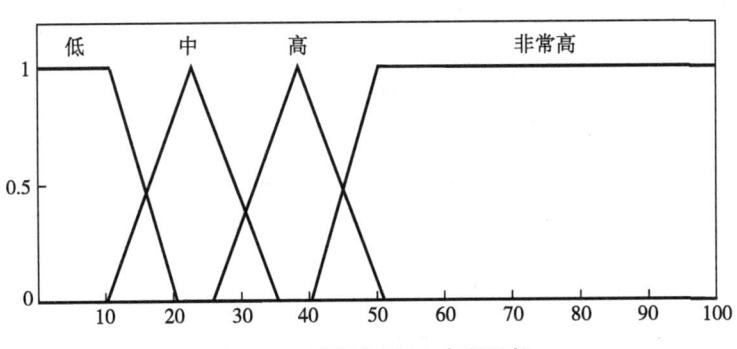

图 6-20　模糊变量 X_1 隶属函数

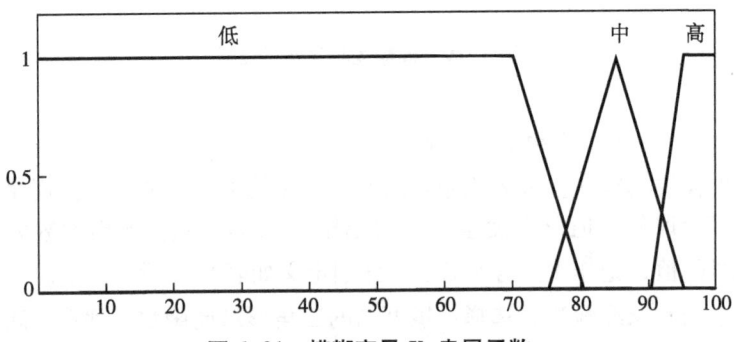

图 6-21　模糊变量 X_2 隶属函数

图 6-22　模糊变量 X_3 隶属函数

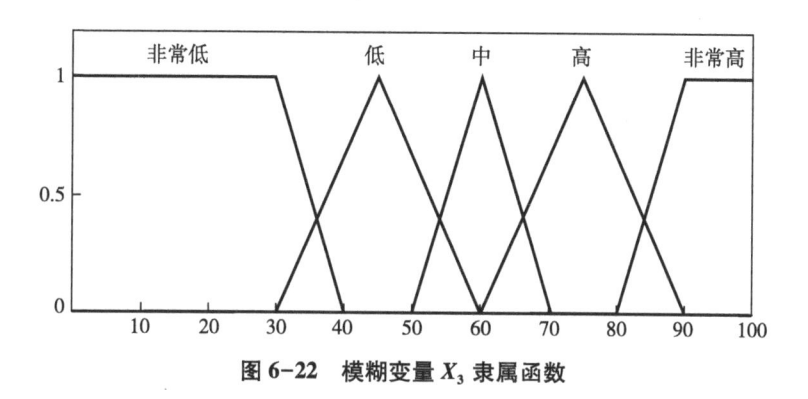

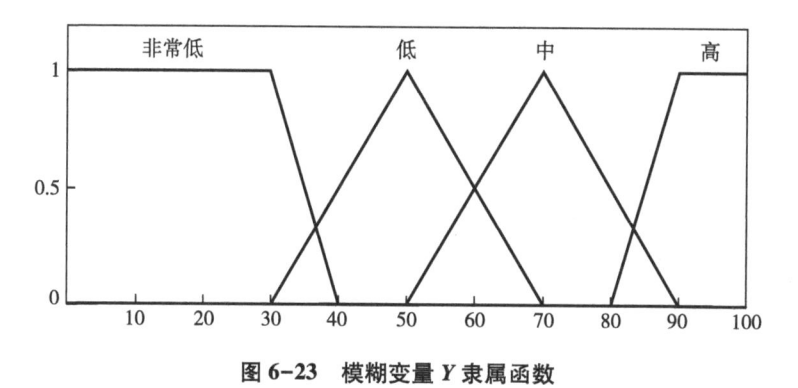

图 6-23　模糊变量 Y 隶属函数

（二）控制规则生成

根据上述模糊子集的定义可知，完备的控制规则库共有 60（4×3×5）条规则。若只采用统计学方法自动生成控制规则，则需要有能够覆盖所有输入变量模糊子集的组合（60 个组合）的测试集。然而，输入变量中所涉及的企业数据较为稀少且往往集中在一个区间，要得到适合生成控制规则的完备的数据集，需要长时间的数据沉淀，在实际操作中存在一定障碍。因此，控制规则的生成采用数据挖掘规则提取算法[1]+专家经验法补充缺失规则。

该算法利用数据挖掘关联分析中的支持度、置信度计算方法，依据测试集中的输入输出数据提取模糊规则。其算法步骤如下。

---

[1]　王永富等：《一个具有完备性和鲁棒性的模糊规则提取算法》，《自动化学报》2010年第 9 期。

步骤1：输入输出数据变换为模糊集合记录。即根据模糊子集的划分，将数据中的精确值映射至对应模糊子集，并用对应语言概念替换该精确值，从而得到模糊集合记录。

步骤2：计算模糊规则的支持度。计算公式如下：

$$\mathrm{Sup}(X\Rightarrow y)=\frac{\sum_{p=1}^{N}\mu(B_{l_0}^{y})^{p(y)}\prod_{i=1}^{n}\mu(A_{l_i}^{x_i})^{p(x_i)}}{\sum_{p=1}^{N}\prod_{i=1}^{n}\mu(A_{l_i}^{x_i})^{p(x_i)}} \qquad (6-17)$$

式中：$\mu(A_{l_i}^{x_i})^{p(x_i)}$ 和 $\mu(B_{l_0}^{y})^{p(y)}$ 分别为记录 p 的隶属函数值；N 为在 T_F 中的记录总数，$l_i = 1, 2, \cdots, c_i$。

步骤3：生成模糊规则库。对相同前件不同后件的模糊集合记录，取支持度最大的模糊集合记录作为模糊规则。对于缺失的模糊规则采用专家经验法进行人工补充。

依据上述方法可以得到60条控制规则，本书的控制规则前提之间采用 and 连接符，部分规则如表6-3所示。

表6-3　　　　　　　　部分控制规则

Rule 1：IF X_1 is Low and X_2 is Low and X_3 is Very Low Then Y is Very Low
Rule 2：IF X_1 is Low and X_2 is Low and X_3 is Low Then Y is Very Low
Rule 3：IF X_1 is Low and X_2 is Low and X_3 is Mid Then Y is Very Low
Rule 4：IF X_1 is Low and X_2 is Low and X_3 is High Then Y is Low
Rule 5：IF X_1 is Low and X_2 is Low and X_3 is Very High Then Y is Low
Rule 6：IF X_1 is Low and X_2 is Mid and X_3 is Very Low Then Y is Very Low
Rule 7：IF X_1 is Low and X_2 is Mid and X_3 is Low Then Y is Very Low
Rule 8：IF X_1 is Low and X_2 is Mid and X_3 is Mid Then Y is Low
Rule 9：IF X_1 is Low and X_2 is Mid and X_3 is High Then Y is Low
Rule 10：IF X_1 is Low and X_2 is Mid and X_3 is Very High Then Y is Mid

（三）模糊推理及去模糊

在定义了模糊子集、隶属函数及控制规则后，提供精确的输入值，即可进行模糊推理和去模糊。本节以 $X_1 = 45$、$X_2 = 98$、$X_3 = 70$ 为例，介绍经典 Mamdani 型的模糊推理及去模糊过程。

步骤 1：计算输入变量 X_1、X_2、X_3 精确赋值后，隶属各模糊子集的隶属度。

当 $X_1=45$ 时，模糊变量 X_1 只对模糊子集"高""非常高"具有非 0 隶属度，即对应控制规则的前件：X_1 is High、X_1 is Very High。根据其隶属函数表达式可知其隶属模糊子集"高"的程度 μ_{High} ($X_1=45$) 为 0.4，隶属模糊子集"非常高"的程度 $\mu_{\text{Very High}}$ ($X_1=45$) 为 0.5。

当 $X_2=98$ 时，模糊变量 X_2 只对模糊子集"高"具有非 0 隶属度，即对应控制规则的前件：X_2 is High。根据其隶属函数表达式可知其隶属于模糊子集"高"的程度 μ_{High} ($X_2=98$) 为 1。

当 $X_3=70$ 时，模糊变量 X_3 只对模糊子集"高"具有非 0 隶属度，即对应控制规则的前件：X_3 is High。根据其隶属函数表达式可知其隶属模糊子集"高"的程度 μ_{High} ($X_3=70$) 为 0.6667。

步骤 2：根据控制规则及输出变量 Y 的模糊子集定义，计算输出模糊集。

根据上述控制规则前件的组合可以匹配到 2 条控制规则。

Rule 44：IF X_1 is High and X_2 is High and X_3 is High Then Y is High.

Rule 59：IF X_1 is Very High and X_2 is High and X_3 is High Then Y is High.

由控制规则 Rule 44 可以得出输出变量 Y 隶属模糊子集"高"，再依据 and 连接符的 min 方法，可得到其隶属度值 $\mu_{\text{High}}(Y) = \min(\mu_{\text{High}}(X_1=45), \mu_{\text{High}}(X_2=98), \mu_{\text{High}}(X_3=70)) = 0.4$。

由控制规则 Rule 59 可以得出输出变量 Y 隶属模糊子集"高"，再依据 and 连接符的 min 方法，可得到其隶属度值 $\mu_{\text{High}}(Y) = \min(\mu_{\text{Very High}}(X_1=50), \mu_{\text{High}}(X_2=98), \mu_{\text{High}}(X_3=70)) = 0.5$。

步骤 3：对输出模糊集进行去模糊，得到精确输出值。

根据模糊集合聚合（Aggregation）的 max 方法，将 2 条控制规则的输出模糊集聚合，最终得到的是控制规则 Rule 59 输出的模糊集。

去模糊方法选择较为常用的重心法，重心法对连续隶属函数需要求积分，计算较为复杂，但其对信息的利用率高，适合较多数应用场景。其计算公式如下：

$$x^* = \frac{\int x\mu_{(x_i)}\,dx}{\int \mu_{(x_i)}\,dx} \tag{6-18}$$

式中：$\mu_{(x_i)}$ 为变量 x_i 的隶属度函数。

采用重心法对输出的模糊集进行解模糊，即计算重心位置的横坐标值，得到模糊推理精确的输出值：91.4。

三　模糊逻辑风险评价模型调优设计

（一）组合隶属函数设计

经典模糊逻辑模型对领域经验的依赖程度较高。以隶属函数为例，每种隶属函数都有各自的优势和适用场景，每个输入变量都有适合自身的隶属函数。如果输入变量选择了不合适的隶属函数，模型的计算会存在较大偏差。另外，输入变量在不同的模糊子集上，隶属程度的规律是变化的，也就意味着一个变量在不同的模糊子集上可能存在多样的隶属函数。

因此，对几种隶属函数进行赋权组合，可充分利用各隶属函数的特性，使其更适应隶属程度的变化。

经典模糊逻辑模型调优设计具体如下。

步骤1：利用模糊统计法获得离散的变量精确值-隶属度值的集合：$\{x_{S(i)}, \mu_{(S(i))}\}$，其中 $x_{S(i)}$ 为整数，并将其作为隶属函数距离计算的标准参照点集。

采用模糊统计试验法[①]，可计算出若干个元素对应的隶属度值，如图6-24所示。模糊统计法步骤如下。

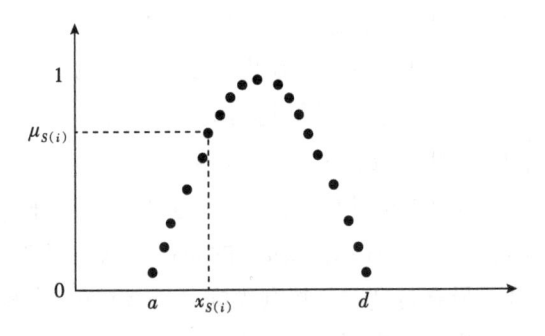

图6-24　拥有标准参照点的隶属函数

---

① 此方法参考自大连海事大学数学系张运杰的模糊数学课程教案，特此说明。

①在每次试验下,要对论域中固定的元素 $x_{S(i)}$ 是否属于一个可变动的分明集合 A^*(A^* 作为模糊集 A 的弹性疆域,是一个确定的清晰集合)作一个确切的判断;

②在各次试验中,$x_{S(i)}$ 是固定的,而 A^* 在随机变动;如果在所作的 n 次试验中,元素 $x_{S(i)}$ 属于 A^* 的次数为 m,则元素 $x_{S(i)}$ 对 A 的隶属频率定义为:

$$x_{S(i)} \text{ 对 } A \text{ 的隶属频率} = \frac{\text{"}x_{S(i)} \in A^*\text{"的次数 } m}{\text{实验的总次数 } n}$$

式中:当试验次数 n 足够大时,元素 $x_{S(i)}$ 的隶属频率总是稳定于 $\mu_{(S(i))}$,即元素 $x_{S(i)}$ 对 A 的隶属度。

步骤 2:根据标准参照点集的隶属度值增长规律,确定各隶属函数选型,即标准型、偏大型、偏小型,并初始化各隶属函数对应类型所需参数,使其在同一论域 X 中。

各隶属函数以标准型为例,完成初始化后可得到函数图像,例如,柯西分布隶属函数与梯形隶属函数在增速快慢上可以互为补充。

步骤 3:对步骤 1 参照点集中的每个 $x_{S(i)}$,计算各隶属函数产生的隶属度值,得到各隶属函数的评估点集:$\{x_{S(i)}, \mu_{(Sj(i))}\}$,$Sj(i) \in X$,$j$ 代表第 j 个隶属函数。

步骤 4:计算各隶属函数的评估点集 $\{x_{Sj(i)}, \mu_{(Sj(i))}\}$ 与标准参照点集 $\{x_{S(i)}, \mu_{(S(i))}\}$ 的 $R\text{-squared}(R^2)$,得到拟合优度集合:$\{r_j\}$,$r_j \geq 0.5$(小于 0.5 认为不相关,直接舍弃)。R^2 计算公式如下:

$$R^2 = \frac{SSR}{SST} = \frac{\sum_{i=1}^{n}(\hat{u}_{Sj(i)} - \bar{u}_{S(i)})^2}{\sum_{i=1}^{n}(\mu_{S(i)} - \bar{u}_{S(i)})^2} \tag{6-19}$$

式中:n 为评估点集中元素个数;j 为第 j 个隶属函数。

步骤 5:根据步骤 4 中各隶属函数拟合优度集合 $\{r_j\}$ 对各隶属函数赋予加权值,从而得到一个新的隶属函数 μ,其计算公式如下:

$$\mu = \sum_{i=1}^{n} \frac{r_j}{\sum_{i=1}^{n} r_j} \cdot \mu_j \tag{6-20}$$

式中：n 为拟合优度集合中元素个数；$\sum_{i=1}^{n} r_j$ 为第 j 个隶属函数的权重；μ_j 为第 j 个隶属函数的隶属度值。新隶属函数为各隶属函数的隶属度值乘以各自的权重。

（二）组合隶属函数生成

根据前文的隶属函数组合设计，以企业员工到岗率 X_2 的模糊函数为例，生成其组合隶属函数。

第一，收集人们关于企业员工到岗率"高"最适合的区间（为 [0，100] 的子区间），并删除明显不合逻辑的数据，得到调查表 6-4，共 63 个区间。

表 6-4　　　　　员工到岗率"高"所处区间的调查

[95，100]	[98，100]	[95，100]	[98，100]	[93，100]	[96，100]	[95，100]
[98，100]	[96，100]	[95，100]	[97，100]	[99，100]	[96，100]	[96，100]
[95，100]	[98，100]	[97，100]	[96，100]	[95，100]	[98，100]	[95，100]
[98，100]	[99，100]	[97，100]	[95，100]	[94，100]	[96，100]	[98，100]
[99，100]	[98，100]	[96，100]	[96，100]	[95，100]	[97，100]	[98，100]
[98，100]	[96，100]	[96，100]	[98，100]	[96，100]	[99，100]	[97，100]
[98，100]	[96，100]	[97，100]	[98，100]	[98，100]	[95，100]	[85，100]
[90，100]	[95，100]	[93，100]	[90，100]	[95，100]	[90，100]	[95，100]
[95，100]	[90，100]	[95，100]	[95，100]	[95，100]	[95，100]	[94，100]

第二，将员工到岗率"高"的区间调查表转化成抽样频率表，并记录抽样频率表中的频率稳定值，作为员工到岗率模糊子集"高"的隶属函数的标准集合。

以企业员工到岗率 $X_2 = 96$ 为例，对表 6-4 中的区间进行多次随机抽样：第一次抽取 10 个样本，下一次抽样比上一次增加 10 个直至达到总体总数。计算每次抽样中，包含 96 的区间个数与抽样总数之比（隶属频率），当该隶属频率稳定在一个固定的值附近时，该稳定值即 μ_{High} (96) 的值（隶属度值）。如表 6-5 所示，X_2 取不同值时，随着抽样容量从 10 一直增大至 63，隶属频率最终稳定在一个固定值附近。这个固定值即人们所认为的 X_2 取不同值时，隶属模糊子集"高"的隶属度值。

表 6-5　员工到岗率"高"的抽样隶属频率

X_2	10	20	30	40	50	60	63	稳定值
84	0	0	0	0	0	0	0	0
85	0.020	0.025	0.013	0.023	0.020	0.015	0.016	0.015
86	0.010	0.010	0.017	0.015	0.018	0.017	0.016	0.016
87	0.030	0.010	0.017	0.015	0.012	0.015	0.016	0.016
88	0.010	0.015	0.010	0.015	0.020	0.013	0.016	0.017
89	0.020	0.020	0.017	0.023	0.016	0.017	0.016	0.017
90	0.050	0.065	0.093	0.068	0.078	0.080	0.079	0.080
91	0.120	0.075	0.103	0.075	0.072	0.078	0.079	0.078
92	0.060	0.070	0.093	0.073	0.074	0.078	0.079	0.079
93	0.120	0.110	0.130	0.103	0.118	0.110	0.111	0.112
94	0.140	0.165	0.177	0.125	0.130	0.138	0.143	0.140
95	0.410	0.460	0.453	0.438	0.438	0.430	0.429	0.430
96	0.560	0.655	0.630	0.595	0.624	0.615	0.619	0.618
97	0.730	0.725	0.723	0.730	0.708	0.717	0.714	0.710
98	0.920	0.935	0.933	0.928	0.940	0.935	0.937	0.935
99	1.000	1.000	1.000	1.000	1.000	1.000	1.000	1.000
100	1.000	1.000	1.000	1.000	1.000	1.000	1.000	1.000

将表 6-5 中 X_2 作为自变量，隶属频率稳定值作为因变量，绘制成折线图 6-25，可以看到随着员工到岗率的逐步增加，隶属模糊子集"高"的程度逐渐增大。

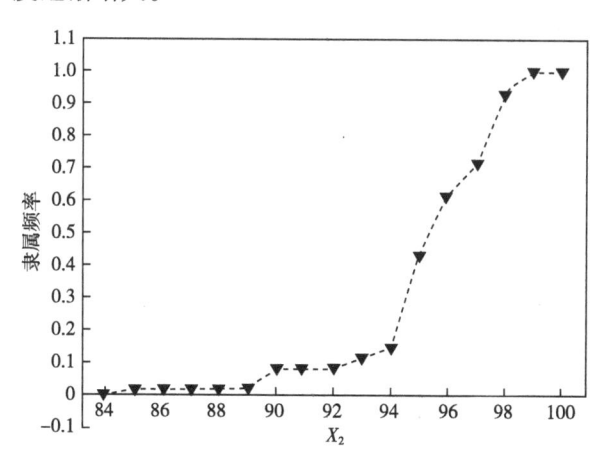

图 6-25　X_2 隶属频率固定值变化

第三，初始化各隶属函数的偏大型参数，计算表 6-5 中 X_2 的每个取值隶属各隶属函数的隶属度值。

将三角形隶属函数、梯形隶属函数、高斯隶属函数、广义钟形隶属函数、柯西分布隶属函数、岭型隶属函数六种隶属函数分别记作 MF1、MF2、MF3、MF4、MF5、MF6。根据图 6-26 可知，初始化各隶属函数的偏大型参数，使隶属函数在同一区间。计算 [84，100] 内每个整数的各隶属函数的隶属度值，得到表 6-6。

表 6-6　　　　　各隶属函数的评估点集和标准点集

X_2	MF1	MF2	MF3	MF4	MF5	MF6	稳定值
84	0	0	0.006	0.004	0.004	0.038	0
85	0.063	0.125	0.011	0.005	0.004	0.146	0.015
86	0.125	0.250	0.020	0.007	0.005	0.309	0.016
87	0.188	0.375	0.034	0.009	0.006	0.500	0.016
88	0.250	0.500	0.056	0.012	0.007	0.691	0.017
89	0.313	0.625	0.089	0.017	0.008	0.854	0.017
90	0.375	0.750	0.135	0.025	0.010	0.962	0.080
91	0.438	0.875	0.198	0.038	0.012	1.000	0.078
92	0.500	1.000	0.278	0.059	0.015	1.000	0.079
93	0.563	1.000	0.375	0.096	0.020	1.000	0.112
94	0.625	1.000	0.487	0.165	0.027	1.000	0.140
95	0.688	1.000	0.607	0.291	0.038	1.000	0.430
96	0.750	1.000	0.726	0.500	0.059	1.000	0.618
97	0.813	1.000	0.835	0.760	0.100	1.000	0.710
98	0.875	1.000	0.923	0.941	0.200	1.000	0.935
99	0.938	1.000	0.980	0.996	0.500	1.000	1.000
100	1.000	1.000	1.000	1.000	1.000	1.000	1.000

第四，计算各隶属函数的权重值。

根据式（6-19）计算表 6-6 中 MF1、MF2、MF3、MF4、MF5、MF6 各列数据分别与稳定值的列数据的 R^2 值，再根据式（6-20）及 R^2 值计算各隶属函数的权重值，得到表 6-7。

表 6-7　　　　　　　　各隶属函数的 R^2 和权重

隶属函数	MF1	MF2	MF3	MF4	MF5	MF6
R^2	0.527	-1.035	0.868	0.982	0.297	-1.558
权重	0.222	0	0.365	0.413	0	0

因此，X_2 在模糊子集"高"的新隶属函数 $\mu = 0.222\mu_{MF1} + 0.365\mu_{MF3} + 0.413\mu_{MF4}$，其图像如图 6-26 所示。

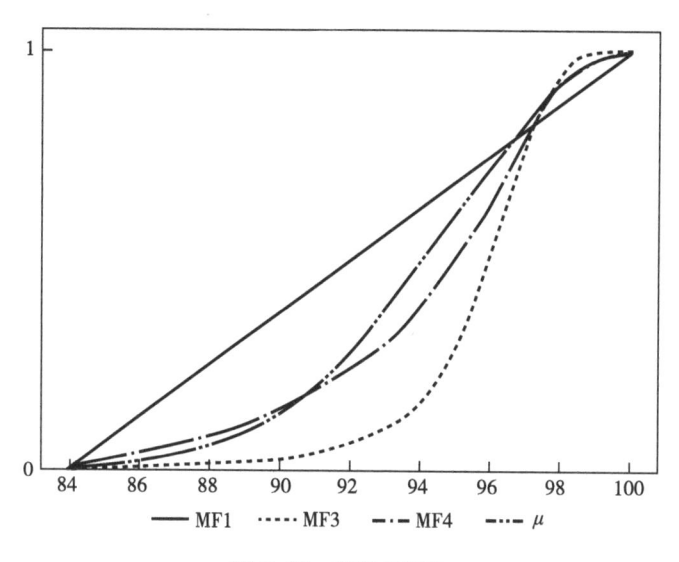

图 6-26　新隶属函数

以同样的方法可以得出各变量在各模糊子集上的权重，此处不作赘述。

第四节　企业经营风险预警实证分析

本书提出的中小企业金融风险预警模型已提供给江西省内某金融国企测试使用，测试对象为某国家级开发区内的 13 家中小型生产制造型企业，时间跨度为 2020 年 6 月 1 日至 2020 年 11 月 30 日，共 183 天。本节以其中一家企业的 183 天脱敏数据为例，介绍企业金融风险预警的全过程。

一 数据获取及预处理

（一）当日用量数据获取

企业每日对应用量均通过识别固定架设的物联网设备拍摄的计量设备（如电表）的照片得出，文字识别算法采用开源的 PaddleOCR 框架，包括 SAST 文字检测模型、CRNN 文本识别模型。SAST 文字检测模型在 ICDAR2015 文本检测公开数据集上的精确率（Precision）为 92.18%，调和平均数（Harmonic mean）为 87.33%，表现较优。CRNN 文本识别模型在 IIIT 等数据集上的平均正确率（Avg Accuracy）为 82.20%，对数字的识别能力较好。因此，本书采用其提供的预训练模型，直接用于识别企业的相关用量值，具体识别步骤如下。

（1）根据计量设备型号人工标记待识别区域。由于图片中计量设备的其他信息会对识别结果造成干扰，为保证识别的高准确率，需要裁剪出待识别内容所在的图片区域。因为具有拍摄功能的物联网设备所架设的位置固定不变，所以待识别内容所在图片区域也是固定不变的。因此，只需要人工对每种型号的设备设定裁剪区域（四个点的像素位置），并在设备回传照片时读取设备型号即可。三类计量设备样式如图 6-27、图 6-28 所示。

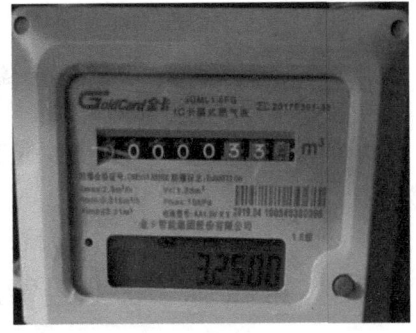

图 6-27　传统水表（左）、电子式膜式燃气表（右）

（2）根据指定设备对应的标记区域的位置，裁剪出待识别内容所在区域的图片。截取的待识别区域如图 6-29 所示。

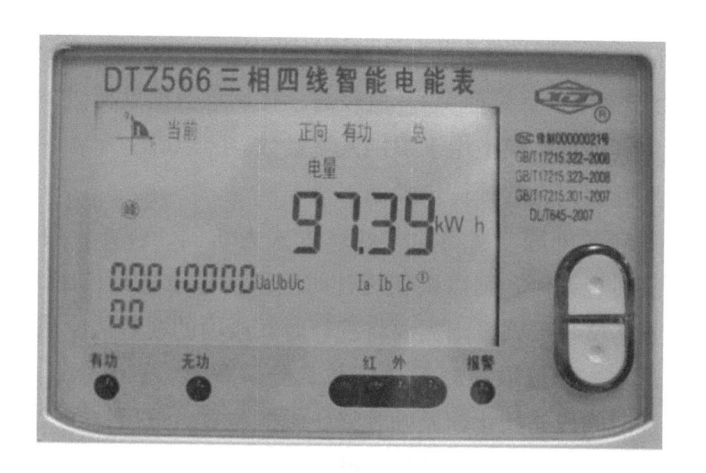

图 6-28　智能电能表

图 6-29　传统水表（左）、电子式膜式燃气表（中）、
　　　　　智能电能表（右）待识别区域

（3）采用预训练的 PaddleOCR 框架对待识别区域识别即可。得到计量设备当日的计数之后，根据式（6-21）计算得到对应的当日用量数据：

$$D_t = (C_t - C_y) \cdot M \tag{6-21}$$

式中：C_t 为计量设备当日的计数；C_y 为计量设备昨日的计数；M 为计量设备计数与真实值之间的倍率。

（二）当日实际到岗人数获取

当日实际到岗人数来自对公司前台（进出位置）架设的配备开放接口的高清摄像头拍摄的视频数据的分析，分析内容为人流量统计，统计的视频时间段为上下班时间点前后 1 小时。例如，上班时间点为上午 9 时，统计时间段则为上午 8 时至 10 时。对于上班较为集中的企业可以缩小统计时间段，减少不必要的资源消耗。

技术方案采用的是开源库中的 PyramidBox 模型且内置了预训练模型。该模型以 WIDER FACE 面部检测基准数据集 4∶1∶5 的比例拆分，作为训练、验证和测试集,最终的平均精度均值(Mean Average Precision)为0.948。由于该预训练模型 MAP 值较高,且训练数据集相似,因此,本书直接采用其预训练模型用于识别人流量数。

当日实际到岗人数计算步骤如下。

(1)视频预处理。视频的预处理方式为切割、合并、抽帧。若视频数据为实时视频流,则需要在统计时间段内抽取视频,而无须切割。若视频数据为文件形式,则需要将统计时间段内的视频从原视频文件中切割出来。首先,读取视频的总帧数、分辨率参数;其次,根据总帧数、帧率、时间段初始化起始帧、终止帧的位置;最后,迭代读取视频帧并将起始帧、终止帧之间的视频帧保存。

若统计时间段内不存在多个视频文件,即统计时间段内摄像机没有写入多个文件,则不需要合并视频。视频合并与视频切割类似,只需要读取多个切割后的文件,并按顺序把视频帧保存至一个文件即可。

由于 PyramidBox 框架并不能直接处理视频文件,需要将视频转换成图片序列,抽帧频率为每秒 5 帧,以等距方式抽取。读取视频后将选取的帧保存至图片即可。切割、合并、抽帧,在实际应用中通常是连贯的:按顺序读取时间段内的多个视频文件,并抽取对应视频帧保存至图片即可。

(2)计算人流量总数。根据(1)中的视频分辨率及所保存的图片,设定人脸检测区域。采用 PyramidBox 框架依次对图片进行处理,当图片中出现人脸时,人脸计数器将加 1,随后根据后续的图片对该人脸进行追踪。当人脸首次完全出现在设定的检测区域且人脸在区域外的追踪结果为靠近检测区域,则判断该人为进入检测区域,进入计数器加 1。反之,当人脸首次完全出现在设定的检测区域且人脸在区域外的追踪结果为远离检测区域,则判断该人为离开检测区域,离开计数器加 1。PyramidBox 框架标记了某人从检测区域外进入检测区域内的过程,人脸计数器和进入计数器均能够正常累计。

(3)推算当日实际到岗人数。由(2)可知进入计数器代表上班的人数、离开计数器代表下班的人数。对进入、离开计数器取均值并向下取整即可得到当日实际到岗人数。

(三) 当日第三方综合评分获取

第三方综合评分的数据来源为企查查、天眼查、启信宝。数据采集方式有如下几种：一是对接官方付费的数据接口，二是人工从官网或者官方 App 中获取，三是机器自动化获取。

由于样本数据中企业数量不多，并且第三方综合评分更新频率不高，本书采用的是人工从官网或者官方 App 中获取数据。若对第三方综合评分具有高时效性要求，则可采用官方付费的数据接口，但需要注意企查查企业信用决策评分接口（HTTP）提供的评分范围为 [0, 100]，与免费渠道的分值范围不一致，无须进行归一化处理。

(四) 数据预处理

在获取到当日的用量数据、实际到岗人数及第三方综合评分之后，需要将这三项原始数据转化成模糊逻辑模型所需的三个参数。本节以企业的第一天数据为例介绍数据预处理过程。

由于基于第一天数据无法统计 30 日的各用量均值，企业的用水量、用电量、天然气用量的 30 日均值直接初始化为第一天的用量，而对不足 30 日的用量均值计算，直接对现有用量取均值即可。而第一天的用量来自计量设备当日与前一天（人工记录）的数字之差再乘以各型号的计量设备对应的倍率（有些计量设备中的数字并非直接代表累计使用量）。所以在获取到当日用量数据后，需要标记该数据所源自的计量设备型号，以便计算当日用量。

企业用量率均值为企业水使用率、电使用率、天然气使用率非缺失值的均值。企业各用量率为当日对应用量与 2 倍对应用量的前 30 日均值的比值×100。根据式（3-1）、式（3-2），以及其第一天用水量 4.3 立方米，用电量 870 千瓦时，天然气用量 0 立方米，计算得到该企业第一天的用量率均值 X_1 为 50。所有企业的第一天用量率均值均为 50，这是由用量的前 30 日均值的初始化值决定的。

企业员工到岗率为企业当日实际到岗人数与应该到岗人数的比值×100，应到岗人数由企业提供，根据第一天应到员工为 103 人，实际到岗人数 103 人，可知该企业第一天的员工到岗率 X_2 为 100。

第三方综合评分均值为当日第三方综合评分的平均值。根据归一化式（3-4）、式（3-5）及第一天数据：企查查评分 824 分、天眼查评分 86 分、启信宝评分 0 分，可知该企业第一天的第三方综合评分均值 X_3 为 71。

由于企业当日用量数据与实际到岗人数可能会存在单日剧增的情况，导致企业用量率均值与企业员工到岗率超过 100%，对于此类数据，企业用量率均值与企业员工到岗率均设置为 100%，超出部分直接忽略，但是在计算用量的 30 日均值时，需要按实际发生的数据进行平均。

二　模糊逻辑模型评分及预警

在获得企业当日用量变化率均值 X_1、当日员工到岗率 X_2、当日第三方综合评分均值 X_3 后，根据第三章所构建的经典模糊逻辑模型及组合隶属函数调优后的模糊逻辑模型，对输入变量 X_1、X_2、X_3 的精确值进行模糊化、模糊推理及去模糊，得到当日的模糊逻辑调优模型及经典模型对企业信用风险的评分。上层应用（系统）根据模糊逻辑模型给出的评分值、设定的预警阈值及节假日数据，判断该企业是否存在金融风险并提供风控简报供人工核查。不同预警阈值的设定会影响预警的准确率，因此依据不同阈值下经典模糊逻辑模型及调优模型的准确率变化，建议阈值设定为 70 分，即评分为 70 分以下则预警。

表 6-8 为企业 6 个月的部分实验数据，从中可以看出，模糊逻辑模型对波动较大、特征较明显的输入数据能够正确识别出风险值，波动越大，风险值越大。例如，日期为 2020/6/6、2020/6/7 的用量率均值、员工到岗率较低，经典模糊逻辑模型和组合隶属函数调优的模糊逻辑模型给出的评分均为 70 分以下，示例企业存在潜在的风险，但由于这两日为周末，为示例企业的放假时间段，可排除该风险。同理，日期为 2020/9/6、2020/10/1—2020/10/8 的多条记录也是由企业正常放假导致的异常评分值。

表 6-8　　　　　　　　示例企业部分实验数据

日期	X_1	X_2	X_3	经典模型评分（分）	调优模型评分（分）	是否放假
2020/6/1	50.00	100.00	71.00	91.96	92.30	否
2020/6/2	51.46	98.02	71.00	91.96	92.30	否

续表

日期	X_1	X_2	X_3	经典模型评分（分）	调优模型评分（分）	是否放假
2020/6/3	49.32	95.65	71.00	91.96	92.23	否
2020/6/4	53.24	99.13	71.00	91.96	92.33	否
2020/6/5	47.61	98.26	71.00	91.96	92.21	否
2020/6/6	3.22	1.74	71.00	50.00	17.42	是
2020/6/7	4.16	2.61	71.00	50.00	17.43	是
2020/6/16	65.03	89.57	73.25	70.00	91.90	否
2020/7/14	73.25	89.23	75.25	70.00	91.86	否
2020/7/22	72.31	90.00	75.25	70.00	91.96	否
2020/8/10	74.38	86.15	77.25	70.00	91.28	否
2020/8/14	67.57	80.77	77.25	70.00	88.33	否
2020/8/19	76.45	90.00	77.25	70.00	91.97	否
2020/8/20	73.88	91.54	77.25	76.32	92.13	否
2020/8/21	62.41	100.00	77.25	92.20	92.31	否
2020/8/24	66.27	90.77	77.25	72.99	92.04	否
2020/8/27	64.01	83.08	77.25	70.00	90.09	否
2020/9/4	99.27	88.46	77.25	70.00	91.75	否
2020/9/6	48.32	9.23	77.25	53.48	49.89	是
2020/9/8	98.05	86.92	77.25	70.00	91.46	否
2020/9/9	87.95	84.62	77.25	70.00	90.81	否
2020/9/10	89.24	86.92	77.25	70.00	91.46	否
2020/10/1	2.82	0	77.25	50.00	19.08	是
2020/10/2	3.04	0	77.25	50.00	19.08	是
2020/10/3	3.14	2.30	77.25	50.00	19.08	是
2020/10/4	3.33	0.77	77.25	50.00	19.08	是
2020/10/5	3.42	0	78.00	50.00	20.34	是
2020/10/6	3.48	0	78.00	50.00	20.34	是
2020/10/7	3.55	0	78.00	50.00	20.34	是
2020/10/8	3.65	1.54	78.00	50.00	20.34	是
2020/11/2	93.06	89.23	78.00	70.00	91.87	否
2020/11/19	67.95	85.38	78.00	70.00	91.06	否
2020/11/20	64.73	80.00	78.00	70.00	87.39	否

企业经营过程中用量率均值及员工到岗率的正常波动，不会导致模糊逻辑模型产生异常评分值，但如果预警阈值包含70时，经典模糊逻辑模型存在一定的误判率。例如，日期为 2020/6/1—2020/6/5 的每日模糊逻辑评分均在正常水平；日期为 2020/6/16、2020/7/14、2020/7/22 的每日经典模糊逻辑模型评分给出了误判结果。

三 实验结果分析及结论

本书采用二元分类器的准确率、精确率、召回率指标，衡量经典模糊逻辑模型和组合隶属函数调优的模糊逻辑模型的优劣。

准确率、精确率、召回率指标的定义分别如式（6-22）、式（6-23）、式（6-24）所示。其中，TP 为实际类别为预警且预测类别为预警的记录个数；TN 为实际类别为不预警且预测类别为不预警的记录个数；FP 为实际类别为不预警且预测类别为预警的记录个数；FN 为实际类别为预警且预测类别为不预警的记录个数。

$$Accuracy = \frac{TP+TN}{TP+TN+FP+FN} \quad (6-22)$$

$$Precision = \frac{TP}{TP+FP} \quad (6-23)$$

$$Recall = \frac{TP}{TP+FN} \quad (6-24)$$

根据183天的实验数据，该示例企业的放假天数为57天，即有57天的异常记录值。

当预警阈值设定为70分以下时，经典模糊逻辑模型和组合隶属函数调优的模糊逻辑模型均能正确识别出57天的异常记录值，与实例企业放假日期完全对应。根据表6-9混淆矩阵可知，二者的准确率、精确率、召回率均为1。

表6-9　　　　　阈值为70的模糊逻辑模型混淆矩阵

项目		预测类别		
		预警	不预警	总计（天）
实际类别	预警	57（TP）	0（FN）	57
	不预警	0（FP）	126（TN）	126
	总计	57	126	183

当预警阈值设定为 71 以下时，经典模糊逻辑模型增加了 16 天的误判记录，即在 126 天的正常记录中，有 16 天的误判记录，而组合隶属函数调优的模糊逻辑模型未发生变化。根据表 6-10 混淆矩阵可知，经典模糊逻辑模型的准确率降低为 0.913，精确率降低为 0.781，召回率不变。随着预警阈值的不断增加，经典模糊逻辑模型的误判记录数目相对于组合隶属函数调优的模糊逻辑模型，增加幅度更大。

表 6-10　　阈值为 71 的经典模糊逻辑模型混淆矩阵

项目		预测类别		
		预警	不预警	总计（天）
实际类别	预警	57（TP）	0（FN）	57
	不预警	16（FP）	110（TN）	126
	总计	73	110	183

以 70 为预警阈值，去除表中的异常记录后，如图 6-30 所示，可以发现组合隶属函数调优后的模糊逻辑模型推算出的评分，在稳定性方面优于经典模糊逻辑模型。

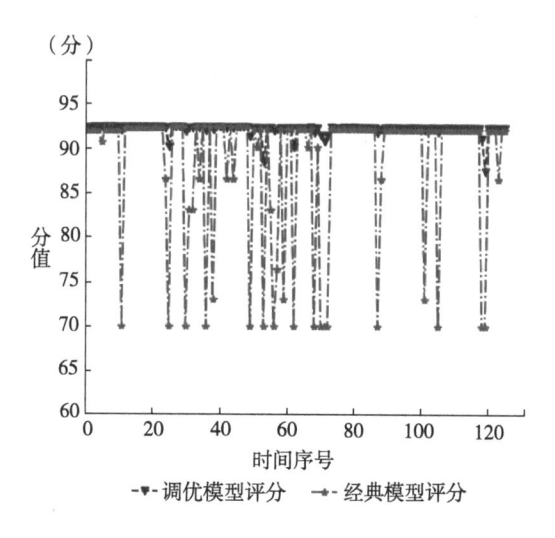

图 6-30　模型评分对比实验折线图

综上所述，可以得出两点结论：一是经典模糊逻辑模型与组合隶属函数调优的模糊逻辑模型均能够有效反映企业的金融风险值并预警。二是组合隶属函数调优的模糊逻辑模型相对于经典模型，准确率及稳定性更好。

第五节　本章小结

中小企业贷款难问题的关键在于建立银行或者金融机构与中小企业的信任机制，而银行或者金融机构缺失了对中小企业的末端数据抓手，无法完全打破与中小企业的信息不对称。因此，本书着手于持续可信的物联网数据，以新视角构建企业信用风险评价指标，并建立了模糊逻辑风险预警模型，能够有效地感知企业金融风险。本书主要研究成果如下。

第一，企业信用风险评价指标选取创新。以往根据工商信息、企业年报、担保信息等构建的企业信用风险评价指标，具有一定滞后性，甚至可能存在一定的不透明性。本书选取了企业用量变化率均值、企业员工到岗率、第三方综合评分均值作为企业信用风险评价指标，既考虑了第三方平台对企业公开信息的综合判断，又考虑了企业可能存在的停工或停产的风险点，能够有效地反映企业生产经营活动状况的波动。

第二，提出了一种基于物联网与计算机视觉的企业真实经营数据的获取方法。本书借助 PaddleOCR 内置模型识别固定架设的物联网设备拍摄的计量设备的照片，得到传统电表、水表、燃气表当日的用量数据；利用 PyramidBox 人脸检测模型对公司前台（进出位置）架设的配备开放接口的高清摄像头拍摄的视频数据进行人流量统计分析，推算出当日实际到岗人数。

第三，构建了基于模糊逻辑的中小企业金融风险预警模型。本书根据所构建的中小企业信用风险评价指标，构造用于评价中小企业信用风险的经典模糊逻辑模型，并通过借鉴组合赋权的思想及引入 R^2 拟合优度评价指标，优化经典模糊逻辑模型中单一隶属函数无法准确地表达输入变量对某一概念的隶属程度的问题。实证分析表明，经典模糊逻辑模型与组合隶属函数调优的模糊逻辑模型均能够有效反映企业的金融风险值并预警；组合隶属函数调优的模糊逻辑模型相对于经典模型准确率及稳定性更好。

本研究还存在很多可以改进的空间，具体有以下两个方面。

第一，从指标构建的角度来看，评价指标的维度还有待增加，指标数据的获取方式具有一定优化空间。中小企业金融风险评价与预警的关键在于多维度可信指标的构建，但由于中小企业与银行或金融机构的合作项目的推广、落地存在一定障碍，参与的企业数目不多。若项目由政府主导发起，制定良好的规范标准，可快速建立银行或金融机构与中小企业的信任机制。另外，本书中的指标数据获取方式还有其他相对高效的方式，如更换物联电表、水表、天然气表，可直接获取企业用量数据；强制企业采用定制的人脸或指纹考勤打卡设备。

第二，从模型构建和优化的角度来看。首先，本书中的组合隶属函数的设计，过多依赖样本统计，人工成本较高，消耗时间较长。其次，直接对模糊统计法得到的隶属函数的标准点集进行函数拟合也可能得到更好的效果。最后，个人信贷风险评价模型具有相当多的研究成果，尤其是近几年多模型融合改进使融合评价效果更佳。将个人信贷风险评价模型移植到企业信用风险评价领域中，可能会产生更好的评价效果。

第七章

金融数据安全与加密算法研究

移动互联网技术、大数据技术、云计算技术的迅速发展,衍生出一系列以数据为核心的新型服务模式和运用,这些新的运用在为用户提供精准化、个性化服务,给人们生活和工作带来极大便利的同时,又收集存储了大量的用户信息,形成了大量的隐私数据。国家对个人隐私数据的保护越来越重视,把数据作为国家发展的战略资源。互联网运用App 收集记录用户的大量私人信息,如用户的身份信息、职业信息,以及用户的兴趣爱好和用户所处的地理位置等信息,对这些信息的收集、共享、发布、分析与利用等操作会直接或间接地泄露用户隐私,给用户带来极大的威胁和困扰。因此,学者也越来越关注如何保护个人隐私。

近年来,媒体密集报道了全球多家互联网公司用户隐私数据泄露的问题,导致公众对隐私数据安全的关注成倍增长。2017 年 11 月,叫车软件优步公司公开承认,曾在 2016 年 10 月遭受黑客攻击,造成 5700 万名客户和司机的个人信息泄露。最终优步公司向美国 50 个州和华盛顿特区支付了 1.48 亿美元,作为 2016 年数据泄露事件的和解金。2018 年 1 月,印度 10 亿公民身份数据库 Aadhaar 被曝遭网络攻击。该数据库除了名字、电话号码、邮箱地址等还有指纹、虹膜记录等极度敏感的信息。种种事迹表明,大数据时代保护隐私数据和防止敏感信息泄露已成为信息安全领域的重要挑战。为打击隐私数据泄露犯罪行为,国家也密集出台法律法规,在 2021 年 8 月 20 日通过的《中华人民共和国个人信息保护法》最终三审稿中,进一步明确了个人信息处理的合法基础、为个人赋予了撤回同意的权利、明确界定自动化决策等,但法律

第七章 金融数据安全与加密算法研究

法规更多的是事前威慑和事后追责。在大数据采集、分析、传输、存储的整个生命周期中伴随的敏感数据泄露问题,由于缺乏行之有效的信息安全和保密技术,仍然日趋严峻。

第一节 金融数据安全研究背景

一 研究背景

面对窃取数据的攻击,反窃取的最有效手段之一就是"加密"。国家中长期科学和技术发展规划纲要中明确指出:要"重点研究新型密码技术",如量子密码、混沌密码、生物密码(DNA)、视觉密码等。其中,混沌密码更是被称为三大新型密码技术之一,近年来也引起了各界专家和学者的高度关注。混沌的第一个数学定义是由 Li 和 York 在 1975 年提出的,广泛用于一维迭代映射。此后,很多学者针对不同类型的系统还提出了一些其他的混沌定义,其中使用最广泛的定义是 Devaney 混沌、Wiggins 混沌和 Smale 混沌。所有这些定义都集中在混沌的不同表现上,如 Li-York 的混沌侧重混沌轨迹的扩散,而 Devaney 的混沌侧重拓扑性质。直到现在,仍然没有准确的数学定义可以涵盖混沌的所有表现。在这样的背景下,如果混沌系统在计算机等有限精度的设备上实现时,动力学特性会退化,这时系统就不再是数学意义上的混沌系统,也不再满足加密的要求。因此,完善有限域上的混沌加密理论、提高加密算法的安全性和稳定性,是本节的主要研究动机之一。

伪随机数序列(PRNS)在扩频通信、数值模拟、错误控制编码和密码学等不同领域都有着重要的应用,一般来说,产生 PRNS 的传统方法主要基于线性同余法或线性反馈移位寄存器,这些方法的内线性构造可能会受到关联攻击和代数攻击,从而带来巨大的安全隐患。近年来,一种产生 PRNS 改进的方法是使用非线性源,混沌系统的一些非常丰富的非线性动力学特性,包括对初始条件和参数的敏感性、拓扑传递性、伪随机性和广谱性,被认为是 PRNG 设计中重要的伪随机源,这是本节的主要研究动机之二。

随着网络和多媒体技术的发展,通过互联网传输的图像文件数量不断增加,这些数字图像如何在公共互联网上安全传输成为一个热门话题,也引起了研究人员的广泛关注。由于图像数据容量大、冗余性强、相邻像素间相关性强等固有特性，传统的加密算法如 Rivest-Shamir-Adleman 算法（RSA）、高级加密标准（AES）、数据加密标准（DES）和国际数据加密算法（IDEA）都不太适用于图像加密。混沌加密技术由于其自身特点，满足图像加密技术的基本要求，一维混沌映射和高维混沌映射都已被证明可以用于图像加密，这是本节的主要研究动机之三。

基于此，本章在前人研究基础上进一步理论完善和实证分析，具有重要的理论和实践意义。其一，针对混沌系统在计算精度受限的情况下存在动力学特性退化的问题，通过构建互耦 Logistic 映射模型和混合多维混沌系统来克服传统 Logistic 映射模型的弱点，并在此之上设计随机性更好的伪随机数发生器，对完善有限域上的混沌加密理论、提高加密算法的安全性和稳定性，以及为后续的混沌特征分析提供理论保障等方面，都具有重要的研究意义。其二，面向复杂信息系统的多源异构数据融合中的数据安全问题一直备受关注，本节拟在混沌加密理论基础上开展图像分块加密算法研究工作，找到兼顾良好安全性和高效加解密速度的新算法，为其他科学范式转型的混沌理论和实践打开突破口，提供可借鉴的参考依据。

二 国内外研究现状和进展述评

混沌是自然界中的一种复杂的动力学行为，最早的混沌现象是由美国气象学家 Lorenz 发现并提出的。混沌系统的一些有趣的非线性动力学特性，包括对初始条件和参数的敏感性（初值敏感性）、拓扑传递性、伪随机性和广谱性，导致混沌系统被广泛应用于许多不同领域，如扩频通信、数值模拟、错误控制编码和密码学。英国统计学家 Matthews 首次提出一种基于变形 Logistic 映射的混沌序列密码方案。该密码方案很快在行业内得到广泛关注，也意味着拉开了混沌密码学的序幕。随后的几十年中，混沌加密技术因其简单、高效、安全等优点，一直是信息安全行业的研究热点，与量子密码、生物密码一起被称为三大新型密码技术。

（一）基于 Logistic 映射的加密机制与伪随机数发生器

在混沌加密技术中被研究得最多之一的就是 Logistic 映射，在此类应用中需要具有良好安全性能的伪随机数序列（PRNS）来保障系统的安全性，混沌系统由于其非线性动力学特性，近年来被认为是 PRNG

设计中重要的伪随机源。第一个基于混沌的 PRNG 是由 Oishi 和 Inoue 在 1982 年提出的[1],随后,大量学者都提出了不同的基于混沌的 PRNG。Szczepański 和 Lambic(2020)通过应用离散混沌动力系统提出了一种混沌 PRNG,其思想是利用轨迹对初始条件的微小变化的极端敏感性的特性[2]。Li 等提出了一种基于耦合映射点阵的混沌 PRNG,它被用作时空混沌系统的原型[3]。Francois 等提出了一种安全的三重混合 PRNG,其方法的原理是从输入初始向量中产生一种三重混合混沌映射[4]。Wang 等提出了一种基于 z-logistic 映射的 PRNG[5];Stojanovski 等分析了混沌分段线性一维映射作为 RNG 的应用[6];Wang 等提出了通过使用分段 Logistic 混沌映射实现的 PRNG[7];Kanso 等提出了两个基于 Logistic 混沌映射的 PRNG,用于流密码应用[8]。在所有基于混沌理论的 PRNG 研究中,一维混沌映射尤其是一维 Logistic 映射使用最为广泛。然而一些研究表明,Logistic 映射生成的序列并不安全,主要存在三个弱点[9]:一是密钥空间相对较小,Logistic 映射只有一个控制参数,状

---

[1] S. Oishi, H. Inoue, "Pseudo-Random Number Generators and Chaos", *Transactions of the Institute of Electronics and Communication Engineers of Japan E*, Vol. 65, No. 9, 1982, pp. 534-541.

[2] Szczepański J., Zbigniew K., "Pseudorandom Number Generators Based on Chaotic Dynamical Systems", *Open Systems & Information Dynamics*, Vol. 8, 2001, pp. 137-146.

[3] P. Li, et al., "A multiple Pesudorandom-Bit Generator Based on a Spatiotemporal Chaotic Map", *Physics Letters A*, Vol. 349, No. 6, 2006, pp. 467-473.

[4] M. Francois, et al., "Pseudorandom Number Generator Based on Mixing of Three Chaotic Maps", *Communications in Nonlinear Science and Numerical Simulation*, Vol. 19, No. 4, 2014, pp. 887-895.

[5] Wang L., et al., "A Novel Chaos-Based Pseudo-Random Number Generator", Vol. 55, No. 8, 2006, pp. 3964-3968.

[6] T. Stojanovski, L. Kocarev, "Chaos-Based Random Number Generators-Part I: Analysis", *IEEE Transactions on Circuits and Systems* I: *Fundamental Teory and Applications*, Vol. 48, No. 3, 2001, pp. 281-288.

[7] Y. Wang, et al., "A Pseudorandom Number Fenerator Based on Piecewise Logistic Map", *Nonlinear Dynamics*, Vol. 83, No. 4, 2016, pp. 2373-2391.

[8] A. Kanso, N. Smaoui, "Logistic Chaotic Maps for Binary Numbers Generations", *Chaos, Solitons & Fractals*, Vol. 40, No. 5, 2009, pp. 2557-2568.

[9] X. Wang, D. Luan, "A Novel Image Encryption Algorithm Using Chaos and Reversible Cellular Automata", *Communications in Nonlinear Science and Numerical Simulation*, Vol. 18, No. 11, 2013, pp. 3075-3085.

态变量是一维的，使密钥空间很小；二是分布不均匀，Logistic 映射生成的序列呈不均匀的"U"状分布；三是容易受到相空间重构的攻击，虽然 Logistic 映射的轨迹看起来很复杂，一旦将轨迹重构到一个更高维度的空间中，结构就会变得简单明了，不再符合密码学的设计要求。

在没有解决上述弱点前 Logistic 映射并不适用于构建 PRNG。为了克服这些弱点，已有部分研究文献提出了两种解决思路：一种方法是参数变化的 Logistic 映射，Murillo-Escobar[①] 和 Wang 等[②]提出通过构建参数变化的 Logistic 映射来克服这些弱点。如何改变参数是这种方法获得成功的关键，如果参数以简单的方式变化，攻击者仍然可以基于小波神经网络和多小波神经网络来预测参数变化[③]。反之，如果参数以复杂的方式变化，将大大增加实施成本，计算效率无法得到保障。另一种方法是耦合多个 Logistic 映射，Hu 等提出了三维耦合 Logistic 映射来克服上述的弱点，但安全性不尽如人意且算法速度较慢。综上所述，需要研究找到解决 Logistic 映射生成序列不安全问题的通用可行方法，并进一步完善其抵御攻击的能力和算法性能，为构建安全高效的基于混沌系统的 PRNG 提供研究基础。

（二）多维混合混沌策略及伪随机比特序列构建研究

伪随机比特序列（PRBS）在扩频通信、数值模拟和密码学等诸多领域都发挥着重要作用。混沌系统因为具有对初始条件和参数的敏感性、遍历性、长期不可预测性和伪随机性被认为是产生 PRBS 的有效非线性源。相比一维混沌系统，基于高维混沌系统的伪随机比特发生器 PRBG 可以提供更广阔的密钥空间，也更加安全。由于混沌系统都是确定性系统，混沌行为可以通过混沌理论中的一些方法来识别。一旦攻击者找到关于混沌系统的一些信息，就可以使用这些信息来找到安全密钥。在许多混沌密码中，密文直接依赖单个混沌系统的混沌轨道，当轨

[①] M. A. Murillo-Escobar, et al., "A RGB Image Encryption Algorithm Based on Total Plain Image Characteristics and Chaos", *Signal Processing*, Vol. 87, No. 1, 2015, pp. 407-425.

[②] Y. Wang, et al., "A Chaos-Based Limage Encryption Algorithm with Variable Control Parameters", *Chaos, Solitons & Fractal*, Vol. 41, No. 4, 2009, pp. 1773-1783.

[③] F. Xiao, X.-P. Gao, "An Approach for Short-Term Prediction on Time Series from Parameter-Varying Systems", *Journal of Sofware*, Vol. 17, No. 5, 2006, pp. 1042-1050.

道序列趋于平稳时，可以进行信息提取。在这样的情况下，使用固定混沌系统来设计 PRBG 是不够安全的。

Nian-sheng 等分析了 Lorenz 系统产生的混沌伪随机序列的统计量和复杂度。Shrestha 等受生物学启发，提出了一种基于 Hodgkin-Huxley 硅神经元电路的超低功耗伪随机数发生器，但这种基于高维混沌的 PRBG 仅基于一维混沌轨道。Hu 等提出了一种基于三维 Chen 混沌系统的 PRBG，该 PRBG 基于混沌轨道的三个坐标的组合。然而，由于组合策略相当简单，Ozkaynak 和 Yavuz 指出 PRBG 仍然不够安全。可见，这种固定的混沌策略基础上生成的 PRBG 并没有良好的统计特性和较强的抵御攻击能力。因此，有必要在此基础上设计一种新的改进方法。

（三）图像加密算法研究

由于图像数据容量大、冗余性强、相邻像素间相关性强等固有特性，传统的加密算法如 Rivest-Shamir-Adleman 算法（RSA）、高级加密标准（AES）、数据加密标准（DES）和国际数据加密算法（IDEA）都不适合用于图像加密。图像块加密算法可以将原始图像分成若干块，然后用不同的密钥对每个图像块进行加密。到目前为止，已有学者提出了大量的图像块加密算法，例如，Li 等和 Lai 等将 $M×N$ 的图像分成几个大小相同的子块，但这些子块的大小是固定的，因此攻击者可以很容易分析出图像块的构成方法。Tong 等将图像分成四个重叠的正方形子块，每个子块的大小由混沌序列决定。显然，基于混沌序列的理想特性，每个子块的大小可以根据混沌序列而变化，这种分块方法更加安全。Yem 等、Zhao 等也提出了类似的基于 Logistic 映射的可变块加密算法，都证明了基于混沌序列的图像块加密算法是可行的。

随着基于混沌理论的图像加密研究工作不断深入，有些学者开始将混沌加密算法和其他加密算法相结合，以达到提高算法安全性的效果。Wang 等基于 3D Lorenz 混沌系统和神经网络中的感知器模型，提出了一种混沌映射图像加密算法。Liu 和 Wang 结合 Message Digest Algorithm 5（MD5）算法和分段线性混沌映射设计了一种基于一次性密钥的图像加密算法。在此基础上，两人又提出了一种比特级排列和高维混沌映射来加密彩色图像。Liu 等提出了一种基于 DNA 互补规则的混沌映射像加密算法。Ismail 等提出一种融合分数阶边缘检测和广义混沌映射的图像加密系统。这些研究为混沌图像加密算法带来了一些辅助策略，提高了加密图像的安全性，但同时加密速度不可避免地会受到影响。可见，关于加密算法高安全等级和高运算性能之间的平衡方面的研究目前还并不完善，需要进一步研究。

综上所述，混沌理论下的加密技术通过几十年的研究发展，国内外学者已经取得了很多显著的研究成果，但也存在诸如动力学特性容易退化、缺乏完善的安全评价体系、图像加密算法安全性和性能难平衡等制约该技术发展的问题。本节将探索新的混合混沌策略以提升系统的复杂度、实现更好的算法性能，最终在提升混沌加密算法安全性及图像加密算法优化这两方面的研究上有所突破，为推动数据安全关键技术研发和应用提供理论支撑和实践指导。

第二节　基于混沌理论的数据加密算法研究

本节将基于混沌理论和图像加密等理论与方法，创新性地提出数据安全保护方法和机制，[1] 本书遵循"现状分析、算法研究、机制构建、应用示范"的基本思路，从基于混沌加密的安全保护机制与图像数据加密处理两方面开展研究工作。在技术攻关和研究内容上，本节拟做如下安排。

第一，鉴于混沌系统中 Logistic 映射生成序列存在密钥空间相对较小、分布不均匀、易受相空间重构攻击等诸多弱点，本节拟提出一种新的二维互耦合 Logistic 映射模型，该模型比三维耦合 Logistic 映射更简单，而生成的序列更复杂，同时还提出一种基于互耦合 Logistic 映射的新型伪随机数发生器（PRNG）以供应用，进一步完善对数据的加密保护。

第二，提出一种新的基于混合三维陈氏混沌系统和混沌策略的伪随

---

[1] Huang, X., et al., "A New Pseudorandom Bit Generator Based on Mixing Three-dimensional Chen Chaotic System with a Chaotic Tactics", *Complexity*, 2019（44），pp. 1-9; Huang, X., et al., "A New Two-dimensional Mutual Coupled Logistic Map and its Application for Pseudorandom Number Generator", *Mathematical Problems in Engineering*, 2019（9），pp. 1-10.

机比特生成器（PRBG）。混沌系统因为具有出色的初始条件和参数的敏感性、遍历性、长期不可预测性和伪随机性，被认为是产生伪随机比特序列（PRBS）的有效非线性源。本节将引入一种混沌策略来选择三维陈混沌轨道的不同维坐标，将三维混沌轨道变为一维轨道，这种混沌混合策略比固定混合策略更安全，生成的序列在数值上比原始陈氏混沌系统的任何维变量都更复杂。此外，本节还提出了基于新混沌系统的PRBG，以提升系统抵御攻击的能力。

第三，基于以上研究内容，探索混沌加密技术在图像保护领域的应用，寻求保证加密算法安全性的同时提高加解密速度的可能性。沿着上述研究思路，下文详细阐述具体研究内容。

一 构建基于二维互耦 Logistic 映射的新型伪随机数发生器

考虑到 Logistic 映射生成的序列是不安全的，存在诸如密钥空间相对较小、分布不均匀及相空间重构容易受到攻击等缺点，本书提出了一种新的二维互耦合 Logistic 映射，它既可以克服以上这些弱点，相比三维耦合 Logistic 映射又更简单，且生成的序列更复杂。基于此，本书还提出了一种基于互耦 Logistic 映射的新型伪随机数发生器（PRNG）。该 PRNG 具有良好的随机性，可以抵抗各种攻击，在算法速度方面也具有重要的实际应用价值。

（一）基于互耦 Logistic 映射的新型伪随机数发生器

为了克服 Logistic 映射的安全性弱点，构建了以下相互耦合的 Logistic 映射，其数学模型可以描述为：

$$x_{i+1}=a\times(10^3-1)\times\max\{x_i,y_i\}\times(1-\max\{x_i,y_i\})$$
$$x_{i+1}=a\times(10^3-1)\times\sqrt{x_iy_i}(1-\sqrt{x_iy_i}) \quad (7-1)$$

式中：x_i 和 y_i 分别为映射 x 和 state 的状态变量；a 和 b 为制参数，分别为 $3.6 \leq a$，$b \leq 4$。通过两个 Logistic 映射的相互耦合，模型（7-1）变为二维。基于以下三点考虑本书提出了该耦合模型：①耦合模型的子系统应保持 Logistic 映射的形式；②使用 10^3-1 增益和模运算来改善原始 Logistic 映射的分布特征；③使用耦合项 $\max\{x_i,y_i\}$ 和 $(x_iy_i)^{\frac{1}{2}}$ 使 x_{i+1} 和 y_{i+1} 的状态同时受 x_i 和 y_i 的影响，这可以提高原始 Logistic 映射的复杂度。

以上耦合模型并非不可替代，如 10^3-1 增益可以用另一个分配特性通常更好、增益更大的系数来代替。此外，耦合项也可以用其他形式代替，例如 $\min\{x_i, y_i\}$，$(x_i+y_i)/2$。因此，可以将模型进行如下改写，使其更加普适化：

$$x_{i+1}=a\times k\times h_1(x_i, y_i)\times(1-h_1(x_i, y_i))$$
$$y_{i+1}=a\times k\times h_2(x_i, y_i)\times(1-h_2(x_i, y_i)) \tag{7-2}$$

式中：k 为增益系数，$h_1(x_i, y_i)$ 和 $h_2(x_i, y_i)$ 为两个耦合函数。尽管耦合模型看起来很简单，但原始 Logistic 映射的弱点已得到很大改善。接下来，我们将从密钥空间、分布图、轨迹和相空间四个方面证明新的二维混沌映射具有良好的动力学和复杂度性能。在数值分析中，选择模型（7-1）的 x 维变量，为避免重复我们将省略对 y 维变量的类似结果。

1. 密钥空间分析

对于 Logistic 映射，只能选择一个参数和一维初始条件作为密钥。令最大精度 10^{16}。Logisti 映射的密钥空间为 $0.4\times1032\approx2105$，小于密码应用程序的安全要求 2128。对于模型（7-1）所描述的互耦 Logistic 映射，可以选择参数 a、b 和初始条件 x_0、y_0 作为密钥，其密钥空间为 $0.16\times1064\approx2210$。因此，我们可以看到模型（7-1）的密钥空间大大增加，足以抵御暴力攻击。

2. 分布图分析

如图 7-1（a）所示，Logistic 映射生成的序列的分布呈"U"形（不均匀），具有不好的统计特性，并且可能会受到一些统计分析的攻击。设 $a=b=3.999$，初始条件 x_0 和 y_0 是随机选择的；如图 7-1（b）所示，二维相互耦合 Logistic 映射的生成序列的分布是均匀分布的，但其他二维 Logistic 映射不是均匀分布的。图 7-1（c）显示了二维 Logistic 映射的直方图，该图的分布显然是不均匀的。

3. 轨迹和相空间

设 $a=b=3.999$。随机选择 Logistic 映射的初始值和模型（7-1）显示了这两个混沌映射的轨迹。从图 7-2 可以发现，这两个轨迹都是杂乱无章的，看起来像是随机性好。但是，一旦以更大的空间来构造轨迹，结构就会有所不同。在相空间重构技术中，延迟时间和嵌入维数是两个关键参数。为了获得最佳的重建效果，在本实验中，本书根据自相

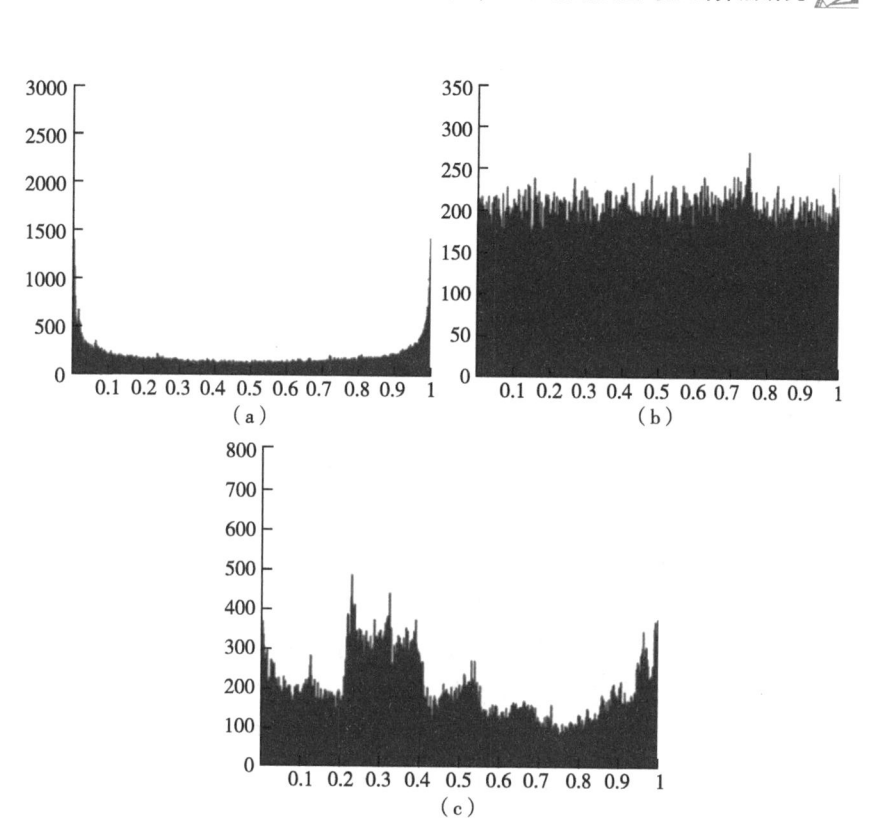

图 7-1 Logistic 映射的分布（a）；相互耦合的 Logistic 映射（b）；
二维 Logistic 映射（c）

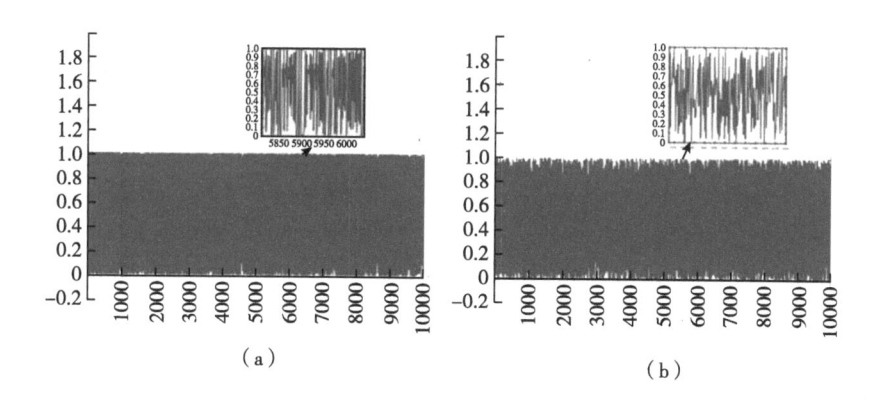

图 7-2 Logistic 映射的轨迹（a）；相互耦合的 Logistic 映射（b）

关函数和伪邻居方法将延迟时间设置为1，将嵌入维数设置为3，重构后的相空间如图7-2所示。从图7-2（a）中可以看出，Logistic映射的重构相空间具有显著的结构，而相互耦合的Logistic映射的重构相空间仍然没有显著的结构。因此，可以证明我们提出的相互耦合的Logistic映射可以抵抗相空间重构攻击。此外，对于其他延迟时间和嵌入维度，相空间仍然是无序的，没有用于互耦Logistic映射的重要结构，在此不再赘述。

4. 复杂度分析

我们可以使用近似熵（$ApEn$）和排列熵（PE）用于评估生成序列的复杂度。$ApEn$是Pincus所提出的时间序列复杂性度量，在相互缠绕Logistic映射基础上，通过模型（7-1）改进生成的$ApEn$如图7-4所示。我们提出的相互耦合Logistic映射具有最大的$ApEn$值且参数不同，这意味着此模型可以显著提高Logistic映射的复杂性。在这个意义上，我们的系统尽管维数较小但比交错Logistic映射更复杂。当控制参数r在[1.1, 1.19]中时，二维Logistic映射将变得混乱。随着参数r的增加，该图的$ApEn$范围在0.260919—0.626634，远低于相互耦合Logistic映射。

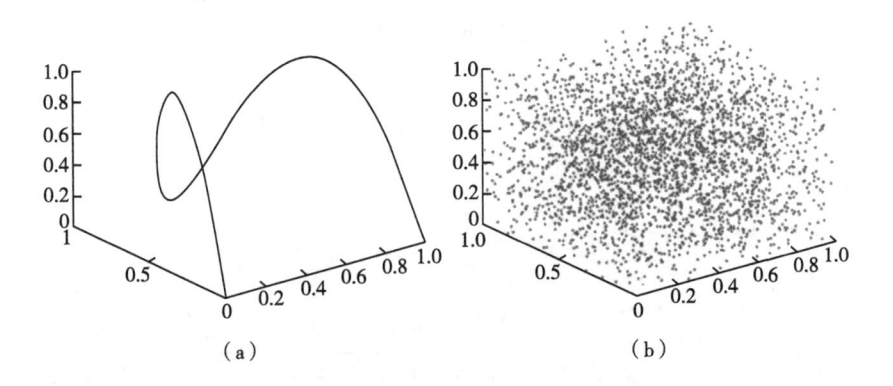

图7-3 Logistic映射的相空间重构（a）；相互耦合的Logistic映射（b）

PE是针对时间序列的自然复杂性度量，除了抗噪性强，它比其他方法更容易实现且计算速度更快。从图7-5可以看出，相互耦合的

Logistic 映射比普通 Logistic 映射和相互缠绕的 Logistic 映射更复杂。在参数 r 不同的情况下，相互耦合 Logistic 映射的 PE 值总是大于 0.99，表明所产生的序列具有良好的随机性。与二维 Logistic 映射相比，该图的 PE 随着参数 r 的增加而从 0.4674 变化到 0.8141，也低于相互耦合 Logistic 映射。

耦合多个 Logistic 映射是提高 Logistic 映射性能的有效方法，一个好的耦合策略需要满足三个条件：高性能、低成本和普遍性。通过以上对比可以看出：首先，本书提出的耦合 Logistic 映射可以很好地克服其他 Logistic 映射的弱点并增加动态复杂度；其次，本书的模型中只耦合了两个简单的 Logistic 映射以提高其性能，这比其他研究成果中的实现成本更低；最后，本书提出的通用耦合逻辑模型中，增益系数和耦合函数都是可变的，而在其他方案中只提出了一个特定的模型。因此，与其他研究成果相比，本书提出的相互耦合 Logistic 映射在性能、成本和通用性方面具有很大优势。

（二）一种新的 PRNG

如上所述，互耦 Logistic 映射具有良好的性能。基于式（7-1）提出了一种新型的 PRNG，其描述如下：

$$b_i = floor(256 \cdot x_i) \oplus floor(256 \cdot y_i) \tag{7-3}$$

式中：x_i 和 y_i 是式（7-1）的状态变量，序列 $\{b_i\}$ 是最后的比特序列。根据式（7-3），本书可以为每次迭代生成 8 位，这可以提高随机数的生产率。这种 PRNG 的主要框架如图 7-4 所示，图 7-5 描绘了其数学模型。

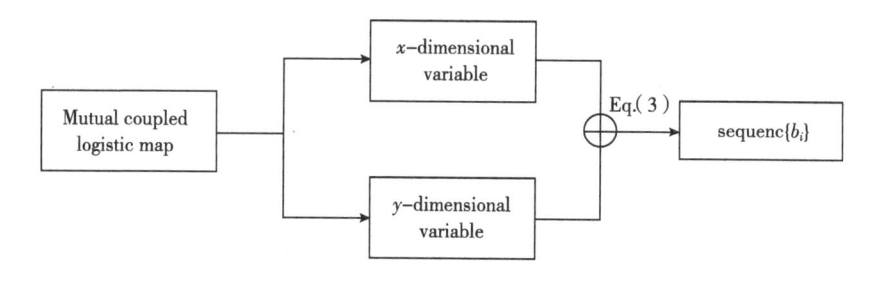

图 7-4 PRBG 的主要框架

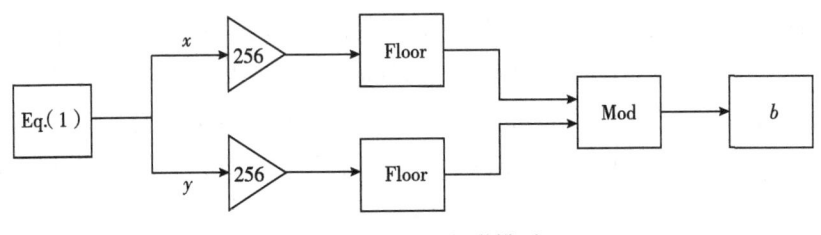

图 7-5 PRBG 数学模型

(三) 实验性能分析

将使用几种统计检验来评估序列 $\{b_i\}$ 的随机性。在整个统计测试中,将参数 a 和 b 选择为 $a=b=3.999$。

频谱分析。频谱分析用于测试比特序列中是否存在中心频率。如果序列中有中心频率,则它是周期性的,不能视为理想的随机序列。sequence(n) 的频谱可以通过式(7-4)计算:

$$x_p(n) = \sum_{n=1}^{N} x(n) e^{-j\left(\frac{2\pi}{N}\right)(k-1)(n-1)} \tag{7-4}$$

式中:N 为序列长度;k 为谐波等级,$0 \leq k \leq N$。假设序列的长度为 20000。从序列中随机选择 2000 位,频谱分析如图 7-6 所示。可以看出,频谱中没有中心频率,这意味着位序列 $\{b_i\}$ 不是周期性的。

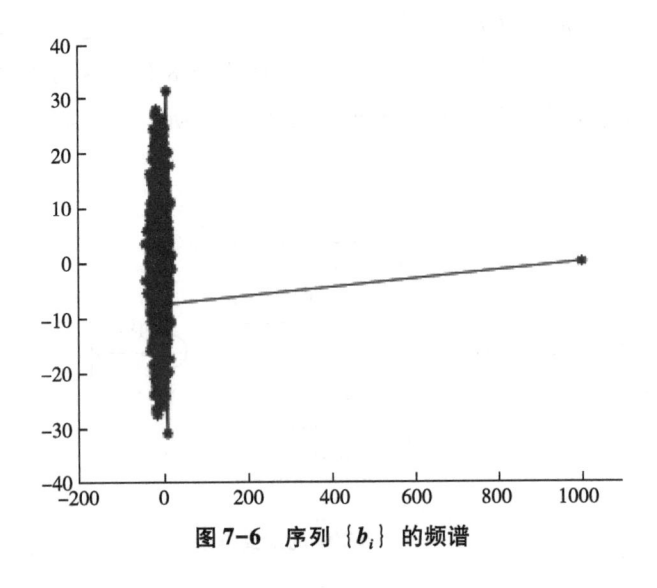

图 7-6 序列 $\{b_i\}$ 的频谱

贝克尔和派珀的统计测试。Beker 和 Piper 的统计测试套件是一种经典的随机性测试套件，包括频率测试、串行测试、扑克测试、运行测试和自相关测试。将统计检验的置信度设置为 0.95，随机选择初始条件，测试结果显示所有统计值均小于 T，这意味着位序列 $\{b_i\}$ 已通过所有这四个测试。显示了序列 $\{b_i\}$ 的自相关和互相关分别是德尔塔函数和零函数，这与理想的随机序列一致。结果表明，序列 $\{b_i\}$ 具有良好的统计特性，可被视为理想随机序列。

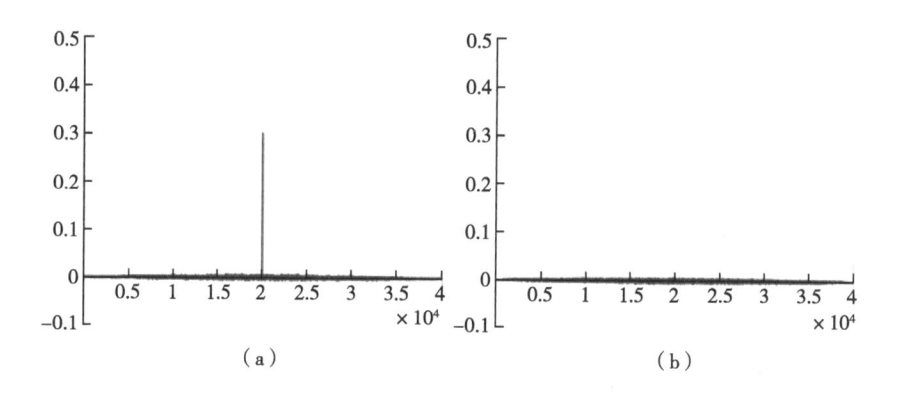

图 7-7　相关分析：（a）自相关；（b）互相关

NIST 统计测试。NIST 统计测试套件非常严格，也是当前随机性测试的行业规范。著名的 NIST 测试套件包含 16 种不同的测试。NIST 中每个测试的显著性水平设置为 0.01。如果计算的 P 值>0.01，则说明序列通过了测试。在此数值实验中，本实验通过随机选择 1000 组初始条件，生成 1000 组长度为 10^6 的位序列，给出了每个测试的合格率和 P 值均值。可以看出，比特序列 $\{b_i\}$ 已经通过了所有测试，表明该序列具有良好的统计性能，可以看作真正的随机。

（四）安全性和算法速度分析

密钥空间、密钥灵敏度和线性复杂度是安全 PRNG 的一些必要条件。除了安全性，算法速度对 PRNG 的适用性也很重要。

1. 密钥空间

设最高精度为 10^{-r}。可以选择控制参数 a 和 b，以及初始条件 x_0 和 y_0 作为密钥。当 $3.6 \leqslant a$、$b \leqslant 4$、$0 < x\_i$、$y\_i < 1$ 时，PRNG 的密钥空间

大小约等于 $0.16×10_r^4$，令 $r=16$；密钥空间大小约等于 2210，该大小足够抵御暴力攻击。此外，在相同的精度下，PRNG 的密钥空间也比最近提出的一些混沌 PRNG 更大，这意味着本书的 PRNG 在这种意义上具有竞争力。

2. 密钥灵敏度

混沌序列对初始条件和参数非常敏感，在此数值实验中，本书仅将密钥更改 10^{-16}，以生成新的比特序列，然后按每个比特对它们进行比较。

3. 线性复杂度

线性复杂度是位序列最重要的复杂度度量之一。对于长度为 random 的理想随机位序列，线性复杂度应接近 $n/2$ 线。绘制了 PRNG 生成的比特序列的线性复杂度曲线，这表明该序列具有理想的线性复杂度，因为该曲线非常接近 $n/2$ 线。

4. 算法速度分析

本书通过 Matlab R2014a 在具有 3.3 GHz CPU 和 4GB 内存的计算机上对算法进行了实验。比较了 PRNG 和其他建议的混沌 PRNG 的算法速度。在相同的运行条件下，PRNG 的速度约为 3.8955MB/s，比其他建议的混沌 PRNG 的速度快得多。结果表明，PRNG 非常适合实际使用。

本书提出了一种新型的二维相互耦合逻辑图，它可以克服 Logistic 映射的几个缺点。动力学性能表明，该新映射具有较大的密钥空间，均匀分布，并且可以抵抗相空间重构攻击。此外，复杂度性能表明，本书的系统生成的序列比三维耦合 Logistic 映射生成的序列更复杂，并且具有更简单的数学模型。针对该应用，本书提出了一种基于相互耦合 Logistic 映射的 PRNG。统计测试和安全分析表明，本书提出的 PRNG 具有良好的随机性，能够抵抗各种攻击。此外，根据算法速度分析表明，PRNG 具有较高的生成效率，对实际应用具有重要意义。

二 基于混合混沌策略的新型伪随机比特发生器

一维混沌系统可能会受到相空间重构技术的攻击，在数据加密过程中安全性存在一定隐患，而高维混沌系统在 Wiggins 的混沌定义下，被证明可以生成高度复杂的混沌序列，其中的伪随机比特发生器 PRBG 可以提供更广阔的密钥空间、更优的统计量和复杂度，因此在数据加密领域被广泛关注。在本书中，引入了一种混沌策略来选择三维陈氏混沌轨道的不同维坐标，这种混沌策略将三维混沌轨道变为一维轨道。这种混沌混合策略比固定混合策略更安全，新系统生成的序列在数值上比原始陈氏混沌系统的任何维变量都更复杂。此外，本书还提出了基于这个新混沌系统的 PRBG，采用编码算法使序列均匀，提供了统计和安全性测试，以显示生成的序列具有良好的随机性和较高的复杂度，抵抗各种网络攻击。

（一）基于陈氏混沌系统的新系统策略

陈氏系统的数学方程可描述如下[①]：

$$F = \begin{cases} \dfrac{dx}{dt} = a(y-x) \\ \dfrac{dy}{dt} = (c-a)x - xz + cy \\ \dfrac{dz}{dt} = xy - bz \end{cases} \tag{7-5}$$

式中：a，b 和 c 是控制参数。式（7-5）在具有一些合适参数的情况下是混乱的。例如，假设 $a=35$，$b=3$，$c=28$，则该系统的混沌吸引子如图 7-8 所示。

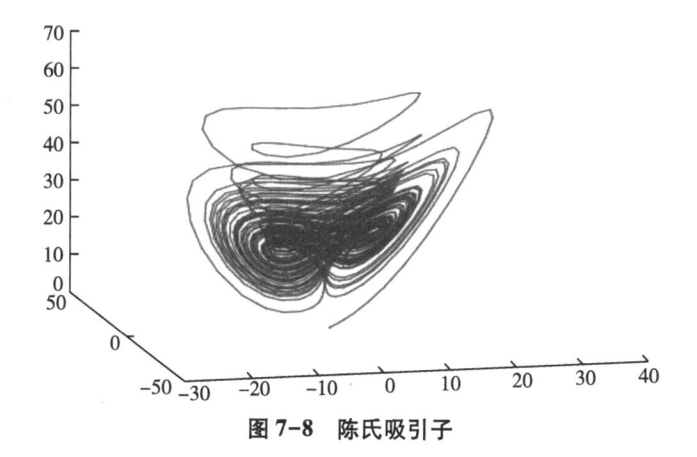

图 7-8 陈氏吸引子

[①] J. Lu and G. Chen, "A New Chaotic Attractor Coined", *International Journal of Bifurcation and Chaos*, Vol. 12, No. 3, 2002, pp. 659-661.

陈氏混沌系统的动力学复杂度Lyapunov指数约为2.168，这比其他使用最广泛的混沌系统还要大，但是每个尺寸变量的复杂度都非常低。因此，为了从陈氏系统生成具有高复杂度的一维序列，本书提出了一种混沌策略，这种混沌策略是通过使用混沌数字序列来混合陈氏混沌系统的三维状态变量。在此，使用以下零均值Logistic混沌映射：

$$p_{i+1} = 1 - 2p_i^2 \tag{7-6}$$

式中：p_i 为状态变量，通过设置初始值 p_0，我们可以生成一个实值序列：$p_0, p_1, \cdots, p_m, \cdots$。如果在此域中也选择了初始值 p_0，则所有这些值都位于间隔 $[-1, 1]$ 中。将 $[-1, 1]$ 划分为 N 个子区间 τ_i，$i = 0, 1, 2, \cdots, N-2$。表示 $\tau_i = [t_i, t_{i+1})$，$i = 0, 1, 2, \cdots, N-2$，以及 $\tau_{N-1} = [t_{N-1}, t_N]$，其中：

$$t_i = -\cos\left(\frac{i}{N}\pi\right) \tag{7-7}$$

令 $a = \{\tau_0, \tau_1, \cdots, \tau_{N-1}\}$ 是有限的可测量分区。如果 p_i 位于子区间 τ_i 中，则将此实值更改为整数 i。然后，实值序列 $p_0, p_1, \cdots, p_m, \cdots$ 将更改为整数序列 $\{b_i\}$，如式（7-8）所示：

$$b_i = \begin{cases} 0, & p_i \in [t_0, t_1) \\ 1, & p_i \in [t_1, t_2) \\ \vdots \\ N-1, & p_i \in [t_{N-1}, t_N] \end{cases} \tag{7-8}$$

从文献回顾中[①]，我们知道整数序列是一致的分散式。选择 $N=3$，并将间隔 $[-1, 1]$ 分为三个子间隔，可以将式（7-5）的输出信号通过整数序列 $\{b_i\}$ 混合为一维序列 $\{s_i\}$：

$$s_i = H(x(iT), y(iT), z(iT)) = \begin{cases} x(iT), & b_i = 0 \\ y(iT), & b_i = 1 \\ z(iT), & b_i = 2 \end{cases} \tag{7-9}$$

式中：T 为陈氏混沌系统的采样间隔，我们始终将 T 设置为0.01，

---

① H. P. Hu, et al., "A Chaotic Polyphase Pseudorandom Sequence", *Mathematica Physics*, Vol. 24, No. 2, 2004, pp. 251-256.

$x(iT)=x_i$, $y(iT)=y_i$, $z(iT)=z_i$,序列$\{si\}$可以视为系统G的输出信号。

（二）基于三维陈氏混沌系统的新型伪随机比特发生器

如前文所述，系统G是混沌且具有高复杂度的，基于此本书提出了一种基于系统G的新PRBG。由于陈氏混沌系统的分布不均匀①，首先需要进行一些有效的更改以增强序列$\{S_i\}$的统计特性。基于大量的实验，提出了以下编码算法：

$$t_i = \begin{cases} 7000 \cdot (s_i+100) \ mod \ 256, & b_i=0 \\ 7000 \cdot (s_i+110) \ mod \ 256, & b_i=1 \\ 7000 \cdot (s_i+120) \ mod \ 256, & b_i=2 \end{cases} \quad (7-10)$$

通过使用此算法，输出序列$\{s_i\}$被编码为统一整数序列$\{t_i\}$。序列$\{t_i\}$在有限域F_{256}中，其中$F_{256}=\{0,1,2,\cdots,255\}$。然后，将$t_i$更改为8位二进制数（如将0编码为00000000，将255编码为11111111），最后，可以获得PRBS。

PRBG的主要框架如图7-9所示，该PRBG基于混合陈氏混沌系统的三维状态变量，混合方法基于零均值Logistic混沌映射。此外，式（7-6）改善了其统计特性。对于样本整数T，此PRBG将生成8位数据，比使用1b/T的原始方法要更加高效。

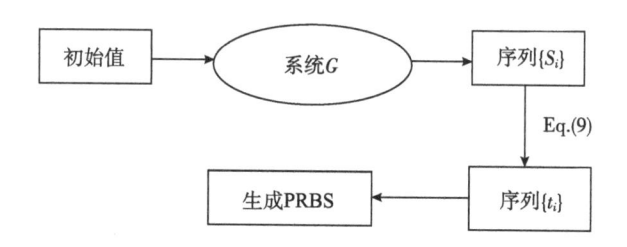

图7-9 新PRBG的主体框架

（三）统计检验

统计测试对于PRBG是必不可少的，而PRBG是在加密应用中提出

---

① H. Hu, et al., "Pseudorandom Sequence Generator Based on the Chen Chaotic System", *Computer Physics Communications*, Vol. 184, No. 3, 2013, pp. 765–768.

的。我们将进行一些著名的统计测试以评估我们的 PRBS。在这些测试中，选择陈氏系统的参数为 $a=35$，$b=3$ 和 $c=28$，初始值选择为 $p_0=0.4231$，$(x_0,y_0,z_0)=(1.3452,4.2134,6.7368)$。

1. 频谱分析

对于理想的伪随机序列，没有中心频率。在一个周期序列中，存在一个中心频率。PRBS 的频谱分析如图 7-10 所示。显然，频谱中没有中心频率，这表明我们的 PRBG 不是周期性的。

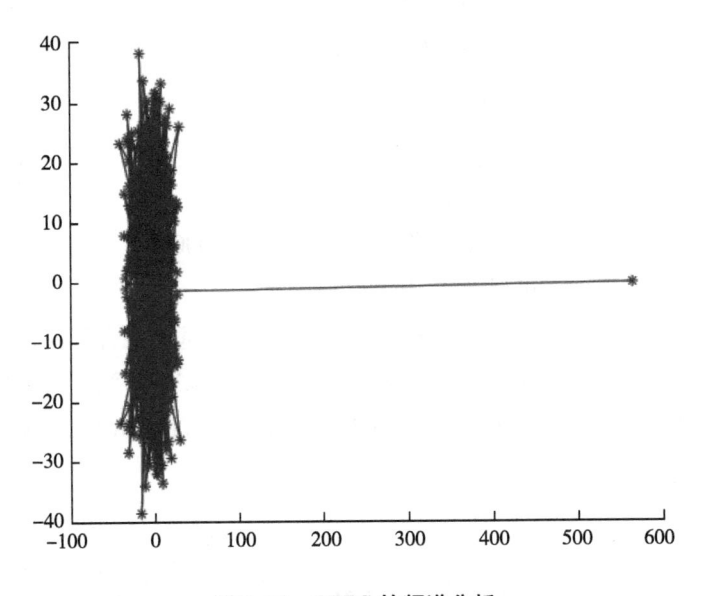

图 7-10　PRBS 的频谱分析

2. 贝克尔和派珀的统计测试

Beker 和 Piper 的统计测试包括频率测试、串行测试、扑克测试、运行测试和相关性测试[1]。这五个测试很著名，可以在许多不同的作品中找到[2]。其中 M 表示阈值。相关性测试如图 7-11 所示。两个结果均表明本书提出的 PRBS 具有良好的随机性。

---

[1] H. Beker, F. C. Piper, *Cipher Systems: The Protection of Commnications*, Wiley, New York, NY, USA, 1982.

[2] L. Liu, et al., "Pseudorandom Bit Generator Based on Non-stationary Logistic Maps", *IET Information Security*, Vol. 10, No. 2, 2016, pp. 87-94.

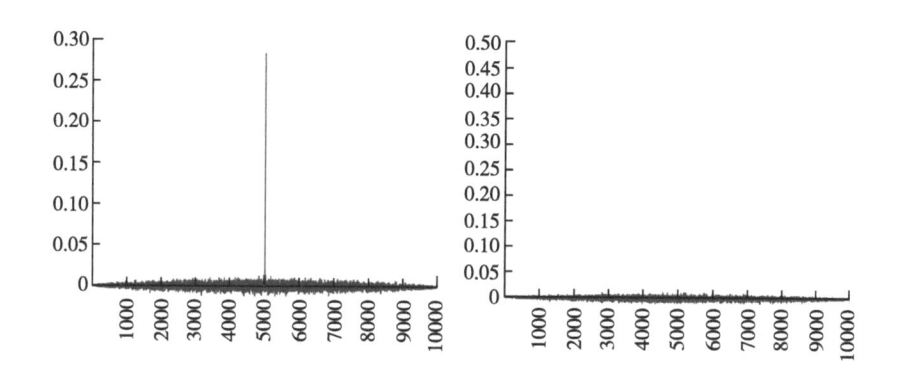

图 7-11 PRBS 的相关性测试

3. NIST 统计测试

除 Beker 和 Piper 的统计测试套件外，NIST 测试套件可能是使用最广泛的统计测试[①]。NIST 测试套件包括 16 个测试，几乎涵盖了随机序列的所有功能。在此测试中，将每个测试在 NIST 中的显著性水平设置为 0.01，这意味着如果随机数是真正随机的，则有 99% 的测试样本通过了测试。在这里，随机生成 1000 个具有不同初始值的不同二进制序列。

4. TestU01 统计测试

在所有针对随机序列的统计测试套件中，TestU01 统计测试是最严格的测试。要成功通过 PRBG 的所有测试是非常困难的。在 TestU01 统计测试中，提供了三种不同的压碎类型电池，分别为 Small-Crush、Crush 和 BigCrush，它们分别评估 2^{29} 位、2^{35} 位和 2^{38} 位的序列。根据计算机的存储空间，本实验仅使用小型粉碎电池和粉碎电池来评估 PRBG 的随机性。

（四）安全性分析

除了统计测试，安全 PRBG 仍需要其他一些索引。

1. 密钥空间

在此 PRBG 中，初始值 p_0 和 (x_0, y_0, z_0) 以及陈氏系统 a、b 和 c 的控制参数通常可以用作密钥。令最大精度为 2^{-64}，密钥空间的大小约

---

① Rukhin A., "A Statistical Test Suite for Random and Pseudorandom Number Generators for Cryptographic Applications", Booz-Allen and Hamilton Inc Mclean Va, 2001.

等于 $2^{448} >> 2^{128}$。因此，此 PRBG 的密钥空间足够大，可以抵抗暴力攻击。此外，与其他研究相比，本书提出的方法仍然优越。在相同的精度下，其他文献中提出的 PRBG 的密钥空间分别为 2^{384}[1]、2^{400}[2]、2^{199}[3] 和 2^{128}[4]，均小于本书提出的 PRBG 的密钥空间。

2. 线性复杂度

对于理想的随机序列，其线性复杂度应为 $n/2$，其中 n 是序列长度。该实验测试了 PRBS 的线性复杂度，结果如图 7-12 所示，可以看出，PRBS 的线性复杂度曲线大约等于理想线 $n/2$，表明本研究提出的 PRBG 具有较高的线性复杂度。

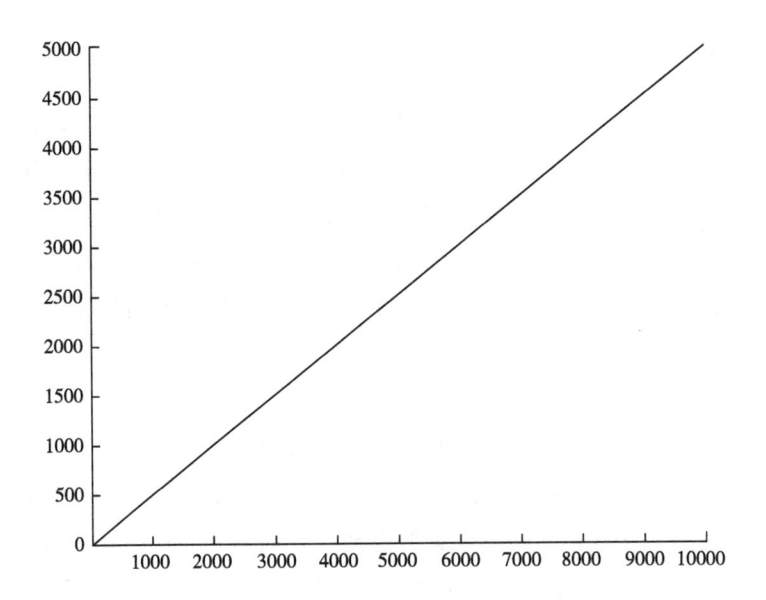

图 7-12　PRBS 的线性复杂度

---

[1] H. Hu, et al., "Pseudorandom Sequence Generator Based on the Chen Chaotic System", *Computer Physics Communications*, Vol. 184, No. 3, 2013, pp. 765-768.

[2] M. Francois, et al., "Pseudorandom Number Generator Based on Mixing of Three Chaotic Maps", *Communications in Nonlinear Science and Numerical Simulation*, Vol. 19, No. 4, 2014, pp. 887-895.

[3] Y. Wang, et al., "A Pseudorandom Number Fenerator Based on Piecewise Logistic Map", *Nonlinear Dynamics*, Vol. 83, No. 4, 2016, pp. 2373-2391.

[4] M. A. Murillo-Escobar, et al., "A Novel Pseudorandom Number Generator Based on Pseudorandomly Enhanced Logistic Map", *Nonlinear Dynamics*, Vol. 87, No. 1, 2017, pp. 407-425.

3. 抵抗差异攻击

差异攻击或选择明文攻击是分析输入键中的微小差异对相应输出序列差异的影响。如果输出序列完全不同，并且密钥上的微小差异，则 PRBG 可以抵抗差分攻击。在算法速度分析实验中 Matlab R2014a 在具有 3.3GHz CPU 和 4GB 内存的 64 位计算机上对算法进行了仿真。计算精度为 2^{-64}。本书的 PRB 算法的平均速度约为 21.5054MB/s，与文献中的算法等效，并且比文献中的算法快得多。

本书提出了一种基于三维陈氏混沌系统与混沌策略混合的新系统，并证明了这种新系统在威金斯混沌定义下是混沌的。复杂度测试表明，该新系统的输出比陈氏系统的任何尺寸变量都更为复杂。本书提出了一个基于此新系统的新 PRBG，使用编码算法使序列均匀。此外，进行了一些数值模拟，以证明所生成的 PRBS 具有良好的随机性特征和强大的抵御各种攻击的能力，并且具有很高的实用性能。

三 基于混沌映射的图像分块加密算法

如今，通过互联网传输的图像文件数量不断增加，由于图像数据容量大、冗余性强、相邻像素间相关性强等固有特性，传统的加密算法如 Rivest-Shamir-Adleman 算法（RSA）、高级加密标准（AES）、数据加密标准（DES）和国际数据加密算法（IDEA）等都不太适合加密图像。而混沌系统具有对初值和参数敏感、非周期性、不可预测性、类随机、无限密钥空间和高复杂度等特点，可以很好地满足图像加密的基本要求。基于此，本书提出一种基于混沌系统的分块图像加密算法，利用混沌序列的良好随机性对图像进行了类随机分块加密，旨在有效保护原始图像的内容，抵抗各类攻击方法的攻击。

混沌映射可以分为一维（1D）混沌映射和高维（HD）混沌映射两类，两种系统都可以应用于设计图像加密算法。一般来说，一维混沌映射不够安全，有学者通过使用相空间重构方法成功地攻击了几乎所有的一维混沌系统。高维混沌系统，尤其是超混沌系统可以实现更好的性能和更高的复杂度，但是实现成本比较高，且加解密速度比较慢。因此，更好的思路是结合这两种混沌系统的优点来设计加密算法。

基于此，本书提出一种基于混沌映射的分块图像加密算法，利用混沌序列的良好随机性对图像进行了类随机分块和加密保护。整个图像加密算法可以分为图像置乱、图像分块和子图像加密三个部分。

（一）图像置乱

图像置乱算法通常可用于交换图像像素的位置，假设 a_{ij} 为普通图像 A 第 i 行第 j 列的像素值，经过置乱后，该像素将移动到第 p 行第 q 列的位置，其中 p 和 q 可计算为：

$$\begin{pmatrix} p \\ q \end{pmatrix} = \begin{pmatrix} 1 & b \\ a & ab+1 \end{pmatrix} \begin{pmatrix} i \\ j \end{pmatrix} \mod N \qquad (7-11)$$

式中：a、b 和 N 为参数，置乱函数就是 Arnold 映射，基于该函数一一对应的性质，可以很好地对图像进行置乱。

（二）图像分块

在图像分块过程中，将 $M \times N$ 的平面图像 A 分成几个块，与固定分块方法不同，这种图像分块方法是可变的，由以下 Baker 映射来进行控制：

$$(x_{n+1}, y_{n+1}) = \begin{cases} \left(\dfrac{x_n}{p}, py_n\right), & 0 < x \leq p \\ \left(\dfrac{x_n - p}{1-p}, (1-p)y_n + p\right), & p < x \leq 1 \end{cases} \qquad (7-12)$$

式中：p 为控制参数，当设 $p=0.5$ 时，式变为标准的 Baker 映射，输出 (x_i, y_i) 在收敛区域 $[0, 1] \times [0, 1]$ 中具有良好的遍历性。将 Baker 映射的初始值设为 (x_0, y_0)，将映射式（7-12）迭代 n 次（n 为迭代步长），再将生成的值 (x_n, y_n) 通过式（7-13）更改为二维整数向量：

$$(a, b) = [(floor(N. x_n), floor(M. y_n))] \qquad (7-13)$$

式中：函 $floor(x)$ 为小于 x 的最大整数。然后将图像 A 分为 ATQP、TDRQ、PQSB 和 QRCS 四块，其中 $AT = a$，$AP = b$（$AT = a$ 表示 AT 上有一个像素），见图 7-13（a）。一般来说可以将图像 A 划分为更多的块。例如，一旦选择了两个迭代步骤 n_1 和 n_2，则可以通过式（7-12）和式（7-13）生成两对整数值向量，分别为 (a_1, b_1) 和 (a_2, b_2)。如图 7-13（b）所示，这样图像 A 可以被分为九块，其中 $AT_1 = a_1$，$AT_2 = a_2$，$AP_1 = b_1$，$AP_2 = b_2$。因此，图像可以分为 $(k+1)^2$ 块，其中 k 为迭代步数的基数。

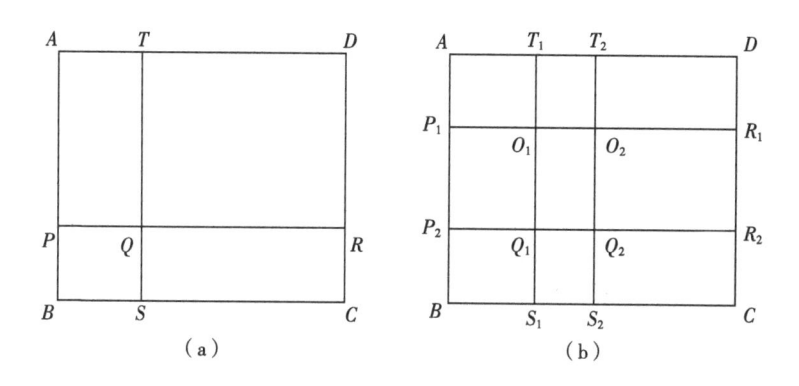

图 7-13　图像分块方法

（三）子图像加密

分块后的图像 A 可以分为四个子图像，分别记为 A（1）、A（2）、A（3）和 A（4）。Arnold 映射不能改变（0，0）像素的位置，因此在加密之前应该将（0，0）像素的位置与（a，b）像素的位置交换，基于 Baker 映射的理想混沌特性伪随机选择位置（a，b）。然后，使用以下整数 Logistic 映射加密每个子图像：

$$s_{i+1} = F(s_i) = \frac{4s_i(256-s_i)}{256}$$

$$t_{i+1} = G(s_{i+1}) = \text{floor}(10^6 \times s_{i+1} \mod 256) \tag{7-14}$$

从式（7-14）中可以发现整数 Logistic 映射可以分为两部分：函数 F 用作迭代函数以生成具有给定初始值 S_0 的序列 $\{S_i\}$，函数 G 用于从 $\{S_i\}$ 生成理想整数序列 $\{t_i\}$。假设子图像 A（1）的大小为 $M_1 \times N_1$，a_{ij} 为图像在第 i 行第 j 列的像素值，其中 $1 \leq i \leq M_1$，$1 \leq j \leq N_1$，加密过程可描述为：

$$a_{ij}^* = \begin{cases} a_{ij} + (m_p+1) \cdot t_p \mod 256, & m_p = 0, 1, \cdots, 254 \\ a_{ij} + m_p \cdot t_p \mod 256, & m_p = 255 \end{cases} \tag{7-15}$$

式中：$p = (i-1) \times N_1 + j$；$\{m_p\}$ 为加密控制序列。对于 A（2）、A（3）和 A（4），加密算法类似。显然，生成的序列 $\{t_i\}$ 应该是类随机的以保证加密算法的高安全性。图 7-14（a）显示了序列 $\{t_i\}$ 的分布特征，表明该序列是均匀分布的。图 7-14（b）描绘了它的相关函数，从中可以发现其自相关函数是一个理想的随机序列。

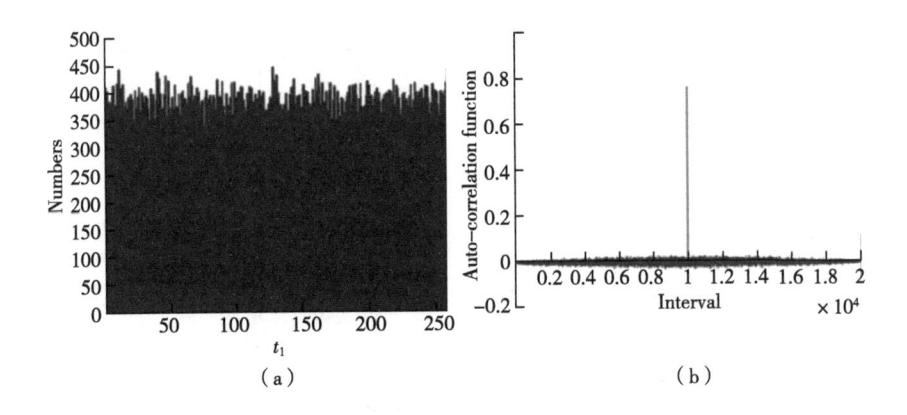

图7-14 特征分布图（a）；自相关函数（b）

从子图像加密算法中，可以发现像素值 a_{ij} 的替换会受到初始值 s_0 和控制序列 $\{m_p\}$ 的影响。我们选择 $s_0(1)$ 作为密钥，然后 $s_0(2)$、$s_0(3)$ 和 $s_0(4)$ 可以计算为：

$$\begin{cases} s_0(2)=s_0(1)+0.5 & \mathrm{mod}\,1 \\ s_0(3)=s_0(1)+s_0(2) & \mathrm{mod}\,1 \\ s_0(4)=s_0(2)+s_0(2) & \mathrm{mod}\,1 \end{cases} \tag{7-16}$$

式中：$s_0(2)$、$s_0(2)$、$s_0(3)$ 和 $s_0(4)$ 分别为子图像 $A(1)$、$A(2)$、$A(3)$ 和 $A(4)$。此外，为了提高加密算法的安全性，序列 $\{m_p\}$ 应该是类随机的，序列 $\{m_p\}$ 由以下 Logistic 映射生成：

$$Z_{i+1}=f(Z_i)=rZ_i(1-Z_i) \tag{7-17}$$

式中：z_i 为状态变量；r 为控制参数；f 为迭代函数。当 $3.5699<r\leq 4$ 时，映射式（7-17）是混沌的。通过给定初始值 z_0，可以生成序列 $\{Z_i\}$。在 $\{Z_i\}$ 的基础上，序列 $\{m_p\}$ 可以生成为：

$$m_p=\mathrm{floor}(z_p\times 10^5\,\mathrm{mod}\,256) \tag{7-18}$$

（四）加解密算法设计

基于混沌映射的新型图像加密算法设计如下。

步骤1：读取素图 A，假设素图 A 的尺寸为 $M\times N$。

步骤2：设置密钥 x_0、y_0、z_0、r 和 $s_0(1)$。

步骤3：按照式（7-11）对图像进行洗牌。

步骤4：设置迭代步长 $n=1\times 10^4$。根据分块算法将混洗后的图像划分为四个子图像。将位置（0，0）像素与位置（a，b）像素交换。初始值选择为(x_0+mean$\{A\}$/256 mod 1，y_0+mean$\{A\}$/256 mod 1)，其中mean$\{A\}$表示 A 中像素的平均值。

步骤 5：利用初始值 z_0+mean$\{A\}$/256 mod 1，根据式（7-17）和式（7-18）生成加密控制序列 $\{m_p\}$。

步骤 6：根据式（7-16）由 $s_0(1)$ 生成 $s_0(2)$、$s_0(3)$ 和 $s_0(4)$。

步骤 7：根据式（7-14）和式（7-15）对四个子图像进行加密。

步骤 8：将所有加密的子图像合并，保存为加密图像 A^*。

在此基础上，可以设计根据混沌 Baker 映射伪随机变化的分块算法，由于每个块的加密过程是不同的，可以很好地实现对图像的加密保护。此外，加密算法受明文图像的影响，可以有效抵抗选择明文攻击。所有这些特性都可以保证该加密算法的良好性能。

附　录

特征变量分箱结果与 WOE 值

列名	取值范围	WOE 值
Age	(-inf, 25.0]	1.754
Age	(25.0, 40.0]	1.599
Age	(40.0, 50.0]	1.257
Age	(50.0, 60.0]	0.919
Age	(60.0, 70.0]	0.502
Age	(70.0, inf]	0.322
Number of Times 90 Days Late	(-inf, 1.0]	0.838
Number of Times 90 Days Late	(1.0, 2.0]	13.907
Number of Times 90 Days Late	(2.0, 3.0]	19.060
Number of Times 90 Days Late	(3.0, 4.0]	28.358
Number of Times 90 Days Late	(4.0, 5.0]	24.141
Revolving Utilization of Unsecured Lines	(0, 0.019]	0.276
Revolving Utilization of Unsecured Lines	(0.019, 0.083]	0.235
Revolving Utilization of Unsecured Lines	(0.083, 0.271]	0.420
Revolving Utilization of Unsecured Lines	(0.271, 0.699]	1.055
Revolving Utilization of Unsecured Lines	(0.699, inf]	3.463
Number of Dependents	(-inf, 2.0]	0.960
Number of Dependents	(2.0, 4.0]	1.412
Number of Dependents	(4.0, 6.0]	1.581
Number of Dependents	(6.0, 8.0]	1.437

续表

列名	取值范围	WOE 值
Debt Ratio	(0, 0.134]	0.907
Debt Ratio	(0.134, 0.287]	0.847
Debt Ratio	(0.287, 0.468]	0.919
Debt Ratio	(0.468, 4.0]	1.530
Debt Ratio	(4.0, inf]	0.817
Number of Time 30-59 Days Past Due Not Worse	(-inf, 1.0]	0.773
Number of Time 30-59 Days Past Due Not Worse	(1.0, 2.0]	5.037
Number of Time 30-59 Days Past Due Not Worse	(2.0, 3.0]	7.595
Number of Time 30-59 Days Past Due Not Worse	(3.0, 4.0]	10.349
Number of Time 30-59 Days Past Due Not Worse	(4.0, 5.0]	11.436
Number of Time 30-59 Days Past Due Not Worse	(5.0, 6.0]	15.653
Number of Time 30-59 Days Past Due Not Worse	(6.0, 7.0]	15.035
Number of Time 30-59 Days Past Due Not Worse	(7.0, 8.0]	6.570
Number of Time 30-59 Days Past Due Not Worse	(8.0, 9.0]	6.981
Monthly Income	(0, 3400]	1.416
Monthly Income	(3400, 5400]	1.001
Monthly Income	(5400, 8250]	0.902
Monthly Income	(8250, inf]	0.677
Number Real Estate Loans or Lines	(0, 1.0]	1.024
Number Real Estate Loans or Lines	(1.0, 2.0]	0.828
Number Real Estate Loans or Lines	(2.0, inf]	1.289
Number of Time 60-89 Days Past Due Not Worse	(-inf, 1.0]	0.907
Number of Time 60-89 Days Past Due Not Worse	(1.0, 2.0]	14.061
Number of Time 60-89 Days Past Due Not Worse	(2.0, 3.0]	18.210
Number of Time 60-89 Days Past Due Not Worse	(3.0, 4.0]	22.687
Number of Time 60-89 Days Past Due Not Worse	(4.0, 5.0]	22.523
Number of Time 60-89 Days Past Due Not Worse	(5.0, 6.0]	41.883
Number of Time 60-89 Days Past Due Not Worse	(6.0, 7.0]	17.451
Number of Time 60-89 Days Past Due Not Worse	(7.0, 8.0]	13.961
Number of Time 60-89 Days Past Due Not Worse	(8.0, 9.0]	0

主要参考文献

巴曙松、白海峰：《金融科技的发展历程与核心技术应用场景探索》，《清华金融评论》2016 年第 11 期。

白一池：《人工智能风控在互联网金融领域的应用与发展》，《商讯》2019 年第 20 期。

包敏：《供应链金融模式下中小企业信用风险评价研究》，硕士学位论文，西南科技大学，2020 年。

陈臣：《基于 Hadoop 的图书馆非结构化大数据分析与决策系统研究》，《情报科学》2017 年第 1 期。

陈红、郭亮：《金融科技风险产生缘由、负面效应及其防范体系构建》，《改革》2020 年第 3 期。

陈孟辉等：《求解旅行商问题的多样化搜索帝国竞争算法》，《计算机应用》2019 年第 10 期。

陈启伟等：《基于 Ext-GBDT 集成的类别不平衡信用评分模型》，《计算机应用研究》2018 年第 2 期。

陈颖：《大数据发展历程综述》，《当代经济》2015 年第 8 期。

陈宇韶：《基于特征选择与改进 stacking 算法的股价预测研究》，硕士学位论文，南华大学，2018 年。

陈煜等：《基于交易数据的信用评估方法》，《计算机应用与软件》2018 年第 5 期。

陈增敬等：《金融科技中人工智能技术典型事实与核心规律》，《中国科学基金》2021 年第 3 期。

程砚秋：《基于违约判别度的小企业信用风险评价研究》，《科研管理》2015 年第 S1 期。

迟国泰等：《个人信用卡信用风险评价体系与模型研究》，《同济大学学报》（自然科学版）2006 年第 4 期。

崔晴：《基于 PSO-LSSVM 的中小企业信用风险评价研究》，硕士学位论文，河北工程大学，2017 年。

邓超等：《基于贝叶斯界定折叠法的小企业信用评分模型研究》，《管理工程学报》2015 年第 4 期。

段翀、刘忻梅：《基于 CCSD 模型的上市企业信用风险评价研究》，《征信》2014 年第 3 期。

范丹：《互联网金融发展趋势及对金融业的借鉴》，硕士学位论文，上海交通大学，2014 年。

范应胜：《大数据技术与金融业的融合发展及应用研究》，《中国产经》2020 年第 14 期。

冯强：《金融科技发展、影响与监管研究》，《金融经济》2018 年第 24 期。

谷鹏：《我国中小制造类企业信用风险评价研究》，硕士学位论文，北京化工大学，2010 年。

顾君忠：《大数据与大数据分析》，《软件产业与工程》2013 年第 4 期。

郝飞：《仍可发挥技术和渠道优势》，《农村金融时报》2019 年。

何春昔：《金融科技驱动下证券公司智能化服务与风险管理——评〈金融科技：人工智能与机器学习卷〉》，《科技进步与对策》2020 年第 21 期。

何大安：《金融大数据与大数据金融》，《学术月刊》2019 年第 12 期。

何佳欢：《阿里金融小额贷款模式案例研究》，硕士学位论文，辽宁大学，2015 年。

何平平、车云月编著：《大数据运用领域》，清华大学出版社 2017 年版。

侯敬文、程功勋：《大数据时代我国金融数据的服务创新》，《财经科学》2015 年第 10 期。

黄轩等：《模糊逻辑视角下数字版权价值评估》，《南昌大学学报》（理科版）2019年第2期。

黄轩：《基于移动指纹识别的身份认证系统》，《南昌大学学报》（理科版）2011年第2期。

江映霞：《物联网技术给金融服务外包企业经营管理的思考》，《时代金融》2018年第9期。

姜明辉等：《个人信用评分模型的发展及优化算法分析》，《哈尔滨工业大学学报》2015年第5期。

姜睿：《我国金融科技演进逻辑、阶段特征与提升路径》，《经济体制改革》2020年第6期。

蒋曼曼：《供应链金融视角下企业信用风险评价研究》，《经营与管理》2017年第2期。

金紫嫣等：《一种带标签的协同过滤广告推荐算法》，《计算机工程》2018年第4期。

金紫嫣：《面向概念漂移数据流挖掘的新异类检测与分类方法研究》，硕士学位论文，南昌大学，2018年。

靳玉红：《大数据环境下互联网金融信息安全防范与保障体系研究》，《情报科学》2018年第12期。

匡海波等：《供应链金融下中小企业信用风险指标体系构建》，《科研管理》2020年第4期。

雷淳：《我国数字金融对中小企业融资约束影响研究》，博士学位论文，四川大学，2021年。

李航：《统计学习方法》，清华大学出版社2012年版。

李丽君：《金融科技背景下商业银行转型研究》，《现代商业》2022年第7期。

李睿：《基于SA-GA算法的组合预测模型在个人信用评分中的应用研究》，硕士学位论文，哈尔滨工业大学，2010年。

李延敏、章敏：《农业产业化龙头企业信用风险评价的改进——基于农村金融联结视角》，《农林经济管理学报》2016年第5期。

李勇等：《不平衡数据的集成分类算法综述》，《计算机应用研究》2014年第5期。

李勇、许荣编著：《大数据金融》，电子工业出版社 2016 年版。

李政、王雷：《论金融信息化及其对金融发展的影响》，《情报科学》2007 年第 11 期。

梁伟：《面向金融数据的异常检测方法研究》，硕士学位论文，南昌大学，2019 年。

林晨：《金融科技服务实体经济的作用机理研究》，博士学位论文，四川大学，2021 年。

刘蓓琳、张琪：《基于购买决策过程的电子商务用户画像应用研究》，《商业经济研究》2017 年第 24 期。

刘博：《电能质量综合评价方法及其应用研究》，硕士研究论文，华南理工大学，2011 年。

刘艳春、崔永生：《供应链金融下中小企业信用风险评价——基于 SEM 和灰色关联度模型》，《技术经济与管理研究》2016 年第 12 期。

刘政宇：《大数据分析挖掘技术及其决策应用研究》，《科学技术创新》2019 年第 23 期。

刘志惠等：《大数据风控有效吗？——基于统计评分卡与机器学习模型的对比分析》，《统计与信息论坛》2019 年第 9 期。

鲁钊阳、张珂瑞：《金融科技研究进展与评析》，《金融理论与实践》2020 年第 8 期。

陆爱国等：《基于改进的 SVM 学习算法及其在信用评分中的应用》，《系统工程理论与实践》2012 年第 3 期。

［美］约瑟夫·熊彼特：《经济发展理论》，贾拥民，译．中国人民大学出版社 2019 年版。

牛晓健、凌飞：《基于组合学习的个人信用风险评估模型研究》，《复旦学报》（自然科学版）2021 年第 6 期。

欧耀辉：《供应链金融下的中小企业信用风险评价》，硕士学位论文，华南理工大学，2018 年。

皮天雷等：《金融科技：内涵、逻辑与风险监管》，《财经科学》2018 年第 9 期。

祁旭阳等：《金融大数据研究与应用进展综述》，《时代金融》2019 年第 34 期。

卿松：《基于粒子群优化的聚类分析三个关键问题研究》，硕士学位论文，南昌大学，2017年。

石庆焱、靳云汇：《多种个人信用评分模型在中国应用的比较研究》，《统计研究》2004年第6期。

石庆焱、靳云汇：《个人信用评分的主要模型与方法综述》，《统计研究》2003年第8期。

石勇、孟凡：《信用评分基本理论及其应用》，《大数据》2017年第1期。

宋梅：《金融科技演化发展与未来趋势》，《贵州社会科学》2019年第10期。

孙浩：《基于交叉DEA-Tobit模型的中小企业信用风险评价》，《伊犁师范学院学报》（自然科学版）2018年第2期。

孙凯：《基于BP神经网络的供应链融资中中小企业信用风险评价研究》，硕士学位论文，辽宁大学，2015年。

孙扬智：《基于双层模糊逻辑控制的智能小车研究》，硕士学位论文，西南交通大学，2016年。

唐圣昕：《人工智能技术在金融领域的应用》，《中国科技纵横》2020年第23期。

万建华：《金融e时代：数字化时代的金融变局》，中信出版社2013年版。

汪莉：《基于Logistic回归模型的中小企业信用评分研究》，硕士学位论文，合肥工业大学，2008年。

汪鑫：《基于线上供应链金融的中小企业信用风险评价研究》，硕士学位论文，厦门大学，2014年。

汪政元：《基于优化的随机森林方法的企业信用风险评价研究》，硕士学位论文，暨南大学，2017年。

王淳：《金融科技对金融业发展的影响》，《金融科技时代》2017年第12期。

王凯：《基于改进随机森林算法的P2P贷前信用风险评估方法研究》，硕士学位论文，南京邮电大学，2020年。

王磊等：《数据挖掘模型在小企业主信用评分领域的应用》，《统计研究》2014 年第 10 期。

王名豪、梁雪春：《基于 CPSO-XGboost 的个人信用评估》，《计算机工程与设计》2019 年第 7 期。

王馨：《互联网金融助解"长尾"小微企业融资难问题研究》，《金融研究》2015 年第 9 期。

王洋等：《一种用户画像系统的设计与实现》，《计算机应用与软件》2018 年第 3 期。

王奕翔：《人工智能在金融领域的应用分析》，《财经界》2020 年第 28 期。

王永富等：《一个具有完备性和鲁棒性的模糊规则提取算法》，《自动化学报》2010 年第 9 期。

王重仁等：《融合深度神经网络的个人信用评估方法》，《计算机工程》2020 年第 10 期。

吴晓亮：《基于文本情感分析与矩阵分解的混合推荐算法研究》，硕士学位论文，南昌大学，2019 年。

仵志忠：《信息不对称理论及其经济学意义》，《经济学动态》1997 年第 1 期。

夏晗：《基于支持向量机回归集成的小微企业信用风险度评估模型研究》，《征信》2019 年第 4 期。

夏立明等：《基于供应链金融的中小企业信用风险评价模型研究》，《商业研究》2013 年第 10 期。

夏立明等：《中小企业信用风险评价指标体系的构建——基于供应链金融视角的研究》，《金融论坛》2011 年第 10 期。

夏诗园、汤柳：《金融科技潜在风险、监管挑战与国际经验》，《征信》2020 年第 9 期。

谢平等：《互联网金融手册》，中国人民大学出版社 2014 年版。

辛立秋、鲍宪军：《建筑业上市公司信用风险评价研究——基于 Logistic 模型》，《建筑经济》2020 年第 10 期。

徐娟、胡学钢：《基于 GP+BP 的信用评估模型研究》，《合肥工业大学学报》（自然科学版）2010 年第 4 期。

许宏图：《当前银行与互联网平台开展"联合贷""助贷"业务存

在的问题与建议》,《甘肃金融》2021年第7期。

杨文斌:《人工智能在金融领域中的应用分析》,《金融科技时代》2017年第12期。

姚文平:《互联网金融:即将到来的新金融时代》,中信出版社2014年版。

姚潇、余乐安:《模糊近似支持向量机模型及其在信用风险评估中的应用》,《系统工程理论与实践》2012年第3期。

易宪容:《金融科技的内涵、实质及未来发展——基于金融理论的一般性分析》,《江海学刊》2017年第2期。

于斌、陈晓华主编:《金融科技概论》,人民邮电出版社2017年版。

俞晓辉:《金融服务领域物联网的运用思考》,《中国新通信》2018年第21期。

袁博等:《互联网金融发展对中国商业银行的影响及对策分析》,《金融理论与实践》2013年第12期。

张成虎等:《基于判别分析的个人信用评分模型研究与实证分析》,《大连理工大学学报》(社会科学版)2009年第1期。

张大鹏:《物联网技术在商业银行普惠金融领域的应用探索》,《金融纵横》2018年第4期。

张高胜:《小微企业信用风险评价模型构建——基于因子分析—熵权评价模型》,《财会通讯》2017年第17期。

张华薇:《基于标签和可信邻域的协同过滤推荐算法研究》,硕士学位论文,南昌大学,2016年。

张凯:《金融科技:风险衍生、监管挑战与治理路径》,《西南金融》2021年第3期。

张良均等:《Python数据分析与挖掘实战》,机械工业出版社2016年版。

张玲:《基于判别分析和期望违约率方法的信用风险度量及管理研究》,博士学位论文,湖南大学,2004年。

张蒲等:《大数据环境下基于云的分析即服务平台研究》,《情报探索》2014年第8期。

张润驰：《我国小微企业贷款信用风险评估模型研究》，博士学位论文，南京大学，2018年。

张涛等：《基于样本依赖代价矩阵的小微企业信用评估方法》，《同济大学学报》（自然科学版）2020年第1期。

张旭东：《金融数据安全与个人信息保护》，《清华金融评论》2021年第12期。

赵大伟：《大数据技术驱动下的互联网消费金融研究》，《金融与经济》2017年第1期。

钟红、马天娇：《金融数据安全风险及监管研究》，《清华金融评论》2021年第10期。

周炳、王小红：《物联网技术在金融领域的应用》，《物联网技术》2022年第4期。

周代数：《券商金融科技发展的动因、风险与对策》，《海南金融》2020年第3期。

周家乐：《智能风控助力金融风险防控》，《清华金融评论》2019年第5期。

周家珍：《基于物联网技术的供应链金融业务创新探索》，《西南金融》2021年第6期。

周康辉等：《基于模糊逻辑的雷暴大风和非雷暴大风区分方法》，《气象》2017年第7期。

周文坤、王成付：《供应链融资模式下中小企业信用风险评估研究——基于左右得分的模糊TOPSIS算法》，《运筹与管理》2015年第1期。

朱建兵：《当今互联网金融的六大方向》，《上海经济》2014年第7期。

朱太辉等：《助贷业务的运作模式、潜在风险和监管演变研究》，《金融监管研究》2019年第11期。

朱太辉等：《助贷业务的主要争论和解决方案研究》，《金融与经济》2020年第2期。

A. Kanso, N. Smaoui, "Logistic Chaotic Maps for Binary Numbers Generations", *Chaos, Solitons & Fractals*, Vol. 40, No. 5, 2009.

Albert A., Anderson J. A., "Probit and Logistic Discriminant Functions", *Communications in Statistics–Theory and Methods*, Vol. 10, No. 7, 1981.

Bowman J. E., "Fair Isaac's Dominance of Credit Scoring is a Systemic Risk", *American Banker*, Vol. 11, No. 2, 2013.

Breiman L., "Random Forests", *Machine Learning*, Vol. 45, No. 1, 2001.

Dželihodžić A., et al., "Improved Credit Scoring Model Based on Bagging Neural Network", *International Journal of Information Technology & Decision Making*, Vol. 17, No. 6, 2018.

Djeundje V. B., Crook J., "Dynamic Survival Models with Varying Coefficients for Credit Risks", *European Journal of Operational Research*, Vol. 275, No. 1, 2019.

Farquad M. A. H., et al., *Credit Scoring Using PCA – SVM Hybrid Model*, International Conference on Advances in Communication, Network, and Computing, Berlin, Heidelberg: Springer, 2011.

Finlay S., "Multiple Classifier Architectures and Their Application to Credit Risk Assessment", *European Journal of Operational Research*, Vol. 210, No. 2, 2011.

Friedman J. H., "Greedy Function Approximation: A Gradient Boosting Machine", *Annals of Statistics*, Vol. 57, No. 6, 2001.

F. Xiao, X. -P. Gao, "An Approach for Short-Term Prediction on Time Series from Parameter – Varying Systems", *Journal of Sofware*, Vol. 17, No. 5, 2006.

H. Beker, F. C. Piper, *Cipher Systems: The Protection of Commnications*, Wiley, New York, N Y, USA, 1982.

Henry J., "Beyond Credit Scores: FICO Fights Fraud", *Automotive News*, Vol. 9, No. 6, 2018.

H. Hu, et al., "Pseudorandom Sequence Generator Based on the Chen Chaotic System", *Computer Physics Communications*, Vol. 184, No. 3, 2013.

H. P. Hu, et al., "A Chaotic Polyphase Pseudorandom Sequence",

Mathematica Physics, Vol. 24, No. 2, 2004.

Huang X., "Application Analysis of AI Reasoning Engine in Microblog Culture Industry", *Personal and Ubiquitous Computing*, 2020, 24 (3): 393-403. DOI: 10.1007/s00779-019-01338-6.

Huang, X., et al., "A New Pseudorandom Bit Generator Based on Mixing Three-dimensional Chen Chaotic System with a Chaotic Tactics", *Complexity*, 2019 (44).

Huang, X., et al., "A new two-dimensional Mutual Coupled Logistic Map and its Application for Pseudorandom Number Generator", *Mathematical Problems in Engineering*, 2019 (9).

J. Lu and G. Chen, "A New Chaotic Attractor Coined", *International Journal of Bifurcation and Chaos*, Vol. 12, No. 3, 2002.

Kao L. J., et al., "A Bayesian Latent Variable Model with Classification and Regression Tree Approach for Behavior and Credit Scoring", *Knowledge-Based Systems*, Vol. 36, 2012.

Khashei M., Mirahmadi A., "A Soft Intelligent Risk Evaluation Model for Credit Scoring Classification", *International Journal of Financial Studies*, Vol. 3, No. 3, 2015.

Koutanaei F. N., et al., "A Hybrid Data Mining Model of Feature Selection Algorithms and Ensemble Learning Classifiers for Credit Scoring", *Journal of Retailing and Consumer Services*, No. 27, 2015.

Li, H., et al., "A Convolutional Neural Network Cascade for Face Detection", Proceedings of the IEEE Conference on Computer Vision and Pattern Recognition, 2015.

Li X., et al., "A Cluster Validity Evaluation Method for Dynamically Determining the Near-optimal Number of Clusters", *Soft Computing*, Vol. 24, 2020.

Li X., et al., "A Novel Complex Network Community Detection Approach Using Discrete Particle Swarm Optimization with Particle Diversity and Mutation", *Applied Soft Computing*, Vol. 81, 2019.

L. Liu, et al., "Pseudorandom Bit Generator Based on Non-stationary

Logistic Maps", *IET Information Security*, Vol. 10, No. 2, 2016.

Luo M., et al. "Practical Data Transmission Scheme for Wireless Sensor Networks in Heterogeneous IoT Environment", *Wireless Personal Communications*, Vol. 109, No. 1, 2019.

Mamdani E. H., "Application of Fuzzy Logic to Approximate Reasoning Using Linguistic Synthesis", *IEEE Computer Architecture Letters*, Vol. 26, No. 12, 1977.

M. A. Murillo-Escobar, et al., "A Novel Pseudorandom Number Generator Based on Pseudorandomly Enhanced Logistic Map", *Nonlinear Dynamics*, Vol. 87, No. 1, 2017.

M. A. Murillo-Escobar, et al., "A RGB Image Encryption Algorithm Based on Total Plain Image Characteristics and Chaos", *Signal Processing*, Vol. 87, No. 1, 2015.

Ma Y., et al., "Introduction to the Special Issue on Crowdfunding and Fintech Introduction Fintech", *Financial Innovation*, 2017.

M. Francois, et al., "Pseudorandom Number Generator Based on Mixing of Three Chaotic Maps", *Communications in Nonlinear Science and Numerical Simulation*, Vol. 19, No. 4, 2014.

P. Li, et al., "A multiple Pesudorandom-Bit Generator Based on a Spatiotemporal Chaotic Map", *Physics Letters A*, Vol. 349, No. 6, 2006.

Qin C., et al., "XGBoost Optimized by Adaptive Particle Swarm Optimization for Credit Scoring", *Mathematical Problems in Engineering*, 2021.

Rosenberg E., Gleit A., "Quantitative Methods in Credit Management: A Survey", *Operations Research*, Vol. 42, No. 4, 1994.

Rukhin A., "A Statistical Test Suite for Random and Pseudorandom Number Generators for Cryptographic Applications", Booz-Allen and Hamilton Inc Mclean Va, 2001.

Schueffel P. M., "Taming the Beast: A Scientific Definition of Fintech", *SSRN Electronic Journal*, 2016.

Shi, B., et al., "An End-to-End Trainable Neural Network for Image-Based Sequence Recognition and Its Application to Scene Text Recognition", *IEEE Transactions on Pattern Analysis and Machine Intelligence*, Vol. 39, No. 11, 2016.

S. Oishi, H. Inoue, "Pseudo-Random Number Generators and Chaos", *Transactions of the Institute of Electronics and Communication Engineers of Japan E*, Vol. 65, No. 9, 1982.

Sugeno M., "Industrial Applications of Fuzzy Control", Elsevier Science Inc., 1985.

Szczepański J., Zbigniew K., "Pseudorandom Number Generators Based on Chaotic Dynamical Systems", *Open Systems & Information Dynamics*, Vol. 8, 2001.

Tang, X., et al., "Pyramidbox: A Context-Assisted Single Shot Face Detector", Proceedings of the European Conference on Computer Vision (ECCV), 2018.

Thomas L. C., "A Survey of Credit and Behavioural Scoring: Forecasting Financial Risk of Lending to Consumers", *International Journal of Forecasting*, Vol. 16, No. 2, 2000.

Thomas L., et al., "Credit Scoring and Its Applications", *Society for Industrial and Applied Mathematics*, 2017.

Tripathi D., et al., "Experimental Analysis of Machine Learning Methods for Credit Score Classification", *Progress in Artificial Intelligence*, Vol. 10, No. 3, 2021.

T. Stojanovski, L. Kocarev, "Chaos-Based Random Number Generators-Part I: Analysis", *IEEE Transactions on Circuits and Systems I: Fundamental Teory and Applications*, Vol. 48, No. 3, 2001.

Wang L., et al., "A Novel Chaos-Based Pseudo-Random Number Generator", Vol. 55, No. 8, 2006.

Wang P., et al., "A Single-Shot Arbitrarily-Shaped Text Detector Based on Context Attended Multi-Task Learning", Proceedings of the 27th ACM International Conference on Multimedia, 2019.

Wang X., et al., "Community Structure Detection Algorithm in Multi-Relationships Complex Network Based on Clustering", *Revista de la Facultad* de Ingeniería, Vol. 31, No. 10, 2016.

Wang Y., et al., "A New Fuzzy Support Vector Machine to Evaluate Credit Risk", *IEEE Transactions on Fuzzy Systems*, Vol. 13, No. 6, 2005.

Wiginton J. C., "A Note on the Comparison of Logit and Discriminant Models of Consumer Credit Behavior", *Journal of Financial and Quantitative Analysis*, Vol. 15, No. 3, 1980.

X. Huang, M. Chen, "Fiscal Spending and Green Economic Growth: Fresh Evidence from High Polluted Asian Economies", *Economic Research-Ekonomska Istraživanja*, Vol. 35, No. 1, 2022.

X. Wang, D. Luan, "A Novel Image Encryption Algorithm Using Chaos and Reversible Cellular Automata", *Communications in Nonlinear Science and Numerical Simulation*, Vol. 18, No. 11, 2013.

Yong, et al., "Analysis on Information Value of Big Data in Internet Finance", *International Conference on Logistics IEEE*, 2015.

Y. Wang, et al., "A Chaos-Based Limage Encryption Algorithm with Variable Control Parameters", *Chaos, Solitons & Fractal*, Vol. 41, No. 4, 2009.

Y. Wang, et al., "A Pseudorandom Number Fenerator Based on Piecewise Logistic Map", *Nonlinear Dynamics*, Vol. 83, No. 4, 2016.

Zadeh L. A., "Information and Control", *Fuzzy Sets*, Vol. 8, No. 3, 1965.

Zhang L, et al., "An Imporved Fp-Growth Algorithm Based on Projection Datebase Mining in Big Date", *Journal of Information Hiding and Multimed Signal Processing*, Vol. 46, No. 5, October 2022.

后　　记

在撰写本书的过程中，我们经历了一段充满挑战和收获的旅程。这本书不仅是对金融大数据和智能风控领域最新进展的一次系统性总结，也是对未来发展方向的一种探索与思考。它凝聚了众多专家、学者及一线从业者的心血，是集体智慧的结晶。

本书试图架起理论与实践之间的桥梁，一方面，深入探讨了金融大数据处理技术、机器学习算法及其在风险控制中的应用；另一方面，则通过具体案例展示了如何将这些先进的技术和方法应用于实际业务场景中。我们希望读者不仅能理解背后的原理，更能掌握解决实际问题的能力。随着金融科技（FinTech）的发展，传统金融机构面临前所未有的机遇与挑战。大数据、云计算、人工智能等新兴技术正在重塑金融行业的生态格局。在此背景下，智能风控作为防范金融风险的重要手段，其重要性日益凸显。本书正是为了回应这一时代需求而诞生的，旨在为读者提供一个全面了解并掌握智能风控核心技术及其应用场景的知识平台。尽管本书尽可能地涵盖了当前该领域的热点话题和技术前沿，但我们也清楚认识到，科技的进步永无止境，尤其是在快速变化的金融市场环境中。因此，我们鼓励读者保持开放的心态，不断学习新的知识和技术，勇于尝试创新的方法。同时，我们也期待着未来能够继续参与到这个充满活力的研究社区中，共同推动金融大数据与智能风控领域的发展。

本书得到国家自然科学基金项目（立项编号：62262023）、江西省自然科学基金面上项目（立项编号：20242BAB25079）、江西省社会科学基金（立项编号：22YJ10）、数据安全技术江西省重点实验室

（立项编号：20242BCC32026）、江西省重点研发计划重点项目（立项编号：20243BBG71035）和教育部人文社科规划基金项目（项目编号：22YJA880051）的资助。最后，我们要向所有支持本书编写工作的朋友们表示最诚挚的感谢。感谢南昌大学公共管理学院陈美华和南昌大学经济与管理学院饶芬两位老师的辛勤付出，她们深度参与并撰写了本书的第一、第二两个章节；感谢各位读者给予的信任和支持。正是因为有了大家的帮助，才使这本书得以顺利完成。愿每一位翻开此书的朋友都能从中获得启发，并在未来的工作中找到属于自己的答案。让我们一起迎接金融科技创新的美好明天！

黄轩

2025 年 4 月